W0068836

Armin Bauer

Veteranen der Scholle

Historisches Schlepperbuch

Herausgegeben von

top agrar Das Magazin für moderne Landwirtschaft

und

profi Magazin für Agrartechnik

Zum Titelfoto

Das Umschlagfoto zeigt den legendären 11er-Deutz-Bauernschlepper, von dem von 1936 bis 1950 fast 19 000 Exemplare gebaut worden sind. Dieser Schlepper wurde 1939 gefertigt und vor ein paar Jahren mit viel Sachverstand und Können von Harm Reßmeyer aus Langenhagen-Kaltenweide bei Hannover originalgetreu restauriert. Auf dem über dem rechten verbreiterten Kotflügel angebrachten Sitz konnte eine weitere Person Platz nehmen und beim Mähen das Getreide garbengerecht ablegen, so daß es nur noch gebunden werden mußte.

Impressum

Herausgegeben von
top agrar — Das Magazin für moderne Landwirtschaft und
profi — Magazin für Agrartechnik
Postfach 49 29, 4400 Münster

Redaktion: R. Lenge, top agrar

Layout: F. Logemann, Landwirtschaftsverlag

Herstellung: LV-Druckerei, 4400 Münster-Hiltrup

1. Auflage 1991

ISBN 3-7843-1348-5

Vorwort

Vor genau einem Jahrhundert wurde in Amerika auf ein Dampflokomobil-Fahrgestell ein Verbrennungsmotor gesetzt, der dann die Maschine antrieb – der erste Schlepper war geboren. 1896 wurde in Ungarn erstmals eine Fräsmaschine mit einem Verbrennungsmotor ausgerüstet. Und zur gleichen Zeit baute auch Adolf Altmann in Berlin seinen ersten „Trakteur".

Fast hundert Jahre deutsche Schlepperbau-Geschichte liegen hinter uns, die reich waren an einer Fülle von gelungenen wie auch mißlungenen Entwicklungen und Konstruktionen, die aber neben allen wirtschaftlichen Aspekten auch das Ziel hatten, den Menschen, die auf Hof und Acker ihr Brot verdienten, die übermäßige Arbeit zu erleichtern.

In all diesen Jahren war es der Bauer, der sich auf die ständig neuen Schlepper-Entwicklungen einstellen mußte, um sie sowohl wirtschaftlich und ökologisch nicht nur zur Ernährung seiner Familie, sondern auch zum Wohle der Allgemeinheit einzusetzen, damit er in dem immer härter werdenden Wettbewerb in der Agrarproduktion bestehen konnte. Oftmals war hierbei der Schlepper mehr als zwei Jahrzehnte im Einsatz, bevor er durch einen neuen ersetzt wurde.

Schon lange haben sich Liebhaber und Sammler aus ganz Deutschland und vielen Ländern der Welt – meist aus Spaß an der überschaubaren Technik – der Erhaltung und Restaurierung dieser Veteranen der Scholle verschrieben, um sie dann funktionstüchtig und in neuem Glanz auf den allein in Deutschland über hundert Schlepper-Oldtimer-Treffen vorzuführen. Sie haben damit einen Beitrag zur Erhaltung eines Stückes Landtechnik-Geschichte geleistet und es auch ermöglicht, dieses Buch mit einer Vielzahl, fast ausschließlich hervorragend restaurierter Schlepper-Veteranen aus über sieben Jahrzehnten farbig bebildern zu können.

Zum Kreis der Schlepper-Oldtimer-Freunde gehört auch der Autor, der als gelernter Landwirt mit diesen Maschinen aufgewachsen ist und sich seit längerem neben der Restaurierung auch mit der Geschichte des deutschen Schlepperbaues beschäftigt.

Möge das vorliegende Buch sowohl bei den Lesern aus dem Kreis der ehemaligen Benutzer als auch bei denen, die den Schlepper als ihr Hobby neu entdeckt haben, eine ebenso interessante wie informative Lektüre zur deutschen Schlepper-Geschichte sein.

Es wurde bewußt die Angabe der Motorleistung in PS beibehalten und nicht in kW angegeben, da der in diesem Buch behandelte Zeitraum vor der Einführung der neuen Leistungsangabe im Jahre 1985 liegt. Zudem standen fast immer Typenbezeichnung und Motorleistung in PS in direktem Zusammenhang, so daß dem Autor die Umrechnung von PS auf kW nicht sinnvoll erschien, da sie ohne Aussage stehen würde (1 PS = 0,736 kW). Ferner sind die in dem Buch angegebenen Längenmaße Zirka-Angaben. Aus diesem Grunde wurde als Einheit auch nicht Millimeter sondern Zentimeter gewählt.

Ich möchte mich an dieser Stelle bei allen Personen, Firmen und Institutionen bedanken, die mich bei der Erstellung dieses Buches unterstützt haben. Dank gebührt auch meiner Familie, die in den letzten Jahren viel Verständnis für mein Hobby aufgebracht hat.

Armin Bauer, Obershagen

Inhaltsverzeichnis

Mit 18 PS und 20 t schwer

Vom Dampfwagen zum Ackerschlepper

Der Schlepper ist vom Grundaufbau eine Zugmaschine mit Verbrennungsmotor zum Ersatz der tierischen Zugkraft.

Doch bevor 1889 in Amerika der erste Schlepper entstand, waren viele Schwierigkeiten zu meistern und oftmals fast unüberwindbare Probleme zu lösen.

Erst durch das Zusammenfließen dreier eigenständiger Entwicklungsrichtungen, nämlich der Dampfkraft, der Triebkraftübertragung und des Verbrennungsmotorenbaues, ergaben sich erste brauchbare Schlepper. Das erste von einer Maschine angetriebene selbstfahrende Fahrzeug war der dreirädrige Dampfwagen des französischen Artillerie-Offiziers Cugnot, den er 1769 zum Ziehen von Geschützen gebaut hatte. Bei diesem Fahrzeug war vor dem angetriebenen und lenkbaren Vorderrad eine einzylindrige Dampfmaschine angebracht. Es handelte sich also um den ersten Dampfschlepper, der allerdings bei einer Probefahrt an einer Mauer zerschellte, da der Lenker die Gewalt über das mehr hüpfende als rollende Fahrzeug verloren hatte.

Industrielle Revolution

Als 1784 der Schotte James Watt die Dampfmaschine soweit verbesserte, daß sie nun universell einsetzbar war — Dampfmaschinen wurden seit Anfang des 18. Jahrhunderts in England zum Wasserheben in Kohlebergwerken eingesetzt — begann von England aus die industrielle Revolution. Stationäre und später auch ortsbewegliche Dampfmaschinen — die Lokomobilen — fanden ein reiches Anwendungsgebiet in der Industrie. Ab 1811 wurden

erstmals in England Lokomobilen in der Landwirtschaft zum Antrieb von Getreidemühlen, Dreschmaschinen, Strohpressen und anderen Geräten eingesetzt.

Rund zwei Jahrzehnte nach Cugnot's Fahrversuchen nahmen andere mutige Konstrukteure diese Idee wieder auf und bauten von Dampfmaschinen angetriebene Fahrzeuge, so z.B. die Dampfkutsche von Symington (1786) oder den Straßendampfwagen von Trevithick (1803). 1825 entstand von Burstall und Hill ein über vier Räder angetriebener Dampfwagen mit Knicklenkung. Doch alle diese Maschinen kamen aus dem Experimentierstadium nicht heraus.

Zu dieser Zeit versuchte man auch, die bisher von Gespanntieren gezogenen Dampfloko-

mobilen so zu konstruieren, daß sie sich durch eigene Kraft auf der Straße fortbewegen konnten. Aber auch hier blieb es bei einzelnen und weniger erfolgreichen Entwicklungen, so daß man weiterhin die Lokomobilen zum Einsatzort zog. Erst in den frühen 60er Jahren des 19. Jahrhunderts wurde die Idee, selbstfahrende Lokomobilen zu konstruieren, wieder aufgenommen, und es kam auch zum vereinzelten Einsatz dieser Maschinen. Sie konnten sich aber im Gegensatz zu den billigeren Vorspann-Lokomobilen zu dieser Zeit noch nicht durchsetzen. Aber es dauerte nicht lange, bis mit den selbstfahrenden Dampfmaschinen erste Versuche zur Bodenbearbeitung unternommen wurden. Eine große Zahl von Pflügen, die für den Pferdezug vorgesehen waren,

wurden aneinandergekoppelt und mit Lokomobilen über den Acker gezogen. Doch diese mutigen Versuche brachten kaum brauchbare Ergebnisse, weil das Gewicht der schweren Dampflokomobilen im Verhältnis zu ihrer Kraftleistung viel zu hoch war. Der größte Teil der Maschinenkraft wurde dabei für den Transport des Eigengewichtes beansprucht, so daß die Arbeitsleistung entsprechend gering war. Nur wenn die Haftung der Räder am Boden groß genug war und zur Fortbewegung des Eigengewichtes sowie zum Ziehen des Pfluges noch genügend Kraft übrig blieb, war ein sinnvoller Einsatz der Lokomobilen möglich.

Auch die geringe Tragfähigkeit der weichen und feuchten, seit Jahrzehnten in Kultur befindlichen Ackerböden Europas war entscheidend für den zahlenmäßig geringen Einsatz der schweren Dampflokomobilen. In Nordamerika aber wurden, im Gegensatz zu Europa, ab ca. 1875 die zum Lastentransport entwickelten Straßenlokomobilen auch für das Umbrechen der festen Prärieböden erfolgreich eingesetzt und weiterentwickelt. Manche Pflugfurche war an die 10 km lang, und die Arbeitsbreite betrug oft über 10 m. Diese Lokomobilen wurden nicht nur mit Pflügen sondern auch mit anderen Bodenbearbeitungsgeräten, wie Eggen, Grubber sowie mit rotierenden Hacken, ausgerüstet und später Dampfpflüge oder sogar Traktoren genannt.

Dampfseilpflüge

Erfolgreicher hingegen war man in Europa mit dem Einsatz von Dampfseilpflügen, bei denen der Pflug mittels eines Drahtseils und einer am Feldrand befindlichen Windenvorrichtung über den Acker gezogen wurde. Die Winde wurde über Transmissionsriemen von der Lokomobile angetrieben.

Die Weiterentwicklung dieser Art der Bodenbearbeitung führte zum Zweimaschinen-System, auf das der Engländer J. Fowler 1859 ein Patent bekam. Mit zwei gezogenen – später selbstfahrenden – Lokomobilen, die jeweils mit einer festangebauten Seilwinde ausgerüstet waren und am Feldrand standen, wurde ein Kipp-Pflug abwechselnd über den 300 bis 400 m langen Acker gezogen. Die Dampfseilpflüge waren noch lange auf den großen Feldern Europas zu sehen. Sogar noch nach dem Zweiten Weltkrieg wurden in Deutschland die Dampfseilpflüge vor allem zur Ödlandkultivierung eingesetzt.

Parallel zum Pflügen entwickelte sich überwiegend in Europa eine andere Art der Bodenbearbeitung – das Fräsen – bei dem man anstatt in zwei Arbeitsgängen – Pflügen und Eggen – mit nur einem Arbeitsgang einen saatfertigen Boden erhielt. Schon Mitte des letzten

Der Dampfwagen des Franzosen N. J. Cugnot von 1769 (Modell) war das erste von einer Maschine angetriebene selbstfahrende Fahrzeug, und somit der Urahn des Schleppers.
Foto: Deutsches Museum, München

Mit der Fräsmaschine des Ungarn A. Mechwart begann in Europa 1896 die Motorisierung der Bodenbearbeitung.
Foto: Herrmann

Jahrhunderts versuchte man, mit diesen von Pferden gezogenen Bodenbearbeitungsgeräten den Pflug zu ersetzen. Doch praktische Bedeutung erlangte erst der um 1894 von Andreas Mechwart in Budapest entwickelte Dampf-Schaufelpflug. Der gebürtige Schweinfurter war Maschinenbau-Ingenieur und Direktor der Maschinenfabrik Ganz & Co. in Budapest, wo er mehrere dieser Dampf-Schaufelpflüge entwickelte und baute. Die Mechwart-Fräse bestand aus einer 18 PS starken und 20 t schweren selbstfahrenden Dampfmaschine. Am Heck war eine drehbare Welle mit drei gewendelten Messern befestigt, die den Boden durch Rotation bearbeitete. Der Antrieb des Frästeils erfolgte über Ketten von der Hinterachse aus. 1896 ließ Mechwart eine kleine Fräsmaschine mit 3300 kg Gewicht bauen, die von einem 12 PS starken 1-Zylinder-Petroleum-Motor — Fabrikat Banki — angetrieben wurde. Sie war die erste selbstfahrende Bodenbearbeitungsmaschine mit Verbrennungsmotor in Europa.

Schlepper mit Benzinmotor

In Amerika indes wurden schon ab 1889 von der Charter Gas Engine Corp. in Chicago sechs Schlepper mit Verbrennungsmotor hergestellt, bei de-

nen ein 20 PS starker 1-Zylinder-Benzin-Motor auf ein Dampfschlepper-Fahrgestell, Fabrikat Rumely, gesetzt wurde. 1892 folgte dann auch J. Froelich aus Iowa mit einem ebenfalls 20 PS starken Schlepper, bei dem der 1-Zylinder-Motor im hinteren Teil des relativ leichten Eigenbau-Fahrgestells plaziert war.

Zwei Jahre später wurde von der Tochterfirma der Gasmotoren-Fabrik Deutz in Köln — der „Otto-Gas-Engine-Works" in Philadelphia — eine 5,4 t schwere Zugmaschine mit 26 PS Benzin-Motor vorgestellt. Obwohl nach den Angaben des Prospektes die Betriebskosten nur die Hälfte gegenüber denen der Dampflokomobilen betragen sollten, war dieser Konstruktion des Deutz-Ingenieurs Winand kein Erfolg beschieden. Denn mehr als 14 Maschinen sollen nicht gebaut worden sein.

In Deutschland wurden erstmals um die Jahrhundertwende von mehreren Konstrukteuren Versuche unternommen, Zugmaschinen mit Verbrennungsmotoren für landwirtschaftliche Zwecke zu entwickeln. Adolf Altmann war der Erste, der 1896 solch ein Fahrzeug in seiner Berliner Motorenfabrik baute, das er „Trakteur" nannte. Ein großer, fast die gesamte Länge des Fahrzeugs einnehmender, liegend angeordneter 1-Zylinder-Petroleum-Motor

mit 12 bis 18 PS Leistung und Verdampfungskühlung diente als Antrieb. Die Steuerung des Altmann-Trakteurs mit kleinen Vorderrädern und großen Hinterrädern erfolgte durch zwei Handhebel, mit denen man bei Kurvenfahrt ein Antriebsrad auskuppeln mußte. Adolf Altmann entwickelte dieses Fahrzeug aber nicht weiter, sondern wandte sich dem Dampfwagenbau zu. 1905 kam er in Breslau bei der Explosion eines Gasmotors ums Leben.

Spiritus-Trakteure

In den Jahren 1900 bis 1903 konstruierte auch der Berliner Ingenieur und Motorjournalist Theodor Lehmbeck mehrere Zugmaschinen, die universell auf Acker und Straße einsetzbar sein sollten. Lehmbecks erste Fahrzeugkonstruktion sah den späteren Schleppern schon sehr ähnlich. Der 10 und später 24 PS starke 2-Zylinder-Motor war über der lenkbaren Vorderachse in den Fahrzeugrahmen eingebaut. Die Kraftübertragung erfolgte vom Motor über die Kupplung zum Getriebe unter Zwischenschaltung eines Differentialgetriebes und weiter über außenliegende Ketten auf die beiden auf einer starren Achse gelagerten Hinterräder.

Eine über die gesamte Breite des Fahrzeugs gehende hintere Schiene diente zum Anhängen von Bodenbearbeitungsgeräten. Außerdem war vor dem Motor eine Riemenscheibe angebracht. Über der Hinterachse waren Kühlwasserbehälter und Kraftstofftank aufgebaut, die noch zusätzlich die Antriebsräder des 1600 kg schweren „Spiritus-Trakteurs" belasteten. Eine weitere 1903 vorgestellte „Acker- und Straßenlokomotive" hatte eine Motorleistung von 40 PS, ein Zwei-Gang-Schaltgetriebe sowie zwei hintere Antriebsräder von 1,8 m Durchmesser. Bald darauf stellte Theodor Lehmbeck aus finanziellen Gründen die Weiterentwicklung seiner „Trakteure" ein.

Deutz-Pfluglokomotive

Ab 1905 beschäftigte man sich auch bei der Gasmotoren-Fabrik Deutz in Köln mit der Entwicklung einer kleinen „Pfluglokomotive" mit Verbrennungsmotor. Das Ergebnis war ein 3 t schweres und sehr stabil gebautes Fahrzeug mit einem 4-Zylinder-Motor, lenkbaren Vorderrädern und größeren, breiteren Hinterrädern. Die Deutz-Pfluglokomotive wurde 1907 auf der Ausstellung der Deutschen Landwirtschafts-Gesellschaft (DLG) in Düsseldorf vorgeführt. Versuche ergaben bei zehnstündiger Pflugarbeit einen Kraftstoffverbrauch von 196 Litern Benzin. Im gleichen Jahr erschien Deutz noch mit einer vierradgetriebenen und vierradgelenkten Motorzugmaschine nach den Patenten von Brey und Heyer. An diesem 40 PS starken Motorpflug war jeweils vorn und hinten ein mehrschariger Kipp-Pflug angebaut. Er konnte durch Seilzug ausgehoben werden, so daß mit dieser Maschine das Pflügen in beiden Richtungen möglich war, ohne zu wenden. Außerdem konnte sich das Fahrzeug, sobald die Haftung am Boden zu gering war, mit einem Spill an einem Ankerseil selbst weiterziehen, was selbsttätig geschah. Die Enden des Seils waren an zwei am Feldrand stehenden Ankerwagen befestigt. Beide Deutz-Motorpflüge waren recht umständlich in der Handhabung und zeigten viele technische Mängel, so daß bei Deutz die Produktion bald wieder aufgegeben wurde.

Viele Ideen ohne Erfolg

Die Liste der Konstrukteure, Hersteller und Firmen von Motorpflügen, Motorfräsen, Zugmaschinen usw., die bis zum Ersten Weltkrieg in Deutschland fast durchweg erfolglos mit diesen Entwicklungen experimentierten, ließe sich noch weiterführen. So baute z.B. in der Zeit von 1909 bis 1913 die Münchner Motorenfabrik in

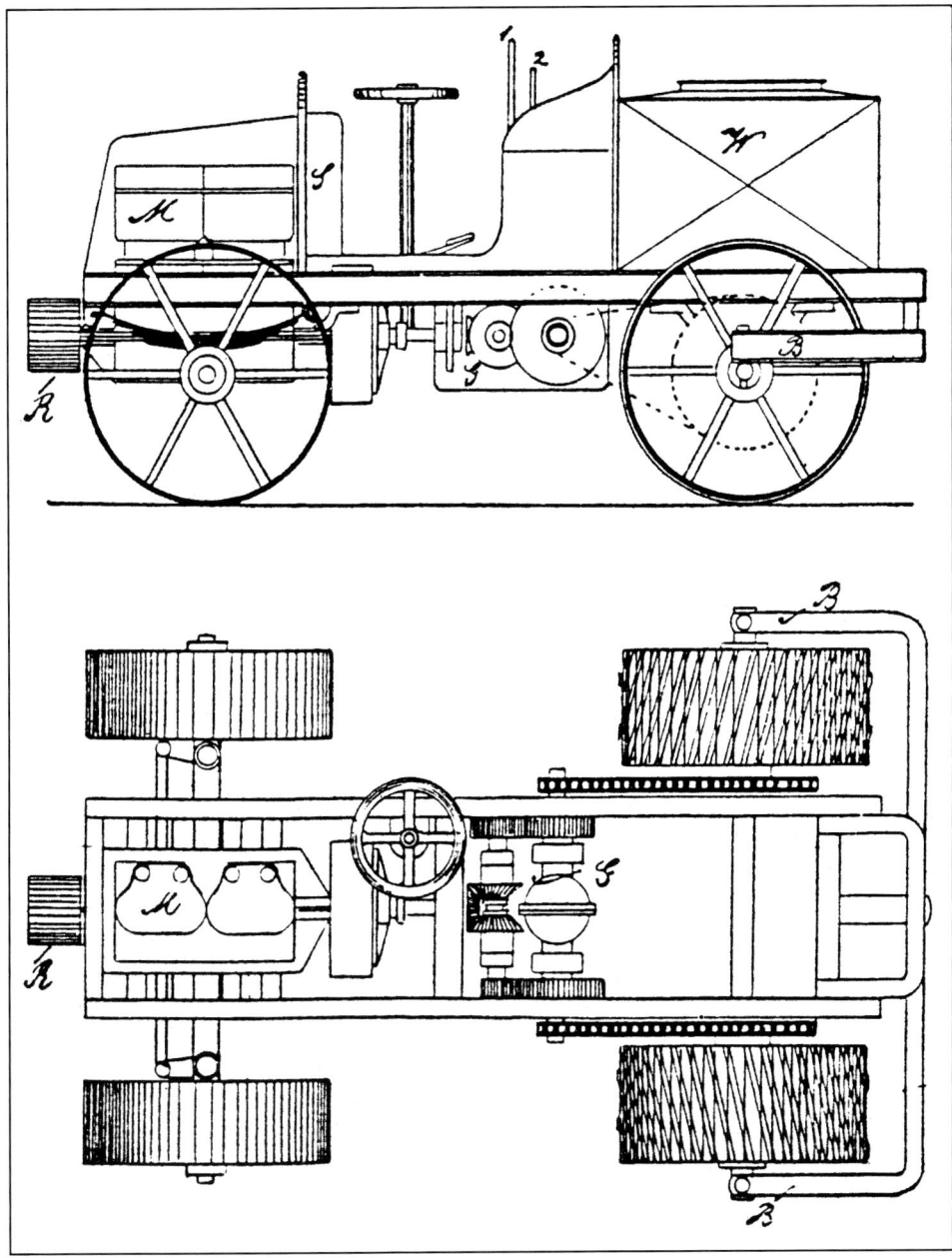

München-Sendling ihren „Original-Sendlinger-Traktor" mit 4-Zylinder-Benzin-Motor, der wegen seiner Abmessungen und Bauart wie eine Dampflokomobile aussah.

Als revolutionär wurde auch der aus Ungarn kommende „Landbau-Motor", Patent Köszegi, angepriesen, der ähnlich der Konstruktion Mechwart's den Acker fräste. In wenigen Exemplaren wurde diese Maschine ab 1909 auch bei der Motorenfabrik Kämper in Berlin gebaut, bis 1912 die Landmaschinenfabrik Lanz die Patente übernahm und die Maschine weiterentwickelte.

Aus Berlin kam der ab 1913 angebotene Gast-Motorpflug mit 60 PS starkem 4-Zylinder-Motor. An diesem dreirädrigen Fahrzeug mit großen vorderen Antriebsrädern wurden die Bodenbearbeitungsgeräte hinten angehängt.

Ein 52 bis 60 PS starker Vierradschlepper mit 2,40 m hohen Antriebsrädern wurde vor dem Ersten Weltkrieg vom Stollbergischen Hüttenamt, Ilsenburg, hergestellt. Die Ruhrwerke AG, Duisburg, boten neben verschiedenen Straßenschleppern auch Ackerschlepper-Typen von 15 bis 50 PS an.

Zu dieser Zeit kamen in Deutschland aber auch ausländische Schlepper zum Einsatz, die überwiegend aus England (Ivel) und Amerika (IHC, Carterpillar, Avery) eingeführt wurden.

Zeichnung der Motorzugmaschine von T. Lehmbeck, Berlin. Bauteile: R = Riemenscheibe, M = Motor, G = Differentialgetriebe, W = Kühlwassergefäß, B = Bügel zum Anhängen von Lasten, S = Tank.
Abb.: Sammlung Bauer

Viel Zugkraft auf drei Rädern

Die große Zeit der Motortragpflüge

Nach der Jahrhundertwende wurden die ersten Motortragpflüge entwikkelt. Mit ihren hohen Rädern hatten die „Dreiräder" eine große Zugkraft.

Einen ganz anderen Weg bei der Entwicklung einer motorisch betriebenen Bodenbearbeitungsmaschine ging ab 1908 der Fabrikant und Gutsbesitzer Robert Stock. Zusammen mit Karl

Gleiche — einem Landwirt und Ingenieur — konstruierte er den Motorpflug. Diese Maschine bestand aus einem starren Tragrahmen mit zwei großen Triebrädern. Sie waren so angeordnet, daß sich der vor den Antriebsrädern angebrachte Motor und das hintere Pflugteil mit den fest montierten Scharen fast die Waage hielten. Das hintere, nur gering belastete Stützrad diente gleichzeitig als Lenkrad. Die Vorteile dieser dreirädrigen Konstruktion lagen in der optimalen Gewichtsverteilung, der leichten Lenk-

barkeit, der guten Haftung der hohen Antriebsräder und der daraus resultierenden großen Zugfähigkeit.

In dem ersten Stock-Tragpflug war ein 8 PS starker Benzinmotor eingebaut, der über Ketten die beiden ein Meter hohen Holzräder antrieb. Das Pflugteil war zwei- oder dreischarig. Die Weiterentwicklung führte ein Jahr später zu einer 24 PS starken Versuchsmaschine mit 1,8 m hohen Rädern und 1910 zu einem 48 PS starken Tragpflug mit noch höheren Rädern. Denn Stock hatte erkannt, daß

Der MAN-Motortragpflug aus dem Jahre 1921 mit einer Leistung von 20 PS. Am Tragrahmen konnten sowohl Pflugschare als auch andere Bodenbearbeitungsgeräte angebracht werden. Foto: Deutsches Museum München

die Triebkraft mit größer werdendem Durchmesser der Räder steigt.

Motorpflug in Serie

Ab 1911 lief bei der neugegründeten R. Stock-Motorpflug AG in Berlin die Serienproduktion mit großem Erfolg an. Es wurden Motortragpflüge von 28 bis 42, später sogar mit 80 PS angeboten. Sie alle zeichneten sich durch verschiedene Besonderheiten aus, die davon zeugten, daß sich die Stock-Konstrukteure nicht nur intensiv mit der Lösung technischer Probleme sondern auch mit der Bodenbearbeitung auseindersetzten. So ließ sich das Differentialgetriebe für Geradeauspflügen blokkieren.

Das Drei- bzw. Viergang-Ge-

triebe, das erst später mit einem Rückwärtsgang geliefert werden konnte, ermöglichte eine gute Anpassung an die Bodenverhältnisse und eine variable Pfluggeschwindigkeit. Die Regulierung der Pflugtiefe wurde stufenlos mittels Handrad vom Führersitz aus über das hintere Stützrad vorgenommen. Das Ausheben des Pfluges am Vorgewende erfolgte mit einer Zahnstange am Stützrad. Die Zahnstange wurde über eine Welle vom Motor angetrieben und konnte ebenfalls vom Führersitz aus betätigt werden. Zur Unterstützung der Lenkung konnte das kurveninnere Triebrad zusätzlich abgebremst werden, was einen relativ kleinen Wendekreis ermöglichte.

Des weiteren gab es eine hintere Anhängevorrichtung für Walzen, Eggen usw. Die R. Stock- Motorpflug AG war mit ihren Konstruktionen sehr erfolgreich und verkaufte bis zum Anfang des Ersten Weltkrieges fast tausend Maschinen in alle Welt. Doch hatte der Stock-Tragpflug nicht nur gute Seiten, vielmehr äußerten Anwender und Käufer auch Kritik an dieser Maschine.

Es gab noch Mängel

So wurde z.B. bemängelt, daß das Umrüsten der Maschine von Straßenfahrt auf Ackerbetrieb durch das Anschrauben der Greifer zwei Personen und 1,5 Stunden Arbeitszeit benötigte, wobei das Abschrauben der Greifer nach erfolgter Feldarbeit nochmal genauso lange dauerte. Deshalb bot Stock später Ummantelungen der Greiferräder an, die innerhalb weniger Minuten entfernt werden konnten. Für das Anlegen der Ummantelung waren aber wiederum zwei Mann und 1,5 Std. Arbeit nötig.

Bemängelt wurde außerdem die starre Befestigung der Pflugschare am Rahmen. Dadurch konnte sich der Pflug nicht an die Unebenheiten des Bodens anpassen, so wurde z.B. bei Erhöhungen des Bodens

tiefer gepflügt und bei Vertiefungen der Boden nur flach angerissen. Auch neigte der Tragpflug von Stock durch auftretende kleine Hindernisse oder durch unterschiedliche Bodenbeschaffenheit zu Nickbewegungen, was eine ungleichmäßige Arbeitstiefe zur Folge hatte.

Als sehr nachteilig wurde von damaligen Kritikern auch das Fehlen eines Rückwärtsgangs bei den ersten Typen bemängelt, da beim Auffahren auf einen Stein der Pfug nicht zurückfahren konnte; das Hindernis mußte freigelegt und entfernt werden. Dieses war aber nur durch Anheben oder Abbau des Pfluges möglich, bzw. durch Abschrauben der Pflugschare. Alle diese Arbeiten waren immer mit großen Zeitverlusten und somit auch geringerer Flächenleistung verbunden.

Hohe Flächenleistung

Bei normaler Pflugarbeit mit einer Arbeitstiefe von ca. 20 cm rechnete man mit einer Stundenleistung von ca. 0,65 ha. Das entsprach abzüglich der Pausen, Wartungs- und Reparaturarbeiten bei neun Stunden reiner Arbeitszeit einer Flächenleistung von etwa 5,85 ha pro Tag. Schon bald nahmen andere Konstrukteure und Firmen die Idee des Motortragpfluges auf und kamen mit ähnlichen Entwicklungen auf den Markt, so z.B. Komnick (Elbing), Flader (Jöhstadt, Sachsen), Scheffeldt (Coburg), Pöhl (Gößnitz), Vogeler (Berlin) u.a. Alle Hersteller konnten aber nur geringe Verkaufserfolge erzielen.

Eine recht eigenwillige, aber erfolglose Konstruktion eines Tragpfluges war der 1914 vorgestellte 55 bis 60 PS starke Motor-Kipp-Pflug der „Deutschen-Land-Industrie GmbH" (DLI), aus Olvenstedt bei Magdeburg. Dieses Fahrzeug entsprach im Aufbau einem Kipp-Pflug, wie er bei Dampf-Seilpflügen verwendet wurde. Durch den Einbau eines Verbrennungsmotors, dessen Kraft

Der 80 PS Hanomag-WD-Tragpflug, Baujahr 1919 während einer Vorführung auf dem Werksgelände der Hanomag im Jahre 1985.
Foto: Bauer

Zwischen Vorderachse und Hinterrad war ein Wendepflug angebracht, der dem Wendestock der R. Stock Motorpflug AG seinen Namen gab.
Foto: Bach

fest am Fahrgestell angeschraubt waren, besaß der WD-Tragpflug einen separaten, beweglichen Pflugrahmen, an dem die Schare befestigt waren. Durch die geschickte Aufhängung des Rahmens war es möglich, ihn in jeder Stellung parallel zum Boden auszurichten, was ein sauberes und gleichmäßiges Pflügen ergab.

Einfache Bedienung

Der Fahrer konnte während der Arbeit mit einem Handrad, das unter dem Lenkrad angeordnet war, die Pflugtiefe stufenlos einstellen und gleichzeitig an einer Skala ablesen. Ein weiterer Vorteil war das schnelle Heben und Senken des Pflugrahmens vom Fahrersitz aus, so z.B. beim Wenden am Ende des Ackers oder beim Auffahren auf ein Hindernis. Dies wurde durch eine starke Zugfeder ermöglicht, die das Gewicht des mehrere Zentner schweren Pflugrahmens in jeder Stellung nahezu ausbalancierte.

Die Motorkraft wurde über ein Schaltgetriebe mit zwei Vorwärtsgängen und einem Rückwärtsgang sowie einem Differentialgetriebe auf die beiden inneren Zahnkränze der Antriebsräder übertragen. Der Absatz der WD-Tragpflüge verlief sehr erfolgreich, so daß

über ein Zweigang-Getriebe mittels Rollenketten auf die beiden großen Antriebsräder übertragen wurde, konnte sich der Kipp-Pflug aus eigener Kraft fortbewegen. Gesteuert wurde er über zwei jeweils an den beiden Enden des Pfluges angebrachte Stützräder. Am Ende des Feldes fuhr der Kipp-Pflug aus der Furche, wurde gekippt und pflügte bei der Rückwärtsfahrt zur gleichen Seite, brauchte also deshalb nicht zu wenden.

Erfolgreiche Tragpflüge

Erfolgreicher hingegen war der Tragpflug von Wendeler

und Dohrn (WD), der ab 1912 bei der Hannoverschen Maschinenbau-Aktiengesellschaft (Hanomag) gebaut wurde und der Tragpflug der Maschinenfabrik Augsburg-Nürnberg (MAN). Aufgrund praktischer Erfahrungen mit dem Stock-Tragpflug entwickelten Wendeler und Dohrn eine Maschine nach eigenen Ideen und Patenten. Wie der Stock- bestand auch der WD-Tragpflug aus einem Rahmengestell mit zwei großen Antriebsrädern und einem hinteren, lenkbaren Stützrad, bei dem der Motor mit 50, später 80 PS Leistung vor der Antriebsachse eingebaut war. Im Gegensatz zum Stock-Tragpflug, bei dem die Pflugschare

man sich entschloß, einen zweiten Tragpflugtyp mit 35 PS Motorleistung zu produzieren. Bis Anfang der 20er Jahre wurden über tausend WD-Tragpflüge bei der Hanomag gebaut und in alle Welt geliefert.

Auf der Ausstellung der Deutschen Landwirtschafts-Gesellschaft (DLG) im Jahre 1921 in Leipzig zeigte auch erstmals MAN einen 20, später 30 PS starken Tragpflug. Er war von Prof. Bernstein konstruiert worden und wies verschiedene technische Besonderheiten auf. Dieser dreirädrige Tragpflug bestand nicht aus einem starren Rahmen, sondern der Motorvorderkarren war mit dem hinteren Tragrahmen gelenkig verbunden.

Steuern mit der Bremse

Der Tragrahmen konnte sowohl Pflugschare als auch andere Bodenbearbeitungsgeräte, wie Grubber und Eggen, aufnehmen. Gesteuert wurde das Fahrzeug durch Abbremsen eines der beiden Triebräder, indem — bedingt durch das Differentialgetriebe — das nicht abgebremste Rad schneller angetrieben wurde und den Pflug zur abgebremsten Seite „zog". Dabei knickte gleichzeitig der Tragrahmen zur gelenkten Seite. Ein weiteres interessantes Konstruktionsmerkmal

war die unsymmetrische Bauart des Differentialgetriebes, bei dem das größere, in der Furche laufende Rad langsamer angetrieben wurde als das Landrad. Damit wurde ein gleichmäßiger Zug beider Räder möglich. Bis zur Einstellung der Produktion wurden etwa 300 MAN-Tragpflüge abgesetzt.

Ein weiterer Tragpflug, der schon fast zum Ende der Tragpflug-Ära auf den Markt kam, sei an dieser Stelle noch erwähnt. Ab 1924 bot die Robert Stock und Co. KG einen nur 1750 kg schweren 20 bis 25 PS starken Tragpflug unter der Bezeichnung „Wendestock" an. Diese Maschine entsprach im Aufbau den großen Tragpflügen, wobei der Fahrer hier über dem hinteren Stützrad saß und das Fahrzeug durch Aus- und Einkuppeln eines Antriebsrades steuerte. Der Motorpflug trug zwischen der angetriebenen Vorderachse und dem hinteren Stützrad einen zwei- oder dreischarigen Wendepflug, so daß man ohne Leerfahrten auf dem Acker durch Wenden des Pfluges zur gleichen Seite pflügen konnte.

Stock-Tragpflug, N 42

Hersteller: R. Stock u. Co. AG, Berlin
Baujahr: 1912 bis 1914
Motor: 4-Zylinder-4-Takt-Vergasermotor mit 42 PS Leistung bei einem Hubraum von 10616 ccm und einer Drehzahl von 720 U/min, Fabrikat Stock
Getriebe: Ein Vorwärtsgang (je nach Übersetzung 2,51 bis 5,55 km/h), kein Rückwärtsgang
Maße und Gewichte: Länge 920 cm, Breite 300 cm, Durchmesser der Triebräder 225 cm, Gewicht 4500 kg, Arbeitsbreite 175-200 cm bei sechs Scharen

Stock-Tragpflug, P 50

Hersteller: R. Stock u. Co AG, Berlin
Baujahr: ab 1914
Motor: 4-Zylinder-4-Takt-Vergasermotor mit 50 PS Leistung bei einem Hubraum von 10616 ccm und einer Drehzahl von 720 U/min, Fabrikat Stock
Getriebe: Zwei Vorwärtsgänge (je nach Übersetzung 1,73 bis 5,55 km/h) und ein Rückwärtsgang
Maße und Gewichte: Länge 950 cm, Breite 310 cm, Höhe 250 cm, Durchmesser der Antriebsräder 220 cm

Die über 2 m hohen Antriebsräder des Hanomag-WD-Tragpfluges übertrugen die Motorkraft auf den Boden. Foto: Bauer

Der erste Tragpflug der Robert Stock und Co. AG, Berlin, aus dem Jahr 1907. Foto: Deutsches Museum, München

WD-Großpflug

Hersteller: Hannoversche Maschinenbau-Aktiengesellschaft (Hanomag)
Baujahr: ab 1912
Motoren: 1. 4-Zylinder-Viertakt-Vergasermotor mit 50 oder 65 PS Leistung bei einem Hubraum von 14 130 ccm und einer Drehzahl von 600 bzw. 700 U/min, Fabrikat Kämper, Berlin
2. 4-Zylinder-4-Takt-Vergasermotor mit 80 PS Leistung bei einem Hubraum von 15 095 ccm und einer Drehzahl von 700 U/min, Fabrikat Hanomag
Getriebe: Zwei Vorwärtsgänge (3,6 und 5,5 km/h), ein Rückwärtsgang (2,8 km/h)
Maße und Gewichte: Länge 880 cm, Breite 280 cm, Gewicht ca. 6 000 kg

WD-Kleinpflug

Hersteller: Hannoversche Maschinenbau-Aktiengesellschaft (Hanomag)
Baujahr: ab 1921
Motor: 4-Zylinder-4-Takt-Vergasermotor mit 35 PS Leistung bei einem Hubraum von 5 700 ccm und einer Drehzahl von 900 U/min, Fabrikat Hanomag
Getriebe: Zwei Vorwärtsgänge, ein Rückwärtsgang
Maße und Gewichte: Gesamtgewicht ca. 3 000 kg

Komnick 80

Hersteller: Karl Franz Komnick und Söhne GmbH, Elbing/Westpreußen
Baujahr: ab 1911
Motor: 4-Zylinder-4-Takt-Vergasermotor mit 80 PS Leistung bei einem Hubraum von 12 320 ccm und 750 U/min, Fabrikat Komnick
Getriebe: Drei Vorwärtsgänge (2,3; 3,9; 5,8 km/h) und ein Rückwärtsgang (2,9 km/h)
Maße und Gewichte: Länge 820 cm, Breite 300 cm , Höhe 240 cm, Arbeitsbreite 220 cm mit sechs Scharen, Gewicht ca. 6 500 kg

Wende-Stock

Hersteller: R. Stock u. Co. AG, Berlin
Baujahr: ab 1924
Motor: 2-Zylinder-4-Takt-Vergasermotor mit 20 PS Leistung bei einem Hubraum von 2 198 ccm und 800 U/min
Maße und Gewichte: Gewicht ca. 1 750 kg

M.A.N.-Motortragpflug

Hersteller: Maschinenfabrik Augsburg-Nürnberg AG, Nürnberg
Baujahr: ab 1921
Motor: 4-Zylinder-4-Takt-Vergasermotor mit 20 PS Leistung bei einem Hubraum von 5 319 ccm und 700 U/min, Hersteller M.A.N.
Getriebe: Zwei Vorwärtsgänge (2,8 und 4,5 km/h) und ein Rückwärtsgang
Maße und Gewichte: Arbeitsbreite: 91 cm (dreischarig), Gewicht ca. 2 000 kg

DLI — Motor-Kipp-Pflug

Hersteller: Deutsche Land-Industrie GmbH, Olvenstedt bei Magdeburg
Baujahr: 1914
Motor: 55- 60 PS Leistung
Getriebe: Zwei Vorwärts- und zwei Rückwärtsgänge
Maße und Gewichte: Länge: 1 068 cm, Breite: 230 cm, Durchmesser der Triebräder: 230 cm

Flader — Pflug

Hersteller: E.C. Flader, Maschinenfabrik, Jöhstadt/Sachsen
Baujahr: ab 1920
Motor: 4-Zylinder-4-Takt-Vergasermotor mit 25 PS Leistung bei einem Hubraum von 3 560 ccm und 800 U/min, Fabrikat Kämper, Berlin
Getriebe: Ein Vorwärts- und ein Rückwärtsgang (4,2 km/h)
Maße und Gewichte: Länge 370 cm, Breite 175 cm, Radstand 225 cm, Gewicht ca. 1 900 kg

Die Benzinschlepper ersetzen die Zugpferde

Aus Militärfahrzeugen werden Schlepper

Durch den Kriegsdienst war über die Hälfte der Zugpferde verloren gegangen. Der Benzinschlepper sollte nun die tierische Anspannung ersetzen.

Vor dem Ersten Weltkrieg gab es im Deutschen Reich nur wenige Konstruktionen, die mit mehr oder minder zuverlässigen Vergasermotoren als Schlepper oder Tragpflüge einsetzbar waren.

Diese Maschinen wurden fast ausschließlich beim Pflügen oder Schälen des Ackers im Frühjahr oder Herbst eingesetzt. Sie sollten die kaum zu bewältigenden Arbeitsspitzen brechen, denn für das Pflügen mußte damals das ganze Jahr über eine große Zahl an Pferden gehalten werden, die aber nur wenige Wochen eingespannt wurden.

Nach dem Ende des Ersten Weltkrieges brach die Versorgung der Bevölkerung mit landwirtschaftlichen Gütern zusammen. Besonders in den letzten beiden Kriegsjahren konnte durch Mangel an Arbeitskräften und Zugtieren nur ein Teil der landwirtschaftlichen Anbauflächen bearbeitet und bestellt werden, denn viele Landarbeiter und Bauern standen an der Front. Der größte Teil der Pferde wurde als Zugtiere im Kriegsdienst eingesetzt.

Schlepper statt Pferd

Der einstmals große Bestand an Pferden wurde durch den Krieg auf weniger als die Hälfte reduziert. Durch den Mangel an Zugtieren und Arbeitskräften konnte das Bestellen der Felder nur unzureichend erfolgen. Hinzu kam, daß durch den Mangel an Getreide die Preise für Futter und Vieh fast ins Unermeßliche stiegen.

Diese Situation zwang nicht nur im Deutschen Reich sondern auch in ganz Europa zum Umdenken. Eine Lösung dieses Problems war aber nur durch den vermehrten Einsatz von Maschinen, besonders von Zugmaschinen und motorisch angetriebenen Bodenbearbeitungsmaschinen (Tragpflüge, Fräsen) möglich. Soweit es die Außenhandelsbilanz einzelner europäischer Staaten zuließ, wurden aus Amerika Traktoren und Landmaschinen eingeführt.

Die amerikanische Landmaschinenindustrie bot schon vor dem Ersten Weltkrieg eine Vielzahl von Maschinen, Geräten und Traktoren an. 1919 wurden in Amerika über 170 (!) verschiedene Traktoren von 6 bis 95 PS gebaut. Zu den bekanntesten Produzenten gehörten damals International Harvester Co, Wallis-Traktor Co, Minneapolis Steel and Mach'n Co, Advance Rumely-Treser Co, Hart-Parr Co.

Reparationsleistungen

Die deutsche Industrie konnte nur bedingt der notleidenden Landwirtschaft etwas Gleichwertiges anbieten. Rohstoffmangel, mindere Materialqualität und drückende Reparationsleistungen (ein großer Teil der produzierten Maschinen

Während des Ersten Weltkrieges entstand der Deutzer-Trekker, der nach Kriegsende als Schlepper in der Land- und Forstwirtschaft eingesetzt wurde.
Foto: Deutz-Archiv

und Geräte mußte an die Siegermächte geliefert werden) ließen kaum Möglichkeiten zu großzügigen und dringend notwendigen Entwicklungen und Produktionen. Auch wegen der katastrophalen deutschen Außenhandelsbilanz konnten keine landwirtschaftlichen Maschinen eingeführt werden. Doch die vor und während des Krieges entwickelten und gebauten Tragpflüge (Stock, WD, Komnick) und Schlepper wurden weiter produziert. Zusammen mit der Dampfkraft (Seilpflüge) wurden sie nun vermehrt eingesetzt.

Der Versailler Vertrag verbot den Deutschen den Bau von Militärfahrzeugen, so daß die Industrie die in den Kriegsjahren für das Militär entwickelten Zugfahrzeuge umrüstete, damit sie in der Landwirtschaft eingesetzt werden konnten. Zu diesen Zugmaschinen gehörte auch der 40 PS starke „Deutzer-Trekker", der zu Beginn des Krieges als 100 PS starke Artilleriezugmaschine entwickelt worden war.

Beide Achsen dieses nun mit einem 40 PS starken Motor versehenen vierrädrigen, eisen-

bereiften Fahrzeugs waren gefedert. So paßte sich der Trekker relativ gut den Bodenunebenheiten an. Durch eine zwischen den Achsen angebrachte Seilwinde, die sowohl nach vorn und hinten als auch nach beiden Seiten des Schleppers arbeiten konnte, wurde der Deutzer-Trekker hauptsächlich in der Forstwirtschaft zum Langholzziehen oder zum Stubbenroden eingesetzt. Er fand aber auch als Schlepper beim Pflügen Anwendung.

Der Hansa-Lloyd-Trecker

Auch Benz, Bachmann, Klose und andere Hersteller versuchten, ihre für das Heereswaffenamt entwickelten Zugmaschinen in der Landwirtschaft abzusetzen. Doch das hohe Gewicht (der „Benz-Traktor" wog über 5 t), die geringe Motorleistung und die umständliche Handhabung machten einen sinnvollen Einsatz als Zugmaschine auf dem Acker unmöglich. Erfolg-

reich indes waren die Schlepper von Hansa-Lloyd, Stoewer, Bachmann und Pöhl. Die Hansa-Lloyd-Werke AG in Bremen übernahmen während des Ersten Weltkrieges die Nachbaurechte des Ilsenburger Motorpfluges.

Diese Konstruktion entwickelte man in Bremen kontinuierlich weiter. Die Motorleistung wurde in den Jahren 1916 bis 1919 von 18 über 25 bis auf 35 PS gesteigert und gab so dem Schlepper recht beachtliche Zugleistungen. Der „Hansa-Lloyd-Trecker" zeichnete sich durch besonders hohe Bodenfreiheit aus. So konnte man ihn in zeitgenössischen Werbefotos häufig beim Durchqueren von Flußläufen sehen. Auch war durch Spurverstellung (!), verschiedene Greiferräder und Riemenscheibe ein damals vielfältiger Einsatz möglich.

Unter dem Motto: „Jeder Hansa-Lloyd-Trecker soll und muß einen guten Treckerführer haben" begannen die Hansa-Lloyd-Werke mit der Ausbildung von Motorpflugführern in

Von 1914 bis 1919 wurde der 80 PS Lanz-Landbau-Motor gefertigt. Im Heck war das Frästeil angebaut.   Foto: Kauders

einer werkseigenen Schule in Bremen-Sebaldsbrück. Hier konnte jeder Käufer eines Hansa-Lloyd-Treckers seinen Fahrer ausbilden lassen. So war eine sachgemäße Handhabung, Bedienung und Wartung der Maschine gewährleistet und damit die Voraussetzung für einen erfolgreichen Einsatz gegeben.

Lkw- statt Schlepperbau

1925 stellte die Bremer Firma den Schlepperbau zugunsten des Lkw- und Pkw-Baues ein. Auch die vor der Jahrhundertwende gegründeten Stoewer-Werke AG in Stettin – seinerzeit eines der bekanntesten Automobilwerke für Pkws und Lkws – bauten von 1917 bis ca. 1925 mehrere Schlepper-Typen. Der erste 1917 in dem pommerschen Werk gebaute Typ war 5 t schwer und mit 18 PS total untermotorisiert. Selbst als Zugmaschine auf Straßen und befestigten Wegen war nur eine unbefriedigende Leistung gegeben. Nach dem Krieg wurden drei Typen mit 38, 45 und 75 PS Motorleistung gebaut. Die Stoewer-Schlepper waren Rahmenkonstruktionen und hatten Achsschenkellenkung sowie eine gefederte Vorderachse. Allen Stoewer-Schleppern waren Motoren aus eigener Produktion eingebaut. Vom 38 PS starken Typ 3 S 17 wurden über 200 Exemplare hergestellt. Wie Hansa-Lloyd stellte auch Stoewer Mitte der 20er Jahre den Schlepperbau zugunsten des Pkw- und Lkw-Baues ein. Ebenfalls in den ersten Nachkriegsjahren (bis ca. 1922) wurde der Bachmann-Schlepper angeboten, der von der Maschinenfabrik Karl Bachmann in Ansbach (Bayern) gebaut wurde. Die Konstruktion dieses Schleppers basierte auf einer Entwicklung als Artillerie-Zugmaschine. Durch sein relativ geringes Gewicht von 3,5 t, ein Drei-Gang-Getriebe mit Rückwärtsgang, eine gefederte

Pendelvorderachse sowie einen 22-26 PS starken Motor brachte der Bachmann-Schlepper durchaus akzeptable Zugleistungen auf Acker und Straße. Er verfügte schon damals über Einzelradbremsung und hatte eine kleine Ladefläche über der ebenfalls gefederten Hinterachse. Der Schlepper wurde bis Mitte der 20er Jahre mit verschiedenen Motorleistungen angeboten.

Die Pöhl-Werke AG in Gößnitz (Sachsen) bauten schon vor dem Ersten Weltkrieg Tragpflüge und Radschlepper. Die Radschlepper-Typen hatten am Heck einen gelenkig angebauten Pflugrahmen mit bis zu zehn Scharen (Schälpflug). Über eine motorisch angetriebene Winde konnte der Pflug mit einem Ausleger ausgehoben werden. Gesteuert wurde die Maschine über ein vorderes Rad. Zusätzlich zum Pöhl-Schlepper konnte man eine „Patent-Furchenradsteuerung" erhalten, „die das Lenken des Pfluges geradezu spielend leicht bewirken läßt". Dem überschweren Dreirad-Typ folgten zwei weitere Vierrad-Schlepper-Typen als Übergang zur Pöhl-Ackerbaumaschine.

Großes Aufsehen

Auch Heinrich Lanz in Mannheim als führender Landmaschinen-Produzent erkannte die Zukunft der Benzin-Zugmaschinen. Er übernahm 1911 die Patente des ungarischen Konstrukteurs Karl Köszegi zum Bau des „Landbau-Motors, System Köszegi". Es handelte sich bei diesem Fahrzeug um eine von einem mehrzylindrigen Vergasermotor angetriebene Fräsmaschine, ähnlich der Bauart Mechwart's.

Die ungarische Maschine wurde erstmals 1909 anläßlich der DLG-Ausstellung in Leipzig vorgeführt. Dort erregte sie großes Aufsehen, und ein weitsichtiger Beobachter jener Zeit meinte: „Dieser Apparat wird umwälzend auf die ganze Bodenbearbeitung wirken."

Diese Konstruktion bestand aus einem rechteckigen – später dreieckigen – Rahmen aus Profilstahl mit vier bzw. drei Rädern. Der Rahmen war eine Plattform, auf der der Motor, das Lenkrad und der Antrieb auf- bzw. eingebaut waren. Am Heck der Maschine war ein gelenkiges und höhenverstellbares Frästeil angebracht, das über Ketten vom Motor angetrieben wurde. Das Frästeil ging über die gesamte Breite der Maschine, und man konnte nun in nur einem Arbeitsgang einen saatfertigen Acker erstellen.

Landbau-Motor von Lanz

Lanz entwickelte mit einem erfahrenen Stamm von Ingenieuren und Technikern diese auf den ersten Blick primitiv aussehende Maschine und erschien schon 1912 mit dem „Landbau-Motor-Lanz" auf dem Markt. Das dreirädrige Rahmenfahrgestell trug in der Mitte einen 60-70 PS starken Motor. Vorn wurde das Fahrgestell durch ein breites tonnenförmiges Rad von ca. 1 m Durchmesser abgestützt, das lenkbar war. Den beiden hinteren ca. 2 m hohen Antriebsrädern waren innere Zahnkränze aufgenietet, in die die vom Differentialgetriebe kommenden Ritzel eingriffen. Am Heck war das Frästeil angebracht, das über Ketten vom Motor angetrieben wurde und fast über die gesamte Fahrzeugbreite reichte. Das Heben und Senken des Frästeils erfolgte hydraulisch. Eine verbesserte Ausführung dieser Konstruktion folgte 1914. Mit Pendelvorderachse, Achsschenkellenkung, 80 PS Motor, abnehmbarem Frästeil und mit Riemenscheibe war die Maschine vielseitig einsetzbar.

Schon bald interessierte sich auch das Militär für den Landbau-Motor-Lanz, und die Mannheimer Firma mußte bis Kriegsende ca. 300 bis 400 Zugmaschinen überwiegend an die Artillerie liefern. Sie entsprachen im wesentlichen dem Landbau-Motor Lanz ohne

Frästeil. Auf der Basis dieser Maschinen entstanden dann bei Lanz nach 1918 weitere Zugmaschinen mit und ohne Fräse, die von Vergasermotoren angetrieben wurden. Damit wurde Lanz zum erfolgreichsten Anbieter landwirtschaftlicher Zugmaschinen.

Technische Daten

Deutzer-Trekker

Hersteller: Gasmotoren-Fabrik Deutz AG, Köln-Deutz
Baujahr: ab 1918
Motor: 4-Zylinder-4-Takt-Vergasermotor mit 40 PS Leistung bei einer Drehzahl von 800 U/min, Fabrikat Deutz
Getriebe: Drei Vorwärtsgänge (2,4 bis 6,0 km/h) und ein Rückwärtsgang
Maße und Gewichte: Länge 465 cm, Breite 187 cm, Durchmesser der Antriebsräder 150 cm, Gewicht ca. 3600 kg.

Benz-Traktor

Hersteller: Benz u. Cie. Rheinische Automobil- und Motorenfabrik AG, Mannheim; Abt. Benzwerke, Gaggenau
Baujahr: ab 1919
Motor: 4-Zylinder-4-Takt-Vergasermotor mit 40 PS Leistung bei einer Drehzahl von 800 U/min und einem Hubraum von 8138 ccm, Fabrikat Benz
Gewicht: ca. 5000 kg

Bachmann-Trecker

Hersteller: Ansbacher Eisengießerei und Maschinenfabrik und Motorenbau Carl Bachmann, Ansbach/Bayern
Baujahr: 1918 bis 1922
Motor: 4-Zylinder-4-Takt-Vergasermotor, Fabrikat Bayerische- Motoren-Werke
Gewicht: 3400 bis 3700 kg

Klose-Schlepper

Hersteller: Kurt Klose, Staßfurt
Baujahr: 1917 bis 1920
Motor: 1. 4-Zylinder-4-Takt-Vergasermotor mit 35 PS Leistung bei einer Drehzahl von 750 U/min und einem Hubraum von 6079 ccm, Fabrikat Kämper, Berlin
2. 4-Zylinder-4-Takt-Vergasermotor mit 60 PS Leistung bei einer Drehzahl von 750 U/min und einem Hubraum von 11683 ccm, Fabrikat Kämper, Berlin
Gewicht: 3600 bis 4200 kg

Hansa-Lloyd-Trecker, Typ HL 35

Hersteller: Hansa-Lloyd-Werke AG, Bremen
Baujahr: 1920
Motor: 4-Zylinder-4-Takt-Vergasermotor mit 35 PS Leistung bei einer Drehzahl von 950 U/min und einem Hubraum von 7358 ccm, Fabrikat Hansa-Lloyd,Bremen
Getriebe: Drei Vorwärtsgänge (2,8; 3,3; 5,3 km/h) und ein Rückwärtsgang
Maße und Gewichte: Durchmesser der Antriebsräder 150 cm, Gewicht 3600 kg

Stoewer-Schlepper, Typ 3 S 17

Hersteller: Stoewer-Werke AG, vorm. Gebr. Stoewer, Stettin
Baujahr: 1919 bis 1924
Motor: 4-Zylinder-4-Takt-Vergasermotor mit 45 PS Leistung bei einer Drehzahl von 950 U/min und einem Hubraum von 7359 ccm, Hersteller Stoewer, Stettin
Maße und Gewichte: Durchmesser der Antriebsräder 180 cm, Gewicht ca. 5000 kg

Pöhl-Dreischarpflug

Hersteller: Pöhl-Werke, Gößnitz
Baujahr: 1913
Motor: 4-Zylinder-4-Takt-Vergasermotor mit 45 bis 53 PS Leistung bei einer Drehzahl von 800 U/min
Getriebe: Zwei Vorwärtsgänge (3,5; 5,5 km/h) und ein Rückwärtsgang (4,1 km/h)
Maße und Gewichte: Durchmesser der Antriebsräder 160 cm, Gewicht ca. 3500 kg

Landbaumotor Lanz, System Köszegi

Hersteller: Heinrich Lanz, Mannheim
Baujahr: 1912
Motor: 4-Zylinder-4-Takt-Vergasermotor mit 70 PS Leistung bei einer Drehzahl von 600 U/min, Hersteller Kämper, Berlin
Getriebe: Drei Vorwärtsgänge (3,6; 5,0; 6,0 km/h) und ein Rückwärtsgang (3,6 km/h)
Gewicht: ca. 5500 kg

Landbaumotor Lanz, Typ LC

Hersteller: Heinrich Lanz, Mannheim
Baujahr: 1919
Motor: 4-Zylinder-4-Takt-Vergasermotor mit 80 PS Leistung bei einer Drehzahl von 700 U/min,
Hersteller: H. Lanz, Mannheim
Getriebe: Drei Vorwärtsgänge (2,2; 3,3; 5,0 km/h) und ein Rückwärtsgang (4,0 km/h)
Maße und Gewichte: Durchmesser der Antriebsräder 190 cm, Gewicht mit Fräse ca. 7000 kg

Mit Eisenketten übers Feld

Die Benzin-Kettenschlepper

Nach Ende des Ersten Weltkrieges begann im Deutschen Reich allmählich der Einsatz von Kettenschleppern in der Landwirtschaft, denn man hatte im Krieg die Vorteile des „radlosen Systems" erkannt.

Schon 1913 wurde in der deutschen Landwirtschaft das erste Mal ein Kettenschlepper eingesetzt, und zwar in Klein Wanzleben bei Magdeburg. Dort wurde im Rahmen einer offiziellen Prüfung unter der Leitung der DLG die Gebrauchsfähigkeit verschiedener in- und ausländischer motorisch angetriebener Bodenbearbeitungsmaschinen ermittelt. An diesem Test nahm auch ein Kettenfahrzeug der amerikanischen Holt-Caterpillar-Company aus Stockton (Calif.) teil. Dieser Schlepper war das Ergebnis langjähriger Versuche des amerikanischen Landmaschinen-Herstellers Benjamin Holt, der Anfang dieses Jahrhunderts sein erstes dampfbetriebenes Kettenfahrzeug vor-

stellte. Schon bald darauf folgten von Benzinmotoren angetriebene Kettenfahrzeuge. Sie waren vom Aufbau her Halbketten-Fahrzeuge, d.h. daß der Antrieb der Maschine über Ketten, die Steuerung aber über nur ein Vorderrad — später über eine Achse — erfolgte.

Geringer Bodendruck

Bald darauf wurden diese Maschinen auch in Europa vorgeführt und fanden allgemeine Anerkennung. Zwar erregte der amerikanische Schlepper mit dem unkonventionellen Fahrwerk in Klein Wanzleben viel Aufsehen, und auch Zugkraft und Flächenleistung beim Pflügen überzeugten (6 ha pro

Tag). Man erkannte aber nicht die Vorteile gegenüber den eisenbereiften Radfahrzeugen, wie geringerer Bodendruck und größere Bodenhaftung. Erst als im Krieg von den Gegnern „Tanks" und Kettenzugmaschinen (Holt lieferte im Ersten Weltkrieg fast 1000 Kettenzugmaschinen nach Europa) eingesetzt wurden, lernte man die Vorteile dieser Fahrzeuge kennen.

Im Auftrage der Heeresverwaltung begannen in den letzten Kriegsjahren verschiedene Maschinenfabriken (Büssing, Lanz, Podeus, Dinos) Kettenfahrzeuge zu entwickeln, die aber nur noch in wenigen Versuchsexemplaren zum Einsatz kamen. Nach Ende des Krieges versuchte man nun, diese Fahr-

Etwa 850 Hanomag-WD-Kettenschlepper des Typs Z 25 wurden von 1920 bis 1930 in Hannover produziert und in die ganze Welt geliefert. Foto: Bauer

Der Raupenstock gehörte zu den interessantesten deutschen Kettenschlepper-Konstruktionen. Foto: Bach

zeuge in der Land- und Forstwirtschaft einzusetzen. So bot die Lastwagenfabrik Büssing in Braunschweig bis ca. Mitte der 20er Jahre mehrere landwirtschaftliche Kettenzugmaschinen an, die auf einer Entwicklung für die Heeresverwaltung basierten.

Weitere Kettenschlepper

Ebenfalls in den Kriegsjahren wurden die Raupenschlepper der Wismarer Motorpflugfabrik von Karl Heinrich Podeus konstruiert, die dann nach 1918 in der Landwirtschaft zum Einsatz kamen. Sie waren eine Entwicklung des erfolgreichen Schlepper-Konstrukteurs Josef Vollmer, der in seiner 1906 gegründeten „Deutsche-Automobil-Constructions-GmbH" neben Pkws und Lkws für verschiedene Auftraggeber auch während des Krieges Panzerwagen entwickelte. Darauf basierend schuf Vollmer landwirtschaftliche Kettenschlepper für mehrere Firmen.

Die Podeus-Raupen (Podeus hatte sich für seine Kettenschlepper die Bezeichnung „Raupe" gesetzlich schützen lassen) zeichneten sich durch ein sehr gut abgefedertes Laufwerk aus. Es bestand aus mehrfach abgefederten Rollenwagen mit insgesamt acht Rollen auf jeder Seite. Zum Einbau in die Podeus-Raupen kamen eigene 4-Zylinder-Motoren, die über ein 3-Gang-Getriebe die hinteren Räder und somit die

Ketten antrieben. 1926 mußte die 1870 gegründete Firma den Raupen-, Lkw- und Landmaschinenbau aus wirtschaftlichen Gründen einstellen.

Nur kurze Zeit fertigten die Dinos-Automobilwerke AG in Berlin mehrere Kettenschlepper-Typen, die relativ leicht und wendig waren.

Auch nur wenige Jahre auf dem Markt waren die Delma-Orion-Kettenschlepper der „Deutschen Zugmaschinen GmbH, Berlin", die bis 100 PS Motorleistung gebaut wurden. Sie hatten ein sehr hohes Gewicht. So wog z.B. ein 68 PS starker Typ fast 8,5 t. Das hohe Gewicht war u.a. durch ein patentiertes Kettenlaufwerk begründet.

Mit 12 Scharen pflügen

In den beiden fest mit dem Fahrzeug verbundenen Fahrwerkskästen liefen in Schienenbahnen Endlosketten mit Rollenwagen, auf denen die Platten befestigt waren. Die eisernen Platten des Laufwerks waren nur locker miteinander verbunden. Der Vorteil dieses Systems lag im geringen Verschleiß des Laufwerks, da in die Fahrwerkskästen kein Schmutz eindringen konnte. „Mühelos mit 12 Scharen bei 12" Tiefe pflügen", sollte laut damaliger Werbung mit der 100 PS starken Maschine möglich sein. Großen Erfolg hingegen hatte die hannoversche Lokomotivenfabrik Hanomag mit zwei Kettenschlepper-Konstruktio-

nen von Ing. Josef Vollmer, die ab 1919 als Typ Z 25 und ab 1921 als Typ Z 50 gebaut wurden. In diesen Kettenschleppern waren 4-Zylinder-4-Takt-Vergasermotoren eigener Fertigung eingebaut, die mit Druckumlaufschmierung, Bosch-Magnetzündung und Luftfilter ausgerüstet waren.

Die Kraftübertragung vom Motor auf das Getriebe erfolgte über eine Konuskupplung, die im Schwungrad eingebaut war. Beide Kettenschlepper-Typen besaßen ein Getriebe mit drei Vorwärtsgängen und einem Rückwärtsgang. Gesteuert wurde der Schlepper mittels zweier Hebel vom Führerstand aus. Jeder Hebel wirkte über Bremsbänder auf eine Bremsscheibe, die auf einer Vorgelegewelle befestigt war. Durch Ziehen eines Hebels wurde die Kette abgebremst, wodurch auf der betreffenden Seite die Geschwindigkeit herabgesetzt wurde. Auf der anderen Seite wurde die Kettengeschwindigkeit nicht verändert, so daß der Schlepper sich zur abgebremsten Seite drehte. Die Tragrollen in den Kettenkästen waren gefedert und ermöglichten damit die Anpassung an Bodenunebenheiten.

Ritscher-Kettenschlepper

Ebenfalls zu den erfolgreichen Kettenschlepper-Produzenten gehörten die von H.W. Ritscher gegründeten „Moorburger Trecker-Werke" (MTW) in Moorburg bei Hamburg. 1924 erschien Ritscher mit einer nur 2,2 t schweren Raupe mit 3-Gang-Getriebe und 24 PS Motorleistung auf dem Markt.

Als Lenkgetriebe wurde ein normales Differentialgetriebe verwendet, bei dem durch Abbremsen der betreffenden Seite das Fahrzeug gesteuert wurde. Dieser einfache Lenkmechanismus war aber einem hohen Verschleiß der Bremsbänder unterworfen. Die Laufwerke bestanden aus einem Rahmen und waren hinten an den Antriebsrädern drehbar befestigt und vorn durch querliegende Blattfedern zum Motorblock hin abgestützt. Ritscher entwickelte seine Kettenschlepper kontinuierlich weiter und hatte damit bis zur Einstellung der Produktion Ende der 20er Jahre beachtliche Erfolge.

Eine recht unkonventionelle Konstruktion eines Kettenschleppers war die Stock-Kleinraupe der Stock Motorpflug GmbH, Berlin. Sie war ein stark kopflastiger Vierrad-Kettenschlepper mit Vorderradantrieb. Im Gegensatz zu den sonst üblichen Laufwerken fehlten hier die Laufrollen, weil Trieb- und Leitrad dieses relativ kurzen Schleppers gleichzeitig als Laufräder dienten. Um sich den Bodenunebenheiten anpassen zu können, war die Hinterachse pendelnd unter Zwischenschaltung einer starken Druckfeder gelagert. Fast 4000 dieser Maschinen wurden von 1925 bis ca. 1930 in alle Welt verkauft.

Neues Lenkgetriebe

Im Jahre 1926 stellte auch die bekannte Breslauer Lokomotiven- und Eisenbahnwaggon-Fabrik Linke-Hofmann AG einen Kettenschlepper vor, der von dem bekannten Ing. Paul Stumpf entwickelt worden war. Diese Raupe fand bei Fachleuten und Benutzern viel Beachtung. Bei dieser Maschine flossen mehrere grundlegende Neuerungen ein, so das Doppeldifferential-Lenkgetriebe nach dem Vorbild des amerikanischen Cletrac-Kettenschleppers. Die Maschine wurde mittels Hebel durch Abbremsen der Kettenantriebswellen im Getriebe gesteuert. Ferner war der Kettenschlepper aus Breslau in rahmenloser Blockbauart ausgeführt, d.h. der 50 PS starke Motor und das 3-Gang-Getriebe waren miteinander zu einem Block verschraubt. Von jeweils zwei an jeder Seite federnd angebrachten Laufrollenpaaren wurde der LHW-Kettenschlepper getragen. Mit dieser Konstruktion stiegen die Linke-Hof-

LHW-Kettenschlepper, Typ Rübezahl, mit 52 PS 4-Zylinder Kämper Vergasermotor, Baujahr 1927 bis 1928.
Foto: Herrmann

mann-Werke innerhalb kürzester Zeit zu den bedeutendsten Kettenschlepper-Produzenten auf.

Bis zur Weltwirtschaftskrise kamen noch weitere, technisch interessante Kettenschlepper auf den Markt, um die zu dieser Zeit verstärkt einsetzende Motorisierung der Landwirtschaft voranzutreiben. Genannt werden können hier nur einige. So z.B. der kombinierte Rad- und Kettenschlepper der Schwäbischen Hüttenwerke in Wasseralfing (SHW), der ohne großen Umbau sowohl als Rad- wie auch als Kettenschlepper verwendet werden konnte.

Weitere Konstruktionen

Erwähnt sei auch die kleine Raupe von Schröder und Wurr, Berlin , bei der das Leit- und Antriebsrad so dicht beieinander lagen, daß nur zwei Laufrollen benötigt wurden. Auch die Pöhl-Werke erschienen mit einer 25 PS Kleinraupe auf dem Markt. Für diese Konstruktion waren kleine Leit- und große Antriebsräder sowie ein weit hinter dem Schlepper angebrachter Sitz charakteristisch. Zu nennen wäre auch der Comfräsch-Raupenschlepper, der zusammen mit einem am Heck der Raupe angebrachten Frästeil versehen war. Doch viele dieser ideenreichen Konstruktionen verschwanden bald wieder vom Markt.

Technische Daten

Groß-Orion-Kettenschlepper

Hersteller: Deutsche Zugmaschinen GmbH, Halle/Saale
Baujahr: 1919
Motor: 4-Zylinder-4-Takt-Vergasermotor mit 80 PS Leistung bei einer Drehzahl von 650 U/min und einem Hubraum von 19964 ccm, Fabrikat Kämper, Berlin
Getriebe: Drei Vorwärtsgänge (2,4; 6 km/h) und ein Rückwärtsgang

Hanomag-WD-Kettenschlepper, Typ Z 25

Hersteller: Hannoversche Maschinenbau-Aktien-Gesellschaft (Hanomag)
Baujahr: ab 1919
Motor: 4-Zylinder-4-Takt-Vergasermotor mit einer Leistung von 25 PS bei einer Drehzahl von 950 U/min und einem Hubraum von 4252 ccm, Fabrikat Hanomag
Getriebe: Drei Vorwärtsgänge (2,1; 4,1; 6,2 km/h) und ein Rückwärtsgang (2,7 km/h)
Maße und Gewichte: Länge 326 cm, Breite 146 cm, Gewicht 3300 kg, Zugkraft 2700 kg im ersten Gang

Hanomag-WD-Kettenschlepper, Typ Z 50

Hersteller: Hannoversche Maschinenbau-Aktien-Gesellschaft (Hanomag)

6.800 kg wiegt die 50 PS starke Hanomag-Raupe, Typ Z 50, die von 1920 bis 1930 gefertigt wurde.
Foto: Hummel

Baujahr: ab 1920
Motor: 4-Zylinder-4-Takt-Vergasermotor mit einer Leistung von 50 PS bei einer Drehzahl von 800 U/min und einem Hubraum von 8876 ccm, Fabrikat Hanomag
Getriebe: Drei Vorwärtsgänge (1,6; 3,5; 6,0 km/h) und ein Rückwärtsgang (2,1 km/h)
Maße und Gewichte: Länge 440 cm, Breite 190 cm, Gewicht 6800 kg, Zugkraft 6200 kg im ersten Gang

M.T.W.-Raupenschlepper, Typ I

Hersteller: Heinrich Wilhelm Ritscher, Abt. Moorburger Trecker-Werke, Hamburg
Baujahr: 1920
Motor: 4-Zylinder-4-Takt-Vergasermotor mit einer Leistung von 25 PS bei einer Drehzahl von 950 U/min und einem Hubraum von 3560 ccm, Fabrikat Kämper, Berlin
Getriebe: Drei Vorwärtsgänge (2,8; 4,0; 6,3 km/h) und ein Rückwärtsgang (2,2 km/h).
Maße und Gewichte: Länge 260 cm, Breite 128 cm, Spurweite 80 cm, Gewicht 2000 kg

Raupenstock

Hersteller: R. Stock u. Co. AG, Berlin
Baujahr: 1928
Motor: 2-Zylinder-4-Takt-Vergasermotor mit 28 PS Leistung bei einer Drehzahl von 1000 U/min und einem Hubraum von 3617 ccm, Fabrikat Stock, Berlin
Getriebe: Drei Vorwärtsgänge (3,8; 5,2; 9,5 km/h) und ein Rückwärtsgang (3,0 km/h)
Maße und Gewichte: Länge 240 cm, Breite 170 cm , Gewicht 2350 kg

LHW-Kettenschlepper, System Stumpf

Hersteller: Linke-Hofmann-Werke AG, Breslau
Baujahr: 1927-1928
Motor: 4-Zylinder-4-Takt-Vergasermotor mit 52 PS Leistung bei einer Drehzahl von 1150 U/min und einem Hubraum von 5530 ccm, Fabrikat Kämper, Berlin
Getriebe: Drei Vorwärtsgänge (4,3; 5,8; 13,2 km/h) und ein Rückwärtsgang (3,0 km/h)
Maße und Gewichte: Länge 286 cm, Breite 150 cm, Gewicht ca. 2900 kg

SHW Rad-Raupe

Hersteller: Schwäbische Hüttenwerke GmbH, Wasseralfingen/Württemberg
Baujahr: 1920
Motor: 2-Zylinder-4-Takt-Vergasermotor mit 15 PS Leistung bei einer Drehzahl von 1000 U/min und einem Hubraum von 1900 ccm, Fabrikat Kämper, Berlin

Getriebe: Zwei Vorwärtsgänge (2,4 und 4,8 km/h beim Kettenschlepper; 6 und 12 km/h beim Radschlepper) und ein Rückwärtsgang (2,4 km/h beim Kettenschlepper und 6 km/h beim Radschlepper).
Maße und Gewichte: Länge des Kettenschleppers 230 cm, Länge des Radschleppers 300 cm, Breite des Kettenschleppers 135 cm, Breite des Radschleppers 167 cm. Gewicht des Kettenschleppers 1500 kg, Gewicht des Radschleppers 1800 kg.

Büssing-Kettenschlepper, Typ LZM

Hersteller: H. Büssing, Braunschweig
Baujahr: 1924
Motor: 4-Zylinder-4-Takt-Vergasermotor mit 55 PS Leistung bei einer Drehzahl von 860 U/min und einem Hubraum von 8753 ccm, Fabrikat Büssing
Getriebe: Zwei Vorwärtsgänge (3,25 und 6,0 km/h) und ein Rückwärtsgang
Gewicht: ca. 5500 kg

Podeus-Raupe

Hersteller: Paul Heinrich Podeus, Wismar
Baujahr: 1919
Motor: 4-Zylinder-4-Takt-Vergasermotor mit 45 PS Leistung bei einer Drehzahl von 900 U/min und einem Hubraum von 5509 ccm, Fabrikat: Podeus, Wismar
Getriebe: Drei Vorwärtsgänge und ein Rückwärtsgang
Gewicht: ca. 6000 kg

Dinos-Kettenschlepper, Typ Z 20

Hersteller: Dinos-Automobilwerke AG, Berlin
Baujahr: 1918-1922
Motor: 2-Zylinder-4-Takt-Vergasermotor mit 25 PS Leistung bei einer Drehzahl von 900 U/min und einem Hubraum von 4112 ccm, Fabrikat Dinos
Gewicht: 3100 kg

Der große Fortschritt des Henry Ford

Massenfertigung und Blockbauweise setzen Maßstäbe

Eine den gesamten Schlepperbau revolutionierende Konstruktion, deren Grundkonzept – Blockbauweise, geringes Leistungsgewicht – heute noch Gültigkeit hat, kam aus Amerika.

Es war der nach neuesten technischen Gesichtspunkten und durch konsequente Großserienfertigung produzierte Fordson-Traktor. Von 1917 bis 1928 wurden fast eine Dreiviertelmillion Exemplare vom größten amerikanischen Automobilproduzenten Ford gebaut. Er wurde auch in großer Zahl nach Europa exportiert.
Henry Ford (1863 – 1947) war gebürtiger Farmerssohn. Er wandte sich schon vor der Jahrhundertwende dem Automobilbau zu. 1904 gründete er die „Henry Ford Automobile Company" und gehörte bald zu den erfolgreichsten Automobilproduzenten Amerikas. 1907 experimentierte man bei Ford an einem Traktor-Prototypen, der überwiegend aus Teilen der eigenen Automobile bestand. Das Projekt wurde aber nicht weitergeführt, denn im darauffolgenden Jahr wurden sämtliche Produktionskapazitäten zum Bau des „Ford Modell T" – nach dem VW-Käfer das erfolgreichste Auto der Welt – benötigt.
Erst 1915 nahm Henry Ford die Schlepper-Idee wieder auf und beauftragte mit der Entwicklung eine Arbeitsgruppe in seiner Firma. Ihm schwebte eine einfache, leichte und durch Fließbandmontage billig herzustellende Konstruktion vor, damit auch die Masse der amerikanischen Farmer ihre Betriebe preiswert „traktorisieren" konnte. Um diese Prinzipien zu verwirklichen, bedurfte es neuer Wege in Aufbau und Konstruktion, was die rahmenlose Blockbauweise ermöglichte, die schon vorher von zwei anderen amerikanischen Traktorproduzenten angewandt wurde.

Ford Serienproduktion

Bei Ford wurden daraufhin 30–50 Versuchsschlepper gebaut und ausführlich getestet. Ein 4-Zylinder-Reihenmotor wurde mit dem Getriebe-Hin-

Der amerikanische Fordson-Traktor brachte durch sein geringes Leistungsgewicht und durch seinen niedrigen Preis den Schlepper-Weltmarkt in Bewegung.
Foto: Bauer

terachsblock zu einer selbsttragenden Einheit verschraubt. Die Pendelvorderachse war vor dem Motorblock unter dem Kühlerträger befestigt.

Durch diesen Aufbau konnten im Gegensatz zur Rahmenkonstruktion viel Material und somit Gewicht und Kosten gespart werden, so daß schon eine bessere Ausgangsbasis gegenüber der Rahmenkonstruktion für eine preiswerte Zugmaschine gegeben war. Das Gewicht lag bei den dann serienmäßig produzierten 22 PS Fordson-Traktoren bei ca. 1200 kg und entsprach einem Leistungsgewicht von 60 kg je PS. Die Ford-Versuchsschlepper bewährten sich bei den umfangreichen Tests recht gut, mußten aber in verschiedenen Details noch verbessert werden, so daß vorerst eine Serienproduktion zurückgestellt werden mußte.

7000 Ford für England

Ab 1917 interessierten sich die Engländer für diese Konstruktion, denn das mit den Deutschen im Krieg befindliche Land war durch die U-Boot-Blockade in Versorgungsschwierigkeiten geraten, die man durch die Steigerung der landwirtschaftlichen Produktion vermindern wollte. Dies war aber nur durch den Einsatz von Zugmaschinen möglich, die binnen kürzester Zeit und in großer Menge zu bekommen sein mußten. So kam es zum Vertrag zwischen Ford und Großbritannien zur Herstellung von Ford-Traktoren in England. Doch es war der englischen auf Kriegsproduktion ausgerichteten Industrie nicht möglich, Material und Rohstoffe dafür zu liefern. So entschloß sich Ford, bis zum Frühjahr 1918 die gewünschten 7000 Traktoren in Amerika herzustellen. Schon zwei Monate nach Vertragsabschluß fuhren die ersten Ford-Traktoren aus den provisorisch erstellten Werkshallen der neugegründeten Firma „Henry Ford & Son" zur Verschiffung nach England. Innerhalb kürze-

ster Zeit eroberte Ford mit seinem Traktor den amerikanischen Markt.

Konkurrenzlos preiswert

Durch konsequente Großserienfertigung (Die Jahresproduktion lag bei ca. 100 000 Exemplaren) konnten die Traktoren konkurrenzlos preiswert verkauft werden, so daß man bald einen Marktanteil von 75 % innehatte. Das blieb natürlich für die Konkurrenz nicht ohne Folgen, die wegen des steigenden Marktanteils der Fordson-Traktoren in Konkurs geriet.

Auch im Deutschen Reich hörte man vom Fordson-Traktor. So war schon 1917 einer Pressemitteilung zu entnehmen, daß der 20 PS Traktor in Amerika nur 1300 Mark kosten soll (Der Hansa-Lloyd-Trecker wurde zu dieser Zeit für rund das Zehnfache angeboten). So mancher fortschrittliche Landwirt hätte gern eine so preiswerte ausländische Maschine angeschafft, um eine wirtschaftlichere Bearbeitung seines Ackers zu ermöglichen und damit einen Beitrag zur Behebung der schlechten Ernährungslage der einheimischen Bevölkerung zu leisten.

Doch die katastrophale Finanzlage des Deutschen Reiches ließ eine Einfuhr von Schleppern nicht zu, und ein Einfuhrverbot wurde erlassen, das erst 1924 auf Drängen vieler kostenorientierter Landwirte und Landtechniker aufgehoben wurde. Im Jahre 1921 waren bereits einzelne Maschinen zu Testzwecken nach Deutschland geholt worden, und man hatte sich von der Leistungsfähigkeit überzeugen können. Schon 1926 war jede fünfte neugekaufte Zugmaschine im Deutschen Reich ein Fordson-Traktor.

Deutschland holt auf

Inzwischen hatte aber auch die deutsche Industrie aufgeholt und mindestens gleichwertige Schlepper konstruiert. Ab ca. 1918/19 boten die Pöhl-Werke AG in Gößnitz ihre „Pöhl-Uni-

versal-Ackerbaumaschine" an, die seinerzeit eine der fortschrittlichsten deutschen Schlepperkonstruktionen war. Bei diesem Schlepper kamen sowohl die langjährigen Erfahrungen der sächsischen Firma im Tragpflug- und Schlepperbau zur Anwendung als auch neue Erkenntnisse zum Tragen.

Bald wurde die Ackerbaumaschine als „wirksame deutsche Waffe gegen die amerikanische Konkurrenz" gepriesen,

was durch mehrere umfangreiche Vergleichsprüfungen auch bestätigt wurde. Die Ackerbaumaschine war eine Rahmenkonstruktion aus U-Trägern, die vorn durch eine lenkbare und gefederte Pendelachse getragen wurde. Die beiden hinteren Antriebsräder mit einem Durchmesser von 1,3 m waren an gekröpften Achszapfen gelagert und einzeln durch Spindeln in der Höhe verstellbar, damit z.B. beim Pflügen die Schräglage ausge-

glichen werden konnte.

Der vorn im Rahmen eingebaute 4-Zylinder-Motor übertrug die Kraft über eine am Schwungrad angebaute Konuskupplung zum Schaltgetriebe und dann über Schnecke und Schneckenrad zum Ausgleichs- bzw. Differentialgetriebe. Eine jeweils rechts und links aus dem Differentialgetriebe kommende Antriebswelle übertrug mittels Rollenketten die Kraft auf die Hinterräder.

Doppelt so teuer

Das Getriebe hatte zwei (später drei) Vorwärtsgänge und einen Rückwärtsgang, die mit einem neben dem Fahrersitz angebrachten Hebel eingelegt werden konnten. Die Höchstgeschwindigkeit betrug im zweiten Gang 5,5 km/h, konnte aber durch Wechseln der Antriebsritzel geändert werden. Der Verbrauch an Kraftstoff (Benzin, Benzol, Gemische) wurde werksseitig mit 24 kg/ha Pflug-

28 PS leistet dieser top restaurierte Hanomag-WD-Radschlepper. Der R 28 wurde als eisenbereifter Ackerschlepper oder als Straßenschlepper mit Gummibereifung angeboten.
Foto: Bauer

arbeit (zweischarig, 30 cm tief) angegeben und als sehr gering angepriesen.

Zum Antrieb stationärer Maschinen war auch eine Riemenscheibe vorhanden, so daß sich die Pöhl-Ackerbaumaschine vielfältig einsetzen ließ. Das Gewicht betrug ca. 1700 kg und lag somit schon in der Nähe des Fordson-Traktors. Doch obwohl der Preis der Ackerbaumaschine in den weiteren Produktionsjahren auf über die Hälfte gesenkt wurde, war er trotzdem fast doppelt so hoch wie der des Fordson-Traktors. Bis ca. 1928 wurden etwa 1000 Maschinen mit unterschiedlichen Leistungen und Motoren hergestellt. 1932 mußte Pöhl durch die Folgen der Weltwirtschaftskrise die Schlepperproduktion einstellen. Vorher wurden noch verschiedene kleine rad- und kettengetriebene Zugmaschinen – die Pöhl-Zugmotoren – angeboten.

Hanomag-Radschlepper

Auch die Hanomag nahm die Herausforderung durch den Fordson-Traktor an und bot der amerikanischen Konkurrenz Paroli. Auf der 30. Wanderausstellung der DLG im Frühjahr 1924 in Hamburg wurde der Öffentlichkeit erstmals der von Ing. Josef Vollmer konstruierte neue Hanomag-WD-Radschlepper vorgestellt. Er war nach seinem amerikanischen Vorbild in Blockbauweise gebaut, hatte eine Pendelvorderachse und einen Vier-Zylinder-Reihenmotor. Das Schaltgetriebe hatte drei Vorwärtsgänge und einen Rückwärtsgang. Das Eigengewicht lag knapp unter 2000 kg.

Für die Produktion dieses Schleppers richtete man in Hannover eine neue und moderne Fertigungsstraße ein, auf der jährlich 1000 und später 3000 Schlepper hergestellt werden konnten. Damit waren die wichtigsten Voraussetzungen für einen modernen und preiswerten Schlepper deutscher Produktion gegeben. Der WD-Radschlepper ent-

sprach nicht nur den Forderungen der Landtechniker nach einer leichten, universell einsetzbaren Maschine sondern auch den Wünschen der deutschen Landwirte.

Zur Förderung des Maschineneinsatzes in der Landwirtschaft wurde 1924 unter Leitung des Reichsernährungsministeriums eine Finanzierungsgesellschaft für Landmaschinen gegründet. Sie hatte die Aufgabe, den Landwirten durch zinsverbilligte Kredite die Anschaffung von deutschen Schleppern zu erleichtern. Die Deutsche-Kraftpflug-Gesellschaft, eine Tochtergesellschaft der Hanomag mit Sitz in Berlin, war mit 750 WD-Radschleppern und 100 Kettenschleppern am stärksten beteiligt.

Unterstützung vom Staat

Sie bot im Frühjahr 1925 den WD-Radschlepper zum Preis von 4800 RM an. Für die Kunden der Finanzierungsgesellschaft gab es noch einen Rabatt von 300 RM. Der Fordson kostete zu dieser Zeit immer noch rund 1000 RM weniger. Es lag also nahe, beide Schlepper miteinander zu vergleichen, was auch mehrfach geschehen ist.

Die Serienfabrikation des Schleppers mit der Typenbezeichnung R 28 begann 1925. Neben der Blockbauweise zeichnete sich der Schlepper durch weitere technische Besonderheiten aus, so bestanden Kurbelwellen- und Pleullagerschalen aus auswechselbaren Rotgußlagerschalen mit Weißmetall. Die Schmierung des Vergasermotors erfolgte durch eine Druckumlaufschmierung mittels Drehschieberölpumpe. Die Kühlung war als regelbare Umlaufkühlung ausgeführt.

Die vier Gänge wurden mit einer seitlich angebrachten Kulissenschaltung eingelegt. Das Differential war sperrbar. Auf Wunsch konnte auch eine seitlich angebrachte Riemenscheibe geliefert werden. Wie damals bei allen angebotenen Radschlepper-Fabrikaten wur-

de auch der R 28 als eisenbereifter Ackerschlepper oder als Straßenschlepper mit Vollgummibereifung angeboten. Schon bald gehörte der Schlepper aus Hannover mit dem charakteristischen tonnenförmigen Kraftstofftank vor dem Lenkrad zu den meistverkauften im Lande.

Die Zeit nach dem Ersten Weltkrieg bis Anfang der 30er Jahre war reich an recht unkonventionellen Konstruktionen und Entwicklungen. Sie zeigte aber auch, wie ideenreich manche Firmen und Konstrukteure Probleme zu lösen versuchten. So baute z.B. die bekannte Berliner Lokomotivenfabrik Borsig um 1925 eine Zugmaschine für die Landwirtschaft, die sie „Eisernes Pferd" nannte.

Dieser Borsig-Vorspann-Schlepper wurde wie ein Tiergespann mit Zügeln gesteuert. Ebenfalls Zügellenkung hatte der 20 PS starke MAN-Gespannschlepper, der von 1923 bis 1924 nur in wenigen Exemplaren gebaut wurde. Beide Maschinen sollten den Benutzern den Übergang vom Gespann auf den Schlepper erleichtern.

Eiserner Zugochse

„Ein deutsches Meisterwerk in der Schaffung eines stets einsatzfähigen und wirtschaftlichen eisernen Zugochsen" – so versprach es zumindest die Werbung – sollte der Daag-Toro-Kippmotorpflug sein. Er wurde bei der Braunschweiger Eisenbahn- Signalbau-Anstalt Max Jüdel und Co. von 1923 bis 1928 gebaut. Dieses vierrädrige Fahrzeug wurde von Ing. Brey entwickelt, der auch Deutz für den allradgetriebenen Kipp-Motorpflug von 1907 die Konstruktion lieferte. Beim Daag-Toro-Kippmotorpflug war zwischen dem linken Hinterrad und dem Getriebeblock ein Kipp-Pflug angebracht. Je nach Fahrtrichtung konnte über einen Windenmechanismus eine Pflughälfte gesenkt oder ausgehoben werden. Der Schlepper konnte sowohl

in Vorwärts- als auch in Rückwärtsfahrt pflügen und hatte deshalb auch zwei Steuerräder und zwei gegenüberliegende Sitze. Der erhoffte Erfolg dieses Vorläufers eines Zweiwege-Traks blieb aber aus, so daß nur wenige Maschinen einen Käufer fanden.

Die Gutsfräse

Ebenfalls ein Dreirad-Fahrzeug war die „Gutsfräse" der Siemens-Schuckert Werke, Berlin. Sie entsprach im Aufbau einem Schlepper mit lenkbarem Vorderrad und einem am Heck angebauten Frästeil. Das Frästeil, das aus einer Welle mit Federzinken bestand, geht auf eine Entwicklung des Schweizer Ing. Konrad von Meyenburg zurück. Er hatte schon vor dem Ersten Welt-

krieg mit dieser Art der Bodenbearbeitung experimentiert, so z.B. mit dem Landbaumotor „Faktotum".

Obwohl die Gutsfräse für damalige Verhältnisse durchaus überzeugende Arbeit lieferte, hielt sich der Absatz in Grenzen, so daß die Fertigung Anfang der 30er Jahre eingestellt wurde. Mehr Erfolg hingegen hatte das Berliner Elektrounternehmen mit Einachsfräsen von 4 bis 8 PS Motorleistung, die ebenfalls auf den Patenten von v. Meyenburg beruhten. 1934 stellte Siemens den Fräsbau ein und gab das Bauprogramm an Bungartz in München ab.

Ein weiteres Dreirad-Fahrzeug dieser Zeit war der „Cerva-Motorpflug" der Wesselmann-Bohrer-Co. AG in Gera-Zwötzen, der von 1920 bis ca. 1930 gebaut wurde. Das Fahrgestell

bestand aus einem Profilstahl-Rahmen, deren beide gekröpften Holme nach vorn spitz zuliefen und das lenkbare Vorderrad aufnahmen. Eine Besonderheit war das am Heck angebrachte Pflugteil. Hiermit konnten die drei gelenkig befestigten Schare einzeln mit Motorkraft eingesetzt oder ausgehoben werden. Das hatte den Vorteil, daß z.B. beim Auffahren auf ein Hindernis das Pflugschar ausgehoben werden konnte.

Schlepper mit Kranaufbau

Viel Anerkennung bei den Anwendern fand auch die gerade Feldkante beim Pflügen vor dem Vorgewende — statt der Sägezahnform — die durch das Nacheinanderausheben der Pflugschare möglich war. Auch

Die Pöhl-Ackerbaumaschine aus dem Jahre 1919 war die erste Antwort der deutschen Schlepperindustrie auf den revolutionären amerikanischen Fordson-Traktor. Foto: Bauer

Vorwärts und rückwärts arbeiten konnte der „Eiserne Zugochse", der Daag-Toro-Motorpflug AG, Rathingen. Je nach Fahrtrichtung wurde der vordere oder hintere Pflug mit einer Winde abgelassen.
Foto: Hummel

verfügte der Cerva-Motorpflug über eine Einzelradbremse zum kurzen Wenden. In den letzten Produktionsjahren konnte der 40 PS starke Schlepper auch mit vorderem Kranaufbau geliefert werden, der das Heben und Transportieren von Lasten ermöglichte und dadurch die Einsatzmöglichkeiten erweiterte.

Mit aufgebautem Kran konnte auch der 28 PS starke Vierradschlepper der Hannoverschen Waggonfabrik AG (Hawa) ausgerüstet werden, der in der Zeit von 1923 bis 1925 in wenigen Exemplaren produziert wurde. Der Hawa-Schlepper wog ca. 1800 kg und war der erste deutsche Radschlepper in Blockbauweise. Die Hawa war zu dieser Zeit auch bekannte Herstellerin von Landmaschinen.

Nur ein Rad angetrieben

Recht eigenwillige Konstruktionen waren auch die dreirädrigen Eintriebrad-Schlepper, die in den 20er Jahren von

Freund, Korge und Stolle (Kosto), Benz-Sendling und Daimler gebaut wurden. Um das teure und damals anfällige Differentialgetriebe einzusparen, wählte man diesen unkonventionellen Aufbau. Das große hintere Antriebsrad (oder Zwillingsrad) wurde über ein Schaltgetriebe vom vorderen Motor mittels einer Rollenkette angetrieben.

Die Eintriebrad-Schlepper von Kosto sowie von Freund waren als Tragpflüge ausgeführt, bei denen das Pflugteil zwischen Vorderachse und hinterem Antriebsrad angeordnet war. Die Maschinen von Daimler und Benz-Sendling (Daimler und Benz fusionierten erst 1926 zur Daimler-Benz AG) waren Zugschlepper. Um die Standfestigkeit dieser dreirädrigen Konstruktionen — besonders am Hang — zu erhöhen, konnten vom Fahrer bedienbare seitliche Stützräder montiert werden.

Technische Daten

Fordson-Traktor

Hersteller: Ford Motor Company, Detroit, USA
Baujahr: ab 1919
Motor: 4-Zylinder-4-Takt-Vergasermotor mit einer Leistung von 22 bis 28 PS bei einer Drehzahl von 1000 bis 1300 U/min, Fabrikat Fordson
Getriebe: Drei Vorwärtsgänge (2,5; 4,5; 11,1 km/h) und ein Rückwärtsgang (4,3 km/h)
Maße und Gewichte: Länge 259 cm, Breite 156 cm, Gewicht ca. 1 100 kg

Pöhl-Ackerbaumaschine

Hersteller: Pöhl-Werke AG, Gößnitz
Baujahr: ca. 1919
Motor: 4-Zylinder-4-Takt-Vergasermotor mit 30 PS Leistung bei einer Drehzahl von 1000 U/min und einem Hubraum von 3560 ccm, Fabrikat Kämper, Berlin
Getriebe: Drei Vorwärtsgänge

(3,5; 5,3; 8,4 km/h) und ein Rückwärtsgang (4,1 km/h)
Maße und Gewichte: Länge 360 cm, Breite 170 cm, Gewicht 2045 bis 3200 kg

Hanomag-WD-Radschlepper, Typ R 26

Hersteller: Hannoversche Maschinenbau-Aktien-Gesellschaft (Hanomag)
Baujahr: ab 1924
Motor: 4-Zylinder-4-Takt-Vergasermotor mit einer Leistung von 26 PS bei einer Drehzahl von 1100 U/min und einem Hubraum von 4252 ccm, Fabrikat Hanomag, Hannover
Getriebe: Drei Vorwärtsgänge (3,0; 4,5; 8,0 km/h) und ein Rückwärtsgang (1,9 km/h)
Maße und Gewichte: Länge 313 cm, Breite 174 cm, Gewicht ab 1950 kg

Eiserner Zugochse

Hersteller: Daag-Toro-Motorpflug AG, Ratingen
Baujahr: 1923 bis ca. 1929
Motor: 4-Zylinder-4-Takt-Vergasermotor mit 28 PS Leistung bei einer Drehzahl von 1000 U/min und einem Hubraum von 3560 ccm, Fabrikat Kämper, Berlin
Getriebe: Ein Vorwärtsgang und ein Rückwärtsgang (4,8 km/h)
Maße und Gewichte: Länge ca. 360 cm (mit Pflug ca. 500 cm), Breite ca. 220 cm, Gewicht ca. 2000 kg (ohne Pflug)

Cerva-Motorpflug

Hersteller: Cerva Motorpflug Wesselmann-Bohrer-Cie. AG, Gera-Zwötzen
Baujahr: 1920 bis ca. 1931
Motor: 4-Zylinder-4-Takt-Vergasermotor mit 40 PS Leistung bei einer Drehzahl von 800 U/min und einem Hubraum von 6079 ccm, Fabrikat Kämper, Berlin
Getriebe: Drei Vorwärtsgänge (2,4; 3,6; 4,8 km/h) und ein Rückwärtsgang (2,6 km/h)
Maße und Gewichte: Länge 350

cm (mit Pflug 650 cm), Breite 180 cm, Gewicht 3050 kg

Hawa Kraftfeldzeug

Hersteller: Hannoversche Waggonfabrik AG, Hannover
Baujahr: ab 1921
Motor: 4-Zylinder-4-Takt-Vergasermotor mit einer Leistung von 28 PS bei einer Drehzahl von 800 U/min und einem Hubraum von 6230 ccm, Fabrikat Oberursel
Getriebe: Zwei Vorwärtsgänge (4,7 und 11,0 km/h) und ein Rückwärtsgang (6,0 km/h)
Maße und Gewichte: Länge 300 cm, Breite 180 cm, Höhe 170 cm, Durchmesser der Antriebsräder 130 cm, Gewicht 1800 kg

Kosto Gelenkpflug

Hersteller: Korge und Stolle, Berlin
Baujahr: ab 1918
Motor: 4-Zylinder-4-Takt-Vergasermotor mit 32 PS Leistung bei einer Drehzahl von 990 U/min und einem Hubraum von 6529 ccm, Fabrikat Adler
Getriebe: Ein Vorwärtsgang und ein Rückwärtsgang (5,3 km/h)

Freund-Motorpflug

Hersteller: Berliner Aktiengesellschaft für Eisengießerei und Maschinenfabrik, früher J.C. Freund u. Co., Berlin
Baujahr: ab 1918
Motor: 4-Zylinder-4-Takt-Vergasermotor mit 40 PS Leistung bei 800 U/min und einem Hubraum von 6500 ccm, Fabrikat Adler
Getriebe: Zwei Vorwärtsgänge (3,6 und 6 km/h) und ein Rückwärtsgang
Maße und Gewichte: Durchmesser des Antriebsrades 200 cm, Breite des Antriebsrades 32 cm, Gewicht 3500 kg

Benz-Sendling Eintriebrad-Schlepper

Hersteller: Benz-Sendling-Mo-

torpflüge GmbH, Berlin
Baujahr: ab 1919
Motor: 2-Zylinder-4-Takt-Vergasermotor mit 20 bis 25 PS Motorleistung bei einer Drehzahl von 800 U/min und einem Hubraum von 5150 ccm, Fabrikat Benz
Getriebe: Ein Vorwärtsgang und ein Rückwärtsgang (ca. 3,5 km/h)
Maße und Gewichte: Länge 471 cm, Breite 170 cm, Durchmesser des Antriebrades 140 cm, Breite des Antriebrades 50 cm, Gewicht ca. 2000 bis 2600 kg

Daimler Eintriebrad-Schlepper

Hersteller: Daimler-Motoren-Gesellschaft AG, Stuttgart
Baujahr: 1920 bis 1924
Motor: 4-Zylinder-4-Takt-Vergasermotor mit einer Leistung von 45 PS bei einer Drehzahl von 880 U/min und einem Hubraum von 7833 ccm, Fabrikat Daimler, Stuttgart
Getriebe: Drei Vorwärtsgänge (3,0; 4,0 und 6,0 km/h) und ein Rückwärtsgang (3,5 km/h)
Gewicht: ca. 4000 kg

Siemens-Gutsfräse

Hersteller: Siemens-Schuckert Werke, Berlin
Baujahr: 1923
Motor: 4-Zylinder-4-Takt-Vergasermotor mit einer Leistung von 30 PS bei einer Drehzahl von 800 U/min und einem Hubraum von 6079 ccm, Fabrikat Kämper, Berlin
Getriebe: Drei Vorwärtsgänge (1,75; 2,35; 4,4 km/h) und ein Rückwärtsgang
Maße und Gewichte: Länge 500 cm, Breite 180 cm, Gewicht 2725 kg

Mit Glühkopf, Schwungrad und Verdampfer

Die Erfolgsstory des Lanz-Bulldogs

Eine für die Mechanisierung der gesamten deutschen Landwirtschaft entscheidende Konstruktion war der Bulldog von Lanz, Mannheim, des schon damals größten Herstellers von Landmaschinen und Lokomobilen.

Der Lanz-Bulldog war mit über 200 000 Exemplaren fast eine Generation lang der erfolgreichste und populärste Schlepper auf dem deutschen Markt. Er wurde erstmals 1921 auf der DLG-Ausstellung in Leipzig als „einzylindriger, selbstfahrender Schwerölmotor Bulldog" vorgeführt und fand sogleich von allen Seiten große Beachtung, denn er war der erste Schlepper der Welt, der mit dem billigen Schweröl betrieben werden konnte.
Sein Konstrukteur war Dipl.-Ing. Dr. Fritz Huber (1881-1942), der 1916 bei Lanz eintrat. Er befaßte sich anfangs mit der Weiterentwicklung der Lanz-Landbaumotoren und bald darauf mit der Konstruktion eines Verbrennungsmotors für die Landwirtschaft, der sowohl billig im Betrieb als auch einfach in der Bedienung sein sollte. Diese Forderungen sah Huber nur mit dem Glühkopfmotor zu verwirklichen, zumal er schon – bevor er zu Lanz ging – bei den Wiener Climax-Werken einen Glühkopfmotor konstruiert hatte und somit über entsprechende Erfahrungen verfügte.

Glühkopf patentiert

Als Huber bei Lanz anfing, hatten die Gas-, Benzin- und Dieselmotoren, so z.B. von Deutz, Körting und MAN, schon gute Betriebsreife erlangt, so daß sie neben der Dampfmaschine als Antrieb von stationären Maschinen in Industriebetrieben eingesetzt wurden. Doch der hohe Verbrauch an teurem Brennstoff und die umständliche Bedienung standen der weiteren Verbreitung – besonders auf dem Lande – entgegen. Eine Lösung zeichnete sich erst mit der Verwendung von hochsiedenden (200 – 380 °C) und billigeren Schwerölen ab, die zudem noch gefahrlos gelagert werden konnten.
Zu den Schwerölen gehörten z.B. Gasöl (Erdöldestillat), Steinkohlenteeröl (Steinkohlendestillat), Solaröl, Paraffinöl, Teeröl (Braunkohlendestillate). Die Schweröle konnten jedoch nicht ohne weiteres als Kraftstoff für Verbrennungsmotoren verwendet werden, was z.B. mit Benzin und Benzol möglich war, denn sie bedingten eine umfangreiche konstruktive Änderung des Verbrennungsmotors.

Kraftstoffverbrauch zu hoch

Zwei wichtige Schritte in diese Richtung kamen von Rudolf Diesel mit dem nach ihm benannten Motor und dem Engländer Herbert Akroyd Stuart, der sich im Jahr 1890 den ersten Glühkopfmotor patentieren ließ. Bei diesem Motor stand der Verbrennungsraum mit einer außen liegenden Kammer des Zylinderkopfes in Verbindung, die vor dem Anlassen mittels einer Heizlampe bis zur Rotglut erhitzt wurde. An die inneren Wandungen dieser ungekühlten Kammer – Glühkopf genannt – wurde durch eine Düse der Brennstoff gespritzt, der anschließend sofort verdampfte. Beim Verdichtungsvorgang entzündete sich das gasförmige Kraftstoff-Luft-Gemisch am Glühkopf von selbst und trieb den Kolben vorwärts. Stuart's Motor fand aber kaum weite Verbreitung, da er durch seinen hohen Brennstoffverbrauch (430 g/PSh) sehr unwirtschaftlich arbeitete. Seine Idee griffen auch andere Hersteller

auf und experimentierten mit diesem Motor. Durch verschiedene konstruktive Maßnahmen, so z.B. durch Änderung des Glühkopfes und des Einspritzzeitpunktes konnten bald ein guter Gleichlauf und geringerer Kraftstoffverbrauch erreicht werden.

Schon kurz nach der Jahrhundertwende bot z.B. die schwedische Maschinenbaufirma Bolinder in Stockholm Glühkopfmotoren an, die weite Verbreitung fanden. Nachteilig war bei diesen Motoren aber, daß sie nicht im Leerlauf zu betreiben waren, da die Glühkopftemperatur von der Motorbelastung und der Drehzahl abhängig war. Bei Leerlauf kühlte der Glühkopf ab, und der eingespritzte Kraftstoff konnte nicht mehr verdampfen. Außerdem neigten diese Motoren bei stärkerer Belastung zu Überhitzungen, was Frühzündung zur Folge hatte.

Trotz dieser Nachteile fanden vor dem Ersten Weltkrieg die Glühkopfmotoren sowohl in stehender als auch in liegender Bauart vielfache Verwendung als Stationär- und auch als Bootsmotoren. Bekannteste Hersteller von Glühkopfmotoren (Zwei-Takt- und Vier-Takt-Verfahren) waren zu dieser Zeit in Deutschland Swiderski, Leipzig; Hille, Dresden; Motorenfabrik Oberursel; Motorenwerk Eilenburg; Maschinenfabrik Christoph in Niesky, Hatz in Ruhstorf.

Wichtige Neuerungen

Huber's entscheidender Beitrag zum Erfolg des Glühkopfmotors bestand darin, daß sein Motor sowohl bei Vollast als

Die erste Version des 12 PS Selbstfahrer-Bulldogs, Baujahr 1921, mit Auspuff nach unten. Ein Schaltgetriebe fehlte an diesem Schlepper.
Foto: Bauer

Ein 38 PS starker 2-Zylinder-Glühkopfmotor trieb den von 1923 bis 1925 gebauten Lanz-Felddank an. Der Motor hatte einen Hubraum von fast 12,5 Liter. Foto: Hummel

auch im Leerlauf mit gleichmäßiger Zündung arbeitete. Dies erreichte er durch eine regulierbare Einspritzdüse für alle Leistungsbereiche und durch Verwendung eines „Zündsakkes" als Ausbuchtung des eigentlichen Glühkopfes unterhalb des gekühlten Zylinderkopfes. Außerdem war durch das Einsetzen von Glühköpfen mit verschiedenen Zündsäcken die Verwendung fast aller brennbaren flüssigen Kraftstoffe möglich.

Bei der Kraftstoff-Einspritzdüse von Huber konnte mit einem Handrad der Einspritzkegel des Brennstoffes von weitwinkelig bis zu einem geschlossenen Strahl verändert werden. Wird der Brennstoff strahlförmig eingespritzt, so gelangt er beim Bulldog-Motor fast ausschließlich in den unteren Teil des Zündsackes, wo er verdampft und nach dem Vermischen mit Luft verbrennt. Durch diesen örtlichen Verbrennungsvorgang im ungekühlten Zündsack wird dieser immer genügend heiß gehalten, so daß der eingespritzte Kraftstoff verdampfen kann und die darauf folgende Selbstzündung gesichert ist.

Bedingt durch die Zündung am glühenden Zündsack konnte die Verdichtung des Kraftstoff-Luft-Gemisches sehr viel geringer gehalten werden als beim

Dieselmotor (Dieselmotor ca. 1:18, Glühkopfmotor ca. 1:6). Daraus ergab sich auch ein geringerer Verbrennungsdruck von ca. 20-25 at und ein „weicherer" Motorlauf als beim Dieselmotor.

Das Zwei-Takt-Verfahren

Der liegend angeordnete Bulldog-Motor arbeitete nach dem Zwei-Takt-Verfahren mit Schlitzsteuerung und Kurbelkastenspülung. Bei jeder Kurbelumdrehung liefen folgende zwei Arbeitstakte ab:

1. Takt: Beim Vorwärtsgang des Kolbens wird die Luft durch ein selbsttätiges Rückschlagventil in den Kurbelkasten gesaugt. Die Einlaßkanäle und dann die Auslaßschlitze im Zylinder werden geschlossen. Der Kraftstoff wird in den Glühkopf eingespritzt und verdampft. Das Kraftstoff-Luft-Gemisch wird durch den Aufwärtsgang des Kolben verdichtet.

2. Takt: Zündung des Gemisches und Ausdehnung der Verbrennungsgase. Der Kolben geht zurück, und die Luft im Kurbelkasten wird vorverdichtet. Die Auslaßschlitze werden freigegeben, und die Abgase können entweichen. Durch die Einlaßkanäle drückt die vorverdichtete Frischluft aus dem Kurbelgehäuse in den

Zylinder und füllt ihn mit Frischluft.

Der Bulldog war ursprünglich als selbstfahrende Motorlokomobile konzipiert und nicht als Schlepper. So hieß es in einer damaligen Beschreibung: „Es ist nicht beabsichtigt, die Maschine als Schlepper zu benutzen, sondern sie soll vorwiegend als feststehende Betriebsmaschine arbeiten. Die Fahreinrichtung soll zur gelegentlichen Ortsveränderung auch unter Mitnahme der Arbeitsmaschine dienen".

Ohne Schaltgetriebe

Der Bulldog mit der Typenbezeichnung „HL" war in Blockbauweise ausgeführt, wobei der 12 PS Motor auf ein gußeisernes Fahrgestell montiert war, das zugleich als Kühlwasserbehälter und Schalldämpfer diente. Die Motorkraft wurde mit einer Rollenkette auf eine Ritzelwelle übertragen, die in zwei Zahnräder an den Hinterrädern eingriff. Die Anfahrkupplung war im rechten Schwungrad untergebracht.

Ein Schaltgetriebe war nicht vorhanden, so daß der Bulldog nur mit einer Geschwindigkeit

von ca. 4,2 km/h fahren konnte. Zum Rückwärtsfahren mußte die Drehrichtung des Motors umgesteuert werden, so daß die gleiche Geschwindigkeit auch bei Rückwärtsfahrt möglich war. Für den Einsatz als Antriebsmaschine mußte die Rollenkette abgenommen werden. Die mit der Hand zu betätigende Kupplung diente gleichzeitig zum Ein- und Ausschalten der Riemenscheibe.

Die lenkbare Vorderachse war pendelnd aufgehängt. Das Abbremsen des Bulldogs erfolgte mit einer Handspindel, die zwei Holzklötze auf die beiden eisernen Hinterräder drückte sowie durch eine Kupplungsbremse. Bis ca. 1928 wurden vom Bulldog, Typ HL, 6030 Exemplare in den verschiedensten Ausführungen geliefert, so als nichtselbstfahrender Gespann-Bulldog mit Zugdeichsel, als Selbstfahrer-Bulldog mit Eisen- oder Vollgummibereifung, als Stationär-Motor und als Verkehrs-Bulldog mit hinterer Vollgummi-Zwillingsbereifung.

Für den Acker ungeeignet

Die letztere Ausführung dieses Bulldog-Typs konnte auch mit Zweigang-Getriebe (bis 12 km/h) geliefert werden. In den Jahren 1923 bis 1925 wurde noch ein kleinerer Typ mit 8 PS Motorleistung angeboten. Verschiedentlich versuchte man, den Bulldog auch als Schlepper auf dem Acker einzusetzen, was aber immer unbefriedigende Ergebnisse brachte. Daraufhin entschloß man sich bei Lanz, einen Bulldog zu entwickeln, der als Zugmaschine auf dem Acker einsetzbar war.

Seiner Zeit weit voraus war der 12 PS Lanz-Ackerbulldog, Typ HP, mit Allradantrieb und Knicklenkung. Für Rückwärtsfahrt mußte auch hier der Motor umgesteuert werden.
Foto: Bauer

Als Ergebnis einer nur rund einjährigen Entwicklungsarbeit wurde 1923 der Typ „HP" präsentiert. Er war ein kopflastiger, allradgetriebener Akkerschlepper mit Knicklenkung. Dieser Schlepper war eine sehr fortschrittliche Konstruktion, die rund zwei Jahrzehnte seiner Zeit voraus war. Als Antrieb diente der aus dem HL-Typ weiterentwickelte Motor, dessen Leistung 12 und später 15 PS betrug.

Der Kraftstofftank lag über dem Kühlwasserbehälter. Die Kühlung war eine Verdampfungskühlung. Fast das gesamte Gewicht des Motors lag auf den beiden großen Vorderrädern, und nur mit einem Drittel des Gesamtgewichtes des Schleppers waren die beiden kleineren Hinterräder belastet, so daß der Bulldog bei normalem Zug auf dem Acker gleichen Vorder- und Hinterachsdruck hatte.

Schlepper mit Knicklenkung

Vorder- und Hinterteil des Bulldogs waren gelenkig miteinander verbunden, wodurch zum Steuern das hintere Teil des Bulldogs nach rechts oder links abgewinkelt wurde. Der kleinere Durchmesser der Hinterräder war zur Erzielung eines großen Knickwinkels gewählt worden. Bedingt durch den Vierradantrieb besaß der Akkerbulldog zwei Differentiale. Die Kraftübertragung vom Motor erfolgte mit einer Rollenkette zum vorderen Differential und über eine Kardanwelle zum hinteren Differential. Die aus den beiden Differentialgetrieben kommenden Ritzel griffen in die an den Rädern befestigten Zahnkränze ein. Die Räder hatten Greifer und konnten für Straßenfahrt mit Laufringen versehen werden.

Ein Schaltgetriebe war nicht vorhanden. Für Rückwärtsfahrt mußte wie beim Typ HL der Motor umgesteuert werden. Nach einer umfangreichen Prüfung unter der Leitung der DLG im Jahre 1923 kam man zu fol-

Mit 7 230 gebauten Exemplaren war der 28 PS starke Lanz-Großbulldog, Typ HR 2, eine der erfolgreichsten Konstruktionen seiner Zeit.
Foto: Bauer

gendem Schlußurteil: „Der Akkerbulldog ist die erste vollkommene, steuerungsfähige und wirtschaftlich arbeitende Zugmaschine von 12 PS Motorleistung".

Trotz seiner modernen technischen Konzeption wurden vom allradgetriebenen Ackerbulldog von 1923 bis 1926 nur 723 Maschinen verkauft, was neben dem relativ hohen Preis von 7140,– Mark an der schwierigen wirtschaftlichen Lage und der Inflation mit gelegen haben mag. Hinzu kam, daß die mittleren Landwirtschaftsbetriebe von 40 bis 70 ha, für die der Schlepper mit 12 PS Motorleistung gedacht war, noch geringere Motorisie-

rungsbereitschaft zeigten als die Großbetriebe.

80 PS für Großbetriebe

Für Großbetriebe bot Lanz neben dem 80 PS starken Landbaumotor mit angebautem Frästeil noch zwei weitere Schlepper, den „Feldmotor" und den „Felddank" mit jeweils 38 PS Motorleistung, an. Beide Schlepper waren im Aufbau gleiche Rahmenkonstruktionen mit Dreigang-Getriebe und gefederten Achsen, hatten aber verschiedene Motoren. Bei dem seit 1921 gebauten Feldmotor wurde ein 4-Zylinder-Vergasermotor verwendet.

Im Felddank dagegen war ein von Huber neuentwickelter 2-Zylinder-2-Takt-Glühkopfmotor eingebaut. Dieser stehend angeordnete Motor mit einem Hubraum von 12 460 ccm leistete bei 650 U/min 38 PS. Der Kraftstoffverbrauch an Gasöl wurde mit ca. 13 kg in der Stunde angegeben. Für beide Zylinder wurde ein gemeinsamer Zylinderkopf mit zwei seitlichen Zündsäcken benutzt, die so angeordnet waren, daß sie mit einer Benzinlampe angeheizt werden konnten. Die Einstellung der beiden Einspritzdüsen wurde vom Fahrersitz aus vorgenommen.

Obwohl der Felddank bei einem Wettbewerb des Reichsverkehrsministeriums und des Reichsministeriums für Ernährung und Landwirtschaft als bester Schlepper hervorging, blieben die Verkaufszahlen jedoch weit unter dem erhofften Absatz. Von 1923 bis zur Einstellung der Produktion im Jahre 1925 wurden rund 800 Stück in verschiedenen Ausführungen gebaut.

Die Weltwirtschaftskrise

Die wirtschaftliche Stagnation Anfang der 20er Jahre blieb auch bei Lanz nicht ohne Folgen, und man geriet in finanzielle Schwierigkeiten. Durch verschiedene tiefgreifende Änderungen kam man in den folgenden Jahren aus der Tal-

sohle wieder heraus. So wurde 1924 mit dem damals größten Konkurrenten der Firma Lanz im Lokomobilbau, der R. Wolf AG, Buckau-Magdeburg, ein Fabrikationstrennungsvertrag geschlossen. Danach mußte sich die Magdeburger Firma zukünftig auf den Dampfmaschinen- und Stationärmaschinenbau beschränken.

Die Fertigung und Weiterentwicklung von Dreschmaschinen, Strohpressen und des Bulldogs blieb Lanz vorbehalten. Ende des Jahres 1925 wurde die Firma von einer offenen Handelsgesellschaft in eine Aktiengesellschaft mit einem Grundkapital von 12 Millionen Reichsmark umgewandelt. Nach umfangreichen Rationalisierungsmaßnahmen wurden der Ackerbulldog und der Felddank sowie die von Vergasermotoren angetriebenen Schlepper aus dem Produktionsprogramm herausgenommen. Es wurde nur noch ein Typ, der neue „Großbulldog HR 2" produziert, der als erster deutscher Schlepper am Fließband gefertigt wurde.

1 Zylinder und 10 l Hubraum

Beim neuen Großbulldog wurden sämtliche konstruktiven Erfahrungen der Firma Lanz im Motoren- und Schlepperbau eingebracht, wobei man besonderes Augenmerk auf robuste Bauart und einfache Bedienung und Wartung legte. Das Ergebnis war ein hinterradgetriebener Schlepper in Blockbauweise, bei dem der liegende 1-Zylinder-Glühkopfmotor mit einem Hubraum von über 10 Litern mit dem Viergang-Schaltgetriebe das Fahrgestell bildete.

Die Vorderachse mit Achsschenkellenkung war unter dem Motorblock befestigt. Die Leistung des Bulldogs wurde mit 22 PS bei einer Drehzahl von 500 U/min angegeben. Der Motor war aber bei Dauerbetrieb bis zu 28 PS überlastbar, und selbst kurzzeitige Spitzenleistungen waren bis zu 30 PS

Der Lanz-Kühler-Bulldog, Typ HR 5, Bj. 1931, als Acker-schlepperausführung wog 2 650 kg.
Foto: Hummel

möglich. Genauso einfach wie Motor und Getriebe war auch die Kühlung, die – ohne Wasserpumpe – als Verdampfungskühlung ausgeführt war. Die durch den ca. 135 Liter fassenden Kühlwasserkasten geführte Laufbuchse war von allen Seiten mit Wasser umspült.

Der über dem Wasserkasten befestigte Kraftstofftank wurde durch das heiße Wasser gleichzeitig erwärmt, so daß besonders im Winter eine gute Fließfähigkeit der Schweröle gewährleistet war.

Billiger als ein Gespann

Das Getriebe hatte vier Vorwärtsgänge, jedoch keinen Rückwärtsgang, so daß auch bei diesem Bulldog der Motor für Rückwärtsfahrt umgesteuert werden mußte. Die Übertragung der Motorkraft erfolgte nicht über Ketten, sondern über Zahnräder zur Triebachse. Die Getriebe-Zahnräder waren symmetrisch ausgeführt, so daß sie nach einseitiger Abnutzung umgedreht und noch einmal benutzt werden konnten. Die ersten Großbulldogs wurden mit Differentialsperre ausgeliefert, deren falsche Bedienung oft zu Schäden führte. Sie wurde deshalb später nur auf Wunsch geliefert.

Der Erfolg des Bulldogs lag ne-

ben der einfachen Handhabung und robusten Bauart in seiner großen – damals von keinem anderen Fabrikat erreichten – Wirtschaftlichkeit, was viele seinerzeit durchgeführte Tests bewiesen. So war z.B. das Pflügen eines 3 ha großen Ackers in 10 Stunden mit dem Bulldog um über zwei Drittel billiger als mit einem Pferdegespann. Bis 1929 wurden 7 230 Bulldogs dieses Typs in den verschiedensten Ausführungen geliefert, so als Akkerbulldog mit Eisenbereifung, als Verkehrsbulldog mit Vollgummibereifung und gefederter Vorderachse. Auf Wunsch konnte der HR 2 auch mit einer Halbraupe – Fabrikat Ritscher – ausgerüstet werden, die anstelle der Hinterräder montiert wurde.

Infolge der Serienfertigung konnte er zu dem recht günstigen Preis von 5 600,– Reichsmark angeboten werden. Sehr nachteilig war aber der hohe Wasserverbrauch der Verdampfungskühlung. Zwar reichte eine Wasserfüllung je nach Einsatz für sechs bis acht Stunden, doch war es oftmals schwierig, z.B. auf dem Acker das benötigte Kühlwasser zu bekommen, da nicht immer wasserführende Gräben oder Brunnen vorhanden waren.

Aus diesem Grunde bot Lanz auch einen Wasserwagen an,

mit dem man das nötige Kühlwasser mitführen konnte. Auf Wunsch gab es den Bulldog auch mit angebauter Hand-Wasserpumpe zum Fördern des Wassers aus Vorratsgefäßen, Gräben, Brunnen etc.

Mit den ab 1929 angebotenen neuen Typen ging man dann von der Verdampfungskühlung ab und rüstete die Bulldogs nun mit einer Thermosyphonkühlung aus. Bei diesem Kühlungsprinzip ohne Wasserpumpe wurde das heiße, durch thermische Zirkulation aufsteigende Wasser in den seitlich angebrachten Lamellenkühlern abgekühlt. Mit einem vom Motor angetriebenen Windflügel wurde Luft durch die Kühllamellen befördert.

Neben der Kühlung änderte man auch das Getriebe, das nun über einen Rückwärtsgang verfügte. Die Kupplung wurde über zwei Fußhebel betätigt, wobei mit dem linken Pedal ausgekuppelt und mit dem rechten Pedal eingekuppelt wurde.

Drohender Konkurs

Die neuen Kühler-Bulldogs hatten die Bezeichnung HR 4, HR 5 und HR 6. Der HR 5 mit 15/30 PS war der Nachfolger vom HR 4, der wie der Verdampfer-Bulldog 22/28 PS leistete und von dem nur 180 Stück hergestellt wurden. Der HR 6 wurde bis 1935 gebaut. Er hatte eine Dauerleistung von 38 PS, die er bei einer Drehzahl von 630 U/min abgab.

Auch diese Typen wurden in den verschiedensten Ausführungen angeboten, so als Akker-, Straßen- und als Ketten-Schlepper. Daneben gab es noch verschiedene Sonderausführungen. Von diesen drei Typen wurden insgesamt über 11 500 Einheiten an Kunden im In- und Ausland geliefert.

Trotz der für damalige Verhältnisse hohen Produktionszahl ging auch an Lanz die Weltwirtschaftskrise nicht ohne Auswirkungen vorüber. So geriet man schon 1930 in rote Zahlen, und auch ein Jahr später schloß man die Jahresbilanz mit großen Verlusten ab. Der daraufhin drohende Konkurs konnte nur mit Hilfe verschiedener finanzpolitischer Sanktionen abgewendet werden. Mit weiteren neuen Bulldog-Typen fuhr man bald wieder aus der Talsohle heraus, so daß Lanz Mitte der 30er Jahre wieder zum erfolgreichsten Schlepperproduzenten in Deutschland wurde.

Technische Daten

Lanz-Eisenbulldog, Typ HL

Hersteller: Heinrich Lanz, Mannheim
Baujahr: 1921 bis 1927
Motor: 1-Zylinder-2-Takt-Glühkopfmotor mit 12 PS Leistung bei einer Drehzahl von 420 U/min und einem Hubraum von 6234 ccm
Getriebe: Kein Schaltgetriebe, Höchstgeschwindigkeit (vorwärts und rückwärts) 4,2 km/h
Maße und Gewichte: Länge 225 cm, Breite 137 cm, Gewicht ca. 1870 kg, Zugleistung auf der Straße ca. 5 t.

Lanz-Gummibulldog, Typ HL

Hersteller: Heinrich Lanz, Mannheim
Baujahr: 1924 bis 1927
Motor: 1-Zylinder-2-Takt-Glühkopfmotor mit 12 PS Leistung bei einer Drehzahl von 420 U/min und einem Hubraum von 6234 ccm
Getriebe: Zwei Vorwärtsgänge (3,7 und 7 km/h, wahlweise 6 und 12 km/h)
Maße und Gewichte: Länge 250 cm, Breite 152 cm, Gewicht 2360 kg (doppelbereift), Zugleistung auf der Straße ca. 7 t.

Lanz-Bulldog, Typ HM „Mops"

Hersteller: Heinrich Lanz, Mannheim
Baujahr: 1923 bis 1925
Motor: 1-Zylinder-2-Takt-Glühkopfmotor mit 8 PS Leistung bei einer Drehzahl von 500 U/min und einem Hubraum von 3962 ccm
Getriebe: Kein Schaltgetriebe, Höchstgeschwindigkeit (vor- und rückwärts) ca. 5 km/h
Maße und Gewichte: Zugleistung auf der Straße ca. 3 bis 4 t.

Lanz-Felddank, Typ FHD

Hersteller: Heinrich Lanz, Mannheim
Baujahr: 1923 bis 1925
Motor: 2-Zylinder-2-Takt-Glühkopfmotor mit 38 PS Leistung bei einer Drehzahl von 650 U/min und einem Hubraum von 12460 ccm
Getriebe: Drei Vorwärtsgänge (2,5; 4,5; 6,5 km/h beim Ackerschlepper und 4,0; 6,8; 9,9 km/h beim Verkehrsschlepper) und ein Rückwärtsgang (2,5 bzw. 4,0 km/h).
Maße und Gewichte: Länge ca. 380 cm, Breite ca. 195 cm, Gewicht ca. 4000 kg (Ackerschlepper), ca. 4500 kg (Verkehrsschlepper), Durchmesser der Hinterräder 160 cm.

Lanz-Ackerbulldog, Typ HP

Hersteller: Heinrich Lanz, Mannheim
Baujahr: 1923 bis 1926
Motor: 1-Zylinder-2-Takt-Glühkopfmotor mit 12, später 15 PS Leistung bei einer Drehzahl von 420 U/min bzw. 500 U/min und einem Hubraum von 6234 ccm
Getriebe: Kein Schaltgetriebe, Höchstgeschwindigkeit (vorwärts und rückwärts) 4,3 km/h
Maße und Gewichte: Länge 255 cm, Breite 135 cm, Gewicht ca. 1500 kg, Durchmesser der Vorderräder 105 cm, Durchmesser der Hinterräder 85 cm.

Lanz-Großbulldog, Typ HR 2

Hersteller: Heinrich Lanz, Mannheim
Baujahr: 1925 bis 1929

Motor: 1-Zylinder-2-Takt-Glühkopfmotor mit 28 PS Dauerleistung bei einer Drehzahl von 500 U/min und einem Hubraum von 10332 ccm
Getriebe: Vier Vorwärtsgänge (2,8; 4,2; 5,7; 8,5 km/h oder 4,3; 6,5; 8,9; 13,2 km/h), die durch Umsteuern des Motors auch rückwärts fahrbar waren.
Maße und Gewichte: Länge ca. 320 cm, Breite ca. 190 cm, Gewicht ca. 2500 kg (Ackerschlepper) bis 3500 kg (Straßenschlepper), Spurweite 135 cm

Lanz-Kühler-Bulldog, Typ HR 5

Hersteller: Heinrich Lanz, Mannheim
Baujahr: 1929 bis 1935
Motor: 1-Zylinder-2-Takt-Glühkopfmotor mit 30 PS Dauerleistung bei einer Drehzahl von 540 U/min und einem Hubraum von 10332 ccm
Getriebe: Drei Vorwärtsgänge (3,1; 4,2; 5,6 km/h oder 5,6; 11,0; 14,7 km/h) und ein Rückwärtsgang (3,4 oder 6,1 km/h).
Maße und Gewichte: Länge 320 cm, Breite 195 cm, Gewicht 2650 kg (Ackerschlepper) bis 3640 kg (Straßenschlepper).

Lanz-Kühler-Bulldog, Typ HR 6

Hersteller: Heinrich Lanz, Mannheim
Baujahr: 1929 bis 1935
Motor: 1-Zylinder-2-Takt-Glühkopfmotor mit 38 PS Dauerleistung bei einer Drehzahl von 630 U/min und einem Hubraum von 10332 ccm
Getriebe: Drei Vorwärtsgänge und ein Rückwärtsgang
Maße und Gewichte: Länge 337 cm, Breite 197 cm, Gewicht 3000 kg (Ackerschlepper) bis 3700 kg (Straßenschlepper).

Da hat's bei mir gezündet

Edmund Klebe sammelte schon Oldtimer, als andere sie noch verschrotteten

Edmund Klebe aus Wietze bei Celle war vor mehr als einenhalb Jahrzehnten einer der ersten im norddeutschen Raum, der entdeckte, daß alte Schlepper erhaltenswert sind.

Er war es auch, der mit seiner Sammlung restaurierter Schlepper-Veteranen Dutzende der heutigen Sammler im ganzen Bundesgebiet zu diesem Hobby motivierte. Doch heute ist der weit über die Landesgrenze hinaus bekannt gewesene Schlepper-Restaurateur in der Szene längst „out". Er hat sich seit geraumer Zeit zurückgezogen, um sich seinem Beruf zuzuwenden, und da man bekanntlich nicht auf zwei Hochzeiten tan-

zen kann — wobei seine eigene noch aussteht — hat er den Schleppern den Rücken gekehrt.

Edmund Klebe, der von seinen Freunden und Bekannten kurz „Eddi" genannt wird, ist Jahrgang 47. Seine Großeltern betrieben eine Landwirtschaft und erbauten vor dem Ersten Weltkrieg aus den Einnahmen der Erdölfelder eine große Jugendstil-Villa sowie mehrere Wirtschaftsgebäude. Das schwarze Gold ermöglichte auch sehr frühzeitig den Kauf landwirtschaftlicher Maschinen und eines Schleppers, so daß Großvater Klebe einer der ersten in Wietze war, der die Bodenbearbeitungsgeräte nicht mehr durch Pferde, sondern fortschrittlich mit einem Elfer-Deutz über den Acker zog.

Dadurch kam auch Eddi schon

früh mit diesen Maschinen in Berührung und wollte wohl auch einen Beruf in dieser Richtung erlernen. Doch da seine Eltern Ende der 50er Jahre den Betrieb durch Hotel und Gaststätte erweiterten, trat der Junior eine Ausbildung als Koch an, damit — so meinten die Eltern — war die Zukunft für den Sohn gesichert.

Als Jungkoch fuhr er dann drei Jahre zur See, wobei er manchmal von der Kombüse aus einen Abstecher in den Maschinenraum machte, denn Technik interessierte ihn mehr denn je, so daß er dann auch die Zeit beim „Bund" nicht in der Küche, sondern in einer Instandsetzungsstaffel ableistete. Nebenbei wurden von ihm im Offizierskasino die Speisen (meist Steaks) zubereitet, und man meinte dort, daß dieser Koch zwar mehr mit Motoren- als mit Salat-

öl zu tun hätte, aber doch ein Meister seines Faches sei. Als 30jähriger konnte er dann auch stolz seinen Meisterbrief an die Wand des elterlichen Hotels hängen.

Während eines Museumsbesuches in England sah er erstmals restaurierte Schlepper-Oldtimer. „Da hat's bei mir gezündet", so Klebe. Und fortan wurden fleißig alte Schlepper-Veteranen gesucht und aufgekauft. Die ersten Schlepper, so z. B. ein Glühkopf-Bulldog für sechzig Mark und ein Allgaier-Verdampfer mit mehreren Geräten für vierzig Mark.

Aus Schuppen und Hühnerställen von Misthaufen und Schrottplätzen zog er die alten Schlepper heraus und restaurierte sie. Die alten Motoren wurden wieder gangbar gemacht, und alles war wie früher. Auch Opas Elfer-Deutz wurde wieder auf den Hof geholt, der schon seit geraumer Zeit verkauft worden war. Nach längerem Suchen war sein letzter Besitzer gefunden, der den Schlepper aber schon einem Schrotthändler fest versprochen hatte. Man wurde sich aber dennoch schnell einig und für hundert Mark wechselte der Schlepper vom Opa zum Enkel.

Für'n Appel und 'nen Ei

Damals dachte noch niemand daran, daß einmal alte, ausgediente Schlepper beliebte Sammelobjekte werden würden. Doch Eddi Klebe war „ausgeschlafen", und so manche Rarität konnte „für'n Appel und 'nen Ei" von ihm erstanden werden. Einzige Konkurrenten waren seinerzeit die Schrotthändler, für die die schweren Schlepper beliebte Kaufobjekte waren. „Ich legte von vornherein gleich ein paar Mark mehr drauf" — so Klebe, und so ging z. B. ein 55 PS Glühkopf-Bulldog nicht für zweihundert Mark in den Schrott, sondern für zweihundertzwanzig Mark in Klebes Besitz über.

Von den vielen Exkursionen gab es natürlich manche Anekdoten zu berichten. So hat er einmal einen Bulldog direkt vom Feld gekauft, mit dem der Bauer gerade noch gearbeitet hatte, so daß das Kühlwasser noch warm war. Der Bulldog hatte mal wieder seine Macken und nach mehreren schweißtreibenden erfolglosen Startversuchen hatte sein Besitzer nun endgültig die Nase voll von der robusten Technik. Klebe kam gerade richtig. Für dreihundert Mark plus zwanzig Mark für den noch im Tank befindlichen Sprit trennte sich der Bauer von dem bockenden Bulldog.

Einmal entdeckte er auf einem Kinderspielplatz in der Nähe von Hannover einen Hanomag-WD-Radschlepper aus den 20er Jahren. Hier bedurfte es mehrerer Anläufe, bis das „Turngerüst" gegen ein anderes eingetauscht werden konnte. Während der Restauration dieses Schleppers wurde dann auch so manche Handvoll Sand aus Motor und Getriebe geholt. Ein vor eineinhalb Jahrzehnten zwischen Braunschweig und Hildesheim gelegener Schrottplatz mit mehr als 30 Bulldogs

Edmund Klebe mit fünf Schmuckstükken aus seiner Sammlung, (von links nach rechts) Renault PE (1927), Hanomag WD (1928), Austin SA-3 (1927), Fordson (1928), IHC F 12 (1939).
Foto: Klebe

Wie ein amerikanischer Farmer – „Eddi" Klebe mit seinem Fordson-Schlepper. Foto: Klebe

und anderen alten Schleppern erwies sich sowohl für die Restauration der Schlepper als auch zur Ergänzung der Klebeschen Sammlung als die reinste Goldgrube. So pö a pö wanderten die besten Stücke zum Kilopreis nach Wietze. Und schon bald standen in Opas umgebautem Kuhstall mit den weiß getünchten Wänden und in der Scheune eine beachtliche Anzahl restaurierter Schlepper-Oldtimer sowie anderes altes landwirtschaftliches Gerät und Mobiliar.

Auf einmal interessierte sich auch die Öffentlichkeit für das komische Hobby des Küchenmeisters. Zeitungen, Radio und Fernsehen berichteten über ihn. Klebes Acker-Veteranen wurden auf diversen landwirtschaftlichen Ausstellungen gezeigt, und viele Persönlichkeiten aus Politik und Wirtschaft ließen sich auf Eddis schönsten Veteranen ablichten, was eine dicke Fotomappe belegt. „Von nun an wurden mir die Dinger telefonisch oder schriftlich angeboten, und ich brauchte nur noch wie ein Katalogbesteller auswählen und abholen" – so Klebe.

Die zusammengetragene Palette von Schleppern reichte von Allgaier über Hanomag und Lanz bis Zettelmeyer und gab einen Überblick über den deutschen Schlepperbau. Ausländische Fabrikate kamen dazu, so z. B. IHC, Renault, Fordson, Deering, Austin, die bei Schlepperfreunden in Holland gegen „Dubletten" eingetauscht wurden.

Bald hatte Klebe die bedeutendste Sammlung restaurierter Schlepper-Veteranen in der Bundesrepublik vorzuweisen. Ein Museum wurde geplant, und in einer neu zu errichtenden Halle sollten weitere 30 Schlepper und Geräte Platz finden. Doch das „Traktor-Museum-Wietze" fand bei den hiesigen Kommunalpolitikern nicht genug Anklang, und so wurde die einmalige und nicht mehr wiederkehrende Chance im Heidedorf vertan.

Alle Oldtimer verkauft

Frustriert über diese Entscheidung entschloß sich Klebe, die gesamte Sammlung zu verkaufen, in die er in den letzten fast zehn Jahren viel Geld und fast jede Stunde seiner Freizeit gesteckt hatte. Hinzu kam, daß ihm zu dieser Zeit gerade eine fertig restaurierte Diesellokomobile „durchging", die nicht mehr zu reparieren war.

Das Freilichtmuseum am Kiekeberg in Ehessdorf, Kreis Harburg, übernahm einen Teil der Sammlung. Weitere Schlepper und Maschinen gingen in das bekannte Schwäbische Bau-

Wo immer der „Küchenmeister" mit seinen eisenbereiften Maschinen auftauchte, erntete er sowohl erstaunte als auch bewundernde Blicke. Hier mit seinem Hanomag WD, der vorher als Turngerüst auf einem Spielplatz diente. Foto Klebe

Mit Heizlampe und Muskelkraft wurde der 12er Lanz-Bulldog gestartet.
Foto: Klebe

Gut geschmiert ist halb gefahren!
Foto: Bauer

ern- und Technikmuseum in Seifertshofen auf der Schwäbischen Alb, das von Eugen Kiemele betrieben wird.

Inzwischen ist es ruhig geworden um Eddi Klebe. Der ehemalige Kuhstall, in dem vor Jahren die alten Schlepper-Veteranen standen, ist heute leer. Nur noch die Bilder an den weißen Wänden und die dikken Fotoalben zeugen von der einstigen Sammelleidenschaft des Küchenmeisters.

Doch so ganz hat er den Schraubenschlüssel doch nicht beiseite legen können, und so unterstützt er seit Jahren schon das Deutsche Erdölmuseum in Wietze unter dem Motto „Altes erhalten — Neues gestalten".

Eines der ältesten Exponate aus Edmund Klebes Sammlung war ein 15/30 H.P. starker IHC-Titan.
Foto: Bauer

Das Erbe des Rudolf Diesel

Der Dieselmotor im Schlepper

Rudolf Diesels erster Dieselmotor war für den Schlepper viel zu schwer. Erst nach seinem Tode gelang der Durchbruch des Dieselschleppers.

Als Prof. Gabriel Becker an der Technischen Hochschule in Berlin von 1925 bis 1926 seine vielbeachteten Schlepperprüfungen durchführte, um die Leistungsfähigkeit und Wirtschaftlichkeit deutscher und ausländischer Ackerschlepper zu ermitteln, war neben dem Lanz-Bulldog,

WD-Radschlepper, Ritscher-Kettenschlepper und anderen Typen auch der Eintriebrad-Schlepper von Benz-Sendling dabei. Es war der erste Ackerschlepper der Welt, mit einem Motor, der nach dem Dieselverfahren arbeitete. Die Entwicklung des Dieselmotors lag damals schon fast drei Jahrzehnte zurück und wurde von Rudolf Diesel eingeleitet.

Rudolf Diesel wurde 1858 als Sohn deutscher Eltern in Paris geboren. Nach seinem Studium an der Politechnischen Schule in München, der späteren Technischen Hochschule, die er 1880 als Ingenieur verließ, befaßte er sich schon bald mit der Theorie und Technik der damaligen Dampfmaschinen und Verbrennungsmotoren. Sie wandelten nur sehr unzureichend den Brennstoff in effektive Arbeit um.

Rudolf Diesel schwebte eine Kraftmaschine vor, die die im

Brennstoff vorhandene Energie besser ausnutzte als alle bisher bekannten Konstruktionen. Nach langjährigen theoretischen Berechnungen und vielen Experimenten waren seine Arbeiten zu einer neuen Kraftmaschine so weit gediehen, daß er sie zum Patent anmeldete, das ihm 1892 erteilt wurde.

Motor mit Selbstzündung

Sein Patent umfaßte eine Verbrennungs-Kraftmaschine mit hoher Kraftstoffausnutzung und einem Wirkungsgrad von 75 %, die nach folgendem Prinzip arbeiten sollte:

In die hochverdichtete (250 at) heiße Luft von ca. 800 °C eines Verbrennungsmotors soll eine genau dosierte Menge Kraftstoff eingeführt werden, deren Verbrennungsenergie ausreichen soll, den Kolben abwärts zu bewegen und die nächste Verdichtung einzuleiten.

Einer der ersten Schlepper mit Dieselmotor wurde von der Benz-Sendling-Motor-Pflüge GmbH hergestellt.
Foto: Voigt

Im fernen Australien steht heute dieser Benz-Sendling-Eintriebradschlepper, Typ S 7, Baujahr 1924, mit 2-Zylinder-Dieselmotor.
Foto: Voigt

Die Zündung des Brennstoffs erfolgte ohne besondere Zündvorrichtung durch Selbstzündung in der heißen, verdichteten Luft. Um sein Patent publik zu machen, veröffentlichte er 1893 seine theoretischen Ausführungen in dem Werk „Theorie und Konstruktion eines rationellen Wärmemotors zum Ersatz der Dampfmaschine und der heute bekannten Wärmemotoren".

Schon im Frühjahr 1893 kam es zwischen der Maschinenfabrik Augsburg (später Maschinenfabrik Augsburg-Nürnberg MAN) zum Vertrag über den Bau eines Versuchsmotors, der noch im gleichen Jahr fertiggestellt wurde. Doch Diesels theoretische Ausführungen waren praktisch nicht durchführbar.

Sehr geringer Verbrauch

Erst verschiedene von ihm entwickelte prinzipielle Änderungen, wie Verringerung des Verdichtungsdruckes auf ca. 30 at und eine ca. zehnmal höhere Kraftstoffmenge als von ihm anfänglich berechnet, führten nach vierjährigen Versuchen mit vielen Rückschlägen dazu, daß 1897 Diesels dritter Versuchsmotor in Augsburg zufriedenstellend lief. Unabhängige Prüfer ermittelten für den Motor folgende Daten: Leistung 17,8 PS bei 154 U/min bei einem Brennstoffverbrauch von 238 g/PSh Petroleum. Diesel hatte sein Ziel erreicht. Sein Motor arbeitete mit bisher unerreicht geringem Verbrauch des ohnehin billigeren Kraftstoffs.

Bei diesem Motor mußte der Brennstoff mit Preßluft in den Verbrennungsraum eingeblasen werden, was immer einen Kompressor voraussetzte. Es war aber damals die einzige und lange angewandte brauchbare Methode, geringe Kraftstoffmengen unter hohem Druck in die hochverdichtete Luft im Verbrennungsraum einzuführen. Denn so schrieb 1894 Diesel: „Man vermochte keine Pumpen, Ventile und Düsen herzustellen, die so hohen

Drücken und Temperaturen standhielten und eine dem neuen Verbrennungsverfahren entsprechende Regelung gestatteten."

Bedingt durch die schwere Bauart der neuen Motoren (ca. 200 kg/PS) sowie durch die Verwendung von Kompressoren fanden die Dieselmotoren vorerst ausschließlich als ortsfeste Kraftmaschinen Verwendung. Erst 1903 baute man bei MAN den ersten Schiffsdieselmotor, einen Vierzylinder mit 140 PS Leistung bei 400 U/min.

Hohes Leistungsgewicht

Bei diesem Motor lag das Leistungsgewicht bei 75 kg/PS, also weit unter dem der ersten Dieselmotoren. Weitere Schiffsdieselmotoren verschiedener Hersteller, wie z.B. Krupp, Sulzer, Körting bis 12 000 PS Leistung folgten bis zum Ende des Ersten Weltkrieges. Als 1908 Diesels Grundpatente abgelaufen waren, nahmen weitere Firmen den Bau von Dieselmotoren auf. Man versuchte auch schon vor der Jahrhundertwende bei der MAN einen 2-Zylinder-Fahrzeug-Dieselmotor zu bauen, der aber aus dem Versuchssta-

dium nicht herauskam, da es keine Einspritzorgane für die kleinen Kraftstoffmengen gab. 1908 entwickelte bei der Deutzer Gasmotorenfabrik Prosper L'Orange eine Einspritzpumpe für flüssige Brennstoffe. Nach seinem Wechsel zu Benz & Cie in Mannheim experimentierte er mit einem Versuchsmotor, der später zum Dieselmotor mit Vorkammer-Verbrennungsverfahren führte, auf das Benz & Cie 1909 ein Patent erhielt. Viele technische Probleme und der Ausbruch des Krieges ließen die Weiterentwicklung bis 1918 ruhen. Bis zu Rudolf Diesels Tod im Jahre 1913 fand sein Motor weite Verbreitung sowohl als Stationär- wie auch als Schiffsmotor.

Nach Ende des Ersten Weltkrieges nahm L'Orange die Experimente wieder auf, die dann 1920 zu den ersten kompressorlosen Vorkammer-Dieselmotoren führten. Bei diesem Verbrennungsverfahren wird der Kraftstoff mittels Pumpe und Düse in eine von dem Hauptverbrennungsraum nach oben hin trichterförmig erweiterte Vorkammer gespritzt, die mit dem Verbrennungsraum durch mehrere Bohrungen in Verbindung steht. Entsprechend der

Der erste Straßenschlepper mit Dieselmotor war das „Motorpferd" der Motorenwerke Mannheim. Der Motor leistete bei 750 U/min 16-18 PS und hatte einen Hubraum von 4 414 ccm.
Foto: Quernheim

Deutz-Dieselschlepper, Typ MTH 222, beim Antrieb einer Dreschmaschine. Aufgrund der schmalen, gußeisernen Scheibenräder ohne Greifer war ein Feldeinsatz kaum möglich.
Foto: KHD-Archiv

geringen, in der Vorkammer zur Verfügung stehenden Luftmenge verbrennt der Kraftstoff nur teilweise.

Das Vorkammerverfahren

Durch den hierbei entstehenden Druckanstieg wird der unverbrannte Kraftstoff aus der Vorkammer in den Hauptverbrennungsraum gedrückt, wo er sich mit der heißen Luft vermischt und durch Selbstzündung vollständig verbrennt. Wichtig war hierbei der richtige Kegelwinkel des Brennstoffstrahles, der auf die nicht gekühlten Teile der heißen Vorkammer treffen mußte, damit der Kraftstoff nicht kondensierte.

L'Orange bekam 1919 ein weiteres Patent auf das für den Fahrzeug-Dieselmotor so entscheidende Vorkammerverfahren. Ab 1920 wurden von Benz & Cie erste kompressorlose 1- bis 6-zylindrige Vorkammer-Dieselmotoren gebaut.

1922 verkauften Benz & Cie die Abteilung „Stationärer Motorenbau" an die heutige Moto-

renwerke Mannheim (MWM). Die Motorenwerke erhielten die Auflage, daß nur Motoren mit Kurbelwelle quer zur Fahrtrichtung und einem Leistungsgewicht von über 25 kg/PS in Fahrzeuge eingebaut werden dürfen, so daß zunächst für MWM nur eine Zugmaschine in Betracht kam. Im gleichen Jahr wurde probeweise ein 2-Zylinder-Benz-Dieselmotor in einen Benz-Sendling-Eintriebradschlepper eingebaut. Zwei dieser ersten Diesel-Ackerschlepper der Welt wurden im Juni 1923 während der Ostmesse in Königsberg ausgestellt und erregten beträchtliches Aufsehen.

Dem dreirädrigen Schlepper mit der Typenbezeichnung S 7 war ein stehend angeordneter 2-Zylinder-4-Takt-Vorkammer-Dieselmotor eingebaut, der bei 775 U/min 27 PS leistete. Der Hubraum betrug 5 730 ccm. Das Verdichtungsverhältnis lag bei 15,4 : 1. Der Motor besaß bereits einen Drehzahlverstellregler, der über einen Drahtseilzug vom Führersitz aus reguliert werden konnte.

Zum Starten wurde der Motor

von Hand bei verminderter Kompression mit einer Kurbel angedreht. Hierbei mußte vorher zur Erwärmung der Vorkammer ein mit Kaliumnitrat getränktes glühendes Zündpapier in jede Vorkammer eingeführt werden. Außerdem war es nötig, Brennstoff vor dem Starten mit einem Vorpumphebel in die Vorkammer zu spritzen, um ein leichtes Ingangsetzen zu ermöglichen. Die Versorgung der Lager des 506 kg schweren Dieselmotors erfolgte durch eine Druckumlaufschmierung.

Robust und sparsam

Prof. Gabriel Becker ermittelte 1926 in Berlin einen spezifischen Brennstoffverbrauch von 212 g/PSh Paraffinöl bei 790 U/min und 80 % Motorbelastung. Die robuste Bauart, der geringe Verbrauch an billigem Brennstoff und die einfache Bedienung und Wartung waren die wichtigsten Voraussetzungen zum erfolgreichen Einsatz des Dieselmotors im Schlepperbau.

Schon am ersten Tag der Ostmesse in Königsberg wurde einer der beiden ausgestellten Dieselschlepper von einem begeisterten Rittergutsbesitzer aus Ostpreußen für 165 Millionen Reichsmark (Inflationszeit) gekauft. Dieser erste Diesel-Ackerschlepper bewährte sich bei ihm so gut, daß er noch im gleichen Jahr den zweiten ausgestellten Schlepper bei der Benz-Sendling-Motorpflüge GmbH, Berlin, bestellte.

1923 begann man mit der Serienproduktion des Schleppers, der zunächst bei Rheinmetall in Düsseldorf und später bei Komnick in Elbing gefertigt wurde. Bis 1925 wurden 300 Schlepper dieses Typs mit Dieselmotor abgesetzt. Bis zur Einstellung der Produktion im Jahre 1931 waren es insgesamt 1188 Einheiten. Einige Probleme gab es aber oft beim Ingangsetzen des Dieselmotors im Winter, da sich der feinverspritzte Kraftstoff im kalten Verbrennungsraum sofort an den kalten Wandungen niederschlug und so kein zündfähiges Gemisch ergab. Hinzu kam, daß durch das kalte und dadurch dickflüssige Öl der Motor nur sehr schwer durchgedreht werden konnte.

Probleme im Winter

Doch damals behalf man sich wie folgt (aus einem Prüfungsbericht des Landmaschinen-Instituts, Breslau, von 1927): „Wenn in der kalten Jahreszeit Schwierigkeiten beim Anwerfen entstanden, so waren diese nach Angaben der Besitzer und Führer kaum größer als bei anderen Verbrennungsmotoren auch. Man wurde derselben durch Einfüllen von heißem Kühlwasser und Verwendung eines dünneren Motorenöls im Winter Herr. Bei Verwendung von dickerem Öl war jedoch das Andrehen schwerer, und man behalf sich in einigen Fällen durch Anlegen eines Strohfeuers unter der Motorwanne, mit dem man das Öl erwärmte." Doch auch die Konkurrenz schlief nicht. Ebenfalls im Jahre 1923 präsentierten die Moto-

renwerke Mannheim AG mit ihrem „Motorpferd" den ersten Diesel-Straßenschlepper der Welt. Verwendet wurde ein 2-Zylinder-4-Takt-Dieselmotor, der unter dem Namen „Colo" (compressorlos) bekannt wurde. Er war ein Wirbelkammer-Dieselmotor, der nach einem eigenen Verbrennungsverfahren mit Kolbenaufsatz und Verbrennungskammer im Zylinderkopf arbeitete. Er wurde von verschiedenen Firmen gebaut, so von MWM, von der Süddeutschen Bremsen AG sowie von der Ansbacher Eisengießerei und Maschinenfabrik und Motorenbau Carl Bachmann (Bachmann-Schlepper).

12,5 t Zugkraft

Das Motorpferd war eine vierrädrige Rahmenkonstruktion mit Vollgummibereifung und pendelnd aufgehängter Vorderachse, der quer zur Fahrtrichtung der 2-Zylinder-Motor mit der Typenbezeichnung RH 18 Z eingebaut war. Der Motor leistete bei 750 U/min 16-18 PS und hatte einen Hubraum von 4414 ccm. Die Kraftübertra-

gung vom Motor auf das Getriebe mit zwei Vorwärts- und einem Rückwärtsgang erfolgte auf der linken Fahrzeugseite mit einem Flachriemen. Auf der rechten Fahrzeugseite befand sich das große Schwungrad.

Motor und Kühler waren rundum verkleidet und gaben dem Fahrzeug sein charakteristisches Aussehen. Die Zugkraft des 2700 kg schweren Straßenschleppers lag auf ebener Straße bei immerhin 12,5 t. Bis zur Einstellung der Produktion im Jahre 1931 wurde das Motorpferd in drei verschiedenen Ausführungen mit insgesamt 359 Exemplaren gebaut und abgesetzt. So erwarb z.B. im Jahre 1925 die fortschrittliche Städtische Marstallverwaltung in Breslau für ihren Fuhrpark gleich elf dieser Straßenschlepper auf einmal.

Auch bei MAN waren die Entwicklungsarbeiten an einem Fahrzeugdieselmotor so weit fortgeschritten, daß sie 1924 auf der Automobilausstellung in Berlin den ersten Diesel-Lastwagen der Weltöffentlichkeit präsentierte.

36/40 PS leistete der liegend angeordnete 2-Zylinder-Dieselmotor des Deutz-Schleppers, Typ MTZ 320. Der Schlepper wurde als Straßen- und Ackerschlepper geliefert. Foto: Bauer

Um 1924 erschienen auch die Motorenwerke Darmstadt (Modag) mit einer 16-18 PS starken Zugmaschine in Rahmenbauweise auf dem Markt. Ihr war ein 2-Zylinder-Colo-Dieselmotor eingebaut. Wie das MWM-Motorpferd war auch dieser Schlepper als Straßenzugmaschine konzipiert worden und besaß Vollgummibereifung.

Weitere Dieselschlepper

Ebenfalls im Jahre 1924 bot die Hessische Motorenbau AG in Darmstadt (Hemag) zwei Straßenschlepper-Typen mit kompressorlosen Dieselmotoren von 12 bis 14 und von 20 bis 22 PS an. Beide Schleppermodelle waren Rahmenkonstruktionen aus Profileisen und mit ca. 3 000 kg Eigengewicht schwerer als das MWM-Motorpferd. Die bekannte schwäbische Motoren- und Maschinenfabrik Carl Kaelble aus Backnang, eine der ältesten Motorenfabriken Deutschlands, nahm 1925 den Bau von Dieselzugmaschinen auf. Schon ab 1895 hatte man erste Verbrennungsmotoren und auch Zugmaschinen gebaut und 1908 den Dieselmotorenbau aufgenommen. In dem ersten Kaelble Dieselschlepper, Typ Z 1 Suevia, war ein stehend angeordneter 12 bis 18 PS starker 1-Zylinder-4-Takt-Vorkammer-Dieselmotor eigener Konstruktion eingebaut, der durch seine Größe weit über die ausgesparte Motorhaube hinausragte. Auf beiden Seiten des Motors befanden sich Schwungräder.

Der schwere und robust ausgeführte Straßenschlepper in Rahmenbauweise wog ca. 3,5 t und zeichnete sich durch hohe Zugkraft von 15 t aus. Weitere Straßenzugmaschinen mit 2-, 3-, und 4-Zylinder-Motoren folgten noch im gleichen Jahr und begründeten damit die Tradition der Firma Kaelble im Bau von Diesel-Straßenzugmaschinen.

Deutz-Diesellokomobile

Nur kurzzeitig fertigte die Süddeutsche Bremsen AG, München, 1926/27 einen Schlepper-Typ mit 2-Zylinder-Colo-Dieselmotor, der 25 PS leistete. Der Schlepper war in Blockbauweise ausgeführt und wurde als Ackerschlepper mit Eisenbereifung oder als Straßenschlepper mit Vollgummibereifung geliefert. Die Höchstgeschwindigkeit der Straßenzugmaschine lag bei 12 km/h. Nach verschiedenen Patentstreitigkeiten wurde die Firma in den 30er Jahren ein Teilbetrieb der MWM.

Der schon vor der Jahrhundertwende von der Gasmotorenfabrik Deutz aufgenommene Bau von Dieselmotoren (Deutz übernahm 1897 Lizenzen von Diesel) führte zu verschiedenen Versuchskonstruktionen, die aber unbefriedigende Ergebnisse brachten. Erst nach langen und mühevollen Entwicklungsarbeiten und nach Einführung des Vorkammerverfahrens kam Deutz Anfang der 20er Jahre mit kompressorlosen Dieselmotoren auf den Markt. Sie wurden bald als robuste und zuverlässige Stationärmotoren bekannt.

Mobile Antriebsmaschine

Zu dieser Zeit unternahm man bei Deutz auch erste Versuche, diese liegend angeordneten Dieselmotoren auf ein Fahrgestell zu montieren und als selbstfahrende Lokomobile einzusetzen. 1926/27 brachte Deutz eine selbstfahrende Diesellokomobile heraus, die sowohl zum Antrieb von Maschinen als auch als Zugmaschine eingesetzt werden konnte. Ähnlich wie der 1921 vorgestellte Lanz-Bulldog wurde bei dieser Zugmaschine ein wannenförmiges, gußeisernes Fahrgestell verwendet, das Getriebe und Hinterachse aufnahm.

Auf dieses Fahrgestell war ein liegender, langhubiger 1-Zylinder-4-Takt-Dieselmotor gesetzt, der rückwärts zur Fahrtrichtung montiert war. Der Motor mit Verdampfungskühlung stammte aus dem Stationärmotoren-Programm und leistete 14 PS bei 600 U/min. Über eine starke Rollenkette wurde auf der linken Seite die Motorkraft auf den Antrieb übertragen. Vier schmale, gußeiserne Scheibenräder ohne Greifer beschränkten jedoch den Einsatz dieses ersten Deutz-Dieselschleppers mit der Typenbezeichnung MTH 222 als mobile Antriebsmaschine auf Hof und Straße.

Der nächste Schritt im folgenden Jahr war der Dieselschlepper MTZ 120/220 in Rahmenbauweise. Um Verwindungen zu vermeiden, wurde der Rahmen dreipunktig auf der Hinterachse und der pendelnd aufgehängten Vorderachse abgestützt. Verwendet wurde ein

liegender 2-Zylinder-Vorkammer-Dieselmotor, der ebenso wie beim MTH 222 rückwärtig zur Fahrtrichtung eingebaut war.

Der Motor hatte Zwangsumlaufkühlung und leistete bei 890 U/min 27/30 PS. Über Konuskupplung und Rollenkette wurde die Motorkraft auf das Getriebe mit drei Vorwärtsgängen und einem Rückwärtsgang übertragen. Gestartet wurde der Motor mittels Handkurbel bei verminderter Kompression und durch vorheriges Einführen von Zündpapier in die Vorkammern. Bei großer Kälte konnte der Deutz-Motor auch von zwei Personen angedreht werden, wozu an beiden Seiten des Mo-

tors eine Kurbel angesetzt werden konnte.

Schwungkraftanlasser

Um das Starten durch eine Person zu erleichtern, lieferte Deutz auf Wunsch für den MTZ-Dieselschlepper einen patentierten Schwungkraftanlasser, bei dem das Schwungrad über Kurbel und Rollenkette in schnelle Drehungen gebracht wurde. Über eine Reibungskupplung wurde dann das Schwungrad mit der Kurbelwelle fest verbunden und so der Motor durchgedreht und gestartet. Dieser Deutz-Schlepper-Typ, dessen letzte Ausführung (MTZ 320) durch Ände-

rung des Zylinderkopfes 36/40 PS Motorleistung hatte, wurde bis 1936 in 2650 Einheiten gebaut. Als Straßenzugmaschine war er mit Vollgummibereifung und für den Acker mit Stahlrädern und Greifern ausgerüstet. Verschiedene Fabrikanten, so z.B. Hanomag und Fordson, versuchten die Brennstoffkosten durch den Einsatz von Rohöl, Schweröl oder Gasöl herabzusetzen, indem sie den billigen Brennstoff in einen durch Auspuffwärme beheizten Vergaser führten. Dort verdampfte er und wurde so dem Motor zugeführt. Doch besonders Schmier- und Verbrennungsprobleme und dadurch bedingte höhere Wartungs-

Die Hanomag-WD-Schlepper galten damals als modern und zuverlässig. Hier die 36 PS Hanomag-Straßenzugmaschine, Typ RD 36, mit 4-Zylinder-Dieselmotor. Foto: Bauer

Der 50 PS Hanomag-
Diesel-Radschlep-
per, Baujahr 1938.
Foto: Hummel

und Reparaturaufwendungen hielten den Einsatz der Schwerölvergaser in engen Grenzen.

Ende der 20er Jahre zeichnete sich die Überlegenheit des Dieselmotors gegenüber dem Vergasermotor im Nutzfahrzeugbau ab, so daß Anfang der 30er Jahre weitere Acker- und Straßenschlepper mit Dieselmotoren von fast allen Herstellern folgten. Lanz und Hanomag waren zu dieser Zeit die größten und erfolgreichsten Anbieter von Schleppern.

Lanz und Hanomag

Der Lanz-Bulldog begann seinen Siegeszug wegen seiner einfachen und robusten Bauart und leichten Bedienbarkeit. Die Hanomag-WD-Rad- und Kettenschlepper fanden guten Absatz im In- und Ausland und galten als modern und zuverlässig.

Erst relativ spät — im Jahre 1930 — erschien auch die Hanomag mit einem neuen Rad- (RD 36) und einem neuen Kettenschlepper (K 35/40) auf dem

Markt, die mit Dieselmotoren ausgerüstet waren. Auf der Basis des 4-Zylinder-Vergasermotors entstand in der Zeit von 1928 bis 1930 bei der Hanomag ein Vorkammer-Dieselmotor mit 5,2 Litern Hubraum, der zunächst 32 PS leistete. Entwickelt wurde er von Dipl.-Ing. Lazar Schargorodsky, der 1924 bei der Hanomag eintrat.

Der 700 kg schwere Dieselmotor war mit einer ebenfalls von Schargorodsky entwickelten vierzylindrigen Einspritzpumpe versehen, die staub- und wassergeschützt an der linken Seite des Motors angebracht war. Die Betätigung der Pumpenkolben erfolgte über Kipphebel, die von Schrägnocken angetrieben wurden. Die Welle mit den vier Schrägnocken war in achsialer Richtung beweglich und mit einem Fliehkraftregler verbunden, der entsprechend der Motorbelastung über Schrägnocken und Kipphebel den Hub der Pumpenkolben verstellte und damit die Einspritzmenge an Kraftstoff regelte. Diese Einspritzpumpe wurde fast drei Jahrzehnte in

den Hanomag-Dieselmotoren, Typ D 52, verwendet.

Die neuen Hanomag-Diesel-Radschlepper, die es als Akker- oder Straßenschlepper gab, entsprachen vom Aufbau her den WD-Schleppern mit Vergasermotor. Sie waren also in Blockbauweise ausgeführt und besaßen zunächst ein Getriebe mit drei Vorwärts- und einem Rückwärtsgang.

Diesel-Kettenschlepper

Neu hingegen war die Konstruktion des Diesel-Kettenschleppers, der die Typen Z 25 und Z 50 ablöste. Wie die Radschlepper war dieser Kettenschlepper in Blockbauweise ausgeführt. Der eingebaute D 52-Dieselmotor leistete 40 PS bei 1300 U/min. Genauso modern wie sein Motor war auch das Laufwerk und die Lenkung der Raupe. Das Laufwerk bestand aus zwei unabhängig voneinander beweglichen Kettenkästen, die vorn durch gelenkig angebrachte, querliegende Blattfedern unter dem Motor abgestützt waren. Diese Konstruktion ermöglichte eine gute Anpassung an Bodenunebenheiten im Gelände, und daraus resultierte eine höhere Zugkraft.

Die Steuerung erfolgte mittels Lenkrad durch Abbremsen der einzelnen Antriebswellen des Lenkdifferentials, das aus zwei ineinander geschachtelten Differentialen bestand. Damit wurde bei vollständigem Abbremsen einer Seite die Kette nicht blockiert, was Fahrbahn und Kette schonte.

Die beiden Wegbereiter im Dieselschlepperbau, die Motorenwerke Mannheim und die Benz-Sendling Motorpflüge GmbH, brachten schon bald nach der Vorstellung ihrer ersten Dieselschlepper weitere Typen auf den Markt. Benz erschien 1925 mit dem Typ BK, einem Vierradschlepper, der als Acker- und Straßenschlepper geliefert werden konnte. Wie beim Eintriebradschlepper handelte es sich hierbei nicht um eine Neukonstruktion, sondern es wurde das Fahrgestell des Komnick-Schleppers, Typ PT verwendet. Dieses eignete sich durch die Rahmenbauweise sehr gut zum Einbau des schon im Eintriebradschlepper verwendeten 2-Zylinder-Dieselmotors. Verschiedene Varianten des Schleppers wurden zunächst bei Komnick in Elbing und später bei anderen Firmen gefertigt. Kurz vor der Einstellung der Produktion dieses Schleppers im Jahre 1928 wurde die Montage in das Stammhaus nach Stuttgart-Untertürkheim verlegt.

Daimler-Benz entsteht

1926 fusionierte die Daimler-Benz-Motorengesellschaft mit der Benz & Cie. zur Daimler-Benz AG. Unter neuer Führung wurde bei der Benz-Sendling-Motorpflüge GmbH ein weiterer Ackerschlepper mit Dieselmotor entwickelt, der 1928 als Typ OE vorgestellt wurde. Wie der Lanz-Bulldog war auch der OE in rahmenloser Blockbauweise ausgeführt.

Der liegende 1-Zylinder-4-Takt-Vorkammer-Dieselmotor und das Dreigang-Wechselgetriebe mit den beiden Halbachsen bildeten einen Block. Dabei bestanden Motor und Getriebe aus einem Gehäuse und wurden auch gemeinsam durch eine im unteren Teil des Blockes untergebrachten Ölpumpe geschmiert. Die Kraftübertragung erfolgte von der Kurbelwelle über Zahnräder zum Schaltgetriebe und von dort aus über das Differentialgetriebe zur Antriebsachse.

Auf dem Motor war der aus einem Gußteil bestehende Wasserkasten mit integriertem Kraftstofftank befestigt, der dem Schlepper sein charakteristisches Aussehen gab. Die Vorderachse war entweder durch eine Schraubenfeder oder mit einem doppelten Blattfederpaket unter dem Motorblock abgestützt. Der Ackerschlepper wurde mit Eisenrädern geliefert. Die Höchstgeschwindigkeit betrug im dritten Gang 6,8 km/h. Ein großdimen-

sionierter Luftfilter sorgte für gute Reinigung der angesaugten Verbrennungsluft beim Pflügen oder Dreschen.

Für das Transportgewerbe wurde der OE auch als Straßenschlepper mit Vollgummibereifung angeboten. Sein Getriebe war für höhere Geschwindigkeiten als beim Ackerschlepper ausgelegt und ermöglichte 15 km/h. Die Zugkraft des Straßenschleppers betrug laut Prospekt 15 t. Auf Wunsch konnte der Schlepper auch mit Beleuchtung (Petroleumlampen oder elektrischer Lichtanlage) sowie mit Stoffdach geliefert werden. Gestartet wurde der Motor mittels einer großen Andrehkurbel, Zündpapier und Dekompressionseinrichtung.

Produktion eingestellt

Die Daimler-Benz AG versuchte mit groß angelegten Werbeveranstaltungen und Vorführungen diesen Schlepper publik zu machen. Bei vielen Vergleichsprüfungen bewies er seine Überlegenheit in Zugleistung und Brennstoffverbrauch, so z. B. bei der Weltschlepper-Prüfung in England im Sommer 1930, bei der der OE gegenüber internationaler Konkurrenz die geringsten Brennstoffkosten hatte. Doch aufgrund der Weltwirtschaftskrise und der damit verbundenen nachlassenden Kaufkraft

hielt sich der Absatz dieses Schleppers in engen Grenzen. Daraufhin entschloß sich die Unternehmensführung, die Produktion um ca. 1933 auslaufen zu lassen, zumal die steigende Lastwagen- und Personenwagenfertigung sowie der Bau von Luftschiffsmotoren die Kapazität aller Werke voll auslastete.

Wohl einer der modernsten Dieselschlepper seiner Zeit war neben dem Hanomag RD 36 der 1929 vorgestellte MWM-Dieselschlepper, Typ SR 130! Der neuentwickelte 3-Zylinder-4-Takt-Vorkammer-Dieselmotor mit 35/40 PS Leistung bei 1200 U/min war mit dem ebenfalls neuentwickelten Getriebe mit vier Vorwärts- und einem Rückwärtsgang verblockt. Der Motor mit gemeinsamem Zylinderkopf für alle drei Zylinder wog mit Schwungrad 680 kg. Die Kurbelwelle war vierfach gelagert. Einspritzpumpe sowie Einspritzdüsen wurden von der Robert Bosch GmbH bezogen, die 1922 mit der Entwicklung von Einspritzpumpen und Düsen begonnen hatte, deren Serienproduktion 1927 anlief.

Das Starten des Motors erfolgte entweder mit Handkurbel bei verminderter Kompression oder durch einen 6 PS starken Bosch-Anlassermotor. Drehzahlverstellregler, Wasserumlaufkühlung mit großdimensio-

Startvorbereitung beim Mercedes-Benz-Dieselschlepper, Typ OE, Baujahr 1931. Der groß dimensionierte Luftfilter sorgte für die gute Reinigung der angesaugten Verbrennungsluft beim Pflügen und Dreschen. Foto: Bauer

niertem Lamellenkühler, elektrische Lichtanlage sowie gefederte Vorderachse waren bei diesem als Acker- und Straßenschlepper gelieferten Schlepper vorhanden. Doch auch hier blieb, bedingt durch die wirtschaftliche Situation, der Absatz weit unter den Erwartungen, so daß MWM 1932 den Schlepperbau zugunsten des Motorenbaues für immer einstellte.

Technische Daten

Benz-Sendling-Eintriebradschlepper, Typ S 7

Hersteller: Benz-Sendling-Motor-Pflüge GmbH, Berlin
Baujahr: 1923 bis 1927
Motor: 2-Zylinder-4-Takt-Dieselmotor mit 27, später 32 PS Leistung bei einer Drehzahl von 775 bzw. 800 U/min und einem Hubraum von 5730 ccm, Fabrikat Benz
Getriebe: Ein Vorwärtsgang (3 oder 4 km/h) und ein Rückwärtsgang (3 oder 4 km/h)
Maße und Gewichte: Länge 471 cm, Breite 170 cm, Gewicht ca. 2800 kg, Raddurchmesser hinten 140 cm.

MWM-Motorpferd

Hersteller: Motoren-Werke Mannheim AG, vormals Benz Abt. stationärer Motorenbau, Mannheim
Baujahr: ab 1923
Motor: 2-Zylinder-4-Takt-Dieselmotor mit 16 bis 18 PS Leistung bei einer Drehzahl von 750 U/min und einem Hubraum von 4415 ccm
Getriebe: Zwei Vorwärtsgänge (4; 8 oder 8; 12 km/h) und ein Rückwärtsgang (4 oder 6 km/h).
Maße und Gewichte: Länge 340 cm, Breite 163 cm, Gewicht ca. 2700 kg, Zugleistung auf der Straße 12,5 t

Modag Straßenschlepper

Hersteller: Motorenfabrik Darmstadt AG
Baujahr: 1924 bis 1926
Motor: 2-Zylinder-4-Takt-Dieselmotor, Lizenz MWM, mit 16 PS Leistung bei einer Drehzahl von 750 U/min und einem Hubraum von 4415 ccm
Gewicht: ca. 2200 kg

Hemag-Zugmaschine

Hersteller: Hessische Motorenbau AG, Darmstadt
Baujahr: ab 1924
Motor: 2-Zylinder-4-Takt-Dieselmotor mit 22 PS Leistung bei einer Drehzahl von 350 U/min und einem Hubraum von 6234 ccm
Gewicht: ca. 3000 kg

Kaelble-Zugmaschine, Typ Z 1 Suevia

Hersteller: Carl Kaelble oHG, Motoren- und Maschinenfabrik, Backnang
Baujahr: ab 1925
Motor: 1-Zylinder-4-Takt-Dieselmotor mit 16 PS Leistung bei einer Drehzahl von 1000 U/min und einem Hubraum von 2454 ccm

Deutz-Dieselschlepper, Typ MTH 222

Hersteller: Motorenfabrik Deutz AG, Köln-Deutz
Baujahr: 1926 bis 1927
Motor: 1-Zylinder-4-Takt-Dieselmotor mit 14 PS Leistung bei einer Drehzahl von 600 U/min und einem Hubraum von 3631 ccm.
Getriebe: Zwei Vorwärtsgänge

Mercedes-Benz-Diesel-Straßenschlepper, Typ OE. Die Straßenversion war mit Vollgummibereifung ausgerüstet und das Getriebe für höhere Geschwindigkeiten als beim Ackerschlepper ausgelegt. Foto: Daimler-Benz AG

(3,5; 7,5 km/h) und ein Rückwärtsgang
Gewicht: ca. 2600 kg

Deutz-Diesel-Ackerschlepper, Typ MTZ 220

Hersteller: Motorenfabrik Deutz AG, Köln-Deutz
Baujahr: 1928 bis 1934
Motor: 2-Zylinder-4-Takt-Dieselmotor mit 27/30 PS Leistung bei einer Drehzahl von 890 U/min und einem Hubraum von 5726 ccm.
Getriebe: Drei Vorwärtsgänge (3,2; 4,95; 6,3 km/h) und ein Rückwärtsgang.
Maße und Gewichte: Länge 295 cm, Breite 184 cm, Gewicht ca. 2400 kg, Bodenfreiheit 30 cm.

Deutz-Diesel-Straßenschlepper, Typ MTZ 320

Hersteller: Humboldt-Deutzmotoren AG, Köln
Baujahr: 1933 bis 1936
Motor: 2-Zylinder-4-Takt-Dieselmotor mit 36/40 PS Leistung bei einer Drehzahl von 890 U/min und einem Hubraum von 5726 ccm
Getriebe: Drei Vorwärtsgänge (4,5; 8,4; 16 km/h) und ein Rückwärtsgang
Maße und Gewichte: Länge 308 cm, Breite 170 cm, Gewicht 3350 bis 3900 kg

Hanomag-Diesel-Ackerschlepper, Typ RD 36

Hersteller: Hannoversche Maschinenbau-Aktien-Gesellschaft, vormals Georg Egestorff in Linden vor Hannover (Hanomag)
Baujahr: 1930 bis 1936
Motor: 4-Zylinder-4-Takt-Dieselmotor mit 36 PS Leistung bei einer Drehzahl von 1100 U/min und einem Hubraum von 5195 ccm.
Getriebe: Drei Vorwärtsgänge (3,2; 4,8; 8,0 km/h) und ein Rückwärtsgang (1.95 km/h)
Maße und Gewichte: Länge 342 cm, Breite 175 cm, Gewicht 2750 kg, Bodenfreiheit 26 cm, Zughakenkraft 1850 kg

Hanomag-Diesel-Straßenschlepper, Typ RD 36

Hersteller: Hannoversche Maschinenbau-Aktien-Gesellschaft, vormals Georg Egestorff in Linden vor Hannover (Hanomag)
Baujahr: 1930 bis 1936
Motor: 4-Zylinder-4-Takt-Dieselmotor mit 36 PS Leistung bei einer Drehzahl von 1100 U/min und einem Hubraum von 5195 ccm.
Getriebe: Drei Vorwärtsgänge (3,7; 7,5; 15 km/h) und ein Rückwärtsgang (2,7 km/h)
Maße und Gewichte: Länge 342 cm, Breite 164 cm, Gewicht 3700 kg, Zugleistung auf ebener Straße bis 30 t

Hanomag-Diesel-Raupenschlepper, Typ K 35/40

Hersteller: Hannoversche Maschinenbau-Aktien-Gesellschaft, vormals Georg Egestorff in Linden vor Hannover (Hanomag)
Baujahr: 1931 bis 1933
Motor: 4-Zylinder-4-Takt-Dieselmotor mit 40 PS Leistung bei einer Drehzahl von 1300 U/min und einem Hubraum von 5195 ccm.
Getriebe: Drei Vorwärtsgänge (3,2; 4,6; 6,5 km/h) und ein Rückwärtsgang (3,2 km/h)
Maße und Gewichte: Länge 318 cm, Breite 150 cm, Gewicht ca. 4100 kg, Wenderadius 300 cm, Zughakenkraft im ersten Gang 2350 kg

Benz-Sendling-Diesel-Ackerschlepper, Typ BK

Hersteller: Benz-Sendling Motorpflüge GmbH, Berlin
Baujahr: 1925 bis 1928
Motor: 2-Zylinder-4-Takt-Dieselmotor mit 32/35 PS Leistung bei einer Drehzahl von 800 U/min und einem Hubraum von 5726 ccm.
Getriebe: Drei Vorwärtsgänge (2,75; 4,25; 7,7 km/h) und ein Rückwärtsgang (2,1 km/h)
Maße und Gewichte: Länge 360 cm, Breite 180 cm, Gewicht 3200 kg.

Benz-Sendling-Diesel-Ackerschlepper, Typ OE

Hersteller: Benz-Sendling Motorpflüge GmbH, Berlin
Baujahr: ab 1928
Motor: 1-Zylinder-4-Takt-Dieselmotor mit 24/26 PS Leistung bei einer Drehzahl von 800 U/min und einem Hubraum von 4241 ccm
Getriebe: Drei Vorwärtsgänge (3,2; 4,6; 6,8 km/h) und ein Rückwärtsgang (4,4 km/h).
Maße und Gewichte: Länge 280 cm, Breite 180 cm, Gewicht 2270 kg.

Mercedes-Benz-Diesel-Straßenschlepper, Typ OE

Hersteller: Daimler-Benz AG, Stuttgart-Untertürkheim
Baujahr: 1929 bis ca. 1933
Motor: 1-Zylinder-4-Takt-Dieselmotor mit 26 PS Leistung bei einer Drehzahl von 800 U/min und einem Hubraum von 4241 ccm
Getriebe: Drei Vorwärtsgänge (4,0; 8,0; 14,8 km/h) und ein Rückwärtsgang (5,0 km/h)
Maße und Gewichte: Länge 278 cm, Breite 178 cm, Gewicht 3200 kg, Bodenfreiheit 20 cm, Zugleistung auf ebener Straße ca. 15 t

MWM-Dieselschlepper, Typ SR 130

Hersteller: Motoren-Werke Mannheim AG, Mannheim
Baujahr: 1929 bis 1931
Motor: 3-Zylinder-4-Takt-Dieselmotor mit 35/40 PS Leistung bei einer Drehzahl von 1200 U/min und einem Hubraum von 4700 ccm
Getriebe: Vier Vorwärtsgänge (3, 5, 9; 15 km/h) und ein Rückwärtsgang
Gewicht: 2400 kg (Ackerschlepper)

Die große Zeit der Pioniere

Nach der Weltwirtschaftskrise: Der „Bauernschlepper" wird populär

Mit dem Ende der Weltwirtschaftskrise setzte 1933 langsam eine spürbare Belebung der deutschen Wirtschaft ein, nachdem in den Jahren zuvor sowohl in der Landwirtschaft als auch in der Industrie nur sehr zurückhaltend investiert wurde.

Der Ende der 20er Jahre einsetzende Verfall der Mark und die dadurch bedingte Wirtschaftsstagnation blieb natürlich auch für die Landmaschinenindustrie nicht ohne Folgen. Es kam zu dieser Zeit vielerorts in den Fabriken zur Aufgabe einzelner Produktionszweige oder zum Konkurs. So stellten die Motorenwerke Mannheim ebenso wie die Daimler-Benz AG und Komnick die Schlepperproduktion ein. Die beiden großen Schlepperproduzenten Lanz und Hanomag überlebten die Weltwirtschaftskrise schwer angeschlagen. Nur mit fremder finanzieller Hilfe mehrerer Banken und Aktionäre, die einherging mit drastischer Produktionseinschränkung und Personalabbau konnten die Firmen die Krise überstehen. Wie schwer zu dieser Zeit der Existenzkampf war, sei am Beispiel der Hanomag wiedergegeben, deren Jahresbilanzen 1928 und 1929 mit großen Verlusten abschlossen, so daß sämtliche Rücklagen aufgezehrt wurden. Mit Bank-Krediten konnte die Finanzierung der Produktion bis zur hereinbrechenden deutschen Kreditkrise einigermaßen aufrechterhalten werden. Doch durch die ständig sinkende Nachfrage nach Lokomotiven im In- und Ausland sowie durch zurückgezogene Aufträge mußte die Hanomag im Sommer 1931 den Lokomotivbau einstellen.

Zum Jahresende spitzte sich die finanzielle Situation der Hanomag derart zu, daß sämtliche Zahlungen eingestellt werden mußten. Zu dieser Zeit erreichte die Arbeitslosenzahl in Deutschland mit 44 % der Erwerbstätigen ihren Höchststand. Der Konkurs der Hanomag wurde nur vermieden, weil mit den Gläubigern ein Vergleich geschlossen werden konnte.

Um den Betrieb fortführen zu können, mußten die beiden verbliebenen Hauptproduktionsabteilungen im Sommer 1932 an die neugegründete „Hanomag-Automobil- und Schlepperbau GmbH" verpachtet werden. Sie stellte bis zum Jahresende 1934 Hanomag-Schlepper und -Automobile her. Das Schlepperbau-Programm wurde drastisch gekürzt und bestand dann nur noch aus drei Grundtypen, je einem Radschlepper mit 36 und 50 PS, die sowohl als Acker- wie auch als Straßenschlepper geliefert werden konnten. Dazu kam ein 50 PS starker Kettenschlepper.

Entscheidende Neuerungen

Der Schlepper als Zugmaschine auf Acker und Straße sowie auch als Antriebsmotor für stationäre Maschinen hatte sich bisher gut bewährt. Jetzt suchten fortschrittliche Landtechniker und Konstrukteure die Einsatzmöglichkeit und Verwendung — besonders des Ackerschleppers — zu erweitern, um ihn noch vielfältiger einsetzen zu können. Anfang der 30er Jahre kamen in Deutschland zwei entscheidende Neuerungen im Schlepperbau zur Anwendung: Die Luftgummibereifung und die Zapfwelle.

Ende der 20er Jahre wurden in Amerika erstmals Ackerschlepper mit Luftgummibereifung ausgerüstet und angeboten. Man hatte erkannt, daß neben dem universellen Einsatz des Schleppers mit Luftgummibereifung auf Acker und Straße auch eine höhere Zugkraft verbunden war. Die höhere Zugkraft ergab sich aus der größeren Auflagefläche der neuen Reifen. Hinzu kam, daß der Bodendruck bei Luftgummibereifung weitaus geringer war als mit Eisenrädern.

„Riesenluftreifen"

Schon Anfang der 30er Jahre boten fast alle führenden amerikanischen Produzenten ihre Schlepper mit diesen Reifen an. Auch in Deutschland wurde ab 1928 die Luftgummibereifung bei verschiedenen Straßenschleppern eingeführt. So wurde schon ab 1928/29 von der Hanomag der WD-Straßenschlepper mit „Riesenluftreifen" angeboten.

Lanz zeigte 1930 anläßlich der DLG-Ausstellung in Köln einen Verkehrsbulldog mit festem Führerhaus, Vorderrädern mit Hochelastikgummireifen und Hinterrädern mit Luftreifen. Doch diese Reifen eigneten sich wegen des Reifenprofils nicht zum Einsatz auf dem Acker. Der Durchbruch der Luftgummibereifung für Ackerschlepper in Deutschland ist den Continental-Gummiwerken in Hannover zuzuschreiben, die in Zusammenarbeit mit führenden Landtechnikern einen Ackerschlepperreifen der Größe 12,75-28 mit querliegendem Wellenprofil entwickelte, dessen Produktion 1934 anlief. Innerhalb kürzester Zeit fand nun der Ackerschlepper mit der neuen Bereifung überall Einzug. Die Eisenräder mit den verschiedensten Greiferkonstruktionen, wie Stollen-, Winkel-, Dach-, Spaten- und Moorgreifer, wurden nun nur noch für spezielle Einsätze benötigt. Die Landwirte erkannten schon bald, daß mit den Ackerluftreifen die Zugkraft der Schlepper auf den leichten Böden und auf der Straße bedeutend höher war als mit Eisenrädern.

Auf schweren lehmigen Böden war die Zugkraft zwar geringer als mit Greiferrädern, aber durch den geringeren Rollwiderstand konnte eine rund 30 Prozent höhere Arbeitsgeschwindigkeit erzielt werden. Auch war es nun möglich, ohne Umbauten von der Straße auf den Acker und umgekehrt überzuwechseln. Mit ihrer Verwendung bei Schleppern, Wagen und Maschinen war ein weiterer erfolgreicher Schritt zur Motorisierung, Mechanisierung sowie zum Straßentransport in der Landwirtschaft getan.

Die Zapfwelle

Einen ganz entscheidenden Anteil an der weiteren Verbreitung des Ackerschleppers hatte auch die Zapfwelle, mit der eine kraftübertragende Verbindung zwischen Schlepper und Arbeitsmaschine gegeben war. Damit war es erstmals möglich, die angehängte Arbeitsmaschine direkt vom Schlepper aus anzutreiben und nicht die Kraft vom Antriebsrad oder der Antriebsachse der Maschine abzunehmen. Denn dies war immer mit großen Reibungsverlusten verbunden und setzte außerdem eine höhere Schlepperleistung als mit der Zapfwelle voraus.

Nach dem Ersten Weltkrieg kamen aus Amerika die verschiedensten Entwicklungen und Systeme hinzu, die aber immer nur auf eine oder ein paar wenige Arbeitsmaschinen abgestimmt waren. 1927 wurde dann in Deutschland die Zapfwelle an einzelnen Schleppern und Landmaschinen fast unbeachtet eingeführt.

Doch erst die Normung der Zapfwellenanschlußmaße sowie der Drehzahl trugen dann ab Mitte der 30er Jahre zum allseits nutzbringenden Einsatz der Zapfwelle bei. Damit war es möglich geworden, die Vorteile der zapfwellegetriebenen Anbaugeräte und -maschinen, wie z.B. Mäher, Binder, Pumpen, Fräsen u.a.m., verschiedener Hersteller zu nutzen.

Mit zunehmender Etablierung der neuen Machthaber setzte auch eine Stabilisierung der deutschen Wirtschaft ein. Die Nachfrage nach industriellen Produkten stieg in der Landwirtschaft ebenso wie der Bedarf an motorischer Zugkraft. Besonders die großen Güter im Osten benötigten leistungsfähige Landmaschinen und Schlepper, um wirtschaftlich produzieren zu können. Die Bearbeitung der riesigen Ackerflächen setzte entsprechend große Geräte und daraus resultierend starke Zugmaschinen voraus.

Starke Mechanisierung

Dieser Nachfrage wurden Firmen, wie Hanomag (50 PS starke Rad- und Kettenschlepper), Lanz (Bulldog bis 55 PS), Linke-Hofmann-Busch (50 PS Kettenschlepper), gerecht. Doch nicht nur die Großbetriebe mit ihren umfangreicheren finanziellen Mitteln und der schnelleren Amortisation einer Neuanschaffung wollten mechanisieren. Nun zeigten auch die Mittel- und Kleinbetriebe In-

Bild oben: Seit 1939 ist dieser Kramer-Allesschaffer, Typ K 18, mit Güldner-Dieselmotor in der Nähe von Dessau im Einsatz.
Bild unten: Einer von rund 1 000 gebauten Westfalia-Bauernschleppern der Firma Hagedorn in Warendorf (Westfalen). Fotos: Bauer

teresse daran, so daß um 1935/ 36 ein regelrechter Boom nach Landmaschinen und Schleppern aller Art einsetzte.

Durch Ausbau ihrer Produktionsstätten und mit einem großen Angebot an verschiedenen Schleppertypen konnten die etablierten und großen Schlepperanbieter die gestiegene Nachfrage befriedigen. Ferner kam noch eine ganze Reihe verschiedener Maschinenbau-Betriebe mit eigenen Schlepperkonstruktionen auf den expandierenden inländischen Markt. Besonders diese neuen Anbieter bauten Schlepper, die überwiegend auf kleinbäuerliche Landwirtschaften mit hohem Grünlandanteil zugeschnitten waren, wie sie überwiegend in Süddeutschland zu finden waren.

Diese Hersteller hatten einen besonders engen Kontakt zu den landwirtschaftlichen Betrieben ihrer Region, so daß

kleine, universell einsetzbare Mäh- und Zugmaschinen mit einer Motorleistung um 10 PS für die Bauern hergestellt wurden. Bekannteste Hersteller dieser als Bauernschlepper bezeichneten Kleinschlepper waren damals Kramer, Hagedorn, Fendt, Lanz (Aulendorf).

Die Bauernschlepper

Schon 1925 stellte Emil Kramer, der Gründer der späteren Maschinenfabrik Gebrüder Kramer, Gutmadingen (Baden), durch einfachen Umbau eines Gespannmähers und mit Hilfe eines aufgesetzten 4 PS DKW-Vergasermotors einen selbstfahrenden Motormäher her. Dieser konnte auch „ziehen, pflügen und treiben".

Bei Kramers Motormäher gingen die Erbauer ganz von herkömmlichen Schlepperkonstruktionen ab. Das vierrädrige eisenbereifte Fahrgestell bestand überwiegend aus Teilen eines zu ziehenden Gespannmähers, dem vorn unter die Deichsel eine lenkbare Vor-

derachse geschraubt worden war. Auf die Deichsel, die Vorder- und Hinterachse verband, war ein Benzinmotor gesetzt, dessen Kraft über Ketten, Reibungskupplung und Zweigang-Getriebe auf die hintere Antriebsachse — ohne Differentialgetriebe — übertragen wurde.

Außerdem konnte ein klappbares Mähwerk über eine Exenterwelle vom Motor angetrieben werden. Um die Einsatzmöglichkeiten des Motormähers noch zu erweitern, waren eine hintere Anhängekupplung und eine auf dem Holm aufgeschraubte Riemenscheibe vorhanden. Kramers Maschine wurde anfangs recht skeptisch von den Bauern beurteilt, vermochte man doch nicht zu glauben, daß mit diesem zunächst 4 PS starken Fahrzeug ein sinnvoller Einsatz möglich war.

Doch bei Kramer verstand man es, die Bauern durch überzeugende Argumente und praktische Vorführungen von der Vielseitigkeit dieser Konstruktion zu überzeugen, so daß schon im ersten Jahr 33 Kramer-Motormäher im südlichen Schwarzwald abgesetzt werden konnten. Eine verbesserte Konstruktion mit luftgekühltem 8 PS Benzinmotor und 3-Gang-Getriebe folgte im Jahre 1927.

Das Fendt-Dieselroß, Typ F 18, Baujahr 1937, mit Deutz-Dieselmotor. Der Schlepper wurde mit einer fahrunabhängigen und unter Last schaltbaren Zapfwelle ausgerüstet.
Foto: Fendt-Archiv

Konfektionsschlepper

Ein Jahr später beteiligte man sich mit dem „Kramer-Kleinschlepper und Motormäher" an der DLG-Ausstellung in München. Diese Ausstellung war ein großer Erfolg für die kleine Firma, denn man brachte 250 feste Bestellungen nach Gutmadingen mit. Angespornt durch diesen Erfolg wurde der Kramer-Kleinschlepper und Motormäher, der auch „Allesschaffer" genannt wurde, ständig weiterentwickelt.

So erschien man 1929 mit einer 12-14 PS Maschine, die auch einen Getreidebindemäher ziehen konnte. Der nächste entscheidende Schritt erfolgte nach Ende der Weltwirtschaftskrise mit einem Diesel-Kleinschlepper mit anfangs 8 und später 12 PS. Bald darauf kam ein weiterer Typ mit 20 PS dazu.

Beide Kramer-Dieselschlepper waren geschweißte Rahmenkonstruktionen aus Profileisen. In diesen dreieckigen Rahmen waren im hinteren Teil Antriebsachse — mit Differentialgetriebe — sowie das Schaltgetriebe mit vier Vorwärtsgängen und einem Rückwärtsgang untergebracht. Der liegend angeordnete 1-Zylinder-4-Takt-Dieselmotor, Fabrikat Güldner, war zwischen Vorder- und Hinterachse auf dem Rahmen festgeschraubt.

Über eine Rollenkette wurde die Kraft vom Motor auf das Getriebe übertragen. Die Vorderachse war vor dem Rahmen mittels eines Achsbolzens pendelnd aufgehängt; dadurch wurde ein besonders großer Ausschlag und gutes Anpassen an unebenes Gelände ermöglicht.

Mit den beiden Dieselschlepper-Typen K 12 und K 18 war man überaus erfolgreich, denn sie waren preisgünstig in der Anschaffung, billig im Kraftstoffverbrauch (1936 errechnete man 20—30 Pf pro Stunde). Außerdem waren sie robust gebaut, einfach in der Bedienung und vielseitig einsetzbar. Bis 1939 wurden weit über

10 000 Kramer-Allesschaffer im In- und Ausland abgesetzt. Im Kriegsjahr 1940 baute Kramer dann noch einen Standard-Schlepper in Blockbauweise mit 2-Zylinder-Deutz-Motor mit der Typenbezeichnung K 22.

Vielseitige Motormäher

Ähnlich wie Emil Kramer ging man auch bei der Maschinenfabrik Gebr. Hagedorn & Co., Warendorf/Westf. vor. Auch hier begann man mit einem selbstfahrenden Motormäher, der nichts anderes war als ein umgebauter Gespannmäher mit lenkbarer Vorderachse und aufgebautem Vergasermotor aus eigener Produktion.

Recht unkonventionelle Wege ging man bei der Ausführung der Vorderachslenkung. Statt eines Lenkgetriebes und einer Spurstange wurden am Ende der durchgehenden Lenksäule in Höhe der Vorderachse über zwei Drahtseile die Spurstangenhebel betätigt. Durch Drehen des Lenkrades wurde auf der einen Seite das Seil aufgerollt und auf der anderen Seite das Seil abgerollt.

Bei Hagedorn entstanden ab 1926 unter der Markenbezeichnung „Westfalia" die verschie-

densten Schlepper- und Motormäher-Konstruktionen sowohl in Einholm- als auch in Zweiholm-Bauweise mit Eisen- oder Gummistollen-Rädern. Um Schlepper mit höherer Motorleistung anbieten zu können, aber gleichzeitig den 8 PS Benzinmotor aus eigener Produktion zu verwenden, baute man zeitweise auch zwei Motoren mit je 8 PS ein, deren Antriebsritzel über eine Kette miteinander verbunden waren.

Ein weiteres Beispiel für den großen Einfallsreichtum der Firma im Bau von Maschinen war ein selbstfahrender Kartoffelroder, der um 1931 vorgestellt wurde. Hierbei handelte es sich um einen Hagedorn-Westfalia-Schlepper mit angebautem Schleuderradroder, der vom Schleppermotor angetrieben wurde.

Teurer Kartoffelroder

Doch bei den Prüfern der DLG fand diese Maschine wenig Anklang. „Der Aufwand an Kapital (1931 wurde die Maschine für 1440 RM angeboten) erscheint für die Arbeitsleistung nur als Kartoffelrodemaschine zu hoch", hieß es im Schlußbericht der Beurteilung.

Grasmäher und Zugmaschine in einem war der Samson 1 der Maschinenfabrik Hermann Lanz in Aulendorf.
Foto: Hummel

Nur von 1938 bis 1939 wurde bei Hermann Lanz der 11 PS-Bauernschlepper mit 1-Zylinder-Deutz-Dieselmotor und eigenem Getriebe gebaut.
Foto: Bauer

Wie bei Kramer ging man auch bei Hagedorn 1931 zum Einbau von Dieselmotoren, Fabrikat Deutz über. Der liegend angeordnete 1-Zylinder-Motor wurde auf die beiden Holme aus U-Eisen geschraubt. Der Erfolg blieb nicht aus, so daß bis zur kriegsbedingten Einstellung der Schlepperproduktion, in Warendorf rund 1000 Fahrzeuge die Werkshallen verlassen hatten.

Als weiterer Produzent von selbstfahrenden Motormähmaschinen kam 1930 der Allgäuer Maschinenbau-Betrieb Xaver Fendt aus Marktoberdorf mit seinem „Dieselroß" dazu, das von Hermann Fendt konstruiert

und im elterlichen Betrieb gebaut wurde. Dem Fendt-Dieselroß vorausgegangen war ein selbstfahrender Grasmäher, der von einem 4 PS Deutz-Benzinmotor angetrieben wurde.

Fendt-Dieselroß

Auch hier diente als Ausgangsbasis ein Gespannmäher. Die lenkbare Vorderachse und hintere Antriebsachse waren durch Profileisen miteinander verbunden und bildeten einen Rahmen, auf den der Motor geschraubt war. Durch eine Kette wurde die Motorkraft auf die Fahr- und Mähwerkkupplung übertragen. Über jeweils eine

weitere Kette erfolgte auf der linken Fahrzeugseite der Antrieb des Mähwerks und auf der rechten Seite − hinter dem Schaltgetriebe − der Antrieb auf das rechte Hinterrad.

Da auch das Mähwerk über die Motorkupplung angetrieben wurde, kam es beim Treten der Kupplung gleichzeitig zum Stillstand des Mähwerkantriebs. In der Praxis erwies sich diese Tatsache als sehr nachteilig, so daß sich Hermann Fendt zu einer Neukonstruktion entschloß. Hierbei stand die Überlegung im Vordergrund, daß diese Motormähmaschine vielseitig einsetzbar sein mußte, so auch als Zugmaschine zum Pflügen oder zum Ziehen von Erntewagen. Das Mähwerk sollte außerdem, da es nicht ständig gebraucht wurde, leicht an- und abbaubar sein.

Fendts Neukonstruktion, das „Dieselroß", erfüllte alle diese Forderungen. Fahr- und Mähwerkantrieb waren getrennt, und der Kraftfluß vom Motor zur Hinterachse war wie folgt: Motor — Kupplung — Schaltgetriebe — Hinterachse, wobei jeweils zwischen Motor und Kupplung sowie zwischen Getriebe und Hinterachse ein Kettenantrieb vorhanden war.

Nur wenige Schlepper bauten die Schottel-Werke in Oberspey am Rhein. Der 1-Zylinder-Deutz-Dieselmotor war liegend angeordnet und quer eingebaut.
Foto: Berendsen

Ausbau der Produktion

Für das Mähwerk entwickelte Fendt einen Friktionsantrieb, bei dem eine hölzerne Scheibe, die mit dem Mähwerk über eine Welle in Verbindung stand, gegen die Schwungrad-Riemenscheibe gedrückt wurde und dadurch vollkommen unabhängig von der Fahrzeugkupplung arbeitete. So konnte das Mähwerk auch während der Fahrt ein- und ausgeschaltet werden und sich bei Verstopfung freiarbeiten.

Dem ersten Fendt-Dieselroß mit 6 PS Deutz-Motor folgten kurze Zeit später Schlepper mit 9 und 12 PS Motorleistung, die in der Umgebung von Marktoberdorf abgesetzt wurden. Bis zum Jahr 1935 waren es insgesamt 100 Schlepper, die in sorgsamer Handarbeit entstanden waren. Neue und größere Werksanlagen kamen hinzu, und man ging nun zur Serienproduktion über, so daß bis 1936 273 Dieselrösser gebaut worden waren.

Im Jahr 1937 kam der Schlepper F 18 mit 16 bis 18 PS starkem Deutz-Dieselmotor hinzu, der mit einem neuentwickelten 4-Gang-Getriebe sowie einer fahrunabhängigen und unter Last schaltbaren Zapfwelle ausgerüstet war. Ab 1939 baute man bei Fendt dann noch einen Einheitsschlepper-Typ mit 2-Zylinder-Deutz-Dieselmotor, der auf der Basis des Schleppers der Firma Martin, Ottobeuren, entstand.

Weitere Pioniere

Neben Kramer, Hagedorn und Fendt gehörte auch die 1888 gegründete Firma Lanz im oberschwäbischen Aulendorf zu den Pionieren des deutschen Schlepperbaues. Der 1914 von Hermann Lanz, dem Sohn des Firmengründers, übernommene Betrieb baute von Anfang an landwirtschaftliche Geräte und Maschinen, wie Eggen, Walzen, Futterdämpfer, Mostereimaschinen u.a.m.

1929 begann man auch mit dem Bau von selbstfahrenden Motormähmaschinen, Typ „Samson", die gut durchdacht waren und in solider handwerklicher Arbeit entstanden. Auch hier handelte es sich um leichte, vierrädrige Rahmenkonstruktionen mit Pendel-Vorderachse, aufgebautem Vergaser- oder Dieselmotor und separat angeordnetem Schaltgetriebe. Der Typ konnte auch als Schlepper eingesetzt werden. Zunächst wurden verschiedene wassergekühlte 2-Zylinder-DKW-Vergasermotoren mit 15 bis 20 PS Leistung und später Dieselmotoren liegender Bauart von Deutz eingebaut. 1931 wurde unter der Leitung der DLG ein Schlepper mit DKW-Motor ausführlich getestet. Er erhielt von der DLG das Prädikat „Neu und beachtenswert". Im Schlußurteil heißt es: „Der Motormäher „Samson II"

ist auch für leichte Zugarbeiten geeignet, ebenso auch zu stationärem Antrieb mittels Riemenscheibe. Die Maschine zeigt kräftige Bauart und gute Werkstattarbeit". Mitte der 30er Jahre ging man auch in Aulendorf zum Bau von Schleppern in Blockbauweise mit 1- und 2-Zylinder-Dieselmotoren über.

Neue Konstruktionen

Anfang der 30er Jahre kam noch eine Vielzahl von weiteren Schlepperherstellern hinzu, die in der Hauptsache im süddeutschen Raum beheimatet waren und ihre Konstruktionen in der näheren Umgebung absetzten. Ebenfalls zu dieser Zeit tauchten viele Eigenbauten auf, die von technisch versierten Schmieden aus gebrauchten Teilen und mit vorhandenen Motorrad-, Pkw- und Dieselmotoren zusammengesetzt waren. Hier seien nur einige genannt:

Anton Kulmus in Eisenharz im Allgäu, der auf der Basis von Pkw-Fahrgestellen Zugmaschinen, Mähmaschinen und motorisierte Schwadenrecher fertigte.

Die Gebr. Seitz in Gangkofen bei Landshut bauten Schlepper in Rahmenbauweise und mit Mähwerksantrieb, die mit Hatz-Dieselmotoren ausgerüstet waren.

Raimund Hartwig aus dem thü-

Der NG 22 von Normag war mit Doppelsitzbank und gefederter Vorderachse ausgerüstet. Foto: Bauer

ringischen Rudolfstadt bot den „Kleintraktor Brummer" an, einen Vierradschlepper in Rahmenbauweise und mit einem 10 PS Hatz-Dieselmotor versehen. Die im Schiffsbau bekannte Firma Schottel aus Spay am Rhein baute einen 12 PS starken Schlepper mit einem Getriebe von der Zahnradfabrik Friedrichshafen und einem liegend angeordneten Deutz-Motor. Dieser war quer auf einen rohrförmigen Holm zwischen Getriebe und Vorderachse geschraubt.

Teile häufig zugekauft

Die Irus-Werke in Dusslingen (Württ.), bekannter Hersteller von landwirtschaftlichen Maschinen, stellten ab 1937 ebenfalls in geringer Stückzahl einen Kleinschlepper in Rahmenbauweise mit liegendem 1-Zylinder-Deutz-Dieselmotor her.

Mitte der 30er Jahre drängten rund ein Dutzend weiterer Schlepper-Hersteller auf den expandierenden deutschen Schleppermarkt, die überwiegend 20 bis 22 PS starke Standard-Schlepper in Blockbauweise anboten. Bei diesen Schleppern wurden größtenteils zugekaufte Getriebe und Motoren verwendet, so daß sich diese sogenannten Konfektionsschlepper nur in Details unterschieden. Nachfolgend werden diese Firmen und ihre Schlepper-Konstruktionen vorgestellt:

Die Deutsche Lieferwagen-Gesellschaft mbH, deren spätere Firmenbezeichnung Deuliewag lautete, wurde 1929 in Berlin von Dr. F.-W. Jeroch gegründet, der sich damals überwiegend auf den Vertrieb von Kleinlieferwagen spezialisiert hatte. Also lag es nahe, daß mit steigender Konjunktur auch der Bau von eigenen Konstruk-

tionen aufgenommen wurde. Vom Vertrieb her wußte man ja, was der Kunde verlangte. So entstanden bei der Deuliewag in Berlin Mitte der 30er Jahre mehrere kleine Straßenzugmaschinen, die im innerstädtischen Transportgewerbe eingesetzt wurden. 1936 kam man auch mit einem Ackerschlepper, dem Typ DA 13, auf den Markt. Hierbei handelte es sich um einen Schlepper in Rahmenbauweise, dem ein Junkers-Gegenkolben-Dieselmotor eingebaut war.

Weitere technische Details waren 4-Gang-Getriebe, Zapfwelle, Mähantrieb und Pendelvorderachse. Doch dieser erste Deuliewag-Ackerschlepper war alles andere als technisch ausgereift und verschwand deshalb bald wieder vom Markt.

Zusammen mit Güldner

Ab 1938 kam es dann zur Zusammenarbeit mit den Güldner-Motoren-Werken, Aschaffenburg, die in dieser Zeit bereits mit einem 20 PS Ackerschlepper erfolgreich waren. Unter Verwendung von stehend angeordneten 1- und 2-Zylinder-Güldner-Dieselmotoren, die nach dem Luftspeicher-Verbrennungsverfahren arbeiteten, baute die Deuliewag bis 1939 diverse Akker- und Verkehrsschlepper von 18 bis 32 PS Motorleistung. Ab 1939 wurde das Bauprogramm auf einen Straßenschlepper (D 32 F) und zwei Ackerschlepper (DA 32 und DA 20) beschränkt. Der Straßenschlepper war in Halbrahmenbauweise ausgeführt. Hier waren Getriebe und Motor miteinander verschraubt, die gefederte Vorderachse aber an einem am Motorblock befestigten Rahmen aufgehängt. Die Höchstgeschwindigkeit des zwillingsbereiften Straßenschleppers lag bei ca. 32 km/h. Beim Ackerschlepper, Typ DA 32, war der 2-Zylinder-Güldner-Dieselmotor, Typ 2 F, mit einem 4-Gang-Getriebe von ZF verschraubt. Je nach Getriebe-

Abstufung war eine Höchstgeschwindigkeit von 18 oder 25 km/h möglich. Ebenfalls ein 4-Gang-ZF-Getriebe hatte auch der DA 20, dessen 1-Zylinder-Güldner-Dieselmotor 20 PS leistete. Ab 1939 übernahm die Deuliewag außerdem noch den Vertrieb des Güldner-Schleppers, der als Deuliewag-Güldner, Typ A 20, angeboten wurde.

Eicher am Markt

Einen 20 PS Standard-Schlepper in Blockbauweise bot ab 1935/36 der kurz nach der Jahrhundertwende gegründete Landmaschinen-Reparatur- und Handelsbetrieb Eicher in Forstern bei München an. Verwendet wurde der bewährte 2-Zylinder-Deutz-Dieselmotor und das 4-Gang-Schaltgetriebe von Prometheus, Berlin. Der Schlepper war recht robust gebaut und konnte mit umfangreichem Zubehör, wie Mähwerk, Riemenscheibe, Zapfwelle und Seilwinde, geliefert werden.

Als Eicher erstmals während der Reichsnährstands-Ausstellung 1937 in München seinen Schlepper ausstellte, konnte man eine beachtliche Anzahl von Verkaufsabschlüssen mit nach Forstern nehmen. Bereits im Mai 1941 konnte der 1000ste Eicher-Schlepper gebaut und abgesetzt werden.

Einer der bekanntesten Hersteller von Landmaschinen war die Maschinenfabrik Fahr in Gottmadingen, deren Gründung auf das Jahr 1870 zurückgeht. Grasmäher, Heuwender, Schwadenrechen und Getreidebinder von Fahr hatten einen guten Ruf und wurden im In- und Ausland abgesetzt. 1938 erschien man auch mit einem Ackerschlepper in Blockbauweise, Typenbezeichnung F 22, mit 5-Gang-Getriebe von ZF und 2-Zylinder-Deutz-Dieselmotor auf dem Markt. 1941 folgte eine überarbeitete Konstruktion des Fahr-Schleppers, die mit Eisen- oder Luftgummibereifung geliefert werden konnte.

Älteste Motorenfirma

Die im Jahre 1904 von Dr. Hugo Güldner und Prof. Dr. Carl von Linde in Aschaffenburg gegründete Güldner-Motoren-Gesellschaft, Motorenfabrik und Eisengießerei, firmierte ab 1926 unter dem Namen Gesellschaft für Linde's Eismaschinen AG, Zweigniederlassung Güldner-Motorenwerke. Sie gehörte zu den ältesten Motorenbaufirmen Deutschlands, die 1931 auch den Bau von Kleindiesel-Motoren aufnahm. Bald darauf entstand ein 4-Zylinder-Reihenmotor, der nach dem Luftspeicher-Verbrennungsver-

Mit dem Typ A 20 stiegen die Güldner-Motorenwerke 1938 in den Schlepperbau ein und hatten sogleich Erfolg. In vier Jahre konnte man mehr als 1 500 Schlepper dieses Typs absetzen. Foto: Lehnhoff

Dieser Fahr F 22 mit der Fahrgestellnummer 433 wurde 1940 gebaut. Er ist noch heute in der Nähe von Gera im Einsatz. Foto: Bauer

fahren (Lizenz Lanova) arbeitete.

Eine Anzahl von Fordson-Schleppern wurde seinerzeit damit ausgerüstet. 1936 nahm man in Aschaffenburg mit dem Typ A 20 selbst den Bau von Schleppern auf. Ein stehender 1-Zylinder-4-Takt-Dieselmotor, Typ F 1, mit 20 PS Leistung war mit dem Getriebeblock (Fabrikat Prometheus oder ZF) verschraubt.

Bis 1942 wurden über 1500 Schlepper dieses Typs abgesetzt, der mit dem damals üblichen Zubehör, wie Riemenscheibe, Zapfwelle und Mähwerk geliefert werden konnte. Ein weiterer Güldner-Schlepper, Typ D 30, mit 2-Zylinder-Dieselmotor wurde nur in wenigen Versuchsexemplaren in den Jahren 1941 und 1942 gebaut.

Die Typenbegrenzung

Die vor der Jahrhundertwende gegründete Dampfpflugfabrik Julius Kemna in Breslau begann Mitte der 20er Jahre mit dem Bau von Zugmaschinen, weil die Nachfrage nach Dampfflokomobilen rückläufig war. Der 1925 erstmals vorgestellte Schlepper war in Rahmenbauweise mit Pendelvorderachse ausgeführt und wog fast 4 t.

Verwendet wurde ein 4-Zylinder-Vergasermotor von Deutz, der auch mit Schweröl betrieben werden konnte. Von 1932 bis 1939 wurden von Kemna noch verschiedene Ausführungen eines Universalschleppers in Blockbauweise angeboten, die aber nur geringen Absatz fanden. Im Jahr 1939 mußte die Breslauer Firma im Rahmen der Typenbegrenzung den Schlepperbau einstellen.

Bei der 1922 gegründeten Firma Otto Martin in Ottobeuren befaßte man sich überwiegend mit der Herstellung von Holzbearbeitungsmaschinen und landwirtschaftlichen Geräten, bevor man den Schlepperbau aufnahm. 1936 entstand dann der erste Martin-Schlepper, bei dem ein 2-Zylinder-Deutz-Dieselmotor mit 20 PS Leistung und ein zugekauftes 4-Gang-Schaltgetriebe zum Block verschraubt waren.

Der Schlepper war mit Mähwerk, durchgehender Doppelsitzbank und Kotflügeln vorn und hinten ausgerüstet. Bis 1938 wurden 60 Martin-Schlepper in Ottobeuren gebaut und im Umland abgesetzt. Danach entstand ein neuer Schlepper-Typ mit 22 PS Deutz-Dieselmotor und einem Getriebe von Prometheus, der bis zur Einstellung der Produktion im Jahre 1942 in 441 Exemplaren gebaut wurde. Dieser Schlepper entstand in Zusammenarbeit mit der Firma Fendt, die den gleichen Typ als Dieselroß F 22 produzierte.

Fahrzeuge aller Art

Die 1926 durch den Zusammenschluß von fünf bedeutenden Mühlenbauanstalten gegründete Mühlenbau und Industrie AG, Miag, Braunschweig, befaßte sich schon kurz nach der Gründung mit der Entwicklung und Herstellung von Fahrzeugen, so z.B. von Elektrozugkarren, Einachsschleppern und Hubwagen. Mitte der 30er Jahre nahm man auch den Bau von Kleinzugmaschinen mit Verbrennungsmotor für das innerstädtische Transportgewerbe auf. Es waren 10 PS Straßenschlepper in Rahmenkonstruktion mit Motor im Heck.

In den Jahren 1936/37 wurden zwei weitere Schlepper vorgestellt, die Typen ID 20 und LD 20. Der ID war eine Straßenzugmaschine mit 20/22 PS MWM-Dieselmotor, die sowohl offen als auch mit festem Fahrerhaus geliefert werden konnte. Der Typ LD 20 hingegen war ein Ackerschlepper, in Blockbauweise mit 2-Zylinder-MWM-Dieselmotor.

Dieser Schlepper zeichnete sich durch einige besondere technische Komponenten aus, so durch die Doppel-Querlenker-Vorderachse, die neben optimaler Federung eine gute Lenkbarkeit und Geländegängigkeit hatte. Außerdem war die Eindruck-Zentralschmierung der wichtigsten Lager von Bedeutung. Der LD 20/22 wurde serienmäßig mit geschlossener Motorverkleidung, Muschelkotflügeln, Mähantrieb, Zapfwelle und elektrischer Beleuchtung geliefert.

Normag-Schlepper

In der Klasse der 20/22 PS Standard-Schlepper waren auch die beiden Schlepper-Typen der Nordhäuser Maschinenbau GmbH Schmidt, Kranz & Co., Normag angesiedelt. Der Betrieb hatte eine lange Tradition im Bau von Bergwerksmaschinen, die überwiegend im Harz eingesetzt wurden.

1936 entstand der erste Normag-Schlepper mit 2-Zylinder MWM-Dieselmotor. Das Getriebe war eine Eigenkonstruktion, wobei die Zahnräder überwiegend von ZF bezogen wurden. Konstrukteur des Schleppers war Ing. Erwin Peucker, der den Schlepper noch im gleichen Jahr auf der Reichsnährstandsausstellung vorstellte und ihn bereits am Eröffnungstag verkaufte.

Die gute und solide Verarbeitung machten die Normag-Schlepper bald über den Harz hinaus bekannt, und schon 1938 wurde der 1000ste Schlepper in Nordhausen gebaut. Die Normag-Schlepper gab es in zwei Ausführungen, als Universal-Schlepper, Typ NG 22 und als Ackerschlepper, Typ NG 10. Der NG 22 war mit Doppelsitzbank, Kotflügeln vorn und hinten sowie mit gefederter Vorderachse ausgerüstet. Er war überwiegend für den Straßenzug konzipiert. So gab es für diesen Schlepper auf Wunsch Radgewichte und ein geschlossenes Fahrerhaus.

Der Ackerschlepper (NG 10), der mit Eisen- oder Luftgummibereifung geliefert werden konnte, war eine Neukonstruktion, die erstmals 1938/39 vorgestellt wurde. ZF-Getriebe und 2-Zylinder-Deutz-Dieselmotor waren auch hier zu einem Block verschraubt.

Zu den Pionieren des deutschen Schlepperbaues gehörte auch Johannes Köhler, der Gründer der Primus-Traktorengesellschaft, Berlin. In Köhlers Betrieb entstanden ab 1935 kleine Straßenzugmaschinen mit Fahrerhaus in Rahmenbau-

weise, die im Transportgewerbe die Pferdefuhrwerke ablösen sollten. Und das taten sie auch, denn die Primus-Straßenschlepper waren preiswert in der Anschaffung, billig im Unterhalt und einfach in der Bedienung.

„Packesel und Pony"

Bevor Köhler auch den Bau von Ackerschleppern aufnahm, eröffnete er im oberbayerischen Miesbach eine zweite Fertigungsstätte. Hier wurden ab 1938/39 der Kleinschlepper, Typ P 11 „Pony" und der Standard-Schlepper, Typ P 22, gebaut. Die wesentlichen Konstruktionsmerkmale der beiden Schlepper waren gleich. Es waren Blockkonstruktionen mit 1- bzw. 2-Zylinder- Deutz-Dieselmotoren und 4-Gang-Getriebe von Prometheus.

Bei der Entwicklung der beiden Prometheus-Getriebe wirkte Köhler entscheidend mit. Beide Ackerschlepper konnten damals mit dem üblichen Zubehör geliefert wer-

Von 1936 bis 1942 baute die Firma Otto Martin insgesamt 441 Schlepper dieses Typs mit 2-Zylinder-Deutz-Dieselmotor.

Die Firma Otto Martin produzierte in Ottobeuren und setzte die Schlepper vorwiegend im Umland ab.
Fotos: Berendsen

Ein typischer 20/22 PS Standard-Schlepper seiner Zeit war der Primus P 22. Er wurde von der Primus Traktoren Gesellschaft in Berlin produziert.
Foto: Bauer

Charakteristisch für den Schlüter DZM 25 waren die gepolsterte Doppelsitzbank, die geschlossene Motorverkleidung und die Kotflügel über alle vier Räder.
Foto: Heinemann

den. Eine Eigenkonstruktion von Köhler war die Rohrvorderachse mit wasser- und staubdichter Lagerung der Lenkzapfen, die in beiden Schleppern Verwendung fand und sich durch großen Lenkeinschlag auszeichnete.

Neben dem Bau von Straßen- und Ackerschleppern experimentierte Köhler noch mit Elektro-Straßenzugmaschinen. Ferner wurden für Versuchszwecke einige Exemplare von Endres „Packesel" gebaut, von dem an anderer Stelle noch berichtet wird.

Im Jahr 1899 eröffnete Anton Schlüter in München eine Reparaturwerkstatt für Brauerei- und Druckmaschinen. Schon kurze Zeit später nahm er auch die Instandsetzung von Verbrennungsmotoren auf. Noch vor dem Ersten Weltkrieg baute Schlüter eigene Gas- und Benzinmotoren.

Erster Schlüter-Schlepper

Nach dem Ersten Weltkrieg ging man in München zur Produktion von Glühkopf- und dann von Dieselmotoren über.

Die ab 1924 gebauten kompressorlosen Schlüter-Vorkammer-Dieselmotoren zeichneten sich durch eine gute Kaltstart-Eigenschaft aus, die man durch eine patentierte schwenkbare Vorkammer erreichte. Außer für stationäre Verwendung wurden diese Motoren in liegender und stehender Bauart auch in fahrbare Aggregate, Lokomobilen, Straßenwalzen u.a.m. eingebaut.

Der erste Schlüter-Dieselschlepper, Typenbezeichnung DZM 14 entstand 1937. Er war eine Rahmenkonstruktion mit liegendem 1-Zylinder-4-Takt-Dieselmotor mit Verdampfungskühlung. Genauso aufgebaut war auch der Typ DZM 15, der ein Jahr später entstand. Mit einer neuen Baureihe, die aus den Typen DZM 16 und DZM 25 bestand, kam Schlüter 1938 heraus. Hier waren stehend angeordnete 2-Zylinder-Dieselmotoren, die 16 bzw. 25 PS bei 1500 U/min leisteten, mit einem 4-Gang-Getriebe von ZF oder Prometheus verblockt.

Der DZM 25 war der meistverkaufte Schlüter-Schlepper seiner Zeit. Er wurde wie alle Schlüter-Schlepper mit durchgehenden Kotflügeln und gepolsterter Doppelsitzbank geliefert. Den vorläufigen Abschluß bildete ein 50 PS starker Straßenschlepper mit 4-Zylinder-Dieselmotor und festem Fahrerhaus.

Hohe Bodenfreiheit

Auch die traditionsreiche R. Stock & Co. AG, Berlin bot schon in der ersten Hälfte der 30er Jahre einen Standard-Schlepper in Blockbauweise an, dessen Produktion ca. 1934 anlief. Der von einem 2-Zylinder-Deutz-Dieselmotor angetriebene Schlepper hatte anfangs ein Getriebe mit drei Vorwärtsgängen und einem Rückwärtsgang, das später durch ein Sechsgang-Getriebe mit zwei Rückwärtsgängen ersetzt wurde.

Weitere Besonderheiten dieses von Ing. H. Frese entwickelten Ackerschleppers waren

hohe Bodenfreiheit (43 cm) und eine gefederte Vorderachse. Außerdem verfügte der Stock-Schlepper über eine zusätzliche Einzelradbremsung, wobei beim Einschlagen der Steuerung das Bremsgestänge zum entsprechenden Hinterrad betätigt werden konnte.

Nur regional

Überwiegend regionalen Absatz fanden die Schlepper der Karl F. Wahl Maschinenfabrik aus dem schwäbischen Balingen. Der schon jahrzehntelang bekannte Hersteller von Kreissägen, Holzspaltmaschinen und selbstfahrenden Bandsägen brachte 1935 seinen ersten Akkerschlepper mit 20 PS Motorleistung heraus. Bei dem solide gebauten Typ griff man auf bewährte Bausteine zurück und verwendete 2-Zylinder-4-Takt-Dieselmotoren von MWM und 4-Gang-Getriebe von ZF. Der Schlepper konnte mit dem damals üblichen Zubehör geliefert werden.

Zettelmeyer-Schlepper

1935 nahm auch die Maschinenfabrik und Eisengießerei Hubert Zettelmeyer in Konz bei Trier die Produktion eines 20 PS Schleppers auf. Die Firma war seit über drei Jahrzehnten eine bekannte Herstellerin von Dampf- später auch von Diesel-Straßenwalzen aller Art, die im In- und Ausland ihren Absatz fanden.

Der Zettelmeyer-Dieselschlepper war eine Blockkonstruktion, der als Acker- (Typ Z 1) und als Straßenschlepper (Typ Z 2) gebaut wurde. Besonders der Straßenschlepper hatte wegen seiner durchgehenden Kotflügel, der allseits geschlossenen Motorverkleidung und der Doppelsitzbank mit Lehne sowie der vier gleichgroßen Räder ein sehr markantes und formschönes Aussehen.

Auf Wunsch gab es Zwillingsbereifung, Riemenscheibe, Zapfwelle und eine Spill-Seilwinde eigener Konstruktion so-

wie auch ein festes Fahrerhaus mit Tür, Schiebefenster und Winker. Der Ackerschlepper konnte mit Eisen- oder Luftgummibereifung geliefert werden und verfügte über ein Mähwerk. Beiden Schleppertypen war ein 2-Zylinder-Deutz-Dieselmotor eingebaut, dessen Kraft über eine Einscheiben-Kupplung zum Getriebe eigener Bauart übertragen wurde. Die Kupplung konnte ohne Trennung von Motor und Getriebe gewechselt werden.

Schlepper über 20 PS

Das Angebot an Schleppern über 20/22 PS Motorleistung wurde überwiegend von den etablierten Firmen, wie Deutz, Famo (LHB), Hanomag und Lanz sowie von MAN und Orenstein & Koppel bestritten. Das Produktionsprogramm der einzelnen Firmen wird nachfolgend beschrieben.

Zu den erfolgreichsten Schlepperanbietern gehörte nach der

Dieser Schlepper aus dem Jahre 1945 war eines der letzten Exemplare der Firma Stock. Er wurde mit Holzgasgenerator geliefert und nach dem Krieg mit einem Güldner-Dieselmotor umgerüstet.
Foto: Bauer

Der 28 PS Deutz-Stahlschlepper mit Klappgreifern an den Hinterrädern. Foto: Bauer

Weltwirtschaftskrise die Humboldt-Deutz-Motoren AG, Köln, die ab 1933 einen neuen Schlepper, Typenbezeichnung F2M 315 in Blockbauweise anbot. Bei diesem Schlepper war ein stehend angeordneter 2-Zylinder-4-Takt-Vorkammer-Dieselmotor mit 25 bis 28 PS Leistung mit dem Getriebe verbunden.

Das Getriebegehäuse dieses Schleppers wurde aus geschweißten Stahlblechen gefertigt, so daß der Schlepper den Beinamen „Stahlschlepper" erhielt. Er konnte wahlweise mit den verschiedensten Geschwindigkeitsabstufungen sowie mit drei, vier oder fünf Gängen geliefert werden. Dazu gab es ein umfangreiches Zubehör, wie Riemenscheibe, Kühlerschutz, Zapfwelle, Kotflügel, großdimensionierter Luftfilter und Seilwinde.

Die Ausführung als Straßenzugmaschine konnte zusätzlich mit festem Führerhaus und Dop-

pelsitzbank sowie mit gefederter Vorderachse bezogen werden. Gestartet wurde der Motor − sofern nicht ein elektrischer Anlasser vorhanden war − mit der Handkurbel bei verminderter Kompression und mit Hilfe von Zündpapier.

1936 wurde der Schlepper nach umfangreichen Prüfungen und Verschleißmessungen mit der „Silbernen Preismünze" der DLG ausgezeichnet, was zur weiteren Verbreitung des Schleppers beitrug.

Der Elfer-Deutz

Zu dieser Zeit erschienen noch zwei weitere Schlepper von Deutz, und zwar die Typen F2M 317 mit 2-Zylinder-Dieselmotor mit 35 PS Leistung und der Typ F3M 317, bei dem ein 3-Zylinder-Dieselmotor mit 50 PS Leistung verwendet wurde. Auch diese Schlepper waren Blockkonstruktionen und wurden in den verschiedensten Getrie-

be-Varianten als Acker-, Universal- und Straßenschlepper (bis 28 km/h) geliefert.

Als Sonderausrüstung gab es für den 50 PS Deutz-Stahlschlepper eine Druckluft-Starteranlage mit Druckkessel hinter dem Fahrersitz. Ansonsten wurde der 3-Zylinder-Dieselmotor mit 6,73 Litern Hubraum mit elektrischem Anlasser gestartet. Die Nenndrehzahl betrug 1300 U/min und konnte im Leerlauf bis auf ca. 500 U/min herabgesetzt werden. Der 35 PS Schlepper, Typ F2M 317, entsprach im Aufbau dem F2M 315, hatte aber einen überarbeiteten Dieselmotor mit größerem Hubraum als der 28 PS Stahlschlepper.

Der erfolgreichste Deutz-Dieselschlepper war aber der von den Konstrukteuren Schosnig und Rothard entwickelte Bauernschlepper, Typ F1M 414, der als „Elfer-Deutz" in die Schlepperbau-Geschichte einging. Auf Anregung führender

Landtechniker begann man bei Deutz Mitte der 30er Jahre mit der Entwicklung dieses Kleinschleppers, um den Bauernbetrieben die Motorisierung zu ermöglichen.

Deutz erkannte die Vorteile der rahmenlosen Bauweise, die man deshalb in Köln auch auf den Kleinschlepper übertrug. So entstand 1936 ein Bauernschlepper nach dem Vorbild der großen Deutz-Schlepper. Ein eigens für diesen Schlepper entwickelter stehender 1-Zylinder-4-Takt-Dieselmotor mit 11 PS Leistung wurde mit einem Getriebe mit drei Vorwärtsgängen und einem Rückwärtsgang verblockt.

Vor dem Motorblock war der Vorderachsbock befestigt, an dem die Pendelvorderachse mit einem Achsbolzen angebracht war. Auf dem Bock war der Kühler montiert, durch den das Kühlwasser durch eine Zwangsumlaufkühlung geführt wurde. Ein Ölbadluftfilter mit langem Ansaugrohr sorgte für gute Reinigung der Ansaugluft.

Mit Sturmlaternen

Serienmäßig wurde der Schlepper mit Riemenscheibe und Mähbalkenantrieb ausgerüstet. Zur weiteren serienmäßigen Ausführung gehörten auch zwei Sturmlaternen, die anstatt der elektrischen Scheinwerfer neben dem Kühler montiert waren. Gegen Aufpreis gab es noch Zapfwelle, Mähwerk und Klappgreifer sowie eine elektrische Beleuchtungsanlage. Im dritten Gang erreichte der Schlepper eine Höchstgeschwindigkeit von 7,7 km/h, so daß die Deutz-Bauernschlepper ohne Fußbremse und nur mit Handbremse, die auf das Getriebe wirkte, ausgeliefert wurden.

In der einfachsten Grundausrüstung kostete der gummibereifte Elfer-Deutz im Herbst 1937 RM 3323,–. Dieser einfach zu handhabende Schlepper entsprach genau den damaligen Vorstellungen der Bauern. Mit ihm konnten alle anfallenden Acker- und Transportarbeiten

durchgeführt werden, die sonst nur von zwei bis drei Pferden zu schaffen waren.

Außerdem konnten über die Riemenscheibe Kreissäge, Schrotmühle, Dreschmaschine und andere stationäre Maschinen angetrieben werden. Weit über 10000 Deutz-Bauernschlepper wurden bis Ende des Krieges gebaut, und somit war er die erfolgreichste Schlepperkonstruktion seiner Zeit, die einen wesentlichen Beitrag zur Motorisierung der bäuerlichen Betriebe leistete.

„Rübezahl und Boxer"

Auf der zweiten Reichsnährstands-Ausstellung (der Nachfolgerin der DLG-Ausstellung) im Frühjahr 1935 in Hamburg stellten die Linke-Hofmann-Werke, Breslau, zwei Kettenschlepper, den Typ „Rübezahl" mit 60 PS und den Typ „Boxer" mit 40 PS aus. Ferner zeigte die Firma einen neuentwickelten Radschlepper mit 5-Gang-Getriebe. Alle drei Schlepper waren mit 4-Zylinder-4-Takt-Dieselmotoren ausgerüstet, die Kämper, Berlin lieferte.

Im November des gleichen Jahres wurde der Schlepper- und Motorenbau der Breslauer

Firma von der zum Junkers-Konzern gehörenden neugegründeten Fahrzeug- und Motorenwerke AG (Famo) übernommen. Das Schlepperbau-Programm wurde weitergeführt und ausgebaut.

Die beiden Kettenschlepper-Typen „Boxer" und „Rübezahl" hatten zwei technische Besonderheiten: Das Doppeldifferential-Lenkgetriebe (Cletrac-Getriebe), bei dem die Maschine mittels Lenkrad durch Abbremsen der Kettenantriebswellen im Getriebe gesteuert wurde. Außerdem besaß der Schlepper einen elektrischen Anlasser, mit dem der Motor gestartet wurde. Die Nenndrehzahl betrug 1300 U/min. Unabhängig voneinander waren die beweglichen Laufrollenkästen, die vorn durch gelenkig gelagerte starke Querfedern am Motorblock abgestützt wurden. Dadurch war im Gelände eine Geschwindigkeit von 14 km/h möglich.

Angetrieben wurden die beiden Famo-Kettenschlepper von eigenen 4-Zylinder-4-Takt-Dieselmotoren, die in Zusammenarbeit mit der Motorenfabrik Kämper entstanden waren. Wie die bisher verwendeten Kämper-Dieselmotoren ar-

Der stärkste Schlepper im Bauprogramm der Kölner Firma war der 50 PS Deutz-Schlepper, den es als Acker-, Universal- und als Straßenschlepper gab.
Foto: Bauer

Einer der hochwertigsten aber auch teuersten Kettenschlepper seiner Zeit war der in Breslau gebaute Famo „Rübezahl". Foto: Bauer

Ebenfalls zur Spitzenklasse des deutschen Schlepperbaus gehörte der 42/45 PS Radschlepper von Famo, Breslau. Foto: Bauer

beiteten auch die Famo-Motoren nach dem Wälzkammerverfahren. Beide Motoren konnten entweder mit elektrischem Anlasser und Vorglühanlage oder von Hand mit Benzin-Anlaßvorrichtung gestartet werden.

Elektrische Zündung

Bei der Benzin-Anlaßvorrichtung wurde der Motor mit der Handkurbel gestartet. Hierbei arbeitete der Motor in der Start- und Anlaufphase als Vergasermotor mit elektrischer Zündung. Nach der Anlaufzeit wurde der Motor auf Dieselbetrieb umgestellt. Das Prinzip des benzinelektrischen Anlassers wurde auch im Famo-Radschlepper angewandt.

Die Nachfrage nach den qualitativ sehr hochwertigen – aber auch teuren – Kettenschleppern aus Breslau war besonders im östlichen Teil des Deutschen Reiches sehr groß. Denn mit dem Einsatz von zugstarken Raupenschleppern waren große Flächenleistungen bei der Bodenbearbeitung möglich.

Neben den beiden Kettenschleppern „Boxer" und „Rübezahl" wurde noch eine 100 PS starke Raupe, Typ „Riese" mit 6-Zylinder-4-Takt-Famo-Dieselmotor entwickelt, die aber durch den hereinbrechenden Krieg nur in wenigen Exemplaren gefertigt wurde. Der von der Famo gebaute Radschlepper war wie die Kettenschlepper eine Blockkonstruktion. Er konnte als Ackerschlepper oder als Straßenschlepper geliefert werden.

Hanomag im Aufwind

Als 1935 die Hanomag ihr 100jähriges Bestehen feierte, blickte man in Hannover wieder optimistisch in die Zukunft. Die Nachfrage nach Hanomag-Automobilen und -Schleppern stieg seit zwei Jahren wieder kontinuierlich an, so daß man den ansehnlichen Jahresumsatz von 33 Mill. RM verbuchen konnte.

Ende 1935 wurde der Automobil- und Schlepperbau der Hanomag GmbH wieder auf die Hanomag AG übertragen. Noch zur Zeit der Hanomag GmbH entstand eine leistungsstarke Straßenzugmaschine, Typenbezeichnung SS 55 mit 55 PS 4-Zylinder-Dieselmotor, Typ D 52. Die Höchstgeschwindigkeit lag bei ca. 40 km/h, so daß sie überwiegend im Nah- und Fernverkehr eingesetzt wurde. Drei Jahre später kam noch eine weitere Straßenzugmaschine, Typenbezeichnung SS 100, mit 100 PS Motorleistung hinzu, die wie der Typ SS 55 aus einem Stahlprofilrahmen bestand. Ein von L. Schargorodsky entwickelter 6-Zylinder-4-Takt-Reihenmotor mit einem Hubraum von 8553 ccm kam zum Einbau. Der Motor arbeitete

wie alle Hanomag-Dieselmotoren nach dem Vorkammerverfahren. Der SS 100 Schnelltransporter wurde vor allem als Zugmaschine für den Überlandverkehr eingesetzt, da sich die Maschine durch große Zugleistung bei hoher Geschwindigkeit (20 t Brutto-Anhängelast bei 45 km/h) auszeichnete.

Acker- und Straßenmaschinen

Das Hanomag-Schlepperbau-Programm umfaßte bis ca. 1937/ 38 zwei Grundtypen, und zwar die 38 und 45 PS Dieselschlepper sowie die 50 PS Typen. In der Klasse der 38 und 45 PS Schlepper wurden die verschiedensten Ausführungen angeboten: Als eisenbereifte Ackerschlepper (AR 38), als gummibereifte Universal-Schlepper (AGR 38) für Acker und Straße und auch als Straßenzugmaschine (SR 38, SR 45). Bei allen Ausführungen kam das gleiche 3-Gang-Getriebe zum Einbau, das je nach Einsatzzweck mit verschiedenen Geschwindigkeitsabstufungen geliefert wurde. So lag die

Höchstgeschwindigkeit beispielsweise beim AR 38 bei 8,0 km/h, beim AGR 38 bei 13,5 km/ h und beim SR 45 bei 20,6 km/h. Den 38 und 45 PS Schleppern war der D 52-Dieselmotor eingebaut, der bei 1100 U/min 38 PS und bei 1300 U/min 45 PS leistete. Charakteristisch war für diese Hanomag-Schlepper der querliegende tonnenförmige Kraftstofftank vor dem Lenkrad. Der 50 PS Hanomag-Schlepper, der auf der Basis des Kettenschleppers entstanden war, hatte diesen runden Tank nicht, sondern war wie die Raupe mit einem eckigen Kraftstofftank versehen. Auch dieser Typ wurde in den verschiedensten Ausführungen als Acker-, Universal- und Straßenschlepper gebaut. Neben einem 3-Gang-Getriebe konnte wahlweise auch ein 6-Gang-Getriebe geliefert werden.

Recht guten Absatz sowohl in der Landwirtschaft als auch in der Bauwirtschaft fand der Hanomag-Kettenschlepper, Typ K 50, der ab 1930/31 fast unverändert gebaut wurde. In Blockbauweise aufgebaut, besaß er zwei unabhängig voneinander bewegliche Laufrollenkästen,

Dieser Hanomag-Schlepper, Typ AGR 38, wurde 1938 gebaut und von Hannover nach Frankreich geliefert.
Foto: Bauer

Der 20 PS starke Hanomag-Bauernschlepper, Typ RL 20, mit 4-Zylinder-Dieselmotor, Baujahr 1940.
Foto: Bauer

die vorn durch Blattfedern abgestützt waren. Damit war u.a. ein Ausschlag der Kettenkästen bis zu 45 cm gegeneinander möglich. Die Steuerung der 50 PS starken Raupe erfolgte mittels Lenkrad und Doppeldifferential-Lenkgetriebe (Cletrac-Getriebe).

Umfangreiches Programm

Im Jahr 1937 wurden zwei neue Schleppertypen in das inzwischen recht umfangreiche Fabrikationsprogramm der hannoverschen Firma aufgenommen. Der Bauernschlepper, Typ RL 20 und der Kleinzugwagen, Typ SS 20. Beide Typen basierten auf der Grundkonzeption der Hanomag-Straßenzugmaschinen SS 55 und SS 100. Ein Profilrahmen mit Quertraversen sowie mit gefederter Hinterachse und die als gefederte Schwingachse ausgeführte Vorderachse bildeten das Fahrgestell.

Das Schaltgetriebe mit drei oder vier Vorwärtsgängen wurde von der Zahnradfabrik Friedrichshafen bezogen. In beiden Schleppertypen war der gleiche 4-Zylinder-4-Takt-Dieselmotor, Typenbezeichnung D 19, eingebaut, der bei 2000 U/min 20 PS leistete. Dieser Motor fand auch im Hano-

mag-Diesel-Pkw „Rekord" Verwendung.

Der Bauernschlepper wurde mit 3- oder 4-Gang-Getriebe für 13 bzw. 22 km/h Höchstgeschwindigkeit geliefert. Zur Standardausrüstung gehörten vier gleichgroße Räder der Dimension 6,50-20, elektrischer Anlasser, Kotflügel vorn und hinten, Anhängevorrichtung für Ackerwagen und Geräte. Gegen Mehrpreis gab es Riemenscheibe, Zapfwelle, Spill für Seilzug, Windschutzscheibe und Dach.

Die Straßenzugmaschine (SS 20) war für 24 oder 30 km/h Höchstgeschwindigkeit lieferbar, hatte durchgehende Kotflügel, ein festes Führerhaus sowie eine gepolsterte Doppelsitzbank für zwei bis drei Personen. Die Zugkraft lag je nach Getriebeabstufung bei 7,5 oder 12 t auf ebener Straße.

Der Universalschlepper

Zum Ende des Jahres 1940 stellte die Hanomag AG mehrere Versuchsexemplare eines neuen Radschleppers vor, der mit Aufnahme der Serienproduktion im Jahre 1942 die Typen AGR 38 und SR 45 ablöste. Bei diesem neuen Hanomag-Schlepper mit der Typenbezeichnung R 40 handelte es sich wiederum um eine Blockkon-

struktion, bei der der nun schon seit zehn Jahren bewährte Dieselmotor D 52 verwendet wurde.

Von Grund auf neu entwickelt war hingegen das 5-Gang-Getriebe dieses Schleppers, dessen Geschwindigkeitsabstufungen so gewählt waren, daß der R 40 — so die damalige Werbung — „universell für Acker und Straße einsetzbar war". Der R 40 wurde in zwei verschiedenen Grundausführungen geliefert: Als Ackerschlepper (R 40 B, R 40 G) mit Eisen- oder Luftgummibereifung — wobei bei den mit Eisenrädern ausgelieferten Schleppern der vierte und fünfte Gang gesperrt waren. Des weiteren gab es den Universalschleper (R 40 A, R 40 J) mit Luftgummibereifung. Hier lag die Höchstgeschwindigkeit bei ca. 20 km/h. Der R 40 konnte mit Riemenscheibe, Verdeck, Seilwinde, vorderen und hinteren Kotflügeln und auch mit Druckluftbeschaffungsanlage

für Anhängerbetrieb geliefert werden.

Sowohl beim Acker- als auch beim Universalschlepper konnte der Motor entweder mit elektrischem Anlasser (24 V) und Vorglühanlage oder mit Benzin-Anlaßvorrichtung (Vergaser und Magnetzündung) geliefert werden. Bei der Benzin-Anlaßvorrichtung wurde der Motor mit Handkurbel gestartet. Die beiden 12 V Batterien und der elektrische Anlasser konnten dann eingespart werden. Allein im Jahre 1943 wur-

den in Hannover unter den schwierigen Bedingungen des Krieges ca. 1800 Radschlepper dieses neuen Typs hergestellt.

Lanz-Bulldogs

Bei Lanz in Mannheim wurden nach Ende der Weltwirtschaftskrise bis in die Kriegsjahre hinein vier Bulldog-Grundtypen in den verschiedensten Varianten und Ausführungen gebaut. In dieser Zeit entstanden folgende Grundtypen:

– Bulldog mit 10,5 Litern Motorhubraum, Typenreihe HR

– Bulldog mit 4,8 Litern Motorhubraum, Typenreihe HN
– Eil-Bulldog (55 PS) für Verkehrszwecke, Typenbezeichnung HR 9
– Bauernbulldog (15 PS), Typenbezeichnung HE

Basierend auf den Kühler-Bulldogs HR 4 und HR 5 entstand in der Zeit von 1929 bis 1935 der 22/38 PS starke HR 6 mit 38 PS Dauerleistung. Eine Besonderheit bei diesem Typ war der Stufenregler, der die obere Drehzahl des Motors auf 540 oder 630 U/min begrenzte, denn bisher konnten die Bulldogs nur im Leerlauf (ca. 300 U/

Vor mehr als 50 Jahren wurde dieser Hanomag-Ackerschlepper, Typ AR 38, in Hannover gefertigt.
Foto: Bauer

Im Kriegsjahr 1940 rollte dieser 50 PS Hanomag-Ketten- schlepper, Typ K 50, vom Band. Foto: Bauer

Mit dem Universal- schlepper, Typ R 40, begann bei der Ha- nomag eine neue Ära im Schlep- perbau. Foto: Bauer

min) oder mit Höchstdrehzahl betrieben werden.

Von diesem Typ entstanden noch diverse Sonderkonstruk- tionen, die mit dickflüssigen Teerölen, Ölrückständen oder Abfallölen betrieben werden konnten. Die Überarbeitung der Baureihe HR 6 führte zu dem Typ HR 7 mit zunächst 30 PS Motorleistung bei 540 U/min und später zu dem Typ HR 8 mit 38 PS Motorleistung bei 630 U/ min. Die wesentlichen Unter- scheidungsmerkmale zum Vor- gängertyp HR 6 waren die Rie- menscheibe auf der rechten Seite, der Lüfterantrieb sowie der Regler an der Auspuffseite.

Mehr PS

Etwa Anfang des Jahres 1936 erfolgte eine Änderung der Leistungsangabe bei den Bull- dogs, wobei nicht mehr die „normale Dauerleistung" son- dern die „Höchstleistung über eine Stunde" angegeben wur- de, wie es auch bei anderen Fabrikaten üblich war. So wur- de aus dem 30 PS der 35 PS Bulldog und aus dem 38 PS der 45 PS Bulldog.

Durch Drehzahlsteigerung kam 1938 noch ein weiterer Bulldog hinzu, der bei 750 U/min 55 PS Dauerleistung abgab. Von al- len drei Typen (35, 45, 55 PS)

wurden die verschiedensten Ausführungen geliefert. So gab es 3- oder 6-Gang-Getriebe, Ackerbulldogs, Verkehrs-Bull- dogs, Eil-Bulldogs, Schweröl- Bulldogs und Raupen-Bulldogs. Bereits seit 1928 rüstete Lanz seine Bulldogs auf Wunsch auch mit verschiedenen Rit- scher-Halb- und Vollketten- Laufwerken aus, bevor 1939/40 der 55 PS Raupen-Bulldog, Ty- penbezeichnung HRK, vorge- stellt wurde. Die Raupe ent- stand auf der Basis des 55 PS Bulldogs.

Die Steuerung des 5300 kg schweren Kettenschleppers erfolgte mittels zweier Handhe- bel vom Führersitz aus. Das Ziehen eines Hebels bewirkte das Auskuppeln einer An- triebsseite, so daß nur die ein- gekuppelte Seite angetrieben wurde und sich so die Fahrt- richtung änderte. Zusätzlich konnte die Steuerung noch durch Fußhebel unterstützt werden. Das Getriebe mit sechs Vorwärts- und zwei Rückwärtsgängen ermöglichte Geschwindigkeitsabstufungen von 2,4 bis 7,7 km/h. Bis Kriegs- ende wurden ca. 2500 Lanz- Bulldog-Raupen gebaut.

Für mittlere Betriebe

Die HR-Bulldog-Typen waren überwiegend für landwirt- schaftliche Großbetriebe oder für Transportunternehmen be- stimmt. So fehlte bei Lanz ein kleinerer Typ mit 20 bis 25 PS Motorleistung, um auch den mittelgroßen Betrieben den Einsatz des Bulldogs zu ermög- lichen. Fritz Huber entwickelte deshalb etwa um 1928/29 einen kleinen Glühkopfmotor mit 4764 ccm Hubraum, der bei einer Drehzahl von 760 U/min 20 PS leistete. Der Motor arbei- tete wie die großen Bulldog- Motoren mit Kurbelkastenspü- lung und Schlitzsteuerung.

In der wirtschaftlich schweren Zeit um 1932 erschien dann Lanz mit einem neuen Bulldog, dem Typ HN (12/20 PS), bei dem erstmals dieser neue von Huber entwickelte Motor ver- wendet wurde. Ein ebenfalls

Der 30 PS Lanz-Bulldog, Typ HR 7, Baujahr 1936. Der Akkerluft-Bulldog wurde mit sechs Vorwärtsgängen von 3,5 bis 17,7 km/h geliefert.
Foto: Bauer

neuentwickeltes Getriebe mit Vorgelege und nunmehr sechs Vorwärtsgängen kam zum Einbau.

Weitere Neuerungen an diesem Bulldog waren: Riemenscheibe rechts, Kupplungsfußhebel links, Hand- und Fußgashebel rechts, Hand- und Fußbremse, Zapfwelle. Wie alle Bulldog-Typen wurde auch der neue HN in verschiedenen Ausführungen angeboten. So war z.B. das 6-Gang-Getriebe des Verkehrs-Bulldogs für eine Geschwindigkeit von 23 km/h ausgelegt.

Der Ackerbulldog mit Eisenbereifung hingegen wurde mit 3-Gang-Getriebe geliefert. Die Reihe der HN-Bulldogs umfaßte sowohl die 20 als auch die späteren 25 PS Typen. Eine interessante Variante des HN war der 25 PS Allzweck-Bulldog, der mit gekröpfter Vorderachse sowie mit schmaler und hoher hinterer Bereifung der Größe 9.00-40 geliefert wurde.

Spur verstellbar

Die Antriebsräder waren auf Wellenstummeln befestigt, wodurch ein stufenloses Verstellen der Spurweite möglich war. Mit dem Allzweck-Bulldog konnte wegen seiner hohen Bodenfreiheit von 47 cm und der Spurverstellung in jede Reihenkultur eingefahren werden. Eine sehr einfache und somit auch billige Variante der HN-Bulldogs war der 20 PS Bauernbulldog, der mit 3-Gang-Getriebe und Eisenbereifung im Frühjahr 1938 für 3110,– RM angeboten wurde.

Ein Bulldog, der fast ausschließlich im Transportgewerbe Verwendung fand, war der ab 1937 angebotene Eil-Bulldog, Typ HR 9, mit 55 PS Motor-leistung. Das Getriebe war eine Neukonstruktion mit fünf Vorwärtsgängen und einem Rückwärtsgang und ermöglichte eine Höchstgeschwindigkeit von ca. 33 km/h.

Er wurde serienmäßig mit durchgehenden Kotflügeln für Vorder- und Hinterräder, gefederter Vorderachse, kompletter elektrischer Ausrüstung (mit Anlasser) und Geschwindigkeitsmesser geliefert. Er konnte entweder mit offener Fahrerkabine oder mit geschlossenem Führerhaus bezogen werden. Zapfwelle, Riemenscheibe, Seilwinde und Druckluftanlage für Hängerbetrieb gab es als Sonderausrüstung. Die Zugleistung des ca. 4,5 t schweren Fahrzeugs betrug im 1. Gang über 30 t.

Die letzte Bulldog-Neuentwicklung vor dem Zweiten Weltkrieg war der 15 PS Bauernbulldog, Typ HE, mit dem Lanz

einen Bulldog in der Klasse der Kleinschlepper anbot. Ein neuentwickeltes 6-Gang-Getriebe mit zwei Rückwärtsgängen und ein ebenfalls neuentwickelter Glühkopfmotor mit 15 PS Leistung bei 900 U/min waren zum Block verschraubt.

Bauernbulldog

Dieser Schlepper war von vornherein als universell einsetzbare Arbeitsmaschine konzipiert worden. So verfügte er über eine sehr hohe Bodenfreiheit von 45 cm. Die Spur war von 113 auf 150 cm verstellbar. Ein vom Motor angetriebener mechanischer Kraftheber ermöglichte das Heben und Senken der verschiedensten Bodenbearbeitungsgeräte.

Außerdem waren Zapfwelle und Riemenscheibe vorhanden. Zusätzlich war auch die Kombination von Zapfwelle und Kraftheber möglich. So konnte z.B. ein angebauter zapfwellengetriebener Schleuderrad-Kartoffelroder mit dem Kraftheber eingesetzt und ausgehoben werden. Auch ein von der Zapfwelle angetriebenes Seitenmähwerk war lieferbar. Dieser Bulldog mit der Hinterradbereifung der Größe 6,50-32 verfügte über viele entscheidende Vorteile gegenüber der Konkurrenz, so daß sein Einsatz mit entsprechenden Anbaugeräten durchaus arbeitserleichternd war. Doch der hereinbrechende Krieg setzte auch dieser Entwicklung ein Ende, so daß bis zur zwangsweisen Pro-

duktionseinstellung nur weniger als 300 Lanz-Bauernbulldogs, Typ HE, gebaut werden konnten.

MAN-Schlepper

Im Jahre 1937 nahm auch die Maschinenfabrik Augsburg-Nürnberg (MAN) die Entwicklung eines Ackerschleppers auf, der Ende des Jahres 1938 als Typ A 250 vorgestellt wurde. Er war ein 50 PS Schlepper in Blockbauweise, dem als Antrieb ein 4-Zylinder-MAN-Lkw-Dieselmotor mit ca. 5 Litern Hubraum eingebaut war. Der Motor arbeitete nach dem neuentwickelten MAN-Verbrennungsverfahren mit direkter Strahleinspritzung und Kugelbrennraum im Kolben.

Das Getriebe mit vier und später fünf Vorwärtsgängen sowie das integrierte Lenkgetriebe wurden von der Zahnräderfabrik Augsburg für diesen Schlepper entwickelt und hergestellt. Geschwindigkeiten von ca. 4 bis 20 km/h waren bei Nenndrehzahl des Motors möglich. Die Vorderachse bestand aus zwei querliegenden Blattfederpaketen, die in der Mitte ohne Verwendung eines Achskörpers drehbar gelagert waren und so eine für Fahrer und Fahrzeug schonende Federung ergaben.

Zur umfangreichen, serienmäßigen Ausstattung gehörten Kotflügel über Vorder- und Hinterräder, elektrischer Anlasser, Zapfwelle, schwenkbare Anhängekupplung, Ge-

schwindigkeitsmesser, Kilometerzähler. Auf Wunsch waren Seilwinde, Windschutzscheibe und Verdeck lieferbar.

1939 sollte in Augsburg mit der Großserienfertigung begonnen werden, die aber durch den Ausbruch des Krieges nicht mehr anlief. MAN mußte nun Rüstungsgüter herstellen, so daß die Fertigung nach Kriegsbeginn in nur geringem Maße fortgeführt werden konnte.

Im Krieg wurde die Herstellung nach Frankreich zur Firma Latil in Suresnes bei Paris verlegt. Latil war bekannter Produzent von Schleppern, Lastwagen und Spezialfahrzeugen. Bis Herbst 1944 wurden dort die 50 PS MAN-Schlepper gebaut, insgesamt ca. 1 000 Einheiten, die vor allem in land-

wirtschaftlichen Großbetrieben und in der Forstwirtschaft eingesetzt wurden.

Orenstein & Koppel

Ab 1938 erschien auch die Orenstein & Koppel AG, Berlin mit Schlepperkonstruktionen auf dem vielversprechenden deutschen Markt. Sie waren alles andere als Konfektionsschlepper mit zugekauften Getrieben und Motoren, vielmehr entwickelte und baute man fast alles selbst.

Die Schlepper entstanden in der zum Unternehmen gehörenden Nordhäuser Maschinenfabrik Montania, Nordhausen/Harz. Das 1876 von Benno Orenstein und Artur Koppel in Berlin gegründete Unterneh-

Die Lanz-Bulldog-Raupe, Typ HRK, Baujahr 1940, leistete 55 PS und wurde mit zwei Hebeln gesteuert.
Foto: Bauer

Mit dem 15 PS Bauernbulldog, Typ HE, bot Lanz ab 1939 auch einen Typ in der untersten Leistungsklasse an. Doch durch den hereinbrechenden Krieg konnten nur knapp 300 Stück davon produziert werden.
Fotos: Bauer

men wurde schon vor der Jahrhundertwende durch den Bau von kompletten Feldbahnanlagen bekannt. Später kam der Bau von Eisenbahnen und Baggern hinzu.

Die Grundlage für die Produktion von Schleppern bildeten die langjährigen Erfahrungen im Dieselmotorenbau, und so entwickelte man für einen Schlepper einen stehend angeordneten 2-Zylinder-4-Takt-Dieselmotor mit einem Hubraum von 3532 ccm, der nach dem MWM-Colo-Verbrennungsverfahren arbeitete. Bei diesem Verbrennungsverfahren benötigte man zum Anlassen keine weiteren Hilfsmittel, sondern der Motor wurde bei verminderter Kompression mit der Handkurbel gestartet. Weitere Vorteile dieses Motors waren geringer Kraftstoffverbrauch und gute Kaltstarteigenschaften.

Neben Motor und Getriebe wurden fast alle anderen Teile auch selbst hergestellt, wie Vorderachse, Blechteile, Luft- und Ölfilter, Lenkung etc. Bezogen wurden Einspritzpumpe und -düse (Bosch), Kupplung (Fichtel & Sachs), elektrische Anlage (Bosch), Kühler und Reifen.

Dieser 38 PS Eil-Bulldog mit dem typischen Cabrio-Verdeck wurde 1935 gefertigt und ist noch heute zugelassen.
Foto: Bauer

Erste Exemplare

Als erster Typ entstand 1938 eine Straßenzugmaschine in Rahmenbauweise mit festem Fahrerhaus in wenigen Exemplaren, die 1939 von dem Universal-Typ SA 751 in Blockbauweise abgelöst wurde. Der 2-Zylinder-Dieselmotor leistete bei 1300 U/min 28-30 PS. Das Getriebe mit vier Vorwärtsgängen und einem Rückwärtsgang ermöglichte Geschwindigkeiten von 4,5 bis 15,8 km/h bei Nenndrehzahl des Motors. Charakteristisch für diesen sehr robust gebauten Schlepper waren die kantigen Kotflügel aus besonders starkem Stahlblech. 1939 kam noch eine weitere O & K Schlepperkonstruktion dazu, der 15 PS Bauernschlepper, Typ SB 751. Es handelte sich ebenfalls um eine Blockkonstruktion, bei der ein liegend angeordneter 1-Zylinder-4-Takt-Dieselmotor mit einem 3-Gang-Schaltgetriebe verschraubt war.

Über eine doppelte Rollenket-

te wurde die Motorkraft auf die Konuskupplung und dann auf das Wechselgetriebe übertragen. Weitere Konstruktionsmerkmale waren Pendelvorderachse, Riemenscheibe, Thermosyphonkühlung. Als Sonderausstattung gab es für diesen Schlepper: Zapfwelle, Mähwerk, Windschutzsschei-

be mit Dach sowie Klappgreifer eigener Konstruktion.

Auch beim O & K Bauernschlepper kamen fast alle Bauteile in besonders kräftiger Ausführung aus eigenem Hause. Charakteristisch für den nur 228 cm langen Bauernschlepper war die halbrunde Stirnverkleidung des Motors, wie sie auch später für den 2-Zylinder-Typ übernommen wurde. Ab ca. 1940 mußte die Firmenbezeichnung in Maschinenbau- und Bahnbedarf AG, vormals Orenstein & Koppel (MBA) geändert werden, weil die Firmengründer Juden waren.

Die Maschinenfabrik Augsburg-Nürnberg (MAN) kam 1938 mit einem 50 PS Dieselschlepper, Typ A 250, auf den Markt. Nach Ausbruch des Krieges wurde die Produktion des Schleppers nach Frankreich verlegt. Foto: Ahlers

Eine Lastkraftbodenfräse

Die 30er Jahre brachten neben dem großen Angebot an Schleppern der verschiedensten Firmen, Fabrikate und Leistungsklassen auch mehrere Entwicklungen von ideenreichen Konstrukteuren hervor. Alle hatten das Ziel, den Bauern die schwere Arbeit zu erleichtern. Eine dieser ideenreichen Konstruktionen war die Lastkraftbodenfräse von Wilhelm Grams aus Sydowswiese bei Küstrin.

Grams war schon Mitte der 20er Jahre mit verschiedenen Schlepperkonstruktionen an die Öffentlichkeit getreten, be-

1938 wurde dieser O&K-Dieselschlepper gebaut, dessen 2-Zylinder-Motor 30 PS leistet.
Foto: Bauer

vor er 1934 seine Lastkraftbodenfräse vorstellte. Sie war eine Kombination von Schlepper, Kleinlastwagen und Bodenfräse.

Bei dieser Rahmenkonstruktion mit vier gleichgroßen Rädern waren der 10 PS Dieselmotor, Getriebe und Antriebsachsen im Heck des Fahrzeugs zusammengefaßt. Über der lenkbaren Vorderachse befand sich eine Sitzbank für den Fahrzeugführer und zwei weitere Personen. Hinter der Sitzbank bis zum Heck der Lastkraftbodenfräse war eine Ladepritsche zum Mitführen von Lasten vorhanden.

Neben der am Heck angebrachten Fräse konnte das Fahrzeug mit Seitenmähwerk, Riemenscheibe und auch mit einer Beregnungspumpe ausgerüstet werden. Da fast das gesamte Gewicht auf der hinteren Antriebsachse lag, war die Vorderachse nur gering belastet, was eine gute Lenkbarkeit zur Folge hatte.

Nach der Idee seines Konstrukteurs sollten „mit der Lastkraftbodenfräse alle in der Landwirtschaft vorkommenden Arbeiten, wie Pflügen, Fräsen, Getreide- und Hackfruchtpflege, Mähen, Lastenbeförderung auf Acker und Straße und son-stige Arbeiten verrichtet werden, wodurch die Zugtiere überflüssig würden".

Noch weiter als Grams ging Emil Friedrich Endres mit seinem „Packesel". Der 1883 geborene E. F. Endres war Rittergutspächter mit vielen neuen und zugleich einfachen Ideen zur Mechanisierung der Hof- und Feldarbeit. 1936 präsentierte Endres dem damaligen Reichskuratorium für Technik in der Landwirtschaft (RKTL) seine Packesel-Idee und bat um finanzielle Unterstützung seines Projektes.

Große Anerkennung

Ab 1938/39 entstanden dann mit staatlicher Hilfe mehrere Prototypen in der Miesbacher Niederlassung der Primus-Traktoren-Gesellschaft. In diversen Fachartikeln sowie auf verschiedenen Ausstellungen wurde der Packesel vorgestellt. Er fand in den Reihen der Landtechniker große Anerkennung, denn sowohl von der Konzeption her als auch wegen seiner vielseitigen Einsatzmöglichkeit gab es bisher keine ähnliche Vielzweckmaschine. Das vierrädrige Fahrzeug bestand aus einem Rahmen aus Profileisen, wobei zwei Räder

der Größe 5,25-16 auf einer starren und ungefederten Achse durch Achsschenkellagerung lenkbar waren. Die Antriebsräder hatten die Größe 8,00-20 und waren ebenfalls ungefedert.

Im Rahmen eingebaut war ein 1-Zylinder-Deutz-Dieselmotor liegender Bauart mit Verdampfungskühlung und 16 PS Leistung sowie ein 4-Gang-Wechselgetriebe. Das Getriebe konnte mit einem Hebel auf Vorwärts- oder Rückwärtsfahrt umgesteuert werden.

Große Ladepritsche

Da der Packesel in beiden Richtungen sowohl fahren als auch arbeiten konnte, waren über und vor der Antriebsachse zwei gegenüber liegende Sitzbänke angebracht. Zwischen Antriebsachse und Lenkachse befand sich eine 2,20 x 1,40 m große Ladepritsche für ca. 1,25 m³ Ladegut, die nach drei Seiten hydraulisch kippbar war.

Hydraulisch betätigt werden konnten auch die Anbaugeräte, die durch einfache Steckverbindungen mit dem Packesel verbunden werden konnten. Neben Riemenscheibe, Zapfwelle und Mähwerk gab es auch einen Überkopflader zum Laden von Grünfutter, Garben und Heu auf die Pritsche.

Weitere Geräte, wie Greiferlader, Kartoffelpflanzer, halbautomatischer Grünfutter- oder Kartoffelernter, waren von Endres vorgesehen, wurden aber in den Kriegsjahren nicht mehr verwirklicht. Bis zum Tode von Endres im Jahre 1944 entstanden nur ein paar wenige Versuchsexemplare dieses Vorläufers des späteren Geräteträgers.

Die Maschinenfabrik Schmotzer im bayerischen Windsheim bot ab ca. 1935 eine Motorhackmaschine mit Eisen- und später mit Luftgummibereifung an, die auch als Zugmaschine einsetzbar war. Bei diesem Rohrrahmenfahrgestell konnte am Heck ein Hackrahmen für Rüben, Kartoffeln, Getreide etc.

15 PS MBA-Bauern-schlepper, Baujahr 1941, mit liegendem 1-Zylinder-Diesel-motor.
Foto: Bauer

angebaut werden. Die Spurweite war von 150 bis 170 cm einstellbar. MWM-Dieselmotoren mit 8,5 oder 12,5 PS dienten bei dem ca. 1500 kg schweren Gerät mit 5-Gang-Getriebe als Antrieb.

Ritscher-Dreirad

Schlepper besonderer Bauart waren auch die „Dreiräder" von Ritscher. Als Karl Ritscher den Kettenschlepperbau Anfang der 30er Jahre auslaufen ließ, fertigte er zunächst Anbauraupen für verschiedene Schlepperfabrikanten, u.a. für Lanz und Hanomag.

Angeregt von einer Studienreise durch Amerika begann Ritscher 1936 mit der Konstruktion eines dreirädrigen Schleppers, wie er in Amerika als sogenannter Hackfruchtschlepper im Einsatz war. Ein Jahr später erschien Ritscher dann mit seinem ersten Dreirad-Schlepper, Typ N auf dem Markt. Dieser Schlepper mit dem lenkbaren Vorderrad war sehr wendig und konnte durch die Verstellung der Spurweite zwischen 90 und 160 cm in jede Reihenkultur einfahren.

Ein eigens für diesen Schlepper entwickelter 1-Zylinder-4-Takt-Dieselmotor von Kämper mit Benzin-Anlaßvorrichtung wurde mit dem Ritscher-Drei-Gang-Getriebe verschraubt. Das Vorderrad wurde in eine mit einem Zapfen verbundene Gabel geführt. Der Zapfen war vor dem Motor in einem Block aus Gußeisen gelagert. Über einen Kegelradantrieb oberhalb des Gabelzapfens und ein für diese Schlepper charakteristisches Lenkgestänge über der Motorverkleidung wurde der Schlepper gesteuert. Hierbei war das Lenkrad senkrecht angebracht.

In der Praxis bewährt

Ein auf dem Getriebe montierter Aufsattelbolzen sorgte in Verbindung mit einem Spezial-Einachsanhänger für eine hohe Belastung der Antriebsräder und dadurch für eine recht beachtliche Zugleistung. Als Sonderausrüstung gab es für die Ritscher-Dreirad-Schlepper: Zapfwelle, Mähwerk, Riemenscheibe, Radgewichte und elektrische Lichtanlage.

Nachdem der Typ N sich in der Praxis bewährt hatte, erschien Ritscher bald darauf mit weiteren Dreirad-Schleppern, und zwar den Typen N 20 und 320; beiden war der gleiche 20 PS starke 2-Zylinder-Deutz-Dieselmotor eingebaut. Der N 20 besaß das bewährte 3-Gang-Getriebe, und der 320 war mit einem 4-Gang-Getriebe für ca. 20 km/h Höchstgeschwindigkeit ausgerüstet.

Technische Daten

Kramer-Allesschaffer, Typ K 12

Hersteller: Gebrüder Kramer GmbH, Gutmadingen
Baujahr: ab 1933
Motor: 1-Zylinder-4-Takt-Dieselmotor mit 11 PS Leistung bei einer Drehzahl von 1500 U/min und einem Hubraum von 1100 ccm, Fabrikat Deutz
Getriebe: Vier Vorwärtsgänge (2,5; 4,5; 7,5; 14 km/h) und ein Rückwärtsgang
Maße und Gewichte: Länge 275 cm, Breite 145 cm, Gewicht ca. 1400 kg, Wenderadius 250 cm

Kramer-Allesschaffer, Typ K 18

Hersteller: Gebrüder Kramer GmbH, Gutmadingen
Baujahr: ab 1938
Motor: 1-Zylinder-4-Takt-Dieselmotor mit 20 PS Leistung bei einer Drehzahl von 1500 U/min und einem Hubraum von 1640 ccm, Fabrikat Güldner
Getriebe: Vier Vorwärtsgänge (2,6; 5; 8; 15 km/h) und ein Rückwärtsgang
Maße und Gewichte: Länge 285 cm, Breite 145 cm, Gewicht ca. 1650 kg, Wenderadius 250 cm

Kramer-Dieselschlepper, Typ K 22

Hersteller: Gebrüder Kramer GmbH, Gutmadingen
Baujahr: ab 1939
Motor: 2-Zylinder-4-Takt-Dieselmotor mit einer Leistung von 20 PS bei einer Drehzahl von 1500 U/min und einem Hubraum von 1540 ccm, Fabrikat Güldner
Getriebe: Vier Vorwärtsgänge (2,6; 4,8; 8,4; 15,1 km/h) und ein Rückwärtsgang (2,3 km/h)
Maße und Gewichte: Länge 282 cm, Breite 144 cm, Radstand 180 cm, Gewicht 1660 kg

Hagedorn-Westfalia-Dieselschlepper, Typ HS 14

Hersteller: Gebrüder Hagedorn & Co., Maschinenfabrik, Warendorf/Westfalen
Baujahr: ab 1935
Motor: 1-Zylinder-4-Takt-Dieselmotor mit 14 PS Leistung bei einer Drehzahl von 1300 U/min und einem Hubraum von 1800 ccm, Fabrikat Deutz
Getriebe: Drei Vorwärtsgänge (max. 16 km/h) und ein Rückwärtsgang, Fabrikat Hurth
Maße und Gewichte: Länge 280 cm, Breite 160 cm, Gewicht ca. 1250 ccm

Fendt-Dieselroß, Typ F 12

Hersteller: Xaver Fendt Maschinenbau, Marktoberdorf
Baujahr: 1936 bis 37
Motor: 1-Zylinder-4-Takt-Dieselmotor mit 12 PS Leistung, Fabrikat Deutz
Getriebe: Drei Vorwärtsgänge (3; 5; 8 km/h) und ein Rückwärtsgang
Maße und Gewichte: Länge 260 cm, Breite 150 cm, Gewicht ca. 1200 kg

Fendt-Dieselroß, Typ F 18

Hersteller: Xaver Fendt Maschinenbau, Marktoberdorf
Baujahr: ab 1937
Motor: 1-Zylinder-4-Takt-Dieselmotor mit 16/18 PS Leistung bei einer Drehzahl von 1400 U/min und einem Hubraum von 1797 ccm, Fabrikat Deutz
Getriebe: Vier Vorwärtsgänge (2,8; 5,1; 8,8; 15,8 km/h) und ein Rückwärtsgang (2,4 km/h)
Maße und Gewichte: Länge 274 cm, Breite 147 cm, Gewicht 1565 kg, Wenderadius ca. 350 cm

Fendt-Dieselroß, Typ F 22

Hersteller: Xaver Fendt Maschinenbau, Marktoberdorf
Baujahr: ab 1939
Motor: 2-Zylinder-4-Takt-Dieselmotor mit 20/22 PS Leistung bei einer Drehzahl von 1500 U/min und einem Hubraum von 2198 ccm, Fabrikat Deutz
Getriebe: Vier Vorwärtsgänge (3,7; 5,5; 8,3; 15 km/h) und ein Rückwärtsgang (5,0 km/h), Fabrikat Prometheus
Maße und Gewichte: Länge 264 cm, Breite 155 cm, Radstand

170 cm, Gewicht 1550 kg

Lanz, Typ Samson I

Hersteller: H. Lanz Landmaschinenfabrik, Aulendorf
Baujahr: ab 1931
Motor: 1-Zylinder-4-Takt-Dieselmotor mit 10/11 PS Leistung bei einem Hubraum von 1100 ccm, Fabrikat Deutz
Getriebe: Drei Vorwärtsgänge (2,5; 5; 8 km/h) und ein Rückwärtsgang (3 km/h)
Gewicht: ca. 900 kg

Lanz, Typ D 11

Hersteller: H. Lanz Landmaschinenfabrik, Aulendorf
Baujahr: 1938-1939
Motor: 1-Zylinder-4-Takt-Dieselmotor mit 11 PS Leistung bei einer Drehzahl von 1550 U/min und einem Hubraum von 1100 ccm, Fabrikat Deutz
Getriebe: Vier Vorwärtsgänge (max. 15 km/h) und ein Rückwärtsgang, Fabrikat Lanz, Aulendorf
Maße und Gewichte: Länge 255 cm, Breite 150 cm, Gewicht 1350 kg

Lanz, Ackerschlepper 22 PS

Hersteller: H. Lanz Landmaschinen- und Schlepperfabrik, Aulendorf
Baujahr: ab 1937
Motor: 2-Zylinder-4-Takt-Dieselmotor mit 22 PS Leistung bei einer Drehzahl von 1500 U/min und einem Hubraum von 2200 ccm, Fabrikat Deutz
Getriebe: Vier Vorwärtsgänge (3,6; 6,1; 10; 19,3 km/h) und ein Rückwärtsgang (3,6 km/h), Fabrikat Lanz, Aulendorf
Maße und Gewichte: Länge 270 cm, Breite 156 cm, Radstand 180 cm, Gewicht 1520 kg

Brummer

Hersteller: Klein-Traktoren-Bau Raimund Hartwig, Rudolfstadt, Thüringen
Baujahr: 1936-1937
Motor: 1-Zylinder-2-Takt-Dieselmotor mit 10 PS Leistung bei einer Drehzahl von 900 U/min, Fabrikat Hatz
Getriebe: Zwei Vorwärtsgänge und ein Rückwärtsgang

Schottel-Schlepper

Hersteller: Schottel-Werke, Abteilung Traktorenbau, Oberspay am Rhein
Baujahr: 1939
Motor: 1-Zylinder-4-Takt-Dieselmotor mit 11 PS Leistung bei einer Drehzahl von 1100 U/min, Fabrikat Deutz
Getriebe: Vier Vorwärtsgänge und ein Rückwärtsgang, Fabrikat ZF, Höchstgeschwindigkeit 16 km/h
Gewicht: 1160 kg

Deuliewag-Universalschlepper, Typ DA 32

Hersteller: Deuliewag, Deutsche Lieferwagen GmbH, Berlin
Baujahr: 1938
Motor: 2-Zylinder-4-Takt-Dieselmotor mit 32 PS Leistung bei einer Drehzahl von 1550 U/min und einem Hubraum von 2570 ccm, Fabrikat Güldner
Getriebe: Vier Vorwärtsgänge (3,2; 5,8; 10; 18 km/h oder 5,3; 8,5; 15; 25 km/h) und ein Rückwärtsgang
Maße und Gewichte: Länge 320 cm, Breite 178 cm, Radstand 180 cm, Gewicht (mit Seilwinde) 3100 kg

Deuliewag-Schlepper, Typ DA 20

Hersteller: Deuliewag, Deutsche Lieferwagen GmbH, Berlin
Baujahr: ab 1939
Motor: 1-Zylinder-4-Takt-Dieselmotor mit 20 PS Leistung bei einer Drehzahl von 1600 U/min und einem Hubraum von 1550 ccm, Fabrikat Güldner
Getriebe: Vier Vorwärtsgänge (2,9; 4,6; 6,6; 12,8 km/h mit Prometheus-Getriebe oder 2,7; 4,8; 8,3; 15 km/h mit ZF-Getriebe) und ein Rückwärtsgang
Maße und Gewichte: Länge 265 cm, Breite 151 cm, Radstand 166 cm, Gewicht 1530 kg

Eicher-Ackerschlepper, Typ T 22

Hersteller: Josef Eicher, Traktorenfabrik, Forstern bei München
Baujahr: ab 1938

Motor: 2-Zylinder-4-Takt-Dieselmotor mit 22 PS Leistung bei einer Drehzahl von 1500 U/min und einem Hubraum von 2198 ccm, Fabrikat Deutz
Getriebe: Vier Vorwärtsgänge (4; 6; 7,5; 16 km/h) und ein Rückwärtsgang
Maße und Gewichte: Länge 273 cm, Breite 155 cm, Radstand 170 cm, Gewicht ca. 1900 kg

Fahr-Ackerschlepper, Typ F 22

Hersteller: Maschinenfabrik Fahr AG, Gottmadingen
Baujahr: ab 1938
Motor: 2-Zylinder-4-Takt-Dieselmotor mit 22 PS Leistung bei einer Drehzahl von 1550 U/min und einem Hubraum von 2198 ccm, Fabrikat Deutz
Getriebe: Fünf Vorwärtsgänge (3,2; 4,5; 6,4; 10,4; 19,0 km/h) und ein Rückwärtsgang
Maße und Gewichte: Länge 280 cm, Breite 155 cm, Radstand 170 cm, Gewicht 2200 kg

Güldner-Ackerschlepper, Typ A 20

Hersteller: Güldner-Motoren-Werke Aschaffenburg, Zweigniederlassung der Gesellschaft für Linde's Eismaschinen
Baujahr: 1938 bis 1942
Motor: 1-Zylinder-4-Takt-Dieselmotor mit 20 PS Leistung bei einer Drehzahl von 1500 U/min

und einem Hubraum von 1560 ccm, Fabrikat Güldner
Getriebe: Vier Vorwärtsgänge (3,7; 5,9; 8,5; 15,3 km/h) und ein Rückwärtsgang (5,1 km/h)
Maße und Gewichte: Länge 265 cm, Breite 154 cm, Radstand 166 cm, Gewicht ca. 1660 kg

Martin-Dieselschlepper

Hersteller: Otto Martin Maschinenbau, Ottobeuren
Baujahr: ab 1936
Motor: 2-Zylinder-4-Takt-Dieselmotor mit 20/22 PS bei einer Drehzahl von 1500 U/min und einem Hubraum von 2198 ccm, Fabrikat Deutz
Getriebe: Vier Vorwärtsgänge (3,5; 6; 10; 19 km/h) und ein Rückwärtsgang (3 km/h)
Maße und Gewichte: Länge 270 cm, Breite 150 cm, Radstand 165 cm, Gewicht 1650 kg

Miag-Ackerschlepper, Typ LD 20

Hersteller: Miag, Mühlenbau und Industrie AG, Frankfurt
Baujahr: ab 1937
Motor: 2-Zylinder-4-Takt-Dieselmotor mit 20 PS Leistung bei einer Drehzahl von 1500 U/min und einem Hubraum von 2125 ccm, Fabrikat MWM
Getriebe: Vier Vorwärtsgänge (2,5; 4,6; 7,8; 14 km/h) und ein Rückwärtsgang (2,2 km/h), Fabrikat ZF

Der Miag-Dieselschlepper, Typ LD 20, Baujahr 1939 wurde mit einem Motor von MWM ausgerüstet.
Foto: Bach

Maße und Gewichte: Länge 285 cm, Breite 147 cm, Radstand 175 cm, Gewicht 1 750 kg

Normag-Dieselschlepper, Typ NG 20

Hersteller: Normag GmbH, Nordhausen/Harz
Baujahr: ab 1936
Motor: 2-Zylinder-4-Takt-Dieselmotor mit 20/22 PS Leistung bei einer Drehzahl von 1 500 U/min und einem Hubraum von 2 125 ccm, Fabrikat MWM
Getriebe: Vier Vorwärtsgänge (3,5; 6; 11; 20 km/h) und ein Rückwärtsgang (3 km/h)
Maße und Gewichte: Länge 260 cm, Breite 150 cm, Radstand 154 cm, Gewicht 1 850 kg

Normag-Ackerschlepper, Typ NG 10

Hersteller: Normag GmbH, Nordhausen/Harz
Baujahr: ab 1938
Motor: 2-Zylinder-4-Takt-Dieselmotor mit 22 PS Leistung bei einer Drehzahl von 1 500 U/min und einem Hubraum von 2 198 ccm, Fabrikat Deutz
Getriebe: Vier Vorwärtsgänge (2,7; 4,8; 8,3; 15 km/h) und ein Rückwärtsgang, Fabrikat ZF
Maße und Gewichte: Länge 265 cm, Breite 150 cm, Radstand 176 cm, Gewicht 1 600 kg

Primus-Schlepper, Typ P 11 „Pony"

Hersteller: Primus Traktoren-Gesellschaft mbH, Berlin
Baujahr: ab 1938
Motor: 1-Zylinder-4-Takt-Dieselmotor mit 11 PS Leistung bei einer Drehzahl von 1 550 U/min und einem Hubraum von 1 099 ccm, Fabrikat Deutz
Getriebe: Vier Vorwärtsgänge (3,2; 5,5; 8; 15 km/h) und ein Rückwärtsgang, Fabrikat Prometheus
Maße und Gewichte: Länge 240 cm, Breite 155 cm, Radstand 150 cm, Gewicht 1 325 kg

Primus-Schlepper, Typ P 22

Hersteller: Primus Traktoren-Gesellschaft mbH, Berlin
Baujahr: ab 1938/39
Motor: 2-Zylinder-4-Takt-Dieselmotor mit 22 PS Leistung bei einer Drehzahl von 1 500 U/min und einem Hubraum von 2 198 ccm, Fabrikat Deutz
Getriebe: Vier Vorwärtsgänge (3,4; 5,4; 7,8; 15,2 km/h) und ein Rückwärtsgang (4,7 km/h), Fabrikat Prometheus
Maße und Gewichte: Länge 260 cm, Breite 155 cm, Radstand 165 cm, Gewicht 1 600 kg

Schlüter-Dieselschlepper, Typ DZM 15

Hersteller: Anton Schlüter, Motorenfabrik, München
Baujahr: 1938
Motor: 1-Zylinder-4-Takt-Dieselmotor mit 15 PS Leistung bei einer Drehzahl von 1 250 U/min
Getriebe: Vier Vorwärtsgänge (2,7; 5; 8,6; 15 km/h) und ein Rückwärtsgang
Maße und Gewichte: Länge 270 cm, Breite 148 cm, Radstand 170 cm, Gewicht 1 500 kg

Schlüter-Dieselschlepper, Typ DZM 25

Hersteller: Anton Schlüter, Motorenfabrik, München
Baujahr: 1938 bis 1944
Motor: 2-Zylinder-4-Takt-Die-

selmotor mit 25 PS Leistung bei einer Drehzahl von 1 500 U/min und einem Hubraum von 2 640 ccm
Getriebe: Vier Vorwärtsgänge (4,6; 6,3; 9,7; 17,3 km/h als Akkerschlepper oder 6,1; 8,7; 12,6; 23,3 km/h als Straßenschlepper) und ein Rückwärtsgang
Maße und Gewichte: Länge 297 cm, Breite 164 cm, Radstand 197 cm, Gewicht 1 800 kg

Stock-Ackerschlepper

Hersteller: R. Stock und Co AG, Berlin
Baujahr: ab 1934/35
Motor: 2-Zylinder-4-Takt-Dieselmotor mit 22 PS Leistung bei einer Drehzahl von 1 500 U/min und einem Hubraum von 2 198 ccm, Fabrikat Deutz
Getriebe: Sechs Vorwärtsgänge (3,7; 5,4; 7,2; 10; 13,6; 19,5 km/h) und zwei Rückwärtsgänge (2,9; 4,0 km/h)
Maße und Gewichte: Länge 282 cm, Breite 158 cm, Radstand 172 cm, Gewicht 1 500 kg

Wahl-Ackerschlepper

Hersteller: Karl F. Wahl, Maschinenfabrik, Balingen
Baujahr: ab 1935
Motor: 2-Zylinder-4-Takt-Dieselmotor mit 22 PS Leistung bei einer Drehzahl von 1 500 U/min und einem Hubraum von 2 130 ccm, Fabrikat MWM
Getriebe: Vier Vorwärtsgänge

(2,7; 4,8; 8,3; 15 km/h oder 3,6; 6,4; 10,1; 20 km/h) und ein Rückwärtsgang, Fabrikat ZF
Maße und Gewichte: Länge 252 cm, Breite 162 cm, Radstand 163 cm, Gewicht 1500 kg

Zettelmeyer-Dieselschlepper, Typ Z I

Hersteller: Hubert Zettelmeyer, Maschinenfabrik und Eisengießerei, Konz bei Trier
Baujahr: ab 1935
Motor: 2-Zylinder-4-Takt-Dieselmotor mit 20 PS Leistung bei einer Drehzahl von 1500 U/min und einem Hubraum von 2198 ccm, Fabrikat Deutz
Getriebe: Vier Vorwärtsgänge (2,7; 5; 9; 15 km/h) und ein Rückwärtsgang (2,5 km/h)
Maße und Gewichte: Länge 265 cm, Breite 140 cm, Radstand 170 cm, Gewicht: 1500 kg

Zettelmeyer-Dieselschlepper, Typ Z II

Hersteller: Hubert Zettelmeyer, Maschinenfabrik und Eisengießerei, Konz bei Trier
Baujahr: ab 1935
Motor: 2-Zylinder-4-Takt-Dieselmotor mit 20 PS Leistung bei einer Drehzahl von 1500 U/min und einem Hubraum von 2198 ccm, Fabrikat Deutz
Getriebe: Vier Vorwärtsgänge (4; 7; 12; 20 km/h) und ein Rückwärtsgang (3,5 km/h)
Maße und Gewichte: Länge 265 cm, Breite 140 cm, Radstand 170 cm, Gewicht 2000 kg

Deutz-Diesel-Stahlschlepper, Typ F2M 315

Hersteller: Humboldt-Deutzmotoren AG, Köln
Baujahr: ab 1933
Motor: 2-Zylinder-4-Takt-Dieselmotor mit 25/28 PS Leistung bei einer Drehzahl von 1200 U/min und einem Hubraum von 3390 ccm
Getriebe: Vier Vorwärtsgänge beim Ackerschlepper(3,4; 4,5; 6,7; 11 km/h), fünf Vorwärtsgänge beim Universalschlepper (3,2; 4,3; 6,3; 10,5; 17,4 km/h) und ein Rückwärtsgang
Maße und Gewichte: Länge 309

cm bis 328 cm, Breite 160 cm bis 174 cm, Radstand 192 cm, Gewicht 2550 kg

Deutz-Diesel-Stahlschlepper, Typ F2M 317

Hersteller: Humboldt-Deutzmotoren AG, Köln
Baujahr: ab 1935
Motor: 2-Zylinder-4-Takt-Dieselmotor mit 30/35 PS Leistung bei einer Drehzahl von 1350 U/min und einem Hubraum von 3845 ccm
Getriebe: Drei Vorwärtsgänge beim Ackerschlepper (3,4; 4,5; 6,7 km/h), fünf Vorwärtsgänge beim Universalschlepper (3,2; 4,3; 6,3; 10,5; 17,4 km/h) und ein Rückwärtsgang
Maße und Gewichte: Länge 318 cm, Breite 162 bis 170 cm, Radstand 195 cm, Gewicht 2500 kg

Deutz-Diesel-Stahlschlepper, Typ F3M 317

Hersteller: Humboldt-Deutzmotoren AG, Köln
Baujahr: ab 1935
Motor: 3-Zylinder-4-Takt-Dieselmotor mit 45/50 PS Leistung bei einer Drehzahl von 1300 U/min und einem Hubraum von 6730 ccm
Getriebe: Drei Vorwärtsgänge beim Ackerschlepper (3,7; 5; 6,6 km/h), fünf Vorwärtsgänge beim Universalschlepper (3,7; 5; 6,6; 12,3; 20 km/h) und ein Rückwärtsgang
Maße und Gewichte: Länge 360 cm, Breite 193 cm, Radstand 220 cm, Gewicht ca. 4000 kg

Deutz-Bauernschlepper, Typ F1M 414

Hersteller: Humboldt-Deutzmotoren AG, Köln
Baujahr: ab 1936
Motor: 1-Zylinder-4-Takt-Dieselmotor mit 11 PS Leistung bei einer Drehzahl von 1550 U/min und einem Hubraum von 1099 ccm
Getriebe: Drei Vorwärtsgänge (3,2; 4,5; 7,7 km/h) und ein Rückwärtsgang (3,2 km/h)
Maße und Gewichte: Länge 225 cm, Breite 158 cm, Radstand 143 cm, Gewicht 1130 kg

Famo-Kettenschlepper, Typ Rübezahl

Hersteller: Fahrzeug- und Motorenwerke GmbH, Breslau
Baujahr: (1930) 1935 bis 1944
Motor: 4-Zylinder-4-Takt-Dieselmotor mit 60/65 PS Leistung bei einer Drehzahl von 1150 U/min und einem Hubraum von 8596 ccm
Getriebe: Drei Vorwärtsgänge (4; 5,4; 6,8 km/h) und ein Rückwärtsgang (4,9 km/h)
Maße und Gewichte: Länge 330 cm, Breite 161 cm, Gewicht 4700 kg, Wenderadius 350 cm

Famo-Kettenschlepper, Typ Boxer

Hersteller: Fahrzeug- und Motorenwerke GmbH, Breslau
Baujahr: 1935 bis 1944
Motor: 4-Zylinder-4-Takt-Dieselmotor mit 42/45 PS Leistung bei einer Drehzahl von 1250 U/min und einem Hubraum von 5021 ccm
Getriebe: Drei Vorwärtsgänge (3,7; 4,9; 6 km/h) und ein Rückwärtsgang (4,5 km/h)
Maße und Gewichte: Länge 308 cm, Breite 155 cm, Gewicht 3500 kg, Wenderadius 350 cm

Famo-Kettenschlepper, Typ Riese

Hersteller: Fahrzeug- und Motorenwerke GmbH, Breslau
Baujahr: 1939/40
Motor: 6-Zylinder-4-Takt-Dieselmotor mit 100 PS Leistung bei einer Drehzahl von 1150 U/min und einem Hubraum von 12208 ccm
Getriebe: Vier Vorwärtsgänge (2,3; 3,2; 4,4; 6,2 km/h) und ein Rückwärtsgang
Maße und Gewichte: Länge 408 cm, Breite 212 cm, Gewicht ca. 8500 kg, Wenderadius 360 cm

Famo-Radschlepper

Hersteller: Fahrzeug- und Motorenwerke GmbH, Breslau
Baujahr: 1935 bis 1944
Motor: 4-Zylinder-4-Takt-Dieselmotor mit 42/45 PS Leistung bei einer Drehzahl von 1250 U/min und einem Hubraum von 5021 ccm

Getriebe: Fünf Vorwärtsgänge (3,8; 4,7; 5,7; 7,2; 14,3 km/h beim luftbereiften Ackerschlepper und 4,4; 6,6; 10; 16,6; 25 km/h beim Straßenschlepper) ein Rückwärtsgang (3,5 km/h)
Maße und Gewichte: Länge 350 cm, Breite 168 cm, Radstand 208 cm, Gewicht 3 150 kg

Hanomag-Ackerschlepper, Typ AR 50

Hersteller: Hanomag Automobil- und Schlepperbau GmbH, Hannover
Baujahr: ab 1933
Motor: 4-Zylinder-4-Takt-Dieselmotor mit 50 PS Leistung bei einer Drehzahl von 1 300 U/min und einem Hubraum von 5 195 ccm
Getriebe: Drei Vorwärtsgänge (4,2; 6,2; 8 km/h) und ein Rückwärtsgang (4,5 km/h)
Maße und Gewichte: Länge 327 cm, Breite 166 cm, Radstand 180 cm, Gewicht 3 100 kg

Hanomag-Straßenschlepper, Typ SR 45

Hersteller: Hannoversche Maschinenbau-Aktiengesellschaft (Hanomag), Hannover
Baujahr: ab 1936
Motor: 4-Zylinder-4-Takt-Dieselmotor mit 45 PS Leistung bei einer Drehzahl von 1 300 U/min und einem Hubraum von 5 195 ccm
Getriebe: Drei Vorwärtsgänge (5,3; 10,6; 20,6 km/h) und ein Rückwärtsgang (3,9 km/h)
Maße und Gewichte: Länge 342 bis 357 cm, Breite 212 cm, Radstand 199 cm, Gewicht 3 900 kg

Hanomag-Universalschlepper, Typ AGR 38

Hersteller: Hannoversche Maschinenbau-Aktiengesellschaft (Hanomag), Hannover
Baujahr: ab 1936
Motor: 4-Zylinder-4-Takt-Dieselmotor mit 38 PS Leistung bei einer Drehzahl von 1 100 U/min und einem Hubraum von 5 195 ccm
Getriebe: Drei Vorwärtsgänge (3,5; 6,4; 13,5 km/h) und ein Rückwärtsgang (2,5 km/h)

Maße und Gewichte: Länge 342 cm, Breite 175 cm, Radstand 199 cm, Gewicht 2 300 kg

Hanomag-Kettenschlepper, Typ K 50

Hersteller: Hannoversche Maschinenbau-Aktiengesellschaft (Hanomag), Hannover
Baujahr: 1933
Motor: 4-Zylinder-4-Takt-Dieselmotor mit 50 PS Leistung bei einer Drehzahl von 1 300 U/min und einem Hubraum von 5 195 ccm
Getriebe: Drei Vorwärtsgänge (3,1; 4,6; 6,5 km/h) und ein Rückwärtsgang (3,3 km/h)
Maße und Gewichte: Länge 330 cm, Breite 153 cm, Gewicht 4 590 bis 5 080 kg

Hanomag-Diesel-Kleinzugwagen, Typ SS 20

Hersteller: Hannoversche Maschinenbau-Aktiengesellschaft (Hanomag), Hannover
Baujahr: ab 1936
Motor: 4-Zylinder-4-Takt-Dieselmotor mit 20 PS Leistung bei einer Drehzahl von 2 000 U/min und einem Hubraum von 1 910 ccm
Getriebe: Vier Vorwärtsgänge (3,6; 6,5; 11; 19 km/h) und ein Rückwärtsgang (3,1 km/h)
Maße und Gewichte: Länge 312 cm, Breite 170 cm, Radstand 194 cm, Gewicht 1 555 kg

Hanomag-Diesel-Bauernschlepper, Typ RL 20

Hersteller: Hannoversche Maschinenbau-Aktiengesellschaft (Hanomag), Hannover
Baujahr: ab 1937
Motor: 4-Zylinder-4-Takt-Dieselmotor mit 20 PS Leistung bei einer Drehzahl von 2 000 U/min und einem Hubraum von 1 910 ccm
Getriebe: Vier Vorwärtsgänge (4,2; 6; 13; 24 km/h) und ein Rückwärtsgang (3,6 km/h)
Maße und Gewichte: Länge 301 cm, Breite 168 cm, Radstand 194 cm, Gewicht ca. 1 650 kg

Hanomag-Diesel-Radschlepper, Typ R 40

Hersteller: Hannoversche Maschinenbau-Aktiengesellschaft (Hanomag), Hannover
Baujahr: ab 1940
Motor: 4-Zylinder-4-Takt-Dieselmotor mit 40 PS Leistung bei einer Drehzahl von 1 200 U/min und einem Hubraum von 5 195 ccm
Getriebe: Fünf Vorwärtsgänge (4,3; 5,6; 7,1; 10,6; 18,7, km/h) und ein Rückwärtsgang (3,6 km/h)
Maße und Gewichte: Länge 354 cm, Breite 178 cm, Radstand 208 cm, Gewicht 3 200 kg

Lanz-Bulldog, Typ HR 5 (15/30 PS)

Hersteller: Heinrich Lanz AG, Mannheim
Baujahr: 1929 bis 1935
Motor: 1-Zylinder-2-Takt-Glühkopfmotor mit 30 PS Leistung bei einer Drehzahl von 500 U/min und einem Hubraum von 10 340 ccm
Getriebe: Drei Vorwärtsgänge (3,6; 4,8; 6,5 km/h beim Ackerbulldog) und ein Rückwärtsgang (3,9 km/h)
Maße und Gewichte: Länge 320 cm, Breite 195 cm, Radstand 186 cm, Gewicht 2 580 kg

Lanz-Bulldog, Typ HR 6 (22/38 PS)

Hersteller: Heinrich Lanz AG, Mannheim
Baujahr: 1929 bis 1935
Motor: 1-Zylinder-2-Takt-Glühkopfmotor mit 38 PS Leistung bei einer Drehzahl von 630 U/min und einem Hubraum von 10 340 ccm
Getriebe: Drei Vorwärtsgänge (4,4; 8,6; 15,6 km/h beim Verkehrsbulldog) und ein Rückwärtsgang (4,4 km/h)
Maße und Gewichte: Länge 309 cm, Breite 195 cm, Radstand 186 cm, Gewicht 3 380 kg

Lanz-Bulldog, Typ HR 7 (30 bzw. 35 PS)

Hersteller: Heinrich Lanz AG, Mannheim

Der 11 PS Deutz-Bauernschlepper, Baujahr 1938, mit Klappgreifern und Anbaupflug.
Foto: Bauer

Baujahr: ab 1935
Motor: 1-Zylinder-2-Takt-Glühkopfmotor mit 30 später 35 PS Leistung bei einer Drehzahl von 540 U/min und einem Hubraum von 10340 ccm
Getriebe: Sechs Vorwärtsgänge (3,5; 4,7; 6,2; 10; 13,2; 17,7 km/h beim Ackerluft-Bulldog) zwei Rückwärtsgänge (4,4; 12,6 km/h)
Maße und Gewichte: Länge 330 cm, Breite 181 cm, Radstand 198 cm, Gewicht ca. 3800 kg

Lanz-Bulldog, Typ HR 8 (38 bzw. 45 PS)

Hersteller: Heinrich Lanz AG, Mannheim
Baujahr: ab 1935
Motor: 1-Zylinder-2-Takt-Glühkopfmotor mit 38- später 45 PS Leistung bei einer Drehzahl von 630 U/min und einem Hubraum von 10340 ccm
Getriebe: Sechs Vorwärtsgänge (3,3; 4,4; 5,8; 9,4; 12,6; 16,7 km/h) beim Ackerluft-Bulldog und zwei Rückwärtsgänge (4,1; 11.9 km/h)
Maße und Gewichte: Länge: 346 cm, Breite 181 cm, Radstand 204 cm, Gewicht 3650 kg

Lanz-Bulldog, Typ HR 8 (55 PS)

Hersteller: Heinrich Lanz AG; Mannheim
Baujahr: ab 1938
Motor: 1-Zylinder-2-Takt-Glühkopfmotor mit 55 PS Leistung bei einer Drehzahl von 750 U/min und einem Hubraum von 10340 ccm
Getriebe: Sechs Vorwärtsgänge (3,6; 4,8; 6,4; 11,2; 15; 19,9 km/h) beim Ackerluft-Bulldog zwei Rückwärtsgänge (4,5; 14,2 km/h)
Maße und Gewichte: Länge 346 cm, Breite 181 cm, Radstand 204 cm, Gewicht 3950 kg

Lanz-Bulldog-Kettenschlepper, Typ HRK

Hersteller: Heinrich Lanz AG, Mannheim
Baujahr: 1940 bis 1944
Motor: 1-Zylinder-2-Takt-Glühkopfmotor mit 55 PS Leistung bei einer Drehzahl von 750 U/min und einem Hubraum von 10340 ccm
Getriebe: Sechs Vorwärtsgänge (2,4; 3,3; 4; 4,8; 6,4; 7,7 km/h) und zwei Rückwärtsgänge (3,4; 6,6 km/h)

Maße und Gewichte: Länge 330 cm, Breite 188 cm, Gewicht ca. 5000 kg

Lanz-Bulldog, Typ HN 1 (12/20 PS)

Hersteller: Heinrich Lanz AG, Mannheim
Baujahr: 1931 bis 1933
Motor: 1-Zylinder-2-Takt-Glühkopfmotor mit 20 PS Leistung bei einer Drehzahl von 760 U/min und einem Hubraum von 4764 ccm
Getriebe: Sechs Vorwärtsgänge (3,1; 4,2; 5,8; 12,1; 16,7; 23 km/h beim Verkehrsbulldog) zwei Rückwärtsgänge (4,2; 16,7 km/h)
Maße und Gewichte: Länge 277 cm, Breite 176 cm, Radstand 165 cm, Gewicht 2550 kg bis 3200 kg

Lanz-Bulldog, Typ HN 3 (20 PS)

Hersteller: Heinrich Lanz AG, Mannheim
Baujahr: ab 1935
Motor: 1-Zylinder-2-Takt-Glühkopfmotor mit 20 PS Leistung bei einer Drehzahl von 760 U/min und einem Hubraum von 4764 ccm

Der Ritscher Drei-
rad-Schlepper, Typ
N, Baujahr 1939, mit
1-Zylinder-Kämper-
Dieselmotor.
Foto: Bauer

Getriebe: Sechs Vorwärtsgänge (2,9; 3,9; 5,5; 8; 11; 15,2 km/h
beim Ackerluft-Bulldog) zwei
Rückwärtsgänge (3,9; 11 km/h)
Maße und Gewichte: Länge 264
cm, Breite 147 cm, Radstand
168 cm, Gewicht ca. 1900 kg

Lanz-Allzweck-Bulldog, Typ HN 3 (25 PS)

Hersteller: Heinrich Lanz AG,
Mannheim
Baujahr: ab 1939
Motor: 1-Zylinder-2-Takt-Glüh-
kopfmotor mit 25 PS Leistung
bei einer Drehzahl von 850 U/
min und einem Hubraum von
4764 ccm
Getriebe: Sechs Vorwärtsgänge (3,2; 4,9; 6,7; 8,4; 12,8; 17,7
km/h) und zwei Rückwärtsgänge (4,9; 12,8 km/h)
Maße und Gewichte: Länge 306
cm, Breite 176 cm, Radstand
176 cm, Gewicht 2150 kg

Lanz-Bauernbulldog, Typ HN 5 (20 PS)

Hersteller: Heinrich Lanz AG,
Mannheim
Baujahr: ab 1937
Motor: 1-Zylinder-2-Takt-Glüh-
kopfmotor mit 20 PS Leistung
bei einer Drehzahl von 760 U/
min und einem Hubraum von
4764 ccm
Getriebe: Drei Vorwärtsgänge
bei Eisenbereifung (3,7; 5; 6,9
km/h) und ein Rückwärtsgang
(4,9 km/h). Sechs Vorwärtsgänge bei Luftgummibereifung
(3,6; 4,9; 6,7; 9,7; 13,5; 18,5 km/h)
und zwei Rückwärtsgänge (4,8;
13,3 km/h).
Maße und Gewichte: Länge 254
cm, Breite 147 cm, Radstand
168 cm, Gewicht 1900 kg

Lanz-Allzweck-Bauern-bulldog, Typ HE

Hersteller: Heinrich Lanz AG,
Mannheim
Baujahr: 1939 bis 1942
Motor: 1-Zylinder-2-Takt-Glüh-
kopfmotor mit 15 PS Leistung

bei einer Drehzahl von 900 U/
min und einem Hubraum von
2807 ccm
Getriebe: Sechs Vorwärtsgänge (3; 4,5; 6,8; 8,3; 12; 18 km/h)
und zwei Rückwärtsgänge (5,6;
15 km/h)
Maße und Gewichte: Länge 260
cm, Breite 139 cm, Radstand
168 cm, Gewicht 1200 kg

Lanz-Eilbulldog, Typ HR 9

Hersteller: Heinrich Lanz AG,
Mannheim
Baujahr: ab 1936
Motor: 1-Zylinder-2-Takt-Glüh-
kopfmotor mit 55 PS Leistung
bei einer Drehzahl von 750 U/
min und einem Hubraum von
10340 ccm
Getriebe: Fünf Vorwärtsgänge
(4,9; 8,9; 15,9; 26,9; 32,8 km/h)
ein Rückwärtsgang (7,3 km/h)
Maße und Gewichte: Länge 388
cm, Breite 216 cm, Radstand
262 cm, Gewicht ca. 4400 kg

MAN-Dieselschlepper, Typ AS 250

Hersteller: Maschinenfabrik Augsburg-Nürnberg, Nürnberg
Baujahr: 1938 bis ca. 1944
Motor: 4-Zylinder-4-Takt-Dieselmotor mit 50 PS Leistung bei einer Drehzahl von 1400 U/min und einem Hubraum von 4503 ccm
Getriebe: Fünf Vorwärtsgänge (4; 5,2; 7; 12; 20 km/h) und ein Rückwärtsgang
Maße und Gewichte: Länge 350 cm, Breite 185 cm, Radstand 210 cm, Gewicht 3700 kg

O & K- bzw. MBA-Ackerschlepper, Typ SA 751

Hersteller: Orenstein & Koppel AG, Werk Nordhausen, bzw. Maschinenbau und Bahnbedarf AG, vormals Orenstein & Koppel Werk, Nordhausen
Baujahr: ab 1939
Motor: 2-Zylinder-4-Takt-Dieselmotor mit 30 PS Leistung bei einer Drehzahl von 1300 U/min und einem Hubraum von 3532 ccm
Getriebe: Vier Vorwärtsgänge (4,5; 6,7; 9; 15,8 km/h) und ein Rückwärtsgang (3,1 km/h)
Maße und Gewichte: Länge 310 cm, Breite 165 cm, Radstand 190 cm, Gewicht 2200 kg

O & K- bzw. MBA-Bauernschlepper, Typ SB 751

Hersteller: Orenstein & Koppel AG, Werk Nordhausen, bzw. Maschinenbau und Bahnbedarf AG, vormals Orenstein & Koppel, Werk Nordhausen
Baujahr: ab 1939
Motor: 1-Zylinder-4-Takt-Dieselmotor mit 15 PS Leistung bei einer Drehzahl von 1300 U/min und einem Hubraum von 1766 ccm
Getriebe: Drei Vorwärtsgänge 3,5; 5; 8 km/h oder 3,5; 6; 12 km/h) ein Rückwärtsgang (2,4 km/h)
Maße und Gewichte: Länge 229 cm, Breite 146 cm, Radstand 146 cm, Gewicht 1350 kg

Endres-Packesel

Hersteller: Primus Traktoren-Gesellschaft, Berlin
Baujahr: ab 1938
Motor: 1-Zylinder-4-Takt-Dieselmotor mit 16 PS Leistung bei einer Drehzahl 1200 U/min und einem Hubraum von 1800 ccm, Fabrikat Deutz
Getriebe: Vier Vorwärts- und vier Rückwärtsgänge (3; 4,6; 6,6; 13 km/h)
Maße und Gewichte: Länge 330 cm, Breite 180 cm, Radstand 210 cm

Ritscher-Schlepper, Typ N

Hersteller: Karl Ritscher GmbH, Hamburg-Moorburg
Baujahr: ab 1937
Motor: 1-Zylinder-4-Takt-Dieselmotor mit 12/14 PS Leistung bei einer Drehzahl von 1500 U/min und einem Hubraum von 1230 ccm, Fabrikat Kämper, Berlin
Getriebe: Drei Vorwärtsgänge

(4,1; 5,8; 12 km/h) und ein Rückwärtsgang (3 km/h)
Maße und Gewichte: Länge 274 cm, Breite 151 cm, Radstand 177 cm, Gewicht ca. 1140 kg

Ritscher-Schlepper, Typ 320

Hersteller: Karl Ritscher GmbH, Hamburg-Moorburg
Baujahr: ab 1939
Motor: 2-Zylinder-4-Takt-Dieselmotor mit 22 PS Leistung bei einer Drehzahl von 1500 U/min und einem Hubraum von 2198 ccm, Fabrikat Deutz
Getriebe: Vier Vorwärtsgänge (3,4; 4,8; 7,5; 15,8 km/h) und ein Rückwärtsgang
Maße und Gewichte: Länge 296 cm, Breite 170 cm, Radstand 196 cm, Gewicht ca. 1400 kg

Dieser heute noch zugelassene Hagedorn-Westfalia-Bauernschlepper ist seit über einem halben Jahrhundert im Familienbesitz eines westfälischen Landwirts.
Foto: Bauer

Ferdinand Porsches Volksschlepper

Ein einfacher Kleinschlepper für den bäuerlichen Betrieb

Ein besonderes Kapitel deutscher Schlepperbau-Geschichte war die Entwicklung des „Volksschleppers" durch Dr. Ing. h.c. Ferdinand Porsche, die fast parallel zum Volkswagen (KdF-Wagen) betrieben wurde.

Wie beim Volkswagen schwebte Hitler ein einfacher und billiger Kleinschlepper vor, um den bäuerlichen Betrieben in seinem „Großdeutschen Reich" die Motorisierung zu erleichtern. Mit diesem Vorhaben betraute er 1937 Porsche, obwohl zu dieser Zeit verschiedene andere vielversprechende Kleinschlepper-Konstruktionen auf dem Markt waren.

Porsches erste Schlepperentwicklung war eine tiefliegende Rahmenkonstruktion, ähnlich der des Volkswagens mit luftgekühltem Vergasermotor, dessen zwei Zylinder in V-Form angeordnet waren. Die Leistung des vor der Hinterachse eingebauten Motors betrug 12 PS bei 2 000 U/min.

Mit diesem ähnlich einem Auto ohne Aufbau aussehenden Schlepper wurden in den Jahren 1938/39 umfangreiche Versuche durchgeführt, die 1939 zu einem verbesserten Typ mit Zentralrohrrahmen führte. Er wurde in verschiedenen Varianten gebaut, so u.a. mit Gasgenerator oder mit vorderer Ladepritsche.

Der wiederum luftgekühlte 2-Zylinder-Vergasermotor in V-Form wurde mit dem Schaltgetriebe und dem Hinterachsantrieb zu einem Block zusammengefaßt. Die Verbindung zwischen der pendelnd aufgehängten Vorderachse und dem Antriebsblock war ein Rohrrahmen. Dieser Schlepper verfügte erstmals über eine ölhydraulische Kupplung zum ruckfreien Anfahren. Eine stärkere Ausführung mit 15 PS Motorleistung wurde 1940 gebaut.

Für die Produktion des Volksschleppers hatte Hitler große Pläne. In Waldbröl im Rheinland sollten in riesigen Fertigungshallen — ähnlich dem Wolfsburger KdF-Werk — die Schlepper gebaut werden. Nach einer anfänglichen Jahresproduktion von 100 000 Schleppern sollte die Kapazität auf 300 000 Exemplare pro Jahr gesteigert werden.

Gigantisches Projekt

Damit war das größte Schlepperwerk der Welt geplant, doch durch den Krieg konnte dieses gigantische Projekt nicht mehr in Angriff genommen werden. Obwohl Porsche mit seiner Firma immer stärker in den Produktionskreis der Rüstungsindustrie hineingezogen wurde, arbeitete man an dem Schlepperprojekt weiter. So entstand als letzte Porsche-Schlepper-Entwicklung im Kriege ein weiterer Versuchsschlepper, dem ebenso wie seinem Vorgänger ein 15 PS Vergasermotor eingebaut war. Bei diesem Motor waren die Zylinder aber nicht in V-Form, sondern in Reihe angeordnet. Der nur 1 240 kg schwere Schlepper entstand 1943 und war recht umfangreich ausgerüstet. So hatte er ein Viergang-Getriebe für Geschwindigkeiten von 3,5 bis 16 km/h (bei Nenndrehzahl), ölhydraulische Kupplung, Differentialsperre, Einzelradbremse, Zapfwelle, Riemenscheibe und Mähantrieb. Eine Variante dieses Schleppers mit Halbkettenlaufwerk und Mannschaftspritsche für vier Personen war für den militärischen Einsatz in Planung, kam aber nicht mehr zur Ausführung, da man wegen der Bombenangriffe die Produktion einstellen mußte.

So sollte der einfache und billige Porsche-Volksschlepper aussehen. Doch der Krieg setzte der Produktion und der Entwicklung ein Ende. Zeichnung: Sammlung Bauer

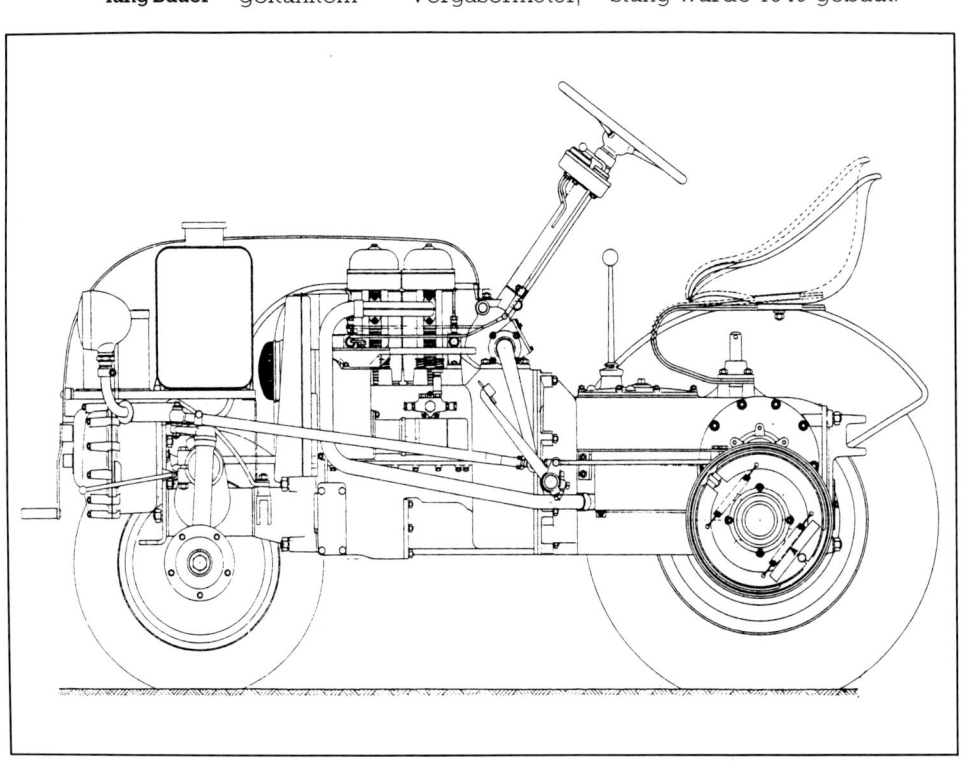

Treibstoff aus Holz, Torf und Kohle

Die Kriegswirtschaft und der Holzgasschlepper

Als am 1. September 1939 mit dem Einzug deutscher Truppen in Polen der Zweite Weltkrieg ausgelöst wurde, beeinflußte dieser Krieg mit seinen verheerenden Folgen auch ganz entscheidend die deutsche Landmaschinen-Industrie und somit auch den Schlepperbau.

Mehrere Erlasse und Gesetze führten über Rohstoff-Kontingentierung, Typenbegrenzung und Kraftstoffzuteilung zur Entwicklung des Gasschleppers, der mit festen, „heimischen" Kraftstoffen, wie z.B. Holz, Torf oder Kohle, betrieben werden konnte.

Einer der ersten staatlichen Eingriffe zur Beschränkung des deutschen Schlepperbaues war die Verteilung von Rohstoffen durch den „Bevollmächtigten für die Maschinenproduktion". Diese Kontingentierung brachte aber noch keine wirkungsvolle Einschränkung im Angebot von Schleppertypen, das zu dieser Zeit bei 43 verschiedenen Verkehrsschlepper- und 62 verschiedenen Akkerschlepper-Typen lag.

Erst durch die im Mai 1939 von dem „Generalbevollmächtigten für das Kraftfahrzeugwesen", Oberst von Schell, erlassene Typenbegrenzung im Schlepperbau wurde das Angebot an Schlepper-Typen auf rund ein Drittel der bisher angebotenen Fahrzeuge reduziert. Der sogenannte Schell-Plan umfaßte sowohl Acker- als auch Verkehrsschlepper.

In der Gruppe der Ackerschlepper reichte die Motorleistung von 11 bis 60 PS, wobei in der Klasse der 20/22 PS Ackerschlepper 18 verschiedene Produzenten vertreten waren, die einen Einheitsschlepper-Typ in Blockbauweise produzieren mußten. Diese mußten in den wesentlichen Bauteilen, wie Getriebe und Motor, bestimmten Auflagen entsprechen.

Die Ackerschlepper-Typen

Zu diesen 18 Herstellern gehörten: Deuliewag, Eicher, Fahr, Fendt, Güldner, Hagedorn, Kramer, Lanz (Aulendorf), Martin, Miag, Normag, Primus, Ritscher, Schlüter, Stock, Wahl, Zettelmeyer und Epple-Buxbaum (Österreich).

Ackerschlepper mit anderen Leistungen als 20/22 PS wurden von den Firmen Deutz, Famo, Hanomag, Kramer. Lanz, MAN, MBA und Primus hergestellt. Die Gruppe der Verkehrsschlepper reichte von 15 bis 150 PS Motorleistung und beschränkte sich auf 18 Typen folgender Hersteller: BOB (Hans Hansen, Hamburg), Deutz, Deuliewag, Famo, Faun, Hanno (Hoffmann & Co, Hannover), Hanomag, Kaelble, Lanz, Miag, Primus und Zettelmeyer.

Kraftstoff sparen

Wenige Monate nach Beginn des Zweiten Weltkrieges wurde durch die „Verordnung über den Einsatz von Schleppern in der Landwirtschaft" die Verwendung nur noch für „die im Rahmen eines landwirtschaft-

lichen Betriebes anfallenden Arbeiten" erlaubt. Durch diese Verordnung war es u.a. verboten, den Schlepper zum Antrieb von stationären Maschinen einzusetzen. Ziel dieser Verordnung war es, am knappen, flüssigen Kraftstoff zu sparen und vorrangig der Wehrmacht und dem Transportgewerbe zur Verfügung zu stellen.

Im Juli 1940 wurde auf Veranlassung des Reichsernährungsministeriums eine weitere An-

Der 25 PS Fahr-Holzgasschlepper, Typ HG 25, Baujahr 1943. Eingebaut war ein 2-Zylinder-4-Takt-Einheitsgasmotor mit 4 000 ccm Hubraum. Foto: Fahr-Archiv

ordnung erlassen, die die Verteilung und Abgabe von Landmaschinen und Ackerschleppern regelte. Von nun an mußte der Bauer bei der Kreisbauernschaft einen Bezugsschein beantragen und nachweisen, daß er bei entsprechender landwirtschaftlicher Nutzfläche und vorhandenen Geräten den Schlepper auch ausnutzte.

Holzgas-Generatoren

Angesichts der sich zuspitzenden Lage durch den Krieg und der damit verbundenen Kraftstoffknappheit mußte zum 30. Juni 1942 auf Anordnung der Reichsregierung die Herstellung von landwirtschaftlichen Schleppern mit Motoren für flüssige Brennstoffe drastisch eingeschränkt werden. Damit aber die Bauern bei der lebenswichtigen „Erzeugungsschlacht" für landwirtschaftliche Produkte ihre Schlepper weiterhin benutzen konnten, wurde die Umrüstung der Motoren auf Holzgasbetrieb verlangt. Ab 1942 wurden dann auch Schlepper serienmäßig

mit Holzgas-Generatoren hergestellt.

Die Verwendung von festen Brennstoffen, wie Holz, Torf und Kohle, war bei dem akuten Kraftstoffmangel in den letzten Kriegsjahren die einzige Alternative, den Schlepper weiterhin in der Landwirtschaft einzusetzen. Schon vor 1942 war in Deutschland eine mehrjährige, Entwicklungsarbeit im Fahrzeug-Gasgeneratorenbau vorausgegangen.

Gaserzeuger für feste Brennstoffe zum Betrieb von stationären Motoren wurden schon in den 20er Jahren, so z.B. von Deutz und Körting, angeboten. Sie fanden aber kaum nennenswerten Absatz, da sowohl Benzin als auch Petroleum in ausreichenden Mengen vorhanden waren und auch der Dieselmotor zu dieser Zeit im Kommen war.

Bereits ab 1930 baute man in Deutschland versuchsweise Gasgeneratoren auch in Fahrzeuge ein, so z.B. in einen Dinos- und in einen Hanomag-Kettenschlepper sowie in ei-

nen Stock-Tragpflug. Diese recht kostspieligen Versuche wurden nach ein bis zwei Jahren meist wieder abgebrochen, da die Generatoren zu klein bemessen waren und nicht die erforderliche Leistung erbrachten.

Viele Störungen

Außerdem war die Reinigung des Gases ungenügend, so daß Teerbestandteile in den Motor gelangten, die zu Störungen führten. Erst prinzipielle Änderungen beim Vergasungsverfahren führten dann später zum vereinzelten Einsatz von Gasgeneratoren in Fahrzeugen, besonders in Lkws und Bussen. 1935 wurde eine Versuchsfahrt für Lastkraftwagen mit „heimischen Treibstoffen" durchgeführt, die den Entwicklungsstand der Gasgeneratoren zeigen sollte. 38 Lkws mit Gaserzeugern für verschiedene feste Brennstoffe, wie z.B. Holzkohle, Holz, Torf, Anthrazit und Braunkohlenbriketts, wurden über eine Prüfstrecke von 12 000 bis 14 000 km geführt. Das Ergeb-

Der Fendt-Holzgasschlepper, Typ G 25, mit Einheitsgenerator und 2-Zylinder-Deutz-Gasmotor wurde ab 1942 gebaut.
Foto: Bauer

nis der Fahrt zeigte, daß besonders die Generatoren für Holz und Holzkohle eine gute Betriebsreife hatten. Die Weiterentwicklung wurde überwiegend auf den Holzgasgenerator beschränkt, der dann auch bald in relativ großer Zahl Verwendung fand.

Ein paar von der Holzgastechnik begeisterte Landwirte begannen bald darauf, Schlepper auf Generatorgas umzustellen und ihre Einsatzmöglichkeit zu erproben. In den Jahren 1938/39 wurden dann vom „Reichsamt für Wirtschaftsausbau" und von der „Reichsstelle für Raumordnung" erste offizielle Versuche mit auf Generatorgasbetrieb umgerüstete Dieselschlepper durchgeführt.

Dabei stellte sich heraus, daß Ackerschlepper nicht einfach mit Generatoren nachgerüstet werden konnten, sondern daß Motor, Generator und auch das Getriebe aufeinander abgestimmt sein mußten, damit der Bauer einigermaßen wirtschaftlich arbeiten konnte. Hinzu kam die Forderung, daß der Betrieb mit festen Treibstoffen erheblich billiger sein mußte als mit flüssigen Treibstoffen, da der Gasschlepper durch den Zusatz von Generator, Reiniger etc. um rund 1000 RM teurer war.

Hohes Gewicht

Erschwerend war außerdem, daß vom Gewicht her fünfmal soviel Holz als Diesel eingesetzt werden mußte, um eine annähernd gleiche Leistung zu erzielen. Der Leistungsabfall des Motors für flüssige Brennstoffe durch den Betrieb mit Holzgas betrug 20 bis 30 Prozent, die Erhöhung des Schleppergewichtes durch den Gaserzeuger 300 bis 500 kg, so daß vorhandene Maschinen und Geräte nicht mehr ohne weiteres benutzbar waren.

Ein 30%iger Leistungsverlust bei einem 22 PS Motor entsprach rund 7 PS, die am Zughaken fehlten. Beim Pflügen mußte entweder mit geringerer Geschwindigkeit oder mit

einem Schar weniger gefahren werden und somit war die Flächenleistung weitaus geringer als bei Dieselschleppern. Wegen der hohen Umrüstungskosten und des großen Wartungsaufwandes standen diese ersten Holzgas-Schlepper in keinem wirtschaftlichen Verhältnis zu den Dieselschleppern mit ihren geringeren Kraftstoffkosten.

Ab 1940 mußten sich auch die deutschen Schlepperbaufirmen mit der Entwicklung von Generatorgas-Schleppern befassen. Von der Forschungsstelle für Gasschlepper-Entwicklung des „Reichskuratoriums Technik in der Landwirtschaft" wurde bis Mitte des Jahres 1941 ein Spezial-Holzgaserzeuger für Ackerschlepper entwickelt. Dieser Einheitsgenerator war zum nachträglichen Einbau in die in der Landwirtschaft vorhandenen Schlepper bzw. für den serien-

mäßig herzustellenden Gasschlepper vorgesehen. Er bestand aus einzelnen Bauteilen verschiedener Hersteller, wie Imbert, Wisco, Zeuch.

Das Zweistoffverfahren

Zwei verschiedene Techniken bei der Verwendung von Gasgeneratoren wurden bei den Schleppern angewandt, einmal der reine Generatorgasbetrieb, bei dem der Motor ausschließlich mit Generatorgas gespeist wurde und das sogenannte Zweistoffverfahren. Beim Zweistoffverfahren wurde der Motor wie bisher mit flüssigem Kraftstoff angelassen.

Nach einer Anlaufzeit von ca. 5 bis 10 Minuten wurde das inzwischen erzeugte Generatorgas vom Motor angesaugt. Hatte der Generator seine volle Leistung erreicht, wurde der eingespritzte Kraftstoff auf rund ein Viertel verringert. Das

Normag-Holzgasschlepper, Baujahr 1945, beim Befüllen des Generators mit „heimischem Kraftstoff"
Foto: Bauer

Zweistoffverfahren wurde von Lanz und teilweise auch von Famo angewandt.

Besonders beim Lanz-Bulldog-2-Takt-Motor gab es anfangs große Probleme bei der Verwendung von Generatorgas. Die brennbaren Gase wurden durch das Kurbelgehäuse angesaugt, wo sie aber teilweise kondensierten, so daß es schon nach kurzer Betriebszeit von 30 Stunden zu Störungen, wie Verschmutzung des Kurbelgehäuse-Inneren und Schmierunterbrechungen des Pleuellagers, kam.

Die Verschmutzung des Kurbelgehäuses umging man durch eine sogenannte Gasschleuse, bei der das Generatorgas nicht über das Kurbelgehäuse angesaugt, sondern direkt durch die Einlaßkanäle in den Brennraum gedrückt wurde. Dabei diente der Überdruck im Kurbelgehäuse wie bisher als Ladepumpe.

Durch zusätzliches Einspritzen von Dieselkraftstoff, dessen Menge unter der des Verbrauchs bei Leerlauf lag, wurde neben guter Gasausnutzung, einwandfreiem Gleichlauf auch eine Steigerung der Motorleistung gegenüber reinem Gasbetrieb erreicht. Doch bei diesen konstruktiven Änderungen blieb es nicht, vielmehr mußte neben anderer Kolben- und Brennraumform auch der Verdichtungsdruck von 8,5 auf 12,5 at erhöht werden.

Dieselmotoren umrüsten

Die zunächst gebauten Gasschlepper waren umgerüstete Dieselschlepper, bei denen der Dieselmotor durch einfache technische Änderungen, wie Herabsetzung der Verdichtung durch Abdrehen der Kolben oder Verwendung anderer Zylinderköpfe, als Vergasermotor arbeitete.

Später wurde dann ein spezieller 2-Zylinder-Einheitsgasmotor mit 25 PS Leistung entwickelt, der von Deutz gebaut und von verschiedenen Schlepperproduzenten verwendet wurde. Dieser Einheitsmotor mit der Typenbezeichnung GF2M 115 hatte eine Zylinderbohrung von 130 mm und einen Kolbenhub von 150 mm, so daß der Hubraum bei 3982 ccm lag. Die Nennleistung wurde bei 1500 U/min abgegeben. Das Verdichtungsverhältnis lag bei 1:8,5.

MBA entwickelte einen eigenen 2-Zylinder-Gasmotor mit 35 PS Leistung und 5,2 Liter Hubraum, dessen beide Zylinder in V-Form angeordnet waren. Der Vorteil lag in der kurzen Bauform des Motors; so betrug die Länge mit Schwungrad nur 50 cm.

Bei den ab ca. 1942 serienmäßig gebauten Einheitsgasschleppern wurden auch neuentwickelte Getriebe verwendet, die sich gegenüber den Getrieben der gleichstarken Dieselschlepper durch andere Geschwindigkeitsabstufungen sowie durch kürzere Bauart unterschieden. Durch das kürzere Getriebe hatte der Gasschlepper trotz der verschiedenen Aufbauten (Generator, Reiniger, Gaskühler) noch eine übersichtliche Baulänge. Geändert werden mußte auch die Vorderachse, da teilweise der Gaserzeuger vor oder über der Vorderachse angebracht war. Dadurch wurde der Lenkeinschlag gering, woraus sich ein großer Wenderadius ergab.

Doch alle diese Maßnahmen waren nur Notlösungen, so war der Gasschlepper umständlich in der Bedienung und Handhabung sowie aufwendig in der Wartung, so daß die mit „heimischen" Kraftstoffen betriebenen Schlepper nur ungern eingesetzt wurden. Neben dem vermehrten Einsatz von Gespanntieren war es aber damals die einzige Möglichkeit, die Produktion von landwirtschaftlichen Gütern einigermaßen aufrechtzuerhalten.

Um nach 1942 einen Gasschlepper zu bekommen, bedurfte es neben eines Bezugsscheines auch eines „Betriebsberechtigungsscheines für Holzgas-Fahrzeuge" (BB-Schein). Diesen Schein bekam der Bauer aber nur, wenn er nachweisen konnte, daß für den Betrieb des Gasschleppers genug eigenes Holz zur Verfügung stand. Außerdem mußte er noch einen Ausbildungslehrgang für den Betrieb von Holzgas-Fahrzeugen nachweisen.

Technische Daten

Fahr-Holzgasschlepper, Typ HG 25

Hersteller: Maschinenfabrik Fahr AG, Gottmadingen
Baujahr: 1942 bis 44
Motor: 2-Zylinder-4-Takt-Einheitsgasmotor mit 25 PS Leistung bei einer Drehzahl von 1550 U/min und einem Hubraum von ca. 4000 ccm, Fabrikat Deutz
Verfahren: Einstoff
Gaserzeuger: Einheitsgenerator
Getriebe: Fünf Vorwärtsgänge (3,7; 4,5; 6,4; 10,4; 19 km/h), ein Rückwärtsgang, Fabrikat Fahr
Maße und Gewichte: Länge 340 cm, Breite 160 cm, Radstand 220 cm

Fendt-Holzgasschlepper, Typ G 25

Hersteller: Xaver Fendt Maschinenbau, Marktoberdorf
Baujahr: ab 1942
Motor: 2-Zylinder-4-Takt-Einheitsgasmotor mit 25 PS Leistung bei einer Drehzahl von 1550 U/min und einem Hubraum von ca. 4000 ccm, Fabrikat Deutz
Verfahren: Einstoff
Gaserzeuger: Einheitsgenerator
Getriebe: Vier Vorwärtsgänge (3,5; 5,5; 7,9; 15,8 km/h) und ein Rückwärtsgang, Fabrikat Prometheus oder ZF
Maße und Gewichte: Länge 340 cm, Breite 155 cm, Radstand 218 cm

Deutz-Holzgas-Universalschlepper

Hersteller: Klöckner-Humboldt-Deutz AG, Köln
Baujahr: 1942 bis 1944
Motor: 2-Zylinder-4-Takt-Einheitsgasmotor mit 25 PS Leistung bei einer Drehzahl von 1550 U/min und einem Hubraum von ca. 4000 ccm, Fabrikat Deutz
Verfahren: Einstoff
Gaserzeuger: Deutz

Getriebe: Fünf Vorwärtsgänge (3,5; 4,4; 7,2; 11,8; 19,5 km/h) und ein Rückwärtsgang (2,7 km/h), Fabrikat Deutz
Maße und Gewichte: Länge 309 cm, Breite 154 cm, Radstand 177 cm, Gewicht 2100 kg

Normag-Generator-Schlepper, Typ NG 25

Hersteller: Normag GmbH, Nordhausen, Harz
Baujahr: 1942 bis 1947
Motor: 2-Zylinder-4-Takt-Einheitsgasmotor mit 25 PS Leistung bei einer Drehzahl von 1550 U/min und einem Hubraum von ca. 4000 ccm, Fabrikat Deutz
Verfahren: Einstoff
Gaserzeuger: Einheitsgenerator
Getriebe: Vier Vorwärtsgänge (3,6; 6,4; 11; 19,8 oder 2,1; 3,6; 6,2; 11,2 km/h) und ein Rückwärtsgang, Fabrikat Normag
Maße und Gewichte: Länge 300 cm, Breite 160 cm, Radstand 193 cm, Gewicht 2500 kg

Schlüter-Gasschlepper, Typ GZA 25/28

Hersteller: Anton Schlüter, Motorenfabrik, München
Baujahr: 1942 bis 1947
Motor: 2-Zylinder-4-Takt-Gasmotor mit 25/28 PS Leistung bei einer Drehzahl von 1500 U/min und einem Hubraum von 3954 ccm, Fabrikat Schlüter
Verfahren: Einstoff
Gaserzeuger: Imbert- oder Einheitsgenerator
Getriebe: Vier Vorwärtsgänge (4,6; 6,3; 9,7; 17,3 oder 6,2; 8,4; 12,5; 23 km/h) und ein Rückwärtsgang, Fabrikat Prometheus oder ZF
Maße und Gewichte: Länge 365 cm, Breite 160 cm, Radstand 179 cm, Gewicht 2550 kg

Schlüter-Gasschlepper, Typ GZA 50

Hersteller: Anton Schlüter, Motorenfabrik, München
Baujahr: 1944
Motor: 4-Zylinder-4-Takt-Motor mit 50 PS Leistung bei einer

Die Knappheit an flüssigem Kraftstoff förderte den Erfindungsgeist. Hier ein Eigenbau-Holzgasschlepper von einem unbekannten Hersteller.
Foto: Bauer

Drehzahl von 1500 U/min und einem Hubraum von 5700 ccm, Fabrikat Schlüter
Verfahren: Einstoff
Gaserzeuger: Imbert-Generator
Getriebe: Fabrikat Schlüter, Höchstgeschwindigkeit 32 km/h
Maße und Gewichte: Länge 390 cm, Breite 192 cm, Höhe 240 cm (mit Fahrerhaus), Gewicht 4700 kg

MBA-Gasschlepper, Typ SA 754

Hersteller: Maschinenbau und Bahnbedarf AG, vormals Orenstein & Koppel, Werk Nordhausen
Baujahr: ab 1942
Motor: 2-Zylinder-4-Takt-Gasmotor mit 35 PS Leistung bei einer Drehzahl von 1500 U/min und einem Hubraum von 5200 ccm, Fabrikat MBA
Verfahren: Einstoff
Gaserzeuger: Einheitsgenerator
Getriebe: Fünf Vorwärtsgänge (3,6; 5,5; 7,8; 11,5; 18 km/h), ein Rückwärtsgang, Fabrikat MBA
Maße und Gewichte: Länge 343

cm, Breite 166 cm, Radstand 207 cm

Hanomag-Ackerschlepper, Typ R 40 HG

Hersteller: Hannoversche Maschinenbau-Aktiengesellschaft (Hanomag), Hannover
Baujahr: 1942 bis 1944
Motor: 4-Zylinder-4-Takt-Motor mit 40 PS Leistung bei einer Drehzahl von 1200 U/min und einem Hubraum von 5702 ccm
Verfahren: Einstoff
Gaserzeuger: Imbert- oder Einheitsgenerator
Getriebe: Fünf Vorwärtsgänge (5; 6,5; 8,4; 12,4; 21,8 km/h) und ein Rückwärtsgang (4,1 km/h)
Maße und Gewichte: Länge ca. 354 cm, Breite 178 cm, Radstand 208 cm

Lanz Ackerluft-Bulldog, Typ D 7506-Gas

Hersteller: Heinrich Lanz AG, Mannheim
Baujahr: ab 1942
Motor: 1-Zylinder-2-Takt-Glühkopfmotor mit 20 PS Leistung bei einer Drehzahl von 850 U/min und einem Hubraum von 4733 ccm

Verfahren: Zweistoff
Gaserzeuger: Imbert
Getriebe: Sechs Vorwärtsgänge (3; 4; 5,6; 7,9; 10,9; 15,1 km/h) und zwei Rückwärtsgänge (4,1; 10,9 km/h)
Maße und Gewichte: Länge 332 cm, Breite 160 cm, Radstand 169 cm, Gewicht 2670 kg

Famo-Gas-Raupenschlepper, Typ Rübezahl

Hersteller: Fahrzeug- und Motorenwerke GmbH, Breslau
Baujahr: ab 1942
Motor: 4-Zylinder-4-Takt-Dieselmotor mit 60 PS Leistung bei einer Drehzahl von 1150 U/min und einem Hubraum von 8596 ccm (Zweistoffbetrieb)
Verfahren: Zweistoff
Gaserzeuger: Imbert oder Einheitsgenerator
Getriebe: Drei Vorwärtsgänge (4; 5,4; 6,8 km/h) und ein Rückwärtsgang (4,9 km/h)
Maße und Gewichte: Länge 402 cm, Breite 162 bis 205 cm, Gewicht 5400 kg

Die Holzgasanlage beim Einheitsgasschlepper

So entsteht aus Holz ein brennbares Gas

Die Technik mit der aus Holz Gas gewonnen wird ist sehr aufwendig – verschwelen, kühlen, reinigen, erst dann kann das Gas verbrannt werden.

Beim Einheitsgasschlepper besteht die Holzgasanlage aus folgenden Bauteilen: Dem Gaserzeuger, der Kühl- und Reinigungsanlage, dem Gasluftmischer sowie dem Anfachgebläse.

Der beim Holzgasschlepper überwiegend vor oder über der Vorderachse angebrachte zylinderförmige Gaserzeuger, auch Generator genannt, besteht aus dem geschlossenen Gaserzeugergehäuse, dem inneren Herdeinsatz sowie dem Unterteil mit Rüttelvorrichtung und Rost.

Der Herdeinsatz ist trichterför-

mig verjüngt und nach unten offen. Am verjüngten Teil des Herdes sind mehrere Düsen angebracht, die durch eine gemeinsame Ringleitung mit der Außenluft verbunden sind und dem Herd die nötige Vergasungsluft zuführen.

Den Abschluß des Herdes bildet ein Rost, durch den die Asche fällt. Die im Generator entstehenden heißen, brennbaren Gase werden über eine Rohrleitung dem Gaskühler zugeführt, in dem sowohl eine Grobreinigung als auch eine Abkühlung des Gases erfolgt. Staub und Kondenswasser werden im unter dem Gaskühler angebrachten Absitzbehälter gesammelt.

Im Nachreiniger der mit Kork, Holzstückchen, Glaswolle o.ä. gefüllt ist, werden aus dem Holzgas die letzten Staubteilchen zurückgehalten, bevor es

dann über den Gasluftmischer zum Motor gelangt. Mit dem Gasluftmischer wird das Mischungsverhältnis von Gas und Luft geregelt, das bei ca. 1:1 liegt.

Buchen- oder Kiefernholz

Die erstmalige Inbetriebnahme eines Holzgasschleppers beginnt mit dem Füllen des leeren Gaserzeugers mit Holzkohle. Die Holzkohle muß sowohl durch die seitlichen Klappen im unteren Teil des Gaserzeugers als auch durch den oberen Klappdeckel ca. eine Handbreit über den Düsen eingefüllt und gleichmäßig verteilt werden.

Dann füllt man den Gaserzeuger von oben vollständig mit trockenem Holz von max. 40 Prozent Feuchtigkeit, dessen einzelne Stücke streichholz-

Die verschiedenen Aggregate der Holzgasanlage mußte zusätzlich auf dem Schlepper untergebracht werden. Den meisten Platz benötigte der Herdeinsatz, der ca. 50 kg Holz fassen konnte. Die Zeichnung beschreibt eine Holzgas-Anlage der Imbert-Generatoren GmbH in Köln. Abbildung: Sammlung Bauer

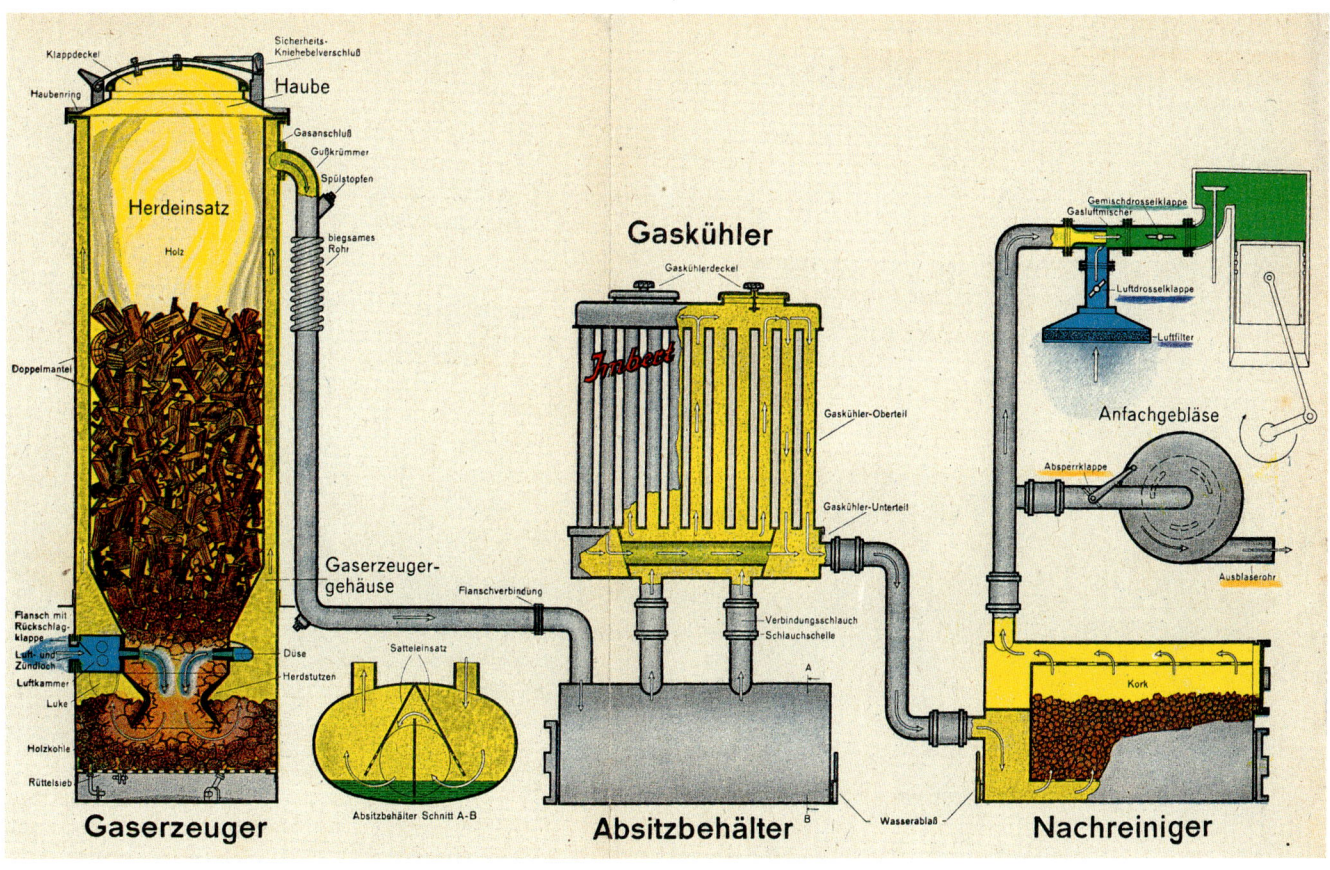

schachtel- bis faustgroß sein sollten. Am besten geeignet ist Buchen- oder Kiefernholz, weniger hingegen Eichenholz. Nach dem Befüllen werden der obere Deckel und die seitlichen Luken des Gaserzeugers sowie die Luftdrosselklappe des Gasluftmischers geschlossen.

Betriebsbereit

Mit dem von Hand oder elektrisch betriebenen Anfachgebläse wird nun permanent Luft durch die Anlage gesaugt. Innerhalb kurzer Zeit entzündet sich nun die Holzkohle, und die Vergasung beginnt.

Nach ca. 5 Minuten wird die Qualität des entstandenen Gases am Ausblaserohr des Anfachgebläses geprüft, indem man das dort austretende Gas anzündet. Es muß mit langer, ruhiger, rötlichblauer Flamme brennen, die nicht abreißen darf. Wenn das der Fall ist, wird nun die Absperrklappe zum Anfachgebläse geschlossen und die Luftdrosselklappe am Luftgasmischer geöffnet. Gleichzeitig wird der mit Magnetzündung und Vergaser ausgerüstete Motor mit dem Anlasser gestartet. Nun werden Gemischdrosselklappe und Luftdrosselklappe so eingestellt, daß dem Motor zündfähiges Gas/Luft-Gemisch zugeführt wird, bis der Motor mit Holzgas „rund" läuft.

Die Prozedur des Generator-Anheizens beim Normag-Holzgasschlepper. Foto: Bauer

Eine Holzfüllung von ca. 50 kg reicht je nach Beanspruchung und Holzqualität für einen ca. zwei- bis vierstündigen Betrieb. Einmal täglich müssen Gaskühler und Absitzbehälter gründlich mit Wasser durchspült und gereinigt werden.

Die Holzgas-Generatoranlage bei Einheitsgasschleppern arbeitet als Sauggasanlage mit absteigender Vergasung. Hierbei wird das entstehende Gas zwangsläufig durch das Glutbett im unteren Teil des Herdeinsatzes gezogen.

Nach dem Anfachen der Holzkohle im Generator beginnt ihre Vergasung im unteren Teil des Generators in Höhe der Düsen. Durch das Anfachgebläse und später durch den Saughub des Motors wird dem Generator ständig brennbares Gas entzogen und gleichzeitig Frischluft durch die Feuerzone hindurchgeführt.

Der Gasgenerator

Durch die in der Verbrennungszone entstehende hohe Temperatur wird das oberhalb der Düsen befindliche Holz zu Holzkohle verschwelt, so daß der Generator die zu vergasende Holzkohle selbst erzeugt. Im oberen Teil des Herdeinsatzes wird das über der Holzkohle liegende Holz durch die Verbrennungswärme vorgetrocknet. Der dabei ausgetriebene Wasserdampf wird entweder durch das Feuerbett hindurchgezogen oder kondensiert an den kühleren Wandungsteilen des Herdeinsatzes.

Nach der Beendigung der Trocknung beginnt die Vergasung und Verschwelung des Holzes, wobei überwiegend Wasser, Essigsäure und Kohlensäure entstehen. Ab ca. 250°C bilden sich Teer, Methanol und Kohlenwasserstoffe sowie Holzkohle. Die Verschwelungsprodukte gelangen nun in den bis zu 1200°C heißen Herd und werden beim Durchgang durch die glühende Holzkohle in Wasserstoff, Sauerstoff und Kohlenmonoxid zersetzt.

50 kg Holz ersetzen 15 kg Diesel

Auch die anderen Verschwelungsprodukte, besonders Teer und Essigsäure, die dem Motor schaden würden, werden durch die absteigende Vergasung im Herd zu brennbaren Gasen aufgespalten. Das so entstandene Holzgas setzt sich neben geringen Anteilen schwerer Kohlenwasserstoffe durchschnittlich zusammen aus 23% Kohlenmonoxid, 18% Wasserstoff, 2% Methan, 10% Kohlensäure und 47% Stickstoff. Voraussetzung für diese chemischen Reaktionen sind aber ausreichende Temperatur und genügend Reduktionsfläche in Form glühender Holzkohle.

Aus 50 kg Holz, die einer Gaserzeugerfüllung entsprechen, entstehen ca. 120 m³ Holzgas, die wiederum ca. 15 kg Dieselkraftstoff ersetzen.

Ein Gewächshaus voller Schlepper

Oder der Duft von Blüten und ein Hauch von Dieselgeruch

Als Altersheim für Schlepper-Veteranen nutzen die Lehnhoffs ihr Gewächshaus. Wie sie zu Oldtimersammlern wurden, sei hier kurz berichtet.

Direkt an der Autobahn A 7, die den Norden mit dem Süden Deutschlands verbindet, kann man sie am südöstlichen Stadtrand von Hildesheim — der Stadt des tausendjährigen Rosenstocks — schon liegen sehen: Die vielen Gewächshäuser aus Glas, prall gefüllt mit

kräftigen Jungpflanzen und mit blühenden Blumen aller Farben. Kaum zu glauben, daß ein Gewächshaus davon ein „Altersheim" für Schlepper-Veteranen der verschiedensten Fabrikate ist.

Das große, weithin sichtbare Terrain von sauber geordneten Gewächshäusern und Frühbeeten umfaßt drei separate Gartenbaubetriebe, die — jeder für sich — von einem Gärtnermeister Namens Lehnhoff bewirtschaftet werden. Der jüngste Meister im grünen Lehnhoff-Familien-Clan ist

Hans-Heinrich Lehnhoff, Jahrgang 59, der vor ein paar Jahren die seit langem stillgelegte Gärtnerei seines Onkels übernahm. Gegenüber von ihr liegt der elterliche Betrieb und dazwischen der Betrieb seines Cousins Hauke, der sich auf Zierpflanzen spezialisiert hat.

Als der Funke übersprang

Vor Jahren wurde bei Hans-Heinrich das Interesse an alten Schleppern geweckt, und das kam so: Auf einem Gartenbau-

Hans-Heinrich Lehnhoffs Hanomag, Typ AR 38, Baujahr 1938, vor dem Gewächshaus.
Foto: Bauer

Ein starkes Stück aus der Sammlung der Gebrüder Lehnhoff ist dieser 30 PS starke MBA-Dieselschlepper mit Halbraupe und Moorrädern, der von Werner Lehnhoff mit sicherer Hand gesteuert wird. Rechts daneben, der gleiche Schlepper mit Luftgummibereifung.
Foto: Bauer

betrieb in der Heide, auf dem Hans-Heinrich seine Praktikumszeit absolvierte, lief ein schon damals über drei Jahrzehnte alter Hela-Bauernschlepper, der trotz seines beachtlichen Alters täglich „ran" mußte. Das beeindruckte den Jung-Gärtner enorm. Ganz klar, daß solch ein zuverlässiger Schlepper in den umfangreichen Fahrzeugpark des elterlichen Betriebes — in dem sich u.a. ein Eicher-Schmalspur-Schlepper und ein Schneider-Geräteträger befanden — aufgenommen werden mußte!

Wieder zu Hause ging es dann auf die Suche, und schon bald fand sich solch ein altes Gefährt — zwar kein Hela, dafür aber ein Elfer-Deutz, Baujahr 1948, der für zweihundert Mark und

einen großen Blumenstrauß den Besitzer wechselte. Fortan tat der Deutz bei den Lehnhoffs seinen Dienst, zog Wasserfässer, transportierte Blumentöpfe oder schleppte mit seinen 11 PS Motorleistung beladene Anhänger mit Blumenerde von einem Gewächshaus zum anderen.

Auf Oldtimer-Suche

Nun sprang der Funke auch auf Hans-Heinrichs jüngeren Bruder Werner über, so daß man fortan gemeinsam auf Oldtimer-Suche ging. Der Weg führte damals auch in das Heidedorf Wietze bei Celle. Dort schraubte schon seit längerer Zeit Edmund Klebe — seines Zeichens Küchenmeister mit

eigenem Hotel — an Schlepper-Veteranen. Seine damals stattliche Sammlung von mehr als 20 restaurierten Schleppern der verschiedensten Fabrikate faszinierte die beiden so, daß es nun kein Halten mehr gab. Von nun an trieb man auf den Höfen in der Umgebung von Hildesheim weitere Schlepper-Oldtimer auf, um sie dann — so versuchte man den Eltern gegenüber erfolglos zu argumentieren — im Betrieb einzusetzen. Doch die Freude der Eltern über die kuriose Sammelleidenschaft der Jungen war alles andere als grenzenlos, denn schon bald standen an die zehn und mehr alte, rostige und ölige Schlepper und dazu noch eine Dreschmaschine auf dem Hof der Gärtnerei.

Die gleiche „Macke"

Der Kontakt zu anderen Sammlern mit der gleichen „Macke" — von denen gab es vor zehn Jahren viel weniger als heute — spornte die beiden noch mehr an. Schon bald mußte ein Teil einer leerstehenden Feldscheune angemietet werden,

Trotz der beiden Lenkräder am Schmotzer-Kombi steuern Hans-Heinrich (links) und Werner Lehnhoff gemeinsam in die gleiche Richtung. Foto: Bauer

Zwei kräftige Kurbelumdrehungen von Werner Lehnhoff und der 35 PS Deutz-Dieselmotor im 3 t schweren Kemna-Straßenschlepper, Baujahr 1938, läuft. Foto: Bauer

um die guten alten Stücke nicht nur vor den Unbilden der Witterung zu schützen, sondern hauptsächlich von den Augen des Vaters fernzuhalten.

In der Szene bekannt

Schon bald waren die Lehnhoffs in der Szene der Schlepper-Oldtimer-Schrauber bekannt wie zwei bunte Hunde. Werner, der inzwischen eine Ausbildung als Nutzfahrzeug-Mechaniker abgeschlossen hatte (wie er wohl auf diesen Beruf kam?!), restaurierte für sich einen 50 PS starken Deutz-Schlepper vom Typ F3M 417 mit Seilwinde und Druckluftbremsanlage.

Damit kutschierte er dann in der Zeit, in der der große Bruder die Blumen im Gewächshaus goß, auf einem Tieflader die Exponate zu den verschiedensten Oldtimer-Veranstaltungen. Es ging nach Braunschweig und Hannover sowie zu dem alljährlich Ende Sep-

tember in Hänigsen bei Hannover stattfindenden Alttraktoren- und Nutzfahrzeug-Treffen des Vereins „Die Selbstzünder — Freunde alter Nutzfahrzeuge in Niedersachsen", zu deren Mitgliedern auch die Gebrüder Lehnhoff zählen.

In den letzten Jahren hatte man eine beachtliche Palette interessanter und seltener Schlepper der verschiedensten Fabrikate zusammengetragen, die alle in einem Gewächshaus in Hans-Heinrich Lehnhoffs Gartenbaubetrieb untergebracht sind. Zur Sammlung gehört ein 35 PS Kemna-Schlepper von 1938, den man in Berlin kaufte, ein WD-Radschlepper aus den 20er Jahren, eine O&K/MBA-Halbraupe, mehrere Famo-Kettenschlepper und ein Westfalia-Bauernschlepper. Natürlich ist auch ein Hela-Bauernschlepper dabei, wie damals während der Praktikantenzeit von Hans-Heinrich, als der Funke übersprang.

Mit dem Oldtimer zur Hochzeit

Inzwischen ist der Funke auch auf die anderen Kinder des Lehnhoff-Clans übergesprungen, so führte jüngst der Cousin von Hans-Heinrich und Werner, Hauke Lehnhoff, seine Braut mit seinem frisch restaurierten Normag-Schlepper, Typ NG 20, mit Doppelsitzbank zur Kirche.

Der liebliche Duft von Blüten und frisch bearbeiteter Blumenerde und ein Hauch von Dieselgeruch wird wohl auch in Zukunft über den Gewächshäusern der Lehnhoffs in der Rosenstadt Hildesheim liegen.

Trümmer, Schrott und neuer Mut

Von Allgaier bis Zettelmeyer

Die Änderung der landwirtschaftlichen Struktur zwang die Schlepperhersteller zu neuen Wegen.

Der Zweite Weltkrieg war im Mai 1945 mit dem Zusammenbruch des Deutschen Reiches zu Ende gegangen. Zurück blieb ein Trümmerhaufen, der von den Siegermächten (USA, Sowjetunion, Großbritannien, Frankreich) in vier Besatzungszonen aufgeteilt wurde. Die Gebiete östlich der Oder und der Lausitzer Neiße kamen unter sowjetische und polnische Verwaltung.

Fast alle großen Industriebetriebe waren zerstört oder wurden auf Anordnung der Siegermächte demontiert. In den wenigen nicht vollständig zerstörten Fabrikationshallen der Firmen Deutz, Hanomag und Lanz herrschte noch in den letzten Kriegsmonaten reges Treiben. Aber auch hier standen nun unter zerstörten Dächern zertrümmerte und ausgebrannte Maschinen, die vor sich hin rosteten.

Beseitigen der Trümmer

Es herrschte zu dieser Zeit auf allen Gebieten unvorstellbare Not, und auch die Zukunft war ungewiß. Das Elend wurde noch von den Millionen nach dem Westen Deutschlands drängenden Flüchtlingen vergrößert, die hier Unterkunft, Nahrung und Arbeit suchten. Der Morgentau-Plan sah die totale Entindustrialisierung Deutschlands vor, es sollte ein reines Agrarland werden.

Überall begannen Aufräumungsarbeiten; Maschinen wurden instandgesetzt, Fabrikationsräume provisorisch wieder hergerichtet. Wie überall in Deutschland begann man auch bei Deutz, Hanomag, Lanz

und den anderen Schlepperbaufirmen mit der Beseitigung der riesigen Trümmerhaufen. Bei der Hanomag in Hannover waren über 60 Prozent der Gebäude und Anlagen zerstört, bei Lanz in Mannheim waren es sogar 90 Prozent.

Sobald die Besatzer die Genehmigung gaben, begann man mit der Reparatur von Schleppern, oder baute aus dem noch vorhandenen Ersatzteilbestand einzelne Schlepper zusammen. Ebenso wurden auch andere Produkte, die dringend gebraucht wurden, hergestellt. So wurden bei der Hanomag einfache Handkarren aus noch vorhandenen Kettenlaufrädern von Schützenpanzern gebaut.

Ersatzteile nötig

Noch 1945 konnten vereinzelte Schlepperhersteller, so Deutz, Hanomag, Lanz und Normag,

Ersatzteile und in sehr geringem Umfang auch Schlepper fertigen. Die katastrophale Ernährungslage im ganzen Land erforderte schnellstens Maschinen und Ackerschlepper zur intensiven Bodenbearbeitung und Straßenschlepper für das Transportgewerbe. Außerdem mußten für die rund 70 000 den Weltkrieg überstandenen Ackerschlepper dringend Ersatzteile hergestellt werden.

Materialknappheit

Doch auch die Ausgangsmaterialien, wie z. B. Stahl, waren knapp und wurden von den Besatzungsmächten kontingentiert, so daß nur wenige Schlepper produziert und auf Bezugsschein oder im Tausch gegen Waren des täglichen Bedarfs abgegeben werden konnten. Im Jahre 1945 wurden laut einer offiziellen Statistik 647 Schlep-

Georg R. Willes „Diesel-Stier" mit Allradantrieb wurde aus Teilen nicht mehr benötigter amerikanischer Jeeps gebaut. Foto: Bauer

per gebaut. Ein Jahr später waren es schon 1 698 Acker- und 305 Straßenschlepper, die trotz aller hemmenden Umstände in den vier Besatzungszonen gebaut wurden.

Von diesen über 2 000 neuen Schleppern hatte die Hanomag mit über der Hälfte den höchsten Anteil. Lanz fertigte zu dieser Zeit überwiegend dringend benötigte Ersatzteile für die über 40 000 noch im Einsatz befindlichen Bulldogs. Deutz hatte noch im Krieg einen Teil der Schlepper-Produktion ins Zweigwerk nach Ulm verlegt und begann nun wieder mit der Fertigung der 11 und 50 PS Schlepper.

Schlepper umrüsten

In Ulm rüstete man auch den im Zweiten Weltkrieg für die Wehrmacht gebauten Raupenschlepper Ost (RSO) für land- und forstwirtschaftliche Zwecke um. Außerdem wurden aus den noch reichlich vorhandenen Restbeständen RSO Kettenschlepper für zivile Zwecke gefertigt. Dazu wurde das Kettenlaufwerk des Fahrzeugs verkürzt und mit einer ungefederten, lenkbaren Vorderachse versehen. Die Steuerung im schwierigen Gelände erfolgte sowohl durch Abbremsen einer Antriebskette als auch durch Lenkeinschlag der beiden Vorderräder.

Der von Deutz nun als Waldschlepper, Typenbezeichnung RS 1500, angebotene umgebaute RSO wurde von einem luftgekühlten 4-Zylinder-Deutz-Dieselmotor mit 65 PS Leistung angetrieben. Bis 1947 wurden 1 460 Einheiten verkauft.

Als weiteres Wehrmachtsfahrzeug wurde auch das NSU-Kettenkraftrad, Typenbezeichnung HK 101, als landwirtschaftliche Zugmaschine verwendet. Der 4-Zylinder-Vergasermotor, Fabrikat Opel, leistete 36 PS. Die Zughakenkraft des 1 235 kg schweren Fahrzeugs wurde mit 1 000 kg angegeben.

Die Fahrzeug- und Motorenwerke (Famo) mußten Ende 1944 die Produktion in Breslau einstellen. Zuvor hatte man schon den größten Teil der Werkzeugmaschinen nach Schönebeck an der Elbe verlagert, wo die Produktion von Famo-Schleppern weitergeführt werden sollte. Breslau wurde im Januar 1945 von sowjetischen Truppen eingenommen. Die nach Schönebeck geschafften Maschinen gelangten bald darauf als Reparationsleistungen in die Sowjetunion.

Das Angebot an Schleppertypen, die vor der Währungsreform (20. Juni 1948) von den großen Firmen Deutz, Hanomag und Lanz gebaut wurden, sah wie folgt aus: Deutz bot den 11 PS Bauernschlepper an, der nun mit einem 4-Gang-Getriebe für 15 km/h Höchstgeschwindigkeit ausgerüstet wurde. Gefertigt wurde außerdem noch der 50 PS Universalschlepper.

Die Hanomag bot das komplette Schlepperbau-Programm der Kriegszeit an. Es bestand aus dem Radschlepper, Typ R 40, der in großer Zahl als Acker- oder Straßenschlepper gefertigt wurde. Des weiteren lief schon kurz nach Kriegsende in Hannover die Fertigung der 100 PS Straßenzugmaschine an, die nun nicht unter der Typenbezeichnung SS 100, sondern ST 100 in verschiedenen Ausführungen angeboten wurde. Ebenfalls wurde die Produktion des 20 PS Bauernschleppers (Typenbezeichnung RL 20) und des 20 PS Straßenschleppers (Typenbezeichnung ST 20) aufgenommen.

Lanz bot ab ca. 1947 folgende Bulldogs an: Den 25 PS-Typ als Ackerluft- oder Allzweck-Ausführung sowie den 35 und 45 PS Ackerluft-Bulldog und den 55 PS Eil-Bulldog.

Aus Armeefahrzeugen wurden Ackerschlepper

Sofort nach Ende des Krieges wurden die wenigen noch erhaltenen Fahrzeuge der Wehrmacht für zivile Zwecke eingesetzt. Ehemalige Zugmaschinen für Geschütze zogen nun bis zu drei Anhänger mit Schutt aus den zerbombten Städten. Die Mannschaftskraftwagen der ehemals kämpfenden Truppe waren eines der wenigen und dringend benötigten Verkehrsmittel für Mensch, Tier und Ware.

Nach Kriegsende stand ein riesiges Kontingent an Armeefahrzeugen der Amerikaner auf deutschem Boden. Diese Fahrzeuge wurden teilweise für Aufräumarbeiten eingesetzt. Nach Normalisierung der Lage waren die Amerikaner daran interessiert, die nicht mehr benötigten Militärfahrzeuge abzugeben. Denn die hohen Transportkosten in ihre Heimat lagen weit über dem Wert der Fahrzeuge.

Hierfür bot sich die „STEG-Staatliche Erfassungsstelle für öffentliches Gut" an. Die 1947 aus der „GER-Gesellschaft zur Erfassung von Rüstungsgut" hervorgegangen war. Die GER hatte die Aufgabe, alle ehemaligen Wehrmachtsbestände zu verwerten und der Industrie zuzuführen. Hierzu gehörten z.B.: Verschrotten von Flugzeugen, Sammeln und Entschärfen von Blindgängern, Zerlegen von Nachrichtengeräten etc.

Rüstungsgüter beseitigen

Die STEG war eine gemeinnützige Gesellschaft, deren Träger die Wirtschafts- und Finanzministerien der Länder der amerikanischen Zone einschließlich Bremen waren. Im Jahr 1948 übernahm die STEG auch 600 000 t amerikanische Armeegüter, wie Fahrzeuge, Bekleidung, Maschinen, medizinische Artikel, Chemikalien und andere Dinge. Sie hatte die Aufgabe, alles zu sortieren, aufzuarbeiten und der Industrie oder dem Handel zuzuführen. Darunter befanden sich über 40 000 amerikanische Armeefahrzeuge, die aber alle mit Vergasermotoren ausgerüstet waren. Sie hatten einen hohen Benzinverbrauch, so daß Lastkraftwagen der verschiedensten Fabrikate (GMC, Dodge, Mack, Chevrolet, Studebaker,

Diamond etc.) mit deutschen Dieselmotoren, so z.B. von Henschel, Kämper, Deutz u.a. umgerüstet werden mußten.

Vorhanden war auch eine große Zahl Jeeps. Die teilweise nicht mehr fahrbereiten Fahrzeuge standen auf 12 riesigen Sammelplätzen für jedermann zum Verkauf. Allein in Kitzingen, dem größten Autofriedhof Europas, warteten nach der damaligen Presse über 32 000 Fahrzeuge auf Käufer.

Die große Stunde des Herrn Wille

Bei der STEG war auch der Maschinenbau-Ingenieur Georg R. Wille aus Hamburg Kunde, der größere Posten von Jeeps kaufte und daraus Kleinschlepper herstellte. Der aus Pommern geflüchtete Wille begann schon kurz nach Ende des Krieges in einer stillgelegten Fabrik mit dem Bau von einfachen landwirtschaftlichen Geräten. Er stellte z.B. Grubber, Eggen, Häufelgeräte her, die er in der Umgebung von Hamburg absetzte.

Bald darauf folgten Einachs-schlepper, die mit gebrauchten Vergasermotoren, z.B. aus Notstromgeneratoren der Wehrmacht, angetrieben wurden. Antriebsachse, Getriebe und Räder stammten vom Jeep. Willes nächster Schritt war 1947 der Bau von Kleinschleppern aus Jeep-Teilen. Er verwendete die Achsen samt Rädern, das Getriebe, die Lenkung und diverse andere Komponenten.

Die ungefederten Achsen und das Getriebe wurden zu einem Rahmen zusammengesetzt und der Achsabstand gegenüber den Jeeps auf 140 cm verkürzt. Der Allradantrieb wurde beibehalten und gab so dem leichten Fahrzeug eine beachtliche Zugleistung. Anstelle des 54 PS Jeep-Vergasermotors baute Wille verschiedene Benzinmotoren als Antrieb ein.

So waren die ersten Maschinen mit 12 PS starken luftgekühlten Ilo-2-Zylinder-2-Takt-Vergasermotoren ausgerüstet. Ein Kick-Starter vor dem durch ein einfaches Blech verkleideten Fahrzeugmotor diente als Anlasser. Vom Motor wurde die Kraft mit-

tels einer Einscheiben-Trockenkupplung auf das Jeep-8-Gang-Getriebe übertragen.

Erfolge mit dem Stier

Über alle vier Räder der Größe 6.00-16 wurden einfache Schmutzfänger aus Blech, die jeweils vorn und hinten miteinander verbunden waren, angebracht, so daß die Möglichkeit zum bequemen seitlichen Aufstieg gegeben war. Als Sitz diente eine Blechschale, die mit einer Blattfeder am Rahmen verschraubt war. Eine kurze Ackerschiene und eine Anhängerkupplung waren zum Anhängen verschiedener Geräte bestimmt.

Erste praktische Versuche mit diesem umgewandelten Armeefahrzeug wurden unternommen, und man war überrascht über die guten Zugleistungen des Allradfahrzeugs, das Wille stolz „GERWI-Motor-Stier" nannte. Der Stier wurde mit verschiedenen eigenen Anhänge- und Anbaugeräten sowie auch mit Mähwerk auf

Mit dem Unimog (Universal-Motor-Gerät) entstand nach dem Krieg ein neues Fahrzeugkonzept. Hier der Typ 30 mit 30 PS Motorleistung.
Foto: Bauer

verschiedenen regionalen und überregionalen Landwirtschaftsschauen und Messen vorgeführt. Beispielsweise 1948 auch auf der Exportmesse Hannover und der ersten DLG-Ausstellung nach dem Krieg in Frankfurt.

Zugleistung, Konzept und Qualität des Stiers überzeugten damals die Bauern. Der Erfolg für Wille blieb nicht aus, und er ging mit über 120 Mitarbeitern zum serienmäßigen Umbau vom Jeep zum Stier über. Ab Sommer 1949 bot Wille den Stier nun auch mit 1-Zylinder-Dieselmotoren verschiedener Fabrikate an, so von Bauscher, Zanker und Deutz, den er nun „Diesel-Stier" nannte.

Weiterer Ausbau

Die alten Fabrikationsräume waren nach der stürmischen Entwicklung längst zu klein geworden, so daß Wille 1950 in der Nähe mehrere neue Fabrikationshallen, Lagerräume, eine Lackiererei sowie ein Büro und Zeichenräume bauen ließ. Zur Finanzierung dieses ehrgeizigen Projektes suchte Wille einen Geldgeber, den er in dem Hamburger Kaufmann Franz Westermann fand, der mit anfangs 50 000 DM in die Schlepperfabrik einstieg. Mehrere neue Schlepper-Typen bis zu 16 PS Motorleistung folgten, die im ganzen Bundesgebiet guten Absatz fanden.

So lag die Produktion 1949 und 1950 bei ca. 200 Schleppern pro Jahr. Doch schon bald kam es zwischen Wille und seinem Geldgeber zu Differenzen über kaufmännische und finanzielle Dinge, so daß Wille 1951 kurzerhand die Firma verließ. Westermann führte die Firma weiter, die nun unter „Nordtrak Norddeutsche Traktorenfabrik Franz Westermann, Hamburg-Lohbrügge" firmierte und den „Nordtrak-Stier" produzierte.

Nach der Idee von Wille nahmen nach der Währungsreform auch andere Hersteller die Fertigung von Kleinschleppern aus amerikanischen Armeefahrzeugen, besonders des Jeeps, auf. So erschien 1949 die „BTC Bavarian-Truck-Company", München, mit einem Jeep-Dieselschlepper auf dem erfolgversprechenden Kleinschleppermarkt.

Beim BTC-Schlepper wurde das Jeep-Chassis komplett mit Vorder- und Hinterachse, jedoch ohne Karosserie, verwendet. Anstelle des Jeep-Motors wurde der 11 PS Deutz-Dieselmotor, wie er im Deutz-Bauernschlepper verwendet wurde, eingebaut. Beim verwendeten Jeep-Getriebe wurde die Untersetzung geändert, so daß die Höchstgeschwindigkeit des nur 1150 kg schweren Fahrzeugs für Straßenfahrt bei ca. 40 km/h lag. Der BTC-Jeep konnte mit Mähwerk, Riemenscheibe und Zapfwelle ausgerüstet werden.

Die „Groß-Hessische-Truck Comp. GmbH" mit Sitz in Wiesbaden bot ab ca. 1949 ihren 15 PS „Urus-Allrad-Dieselschlepper" an. Dieser Schlepper bestand aus einem U-Profilrahmen, bei dem Getriebe und Antriebsachsen aus dem amerikanischen GMC-Armeelastwagen verwandt wurden.

Direkt über der Vorderachse war ein liegender 1-Zylinder-4-Takt-Dieselmotor mit Verdampfungskühlung der Hamburger Firma Bauscher eingebaut. Somit war gewährleistet, daß die Vorderachse auch bei starkem Zug immer ausreichend belastet war.

Der Urus-Allradschlepper konnte mit Mähwerk, Riemenscheibe, mechanischer Aushebevorrichtung und mit Zapfwelle ausgerüstet werden.

Jeep-Allradschlepper

Der Landmaschinen- und Schlepper-Reparaturbetrieb E. Abele und Co KG in Wasseralfingen bei Aalen bot ebenfalls um 1949 seinen „ACO-Jeep-Allradschlepper" an. Bei diesem Schlepper wurde gegenüber dem Jeep nur ein Zwischengetriebe zur Herabsetzung der Geschwindigkeit in die vier Geländegänge eingebaut, so daß im ersten Gang Geschwindigkeiten von 2 bis 9 km/h gefahren werden konnten.

Als Verkaufsargumente stellte der Hersteller damals heraus: „Zur Fertigung werden nur generalüberholte, neuwertige Austauschmotoren eingebaut. Die Jeep-Fahrzeuge sind entrostet und in einwandfreien Zustand versetzt".

Weitere Schlepperhersteller der Nachkriegszeit bezogen für ihre Konstruktionen Fahrzeuge und Fahrzeugteile aus den fast unerschöpflichen Beständen der STEG. So z.B. der Maschinenbaubetrieb Ernst Wanner für seinen Kleinschlepper „Fix". Auch der Alpenland-Universal-Dieselschlepper wurde anfangs aus Teilen des Jeeps gebaut.

Den Unimog gibt es heute noch

Nach Ende des Krieges erschienen mehrere vielversprechende Schlepperkonstruktionen auf dem Markt, dessen moderne Konzeptionen damals wegweisend waren und teilweise heute, nach über vierzig Jahren Produktionszeit, immer noch aktuell sind. Beste Beispiele für kurz nach dem Krieg erschienene Schlepperkonzeptionen, die heute noch Gültigkeit haben, sind der Unimog oder der Allradschlepper, z. B. von MAN.

Die Entwicklungsgeschichte des Unimogs, dessen Kürzel sich aus Universal-Motor-Gerät zusammensetzt, begann Ende des Sommers 1945. Damals entwarf der langjährige Flugmotoren-Konstrukteur bei Daimler-Benz, Dipl.Ing. Albert Friedrich, das Konzept eines „Motorgetriebenen Universalgerätes für die Landwirtschaft".

Ihm schwebte ein allradgetriebenes Fahrzeug in Rahmenbauweise mit kippbarer Ladepritsche, zwei Sitzen sowie der Möglichkeit von Front- und Heckanbau landwirtschaftlicher Geräte vor. Friedrich beschaffte sich von der amerikanischen Militärregierung eine Produktionserlaubnis.

Er baute zusammen mit Dipl. Ing. Heinrich Rößler bei der Firma Eberhard & Söhne, einer Gold- und Silberwarenfabrik in Schwäbisch Gmünd, für dieses Fahrzeug eine kleine Entwicklungsabteilung auf. Sieben Monate nach den ersten Konstruktionszeichnungen entstand im Oktober 1946 mit finanzieller Hilfe des Firmeninhabers ein erstes Fahrgestell des neuen Unimogs. Als Antrieb wurde ein 4-Zylinder-Daimler-Benz-Vergasermotor eingebaut.

Vielseitiges Fahrzeug

Mit diesem neuen Fahrzeug wurden im Schlepperbau erstmals folgende Komponenten zusammengefaßt: Allradantrieb, Höchstgeschwindigkeit ca. 50 km/h, gefederte Achsen (Schraubenfedern und Stoßdämpfer), hydraulische Vierradbremse, zweisitziges Fahrerhaus mit Verdeck, Geräteanbaumöglichkeiten an allen vier Seiten, Ladefläche mit ca. 1 t Tragfähigkeit.

Der Motor war über der Vorderachse in Längsrichtung eingebaut. Ein Kupplungsgehäuse verband den Motor mit dem Schaltgetriebe. Vom Getriebe ging jeweils eine Gelenkwelle zum Differentialgetriebe der Vorder- und Hinterachse, die als Portalachsen ausgeführt waren, um eine höhere Bodenfreiheit zu erreichen. Weitere Vorserienfahrzeuge, so u. a. mit eigenem 6-Gang-Getriebe statt mit ZF-Getriebe, entstanden noch in der Gold- und Silberwarenfabrik.

Im Herbst 1948 nahm man dann aus Kapazitätsgründen die Serienproduktion des Unimogs bei der Werkzeugmaschinenfabrik Gebrüder Boehringer in Göppingen auf. Der Unimog war serienmäßig mit einem neuentwickelten, gedrosselten 4-Zylinder-4-Takt-Daimler-Benz-Dieselmotor ausgerüstet, der bei 2 500 U/min 25 PS leistete.

Der Unimog fand aber in der Landwirtschaft nur stockenden Absatz, da das sehr aufwendige aber auch universell einsetzbare Fahrzeug doppelt so teuer war wie ein gleichstarker Akkerschlepper anderer Firmen zu seiner Zeit. Der Unimog wurde auf fast allen größeren Landwirtschaftsausstellungen, so auch erstmals anläßlich der DLG-Ausstellung in Frankfurt im Oktober 1948 vorgeführt.

Später kam noch eine beachtliche Palette an Zubehör und Anbaugeräten für den Unimog hinzu, so z.B. Front- oder Seitenmähwerk, geschobenes Hackgerät, Riemenscheibe, Seilwinde, Druckluftkraftheberanlage für den Pflug. Dennoch blieb der Verkauf in der Landwirtschaft weit hinter den Erwartungen der Konstrukteure zurück.

Immer mehr Aufträge dagegen erhielt die Firma Boehringer von den Kommunen, die den wendigen Unimog im Winterdienst und in der Straßenpflege einsetzten. Im September 1950 übernahm die Daimler-Benz AG die Fertigung des Unimogs, nachdem bis dahin ca. 600 Fahrzeuge von Boehringer gebaut und abgesetzt worden waren.

Neue Allradschlepper von MAN und Fendt

Die 1941 zu Latil in Suresnes, Frankreich, verlagerte Fertigung des 50 PS MAN-Schleppers konnte nach Ende des Krieges nicht wieder aufgenommen werden. Sämtliche Fertigungseinrichtungen sowie Materialvorräte verblieben als Reparationsleistungen in Frankreich. Hinzu kam, daß das Werk in Nürnberg durch Luftangriffe zu rund 80 Prozent zerstört worden war.

Trotz dieser Hemmnisse faßte man nach Abwägung der Marktbedürfnisse Mitte des Jahres 1945 den Entschluß, die Schlepperfertigung im Werk Nürnberg wieder aufzunehmen. Durch den Verlust der deutschen Ostgebiete änderte sich auch die Struktur der deutschen Landwirtschaft. Während im Osten landwirtschaftliche Großbetriebe vorherrschten, dominierten besonders in den drei westlichen Besatzungszonen die kleineren und mittleren Betriebe. Für einen 50 PS starken Schlepper

Auch nach 1945 bot Lanz seine bewährten Bulldogs mit Glühkopfmotor an. Dieser 25 PS Allzweck-Bulldog, Typ D 7506, mit Klappgreifern an den Antriebsrädern wurde 1949 gebaut.
Foto: Bauer

ergaben sich daher nur geringe Absatzchancen.

Man entschied sich deshalb bei MAN für die Neuentwicklung eines Ackerschleppers mit 25 PS Motorleistung. Nach eingehenden Vorarbeiten nahm man schon Ende des Jahres 1945 mit einem kleineren Kreis von Mitarbeitern die Entwicklung eines neuen MAN-Schleppers in Blockbauweise auf. Der Schlepper wurde von vornherein so konzipiert, daß er zusätzlich auch mit einer angetriebenen Vorderachse ausgerüstet werden konnte.

Da aber für einen Ackerschlepper in dieser Leistungsklasse bei MAN kein Motor vorhanden war, wurde auch mit der Entwicklung eines neuen Dieselmotors begonnen. Schon nach rund einem Jahr standen die ersten fünf Versuchsschlepper dieses neuen Typs auf dem Werksgelände der MAN in Nürnberg. Bis Juli 1947 wurden weitere zehn Vorserienschlepper fertiggestellt, die ausführlich getestet wurden.

Die Direkteinspritzung

Diese ersten Schlepper wurden mit 4-Gang-Getriebe der Zahnradfabrik Augsburg ausgerüstet, da bei der MAN keine Einrichtungen für die Zahnradbearbeitung vorhanden waren. Bald darauf ging man dann zum Einbau von Getrieben der Zahnradfabrik Passau über, bis später nur noch Getriebe der Zahnradfabrik Friedrichshafen verwendet wurden. Das Getriebe wurde mit dem neuentwickelten 4-Zylinder-4-Takt-Dieselmotor mit 2,7 Liter Hubraum verblockt, der bei 1 500 U/min 25 PS leistete.

Das von MAN schon im Lkw-Motorenbau sowie beim 50 PS Dieselschlepper mit Erfolg angewandte Verbrennungsverfahren mit Direkteinspritzung in den kugelförmigen Verbrennungsraum im Kolben wurde auch auf diesen Motor übertragen. Charakteristisch für den Motor war der große Deckel auf der rechten Motorenseite,

hinter dem sich die so staubdicht verkapselte Förder- und Einspritzpumpe befand.

Die 15 Versuchsmaschinen, von denen schon einige mit zusätzlich angetriebener Vorderachse ausgerüstet waren, wurden eingehend erprobt. Bereits 1948 begann man in behelfsmäßig reparierten Hallen des Lkw-Baues mit der laufenden Fertigung dieses Schleppers. Im Jahr 1948 wurden bereits 100 Einheiten gebaut. Obwohl die Nachfrage nach MAN-Schleppern zu dieser Zeit sehr groß war, konnte aus Materialmangel und nicht ausreichender Rohstoffzuweisung keine höhere Jahresproduktion erreicht werden.

Von diesen ersten 100 Schleppern wurden 27 mit abschaltbarem Allradantrieb geliefert. Die Kraftübertragung vom Getriebe auf die gefederte und pendelnd aufgehängte Vorderachse erfolgte auf der linken Fahrzeugseite über eine starke Gelenkwelle. Zum Schutz gegen Überlastungen war eine Rutschkupplung eingebaut. Gegenüber dem Zweiradantrieb hatte der Vierradantrieb beim MAN-Schlepper eine um rund 20 Prozent höhere Zugleistung und Steigfähigkeit zur Folge.

Bessere Lenkbarkeit

Ein weiterer Vorzug war die bessere Lenkbarkeit besonders bei eingeschlagener Lenkung auf losem Boden, auf verschlammtem Feld und in der Forst, da die angetriebenen Vorderräder den Schlepper in die gewünschte Richtung zogen.

Der neue 25 PS MAN-„Ackerdiesel"-Schlepper, Typenbezeichnung AS 325, erregte in allen Kreisen der Landwirtschaft großes Aufsehen. Nach einer eingehenden Prüfung der Maschine durch das Kuratorium für Technik in der Landwirtschaft wurde der MAN-Allradschlepper 1949, mit der Silbernen Preismünze der Deutschen Landwirtschafts-Gesellschaft prämiiert.

Von der nach der Währungsreform steigenden Nachfrage nach Ackerschleppern profitierte auch die MAN, so daß 1949 bereits 1 052 Schlepper die Werkshallen verließen. Der Anteil an Allradschleppern betrug 40 Prozent. Erste Exporterfolge (1949 waren es über 10 % der Produktion) konnte man in verschiedenen europäischen Ländern verbuchen.

1950 kam ein weiterer MAN-Allradschlepper, Typenbezeichnung AS 330 A, hinzu, bei dem die um 5 PS höhere Motorleistung durch Vergrößerung des Hubraumes erreicht worden war. Wie schon bei den serienmäßig gebauten 25 PS Schleppern wurden 5-Gang-Getriebe von der Zahnradfabrik Friedrichshafen verwendet.

Fendt zieht nach

Dem Beispiel der MAN folgte 1948 auch die Firma Fendt, die einen 25 PS Schlepper, Typenbezeichnung F 25 A, in Blockbauweise herstellte. Er konnte auf Wunsch mit zusätzlich angetriebener Vorderachse ausgerüstet werden. Bei diesem Schlepper mit 2-Zylinder-MWM-Dieselmotor und einem 4 und später auch 8-Gang-Getriebe erfolgte die Kraftübertragung vom Getriebe auf die federnd aufgehängte Pendelvorderachse über eine Gelenkwelle auf der rechten Seite des Schleppers.

Mit dem Typ F 35 A stellte Fendt Ende 1949 einen weiteren Allradschlepper mit 3-Zylinder-MWM-Dieselmotor vor. Das 8-Gang-Getriebe mit zwei Rückwärtsgängen konnte mit zwei Geschwindigkeitsabstufungen für 19 oder 25 km/h Höchstgeschwindigkeit geliefert werden. Die Nachfrage nach den Fendt-Allradschleppern entsprach aber nicht den erhofften Erwartungen des Herstellers. Deshalb wurde in Marktoberdorf nach dem Bau einer Kleinserie die Produktion der Allradschlepper 1950 eingestellt.

Nicht so erfolgreich wie z. B. der Unimog oder der MAN-Allradschlepper waren indes andere technisch interessante Schlepperkonstruktionen. Sie wurden kurz nach der Währungsreform von Tüftlern und Konstrukteuren entwickelt und auf den Markt gebracht. Mit ca. 10 PS Motorleistung waren sie fast ausschließlich zur Motorisierung der vielen kleinbäuerlichen Betriebe bestimmt.

Alpenland-Schlepper mit Vierradlenkung

Zu den wohl technisch interessantesten Konstruktionen gehörten die Schlepper der Alpenland Fahrzeugbau GmbH im oberbayerischen Wolfratshausen, deren Inhaber die Brüder Schröter waren. Hier be-

faßte sich besonders Kurt Schröter mit der Entwicklung eines 15 PS Schleppers, der sich von allen bisherigen Konstruktionen durch zwei neue Komponenten unterschied.

Schröters Alpenland-Schlepper besaß Vierradlenkung und optimale Zugkraftausnutzung durch veränderbare Hinterachsbelastung des Schleppers. Die Optimierung der Hinterachsbelastung erreichte Schröter mit einer festen Verbindung von Schlepper und Zweiachsanhänger. Hierbei wurde die Zugstange des Anhängers starr mit einem mit dem mechanischen Kraftheber in Verbindung stehenden Führungsrohr befestigt.

Dadurch entstand eine vierachsige Fahrzeugeinheit, die nun über den Drehkranz des

Anhängers gelenkt wurde, ähnlich wie beim Sattelschlepper. Mit der von der Zapfwelle angetriebenen Hebevorrichtung konnte nun die Vorderachse soweit entlastet werden, daß die Vorderräder des Schleppers angehoben wurden. Das gesamte Schleppergewicht lag dann auf der angetriebenen Hinterachse.

Höhere Belastung der Hinterachse

Mit einem für diesen Schlepper von der Firma Gutbrod in Plochingen gebauten Spezial-Zweiachsanhänger erreichte man sogar eine Erhöhung der Hinterachsbelastung um ca. 40 Prozent gegenüber der des Eigengewichtes des Schleppers. Damit die Lenkfähigkeit erhal-

Die Allradschlepper von MAN sorgten auf allen Landwirtschaftlichen-Ausstellungen für Aufsehen. Der abgebildete AS 330 A wurde ab 1950 gebaut. Foto: Bauer

Vielseitig einsetzbar war der ab 1949 angebotene „Dieselzwerg" von Kühner & Berger in Sasbach/ Baden.
Foto: Hummel

ten blieb, waren auch die Hinterräder mit kleinem Lenkausschlag (ca. ein Drittel gegenüber den Vorderrädern) lenkbar.

Der erstmals 1949 auf dem Zentrallandwirtschaftsfest in München gezeigte Alpenland-Schlepper regte damals sehr stark zur Diskussion an. Man meinte sogar, er wäre „das technische Glanzstück" unter den 66 ausgestellten Schleppern. Hinzu kam, daß es das Team um Schröter verstand, den Schlepper dem Publikum werbewirksam zu präsentieren. So stand der Schlepper mit schwebender Vorderachse über einem Abhang, und jeder Besucher fragte sich, wie der Schlepper in diese Position kam.

Die Nachfrage nach Alpenland-Schleppern setzte verstärkt ein, und Schröter konnte 1950 ca. 200 Maschinen verkaufen. Sie wurden fast alle über die Bayerische Landmaschinen und Kraftfahrzeuge GmbH, München abgesetzt.

Da Schröter für seinen Schlepper überwiegend Teile amerikanischer Armeefahrzeuge verwendete, konnte er die Schlepper recht preisgünstig anbieten. Doch nachdem diese

Teile nicht mehr verfügbar waren, mußte Schröter auf andere Hersteller zurückgreifen. Dadurch verteuerten sich die Schlepper, so daß er nach dem Bau zwei weiterer Schleppertypen mit 25 und 40 PS (alle mit MWM-Dieselmotoren) um 1952 den Schlepperbau einstellte.

Gutbrod-Farmax fast ein Geräteträger

Im gleichen Jahr wie der Alpenland-Schlepper erschien auch die Gutbrod-Farmax-Akkerbaumaschine auf dem Markt. Diese Maschine wurde von der seit Jahrzehnten im Fahrzeugbau (Motorräder, Pkws, Lieferwagen) tätigen Gutbrod Motorenbau GmbH, Plochingen a. N., hergestellt. Kennzeichnend für diesen Schlepper war die vor dem Fahrersitz angebrachte Ladepritsche, auf der Güter bis 1000 kg transportiert werden konnten.

Motor, Getriebe und Antriebsachse bildeten im hinteren Teil des Fahrzeugs eine Einheit. Die lenkbare Vorderachse war über Profileisen mit dem Antriebsblock verbunden. Die Maschine war ähnlich aufgebaut wie der Packesel von En-

dress, verfügte aber nicht über dessen Vielseitigkeit. Auch war die Motorleistung mit 12 PS zu gering bemessen.

Vorteilhaft war hingegen die Möglichkeit, nach Abnahme der Bodenbretter zwischen Vorder- und Hinterachse Bodenbearbeitungsgeräte anzubauen. Außerdem war es möglich, am Getriebeblock des Farmax Geräte anzubauen oder Anhänger anzuhängen. Doch die Absatzerfolge dieser Universalmaschine blieben aus, so daß Gutbrod den Bau des Farmax um 1950 wieder einstellte.

Überzeugend wirkte damals auch die Konstruktion des Erkelenz Patent-Schleppers mit Knicklenkung, der 1949 von Franz Erkelenz, Frankfurt, den Bauern vorgestellt wurde. Bei diesem 12 PS Vierrad-Kleinschlepper war die gesamte Antriebseinheit mit 5-Gang-Getriebe und Dieselmotor auf die Vorderachse verlegt worden. Dadurch lagen 740 kg des 880 kg schweren Fahrzeugs auf der Vorderachse.

Der Dieselzwerg

Ein außergewöhnlich vielseitig einsetzbares Fahrzeug war der 1949 vorgestellte „Dieselzwerg" von der in Sasbach bei Achern (Baden) ansässigen Firma Kühner & Berger. Der Entwicklung dieses Fahrzeugs lag die Idee zugrunde, einen Kleinschlepper zu bauen, der überwiegend für die süddeutschen Bauernbetriebe mit kleinen Obstbau- und Ackerparzellen gut zu verwenden war.

Der Dieselzwerg war eine dreirädrige Rahmenkonstruktion mit Antriebseinheit im Heck. Der liegend angeordnete 1-Zylinder-4-Takt-Farymann-Dieselmotor mit Leistungen von 6 bis 10 PS war quer zur Fahrtrichtung eingebaut. Das 6-Gang-Getriebe vom Jeep ermöglichte gute Geschwindigkeitsabstufungen und eine Höchstgeschwindigkeit von 15 km/h. Die Steuerung des in einer Gabel geführten Vorderrades erfolgte mit einer Lenk-

stange vom Fahrersitz aus.
Seine Einsatzmöglichkeiten waren sehr vielseitig. So gab es über der Antriebsachse eine Ladepritsche für 300 kg Zuladung, auf der auch drei Personen befördert werden konnten. Außerdem gehörten Riemenscheibe, Ackerschiene und Zapfwelle sowie mehrere Anhängevorrichtungen für Anbaupflug und Frontmähwerk zur Standard-Ausrüstung. Auf Wunsch konnte noch folgendes Zubehör geliefert werden: Spritze zur Schädlingsbekämpfung, Bewässerungspumpe, Seilwinde.

Stihl: Schlepper in Leichtbauweise

Als neuer Anbieter von Ackerschleppern erschien 1948 auch der bekannte Motoren- und Motorsägenhersteller Andreas Stihl aus Waiblingen/Württ. auf dem Markt. Stihl suchte nach Ende des Krieges nach einem weiteren Fertigungszweig für seine Maschinenfabrik, die sich im Schlepperbau bot. Nach Vorlage eines Kleinschlepper-Konzeptes von Ing. Krauter entschloß sich Stihl für den Bau dieses Kleinschleppers.

Die ersten Versuchsexemplare wurden 1948 gebaut. Dieser Schlepper mit der Typenbezeichnung 140 unterschied sich von allen bisherigen Schlepperbauarten. Er hatte statt der üblichen Block- oder Rahmenbauweise ein Stahlrohr, das Motor und Getriebe miteinander verband. Der vor der Vorderachse angebrachte Motor übertrug die Kraft über eine lange Welle auf die hintere Antriebseinheit mit 3-Gang-Getriebe und Antriebsachse. Durch diese Bauweise hatte der Fahrer gute Sicht auf den Raum zwischen den Achsen. Stihl entwickelte für diesen Schlepper einen eigenen 12 PS Dieselmotor mit Luftkühlung. Auch dieser Motor stellte eine Besonderheit dar, denn er war einer der ersten luftgekühlten Dieselmotoren, die in einen

Schlepper eingebaut wurden. Das gesamte Fahrzeug wog nur ca. 750 kg und hatte eine Bodenfreiheit von 40 cm. Dieser fortschrittliche Kleinschlepper fand sogleich großen Anklang bei Landtechnikern und Bauern, so daß Stihl mit dem Serienbau des Schleppers begann. Im Jahr 1950 betrug der Marktanteil mit ca. 120 abgesetzten Schleppern rund 0,5 Prozent.
Die Metallwerke Carl Tabel in Creussen (Oberfranken) stellten erstmals auf der DLG-Ausstellung 1950 in Frankfurt ein Dreiradfahrzeug der Öffentlichkeit vor. Sie nannten es Unitrak-Landbaumaschine. Es war eine Rahmenkonstruktion mit angetriebener Vorderachse und lenkbarem Hinterrad, ähnlich einem Tragpflug.
Zu diesem 12 PS starken Fahr-

Bereits ab 1948 bot auch Fendt Allradschlepper an, die aber nur wenige Käufer fanden, so daß die Produktion bereits zwei Jahre später wieder eingestellt wurde.
Foto: Fendt-Archiv

zeug mit Stihl-Dieselmotor bot der Hersteller eine ganze Palette von Zubehör und Geräten an, so z. B. einen Zweischar-Pflug, ein Frontmähwerk und eine Ladepritsche. Der Gerätewechsel konnte schnell und ohne Werkzeuge durchgeführt werden.

„Blitzlichter" der Nachkriegszeit

Schon bald nach Kriegsende versuchten viele, bisher noch nicht im Schlepperbau tätig gewesene Hersteller mit eigenen Konstruktionen, auf dem aufnahmefähigen Schleppermarkt Fuß zu fassen. Nachfolgend werden diese oftmals nur in ihrer Region bekannt gewordenen oder nur in wenigen Exemplaren gebauten Schlepper kurz beschrieben.

Fritz Buchholz aus Liebenau bei Nienburg/Weser war Erfinder und Erbauer des FBL-Dreirad-Schleppers, der von einem 6 PS Vergasermotor angetrieben wurde. Der um 1949/50 angebotenen Kleinschlepper war mit Dreigang-Getriebe ausgestattet, er konnte wahlweise mit Zügellenkung oder Lenkrad geliefert werden. Es war möglich, die für Gespannzug vorhandenen Geräte anzuhängen. Die Zugkraft des Fahrzeugs wurde vom Hersteller mit über 4 t auf ebener und trockener Straße angegeben.

Martin Burtzler in Treuchtlingen, Bayern, bot von 1949 bis 1951 einen 1 090 kg schweren Kleinschlepper mit 14 PS Motorleistung an. Er wurde von einem Zanker-Dieselmotor angetrieben. Das 4-Gang-ZF-Getriebe ermöglichte eine Höchstgeschwindigkeit von 20 km/h.

Johann Demmler aus Wertingen bei Augsburg baute in der Zeit von ca. 1948 bis 1951 zwei verschiedene Schleppertypen. Die 15 und 22 PS Schlepper in Blockbauweise waren mit 1- oder 2-Zylinder-MWM-Dieselmotoren ausgerüstet.

Die heute als Motorsägenhersteller bekannte Firma Dolmar baute 1949/50 ein dreirädriges

Fahrzeug für die Forstwirtschaft. Es war besonders zum Transportieren von Holzstämmen geeignet. Als Antrieb wurde ein Vergasermotor eigener Fertigung verwendet. Er konnte in wenigen Minuten von der Motorsäge abgebaut und in den Schlepper eingebaut werden.

Die Firma Ensinger aus Michelstadt in Hessen baute bis ca. 1951 drei verschiedene Schleppertypen mit 15, 18/20 und 25 PS in Blockbauweise. Sie wurden von MWM-Dieselmotoren angetrieben. Alle drei Schleppertypen wurden mit gefederter Vorderachse geliefert und konnten mit dem damals üblichen Zubehör ausgerüstet werden. Außer den Radschleppern bot Ensinger 1951 auch noch einen kleinen Kettenschlepper an.

Auch die bekannte Lastwagenfabrik Faun in Nürnberg nahm 1949 die Fertigung eines Akkerschleppers auf, dessen Entwicklung auf das Jahr 1946 zurückging. Der unter der Typenbezeichnung AS 22 angebotene 25 PS Schlepper war mit einem 2-Zylinder-MWM-Dieselmotor und 4-Gang-Getriebe versehen. Der Absatz des Schleppers hielt sich aber in Grenzen, so daß man bei Faun den Schlepperbau schon 1950 wieder einstellte.

Unter dem Namen Groß bot im ersten Halbjahr 1950 ein nicht weiter bekannt gewordener Hersteller drei verschiedene Dieselschlepper-Typen mit 15, 22/24 und 28/30 PS an.

Eigene Konstruktionen

Auch die Kämper-Motoren GmbH wollte 1949 mit einer eigenen Konstruktion in den Schleppermarkt einsteigen. Die Firma entwickelte hierfür einen stehend angeordneten 1-Zylinder-4-Takt-Dieselmotor mit 24 PS Leistung sowie ein eigenes Getriebe. Zur geplanten Produktionsaufnahme des Straßenschleppers kam es aber nicht mehr, da zwischenzeitlich sämtliche Fertigungskapazitäten für den Motoren-

bau belegt worden waren.

Unter dem Namen „Büffel" baute um das Jahr 1949 der Fahrzeugbau-Betrieb Wilhelm Klauder aus Maria-Thann im Allgäu einen Kleinschlepper in Rahmenbauweise. Sein liegender 1-Zylinder-2-Takt-Hatz-Dieselmotor leistete 12/14 PS. Die Kraftübertragung vom Motor auf das eingebaute 4-Gang-ZF-Getriebe erfolgte über eine Rollenkette.

Nur kurz auf dem Markt

Josef Krümpel aus Wettingen baute kurzzeitig einen 22 PS Standard-Schlepper in Blockbauweise. Der Schlepper mit der Typenbezeichnung K 22 wurde von einem 2-Zylinder-Deutz-Dieselmotor angetrieben.

Auch Anton Kulmus aus Eisenherz im Allgäu erschien nach dem Krieg wieder mit einem Ackerschlepper auf dem Markt. Bei diesem 22 PS Schlepper in Blockbauweise mit der Typenbezeichnung KDE 22 wurden ein 2-Zylinder-Deutz-Dieselmotor und ein ZF-Getriebe verwendet.

Die Maschinenfabrik Otto Martin in Ottobeuren versuchte nach dem Krieg ebenfalls den Einstieg in den Schleppermarkt. In der Kriegs- und Nachkriegszeit hatte die Firma einen 22 PS-Standardschlepper in Blockbauweise gebaut. Nun entwickelte man mit dem Typ S 11 einen Kleinschlepper mit 11 PS Motorleistung in Rahmenbauweise. Ein liegender 1-Zylinder-Deutz-Dieselmotor mit Verdampfungskühlung fand Verwendung.

Mit Pendelvorderachse, ZF-4-Gang-Getriebe, Mähwerksantrieb und Riemenscheibe war der Schlepper gegenüber anderen Schleppern in dieser Leistungsklasse durchaus konkurrenzfähig. Schon 1950 stellte Martin den Schlepperbau wieder ein, um sich der Entwicklung und Produktion von Holzbearbeitungsmaschinen zuzuwenden. Auf diesem Gebiet ist die Firma heute noch tätig.

Ab 1949 auf dem Markt war der 15 PS Alpenland-Schlepper mit Vierradlenkung.
Foto: Bauer

Nur 25 Schlepper gebaut

Insgesamt 25 Schlepper baute der Maschinen- und Traktorenbau Betrieb Schneider im oberbayerischen Warngau in der Zeit von ca. 1948 bis 1949. Der Schlepper mit der Typenbezeichnung Mo 22 war eine Blockkonstruktion. Es wurde das 4-Gang-Einheitsgetriebe von der Zahnradfabrik Augsburg und ein 22 PS 2-Zylinder-2-Takt-Hatz-Dieselmotor verwendet. Ende des Jahres 1949 ging die Firma in Konkurs.

Zu den „Blitzlichtern" auf dem deutschen Nachkriegs-Schleppermarkt gehörte auch der in Worms am Rhein ansässige Betrieb von Peter A. Titus. Er begann ab 1949 in Absprache mit Johannes Köhler mit der Montage des 22 PS Primus-Schleppers. Bald darauf erweiterte Titus in eigener Regie das Angebot an Schleppern auch auf andere Leistungsklassen und trennte sich von Köhler.

So wurden nun Titus-Radschlepper in den verschiedensten Leistungsklassen von 11 bis 60 PS angeboten. Sie wiesen die gleiche Kühlerverkleidung wie die Primus-Schlepper auf. Neben den Radschleppern bot Titus auch einen Kettenschlepper mit 60 PS MWM-Dieselmotor an. Die Radschlepper waren in Blockbauweise ausgeführt, wobei überwiegend Getriebe von ZF und Motoren von MWM verwendet wurden.

Unter dem Namen Trabant bot die Firma Traktorenbau Hamburg um 1949/50 einen 28 PS Ackerschlepper in Blockbauweise an. Interessant war bei diesem Schlepper der eingebaute 2-Zylinder-Dieselmotor in V-Form, Fabrikat Bohn & Kähler, Kiel. Er war eine Lizenzproduktion des 2-Zylinder-O&K-Dieselmotors. Wahlweise wurden 5-Gang-Getriebe von der Zahnradfabrik Friedrichshafen oder von der Zahnradfabrik Augsburg verwendet.

Zukauf der Schlepperteile

Auch die Firma Fritz Weigold in Mannheim begann in den ersten Jahren nach dem Krieg mit dem Zusammenbau von Schleppern aus zugekauften Getrieben, Motoren und Achsen. Komponenten aus eigener Produktion, wie z. B. Kotflügel, Kühlermaske und Motorverkleidung, gaben den Schleppern ein charakteristisches Aussehen.

Weigold bot in den Jahren von ca. 1948 bis 1950 verschiedene Schleppertypen von 11 bis 36 PS an, die alle in Einzelanfertigung hergestellt wurden. Die Getriebe wurden von verschiedenen Herstellern bezogen und mit Motoren von MWM verblockt.

Angebot oft nur regional

Nur kurzzeitig wurde der Wotrak-Schlepper auf dem deutschen Nachkriegs-Schleppermarkt angeboten. Er wurde von der Wolfenbütteler Traktorengesellschaft gebaut. Die Grundlage für den Schlepperbau dieses Reparaturbetriebes für landwirtschaftliche Maschinen bildeten mehrere nach Kriegsende noch vorhandene Einheitsschlepper-Getriebe, die mit 2-Zylinder-Deutz-Dieselmotoren verblockt wurden. Weniger als ein Dutzend der 22 PS starken Wotrak-Schlepper wurden bis ca. 1950 in Wolfenbüttel gebaut und in der Umgebung abgesetzt.

Nur etwa 100 Schlepper fertigte um 1949 der bekannte Haushaltsgeräte-Hersteller Zanker in Tübingen. Diese Schlepperkonstruktion gehört zu den bemerkenswertesten der Nachkriegszeit. Denn Zanker entwickelte für diesen Kleinschlepper nicht nur einen eigenen wassergekühlten 12 PS starken 1-Zylinder-2-Takt-Dieselmotor mit Umkehrspülung sondern auch das dazugehörige 4-Gang-Schaltgetriebe. Motor und Getriebe wurden zu einem Block verschraubt, die ungefederte Vorderachse war pendelnd aufgehängt.

Weitere Blitzlichter

Schlepper und Motor fanden allseits großes Interesse. Dennoch hielt sich der Absatz des Zanker-Schleppers ebenso in bescheidenen Grenzen wie der Verkauf des Dieselmotors an andere Schlepperhersteller (z. B. Wille, Burtzler). Ende des Jahres 1949 gab man in Tübingen den Schlepperbau an den

bekannten Landmaschinen-Hersteller Bautz im oberschwäbischen Saulgau ab, um sich lukrativeren Prokuktionszweigen zuzuwenden.

Erstmals auf der DLG-Ausstellung 1949 in Hannover wurde der Taunus-Ackerschlepper, Typ TT 22, einem größeren Publikum vorgestellt. Er war ein Schlepper in Blockbauweise mit 2-Zylinder-Deutz-Dieselmotor, der von Ing. F. Lauche, Frankfurt, angeboten wurde.

Schon vor dem Krieg gehörte die kleine Fahrzeugfabrik von Friedrich Karl Hoffmann in Hannover-Laatzen, die unter Hannoversche Fahrzeugfabrik Hoffmann & Co firmierte, zu den bekanntesten Herstellern von kleinen Verkehrsschleppern für das innerstädtische Verkehrsgewerbe.

Nach dem Krieg hielt man sich mit der Reparatur von Fahrzeugen über Wasser und fertigte u.a. auch Anhänger, für die man zunächst Achsen von Panzern verwendete. Neben dem Bau von kleinen Verkehrsschleppern begann man auch mit der Fertigung eines Ackerschleppers, der erstmals 1949 auf der

DLG-Ausstellung in Hannover-Laatzen vorgestellt wurde.

Mit Hinterachsfederung

Dieser 22 PS Hoffmann-Schlepper mit 2-Zylinder-Deutz-Dieselmotor und ZF-5-Gang-Getriebe stellte damals eine Besonderheit dar. Er war der erste Ackerschlepper mit Hinterachsfederung. Die beiden hinteren Halbachsen waren Schwingachsen, die mit seitlich am Getriebeblock angebrachten Drehstäben abgefedert wurden.

Auch dieser Schlepper verfehlte bei der Vorführung während der DLG nicht die Aufmerksamkeit der Besucher. Mit einem vollbeladenen Hoffmann-Anhänger fuhr der mit gefederter Hinter- und Vorderachse versehene Schlepper mit Höchstgeschwindigkeit über das unebene Gelände. Trotz dieser überzeugenden Vorführung und des Argumentes, daß durch die Federung sowohl Fahrer als auch Fahrzeug geschont würden, blieben die Absatzzahlen weit hinter den Erwartungen zurück. Nicht mehr als ein Dutzend Hoffmann-Ackerschlepper wurden in der Nähe von Hannover abgesetzt. Im Jahr 1953 wurde die Firma aufgelöst.

Von Deuliewag bis Zettelmeyer

Viele der Schlepperfirmen, die nach der 1939 erlassenen Typenbegrenzung überwiegend 20/22 PS Einheitsschlepper fertigten, nahmen nach Kriegsende die Produktion von Ackerschleppern des Einheitstyps wieder auf. Voraussetzung war allerdings, daß dies die wirtschaftlichen Verhältnisse zuließen und die Besatzer die Produktion freigaben. Erst nach der Währungsreform kamen von diesen Anbietern neuentwickelte Schleppermodelle hinzu.

Ein großer Teil der Firmen, besonders Normag, Schlüter und Fendt, fertigten aus den vorhandenen Materialbeständen

Ein 12 PS Zanker-Schlepper, Baujahr 1950, mit 1-Zylinder-2-Takt-Zanker-Dieselmotor.
Foto: Bauer

Ab Frühjahr 1950 wurde der Deulie-wag-Dieselschlepper, Typ D35, mit 36/38 PS Motorleistung geliefert.
Foto: Gronholz

Holzgasschlepper, da weder neue Dieselmotoren noch flüssige Kraftstoffe zu bekommen waren. Vor allem Normag bot noch bis ca. 1947 den Holzgasschlepper, Typ NG 25, an. Sobald Dieselkraftstoff wieder in ausreichender Menge zur Verfügung stand, wurden auch die noch im Einsatz befindlichen Holzgasschlepper auf Dieselbetrieb umgerüstet.

Einige Hersteller boten hierfür Schwerölvergaser an, wie sie schon zwei Jahrzehnte lang aber mit geringem Erfolg eingesetzt wurden. Andere wiederum rüsteten die Motoren um und änderten sowohl die Bohrung als auch den Verbrennungsraum und das Verbrennungsverfahren des Motors.

Gasschlepper umgerüstet

Diese Umbauten waren nicht ohne weiteres durchführbar, da die Motoren u.a. mit einer bisher nicht vorhandenen Einspritzanlage versehen werden mußten. Sofern Dieselmotoren vorhanden waren oder besorgt werden konnten, wurden sie gegen Holzgasmotoren ausgetauscht. So kam es vor, daß z. B. Deutz-Schlepper von MWM-oder Güldner-Motoren angetrieben wurden.

Die Deuliewag verlegte nach der Zerstörung des Berliner Werkes den Firmensitz nach Hamburg, wo man fortan unter Deuliewag, Traktoren und Maschinen GmbH firmierte. Anfang des Jahres 1949 begann man in Lübeck mit der Neuaufnahme der Schlepperproduktion, die aus zwei Ackerschlepper-Grundtypen sowie einem Straßenschlepper-Typ bestand. Das neue Ackerschlepper-Programm umfaßte nun die Typen D 24/D 240 und D 30/D 33.

Der Deuliewag D 24 war ein typischer Standard-Schlepper in Blockbauweise mit 2-Zylinder-MWM-Dieselmotor. Mit Allzweckbereifung der Größe 6.50-30 wurde der Schlepper unter der Typenbezeichnung D 240 angeboten. Der 30 PS starke Schlepper D 30 basierte auf der Konzeption des schon im Krieg gebauten Typs DA 32 mit 2-Zylinder-Güldner-Dieselmotor.

Der Typ D 33 entsprach im Aufbau dem D 30, wurde aber mit einem 33 PS starken 3-Zylinder-MWM-Dieselmotor ausgerüstet. Von dem D 30/D 33 wurde auch je eine Straßenschlepper-Version, Typ D 30 F, D 33 F, angeboten. Schon im ersten Halbjahr 1949 setzte die Deuliewag über 130 Schlepper ab. Daher peilte man recht optimi-

stisch eine Produktion von monatlich 200 Einheiten an, zumal ein Großauftrag von 1000 Schleppern aus Schweden vorlag. Im Frühjahr 1950 wurden die Typen D 30/D 33 mit erhöhter Motorleistung als Typ D 35 mit 36/38 PS geliefert.

Das große Angebot senkt den Preis

Außerdem wurde das Angebot um den 15 PS Kleinschlepper, Typ D 15, erweitert. Obwohl die Deuliewag die Schlepperpreise mehrfach senkte, lag man immer noch über denen der Konkurrenz, die durch größere Serien preiswerter einkaufen und produzieren konnte. Aus diesem Grunde setzte schon im ersten Halbjahr 1950 ein spürbarer Absatzrückgang im Inland ein, der aber durch Auslandsaufträge aufgefangen werden konnte.

Eine Verbesserung der Absatzlage erhoffte man sich mit einem Allradschlepper, der erstmals auf der DLG-Ausstellung in Frankfurt als Typ D 22 V vorgestellt wurde. Dieser Schlepper basierte auf einer Entwicklung von Prof. Gerhard Preuschen und den Motoren-Werken-Mannheim. Die wichtigsten konstruktiven Besonderheiten des Deuliewag „Re-

Im Jahre 1950 wurde dieser 22 PS Eicher-Schlepper mit wassergekühltem 2-Zylinder-Deutz-Dieselmotor gebaut. Foto: Bauer

cord" D 22 V waren Blockbauweise, Allradantrieb, vier gleichgroße Räder der Größe 6.50-30. Außerdem eine hohe Bodenfreiheit von 40 cm sowie eine gefederte lenkbare Vorderachse. Da rund 60 % des Fahrzeuggewichtes auf der Vorderachse lagen, konnte mit dem 1 950 kg schweren Schlepper eine beachtliche Zugleistung von ca. 1 650 kg erreicht werden.

Beim Deuliewag „Record" kamen sowohl 2-Zylinder-Dieselmotoren von MWM als auch von Henschel zum Einbau. Das Getriebe mit sechs Vorwärtsgängen und einem Rückwärtsgang stammte aus eigener Produktion.

Im Jahr 1951 wurde der 25 PS Schlepper für 8 750 DM. angeboten. Damit war er um rund 2 000 DM billiger als der 30 PS MAN-Allradschlepper. Doch trotz vieler entscheidender Vorteile konnten sich nur wenige Bauern für diesen Schlepper entschließen. Die Produktion von Deuliewag-Schleppern mußte daher aus finanziellen Gründen eingestellt werden.

Eicher-Dieselschlepper mit Luftkühlung

Ende des Jahres 1946 konnte bei Eicher die Schlepperfertigung wieder aufgenommen werden. In wenigen Exemplaren wurden 20/22 PS Standard-Schlepper in Blockbauweise mit verschiedenen 2-Zylinder-Dieselmotoren hergestellt. Zu jener Zeit arbeitete man in Forstern bereits an der Entwicklung eines eigenen luftgekühlten Dieselmotors nach den Plänen eines BMW-Flugmotoren-Ingenieurs.

Dieser Motor lief 1947 erstmals auf dem Prüfstand. Im Jahr 1948 konnte Eicher dann der Welt den ersten Schlepper mit luftgekühltem Dieselmotor vorführen. Der Schlepper hatte die Typenbezeichnung ED 16. Der luftgekühlte 1-Zylinder-4-Takt-Dieselmotor arbeitete nach dem Direkteinspritz-Verfahren, hatte einen Hubraum von 1 425 ccm und leistete bei 1 500 U/min 15 PS.

Er zeichnete sich durch geringen Kraftstoffverbrauch und gute Kaltstarteigenschaften aus. Mit dem rechtsseitig ange-

ordneten Radialgebläse wurde die Luft an den Kühlrippen und am Zylinderkopf vorbeigedrückt. Der Motor war mit einem ZF-Getriebe mit vier Vorwärtsgängen und einem Rückwärtsgang zum Block verschraubt.

Der Kleinschlepper fand sogleich große Beachtung, so daß von den 251 bis zum Jahresende 1948 abgesetzten Eicher-Schleppern ein großer Anteil vom Typ ED 16 war. Im Jahr 1949 konnte der Absatz mehr als verdoppelt werden. Zu dieser Zeit umfaßte das Bauprogramm neben dem luftgekühlten ED 16 noch einen 22/25 PS und einen 30 PS Ackerschlepper. Hier wurden wassergekühlte Dieselmotoren von Deutz und der Süddeutschen Bremsen AG, München, eingebaut.

Erfolgreichster Hersteller

Bei den 1951/52 angebotenen Eicher-Schleppern mit 28/30 PS und 42 PS fanden dann auch luftgekühlte Dieselmotoren von Deutz Verwendung. Eicher gehörte schon bald zu den erfolgreichsten Schlepperanbietern Süddeutschlands.

Erst nach der Währungsreform konnte man bei Fahr in Gottmadingen mit der Fertigung von Ackerschleppern beginnen, da die Produktion von Erntemaschinen Vorrang hatte. Als erster Typ wurde der D 28 angeboten. Bei diesem Schlepper wurden verschiedene Komponenten aus eigener Fertigung vom Fahr-Holzgasschlepper (Typ HG 25) verwendet, so z. B. Getriebe, Vorderachse und Lenkung.

Der 28 PS Motor wurde von Güldner bezogen. Im September 1949 wurde der D 28 vom D 30 abgelöst, der sich neben der höheren Motorleistung durch eine andere Vorderachse vom Vorgänger unterschied. Der später angebotene D 30 L hatte einen luftgekühlten Deutz-Dieselmotor.

Im Jahr 1949 stellte Fahr mit den Typen D 15 und D 22 zwei Neukonstruktionen in Blockbauweise vor. Beide Schlepper waren mit 5-Gang-Getrieben und 2-Zylinder-Dieselmotoren ausgerüstet und entsprachen in Aufbau und Ausstattung dem damaligen Stand. Durch Erhöhung der Motorleistung und geringe technische Änderungen entstanden 1951 daraus die Typen D 17 und D 25.

Ab 1951 fertigte Fahr den Kleinschlepper, Typ D 17, dem ein 2-Zylinder-Güldner-Dieselmotor eingebaut war.
Foto: Archiv Fahr

Im gleichen Jahr erschien Fahr mit dem D 55 L erstmals mit einem Schlepper in der obersten Leistungsklasse auf dem Markt. Angetrieben wurde er von einem luftgekühlten 4-Zylinder-Deutz-Dieselmotor, der bei 1 500 U/min 55 PS abgab.

Mit dem D 28 nahm man bei Fahr in Gottmadingen den Schlepperbau nach dem Krieg wieder auf.
Foto: Bauer

Der Fendt F 18, Baujahr 1949, mit 1-Zylinder-Deutz-Dieselmotor entsprach dem schon im Krieg gebauten Dieselroß. Foto: Bauer

Der mit einem 8-Gang-ZF-Getriebe (Höchstgeschwindigkeit 33,5 km/h) versehene Schlepper war überwiegend für den Export bestimmt. Er fand aber auch einige Käufer im Inland, denn dieser Schlepper verfügte schon damals über einen entscheidenden Vorteil. Gegenüber denen der Konkurrenz, war er mit einer Doppelkupplung ausgestattet, die es erlaubte, den Zapfwellenantrieb unabhängig von der Motorkupplung ein- und auszuschalten.

Dies war vor allem für den Betrieb von gezogenen Mähdreschern von Vorteil, denn bei Fahrtunterbrechung lief der Dreschtrommelantrieb weiter. Die Fahr-Schlepper verfügten − von Ausnahmen abgesehen − nie über technische Extravaganzen. Ihr Aufbau und ihre Ausstattung entsprachen den Wünschen der Kunden, die einen Schlepper brauchten, der zuverlässig, billig im Unterhalt und einfach in der Bedienung sein mußte − und das waren die Fahr-Schlepper.

Neue Schlepper der Firma Fendt

Auch Fendt konnte erst nach der Währungsreform mit der Serienproduktion von Schleppern beginnen. Vorher stand nur ein sehr geringes Materialkontingent zur Verfügung, und die wenigen bis 1948 gebauten Schlepper der Typen F 22, F 18 sowie einige Holzgasschlepper wurden nur auf Bezugsscheine abgegeben.

Außerdem befaßte sich Fendt mit dem serienmäßigen Umbau von Holzgasschleppern auf Dieselbetrieb. Im Jahr 1948 bestand das Angebot an Fendt-Schleppern aus den Typen F 18 und F 22 VZ. Der F 18 entsprach dem schon im Krieg gebauten „Dieselroß" mit liegendem 1-Zylinder-Deutz-Dieselmotor mit 16 PS Leistung und eigenem 4-Gang-Getriebe.

Auf Wunsch lieferte Fendt ab 1949 auch eine Motorverkleidung für den F 18. Auch der F 22 VZ war im Aufbau dem im Krieg gebauten Einheitsschlepper-Typ gleich. Allerdings wurde er mit einem MWM-Dieselmotor und einem ZF-Triebwerk ausgestattet. Auf Wunsch konnte man den Schlepper auch mit einem Zwischengetriebe für acht Vorwärts- und zwei Rückwärtsgänge für eine Höchstgeschwindigkeit von 23 km/h bekommen.

Ende 1949 wurde das Angebot um den Kleinschlepper F 15 erweitert, der ebenfalls mit Zwischengetriebe lieferbar war. Auf der DLG-Ausstellung 1951 zeigte Fendt ein moder-

nes Ackerschlepper-Programm, das aus sechs verschiedenen Typen in Blockbauweise von 15 bis 40 PS Motorleistung bestand.

Die einzelnen Schlepper konnten mit umfangreichem Zubehör und verschiedenen Geschwindigkeits-Abstufungen und Bereifungsgrößen geliefert werden. Mit den konstruktiv ausgereiften Schleppern und einem guten Vertriebssystem erreichte man bald den beachtlichen Marktanteil von 10 Prozent.

Neue Güldner-Schlepper

Mitte des Jahres 1947 begann man auch bei Güldner wieder mit dem Bau von Ackerschleppern. Schon vorher wurden Gasschlepper mit Güldner-Dieselmotoren umgerüstet. Außerdem lief bereits 1946 die Produktion von Fahrzeug- und Stationär-Motoren an. Güldner baute mit dem Typ A 28 bis 1949 nur einen Schleppertyp.

Zum Einbau kam der 2-Zylinder-Güldner-Dieselmotor, Typ F 2, der bei 1 500 U/min 28 PS abgab. Das Getriebe wurde von ZF bezogen. Der A 28 wurde 1949 vom AF 30 abgelöst. Er unterschied sich vom Vorgängertyp durch eine höhere Motorleistung und durch ein 5-Gang-Getriebe.

Zum Jahresende 1949 lief in Aschaffenburg die Serienproduktion eines 16 PS Kleinschleppers an. Er wurde unter der Typenbezeichnung A 15 (4-Gang-Getriebe) bzw. AF 15 (5-Gang-Getriebe) angeboten.

Blockbauweise, 2-Zylinder-Dieselmotor, gefederte Vorderachse und geringe Bauhöhe waren sowohl für diesen neuen als auch für die nachfolgenden Güldner-Schlepper charakteristisch.

Kramer wieder am Markt

Bei Kramer wurde die Produktion von Ackerschleppern im Jahre 1948 mit den bewährten Typen K 12 und K 18 wieder aufgenommen. Rohstoffmangel und der teilweise demontierte Maschinenpark hielten aber die Fertigungszahlen in Grenzen. Die große Nachfrage nach Kramer-Schleppern konnte daher zunächst nicht befriedigt werden.

Die in den nachfolgenden Jahren zunehmende Verbesserung der Rohstoffversorgung wirkte sich auch auf die Produktion von Schleppern aus. Bereits 1949 konnte ein weite-

rer Kramer-Schlepper angeboten werden.

Dieser neue Schlepper mit der Typenbezeichnung K 28 war nicht wie die beiden Typen K 12 und K 18 in Rahmenbauweise, sondern in Blockbauweise gefertigt. Ein 2-Zylinder-Dieselmotor der Süddeutschen Bremsen AG, München, war mit einem eigenen 4-Gang-Getriebe verblockt. Ebenfalls aus eigener Produktion war die vor dem Kühler angebrachte Vorderachse.

Zur gleichen Zeit brachte Kramer noch einen Schlepper in Rahmenbauweise auf den Markt, Typenbezeichnung K 22 Th, der von einem liegend angeordneten Güldner-Dieselmotor angetrieben wurde. Um

den Wasserverbrauch der mit Verdampfungskühlung ausgeführten Motoren einzuschränken, entwickelte Kramer für diesen Motor eine Thermosyphon-Kühlung. Sie wurde später auch beim K 12 Th verwendet.

Scheinwerfer integriert

Ab 1951 begann man bei Kramer eine neue und moderne Schlepperreihe zu entwickeln, deren Typen alle in Blockbauweise gefertigt wurden. Der erste Typ dieser neuen Baureihe war der K 33 L mit luftgekühltem Deutz-Dieselmotor und ZF-Getriebe. Diesem 33 PS Schlepper folgten weitere Typen mit 12/14 PS (KB 12), 17 PS (KB 17), 22/25 PS (KB 22-25), 45 PS (K 45).

Lange Zeit der stärkste Schlepper im Bauprogramm war der Fendt F 40 mit 40 PS MWM-Motor.
Foto: Bauer

Dieser 35 PS Güldner-Schlepper mit der Typenbezeichnung AFN wurde 1953 in Aschaffenburg gefertigt.
Foto: Bauer

Verwendet wurden Motoren von Güldner, MWM und Deutz. Charakteristisch für diese neue Baureihe waren die unter der Motorhaube integrierten Scheinwerfer.

Hela-Schlepper mit 40 PS Leistung

Das Ende des Krieges brachte der Firma Hermann Lanz in Aulendorf (Hela) den schwersten Rückschlag seit der Gründung im Jahre 1888. Nahezu der gesamte Maschinenpark wurde von den Besatzungsmächten demontiert und abtransportiert. Sämtliche Produktionshallen, in denen Monate vorher noch reges Treiben herrschte, standen nun leer. Nur mühsam konnten mit organisierten Maschinen ein paar wenige Schlepper aus den noch vorhandenen Teilen gefertigt werden. Sie wurden ohne Gummibereifung und unlackiert gegen Lebensmittel abgegeben. Nach der Währungsreform ging es dann auch bei Hela wieder aufwärts. Man konnte

den Kunden einen Standard-Schlepper (Typenbezeichnung D 47) in Blockbauweise mit 22 PS Motorleistung anbieten, wie er schon in den Kriegsjahren gefertigt wurde. Das Getriebe mit fünf Vorwärtsgängen stammte aus eigener Produktion.

Als weiterer Schlepper kam der D 28 mit 28 PS Motorleistung hinzu, der im Aufbau dem D 47 gleich war und ebenfalls ein 5-Gang-Getriebe hatte. Beide Schlepper wurden von MWM-Dieselmotoren angetrieben.

Im Jahr 1949 brachte Hela dann noch einen Kleinschlepper auf den Markt, der auf der Konstruktion des vor dem Krieg gebauten 11 PS Schleppers basierte. Ein 14 PS 1-Zylinder-MWM-Dieselmotor war mit eigenem 5-Gang-Getriebe zum Block verschraubt. Mit diesem Schlepper führte Hela erstmals eine neue Motorverkleidung ein, wie sie später für die Schlepper aus Aulendorf charakteristisch war. Der neue Kleinschlepper verfügte über

Mähwerk, Riemenscheibe, Zapfwelle und Differentialsperre.

Die Überarbeitung dieses Schlepperbau-Programmes führte Anfang der 50er Jahre zu einem umfangreichen Angebot von Schleppern in den Leistungsklassen von 14 bis 40 PS. Sie verfügten alle über günstig abgestufte 5- oder 8-Gang-Getriebe aus eigener Fertigung.

Nach dem Krieg stieg auch Miag wieder in den Schlepperbau ein. Sie bot bis zur Einstellung der Produktion im Jahre 1952 drei verschiedene Schlepper an, die auf der Basis der schon in den Kriegsjahren gebauten Typen entstanden. Der Typ AD 22 war ein Ackerschlepper in Blockbauweise mit 22 PS MWM-Dieselmotor und einem 4-Gang-Getriebe von der Zahnradfabrik Augsburg.

Der 33 PS starke AD 33 entsprach im Aufbau dem AD 22, war aber mit einem 3-Zylinder-MWM-Dieselmotor versehen. Mit den Straßenschleppern ID 33 und ID 12 versuchte man an die Tradition im Zugmaschinenbau anzuknüpfen. Der erhoffte Erfolg blieb jedoch aus, denn die Schlepper der Miag gehörten damals zu den teuersten auf dem Markt.

Normag war einer der ersten Anbieter

Zu den ersten Schlepperanbietern nach dem Krieg gehörte neben Hanomag und Deutz die Nordhäuser Maschinenbau AG, Normag, die nach einer Statistik 1946 bereits 71 Ackerschlepper absetzte. Im Jahr 1947 siedelte man von dem in der sowjetischen Besatzungszone liegenden Nordhausen ins nicht weit entfernte Zorge im Harz über, das in der britischen Zone lag. Von nun an wurden die Normag-Schlepper nicht mehr in Nordhausen, sondern in Zorge produziert.

Der Firmenname lautete nun Normag-Zorge GmbH. Neben dem Einheits-Holzgasschlepper bot man auch einen Dieselschlepper mit 25 PS an, Typenbezeichnung NG 23 K. Der Schlepper war eine Blockkonstruktion mit gefederter Pendelvorderachse. Das 4-Gang-Getriebe und auch der Motor stammten aus eigener Produktion. Der Motor war allerdings eine Lizenzproduktion des MWM-Motors und das Normag-Getriebe fand schon beim Holzgasschlepper Verwendung.

Bei diesem sehr kurz gebauten 4-Gang-Getriebe wurde ein Rohrzwischengehäuse angeflanscht, das Motor und Getriebe miteinander verband. Bereits im Jahr 1949 bot Normag neben einem sehr umfangreichen Programm an Schlepper-Anbaugeräten auch einen Druckluftkraftheber und einen Tragrahmen für Ackergeräte an.

Ferner bestand die Möglichkeit, die Geräte nicht hinter der Hinterachse, sondern auch zwischen den Achsen anzubringen. Durch das eingebaute Zwischengehäuse war somit eine gute Sicht auf die Geräte möglich.

Dieser 22 PS Hela-Schlepper, Typ D 47, wurde 1951 in Aulendorf gefertigt.
Foto: Bauer

Der 12 PS Kramer-Schlepper mit dem Namen „Allesschaffer". Eingebaut war ein Deutz-Dieselmotor.
Foto: Bauer

Im Jahr 1948 konnte die Normag den 1 000sten Nachkriegsschlepper liefern. Damit gehörte man seinerzeit zu den erfolgreichsten Schlepper-Produzenten.

Auf der DLG-Ausstellung 1950 in Frankfurt präsentierte Normag auf einem großen Stand drei Ackerschlepper-Typen. Es waren der NG 15 mit 1-Zylinder-Dieselmotor, der bewährte NG 23 sowie ein 35 PS starker Schlepper, Typ NG 35. Mit dem NG 15, der später als Faktor I angeboten wurde, sicherte sich Normag die bäuerlichen Betriebe.

Der 35 PS starke NG 35 entstand aus dem nur kurzzeitig angebotenen Typ NG 33. Auch bei diesem Schlepper stammten Motor und 4-Gang-Getriebe aus eigener Produktion. Eine pendelnd aufgehängte Doppelfeder-Vorderachse sorgte für guten Fahrkomfort und Schonung der Maschine. Neben der fahrunabhängigen Zapfwelle waren alle Normag NG 35 Typen auch mit einer weggebundenen Zapfwelle ausgerüstet. Damit konnten Geräte angetrieben werden, die eine gleichbleibende Umdrehungszahl pro Meter Vorwärtsbewegung benötigten.

Langjährige Tradition

Im Jahr 1950 erschien erstmals Orenstein & Koppel mit zwei neuen Dieselschleppern auf dem deutschen Nachkriegs-Schleppermarkt und knüpfte damit an die langjährige Tradition an. Es waren der Typ T 16 A mit 16 PS und der Typ T 32 A mit 32 PS. Beide Schlepper waren Neuentwicklungen in Blockbauweise, bei denen ZF-5-Gang-Getriebe verwendet wurden.

Zum Einbau kamen 1- und 2-Zylinder-Motoren eigener Konstruktion, die nach dem Wirbelkammerverfahren arbeiteten. Verschleißteile sowie Zylinderkopf, Kolben etc. waren untereinander auswechselbar. Interessant beim Typ T 32 A war die V-förmige Anordnung der beiden Zylinder, wie sie schon beim MBA-Holzgasschlepper der Kriegszeit zu finden war.

Radstand nur 1,8 m

Diese Anordnung der Zylinder wählte man beim Gasschlepper, um eine kurze Baulänge des Motors und damit auch des Fahrzeugs zu erhalten. Was für den Gasschlepper von Vorteil war, erwies sich auch für den neuen Dieselschlepper als günstig. Der Radstand betrug beim T 32 A ca. 180 cm. Der Wendekreis war dementsprechend niedrig.

Doch dieser Schlepper mit kurzer Baulänge und dem zwischen den Achsen angebrachten Motor hatte nur eine geringe Belastung der gefederten Vorderachse. Er neigte daher im ersten Gang bei schwerem Zug leicht zum Aufbäumen.

Als erstmals auf der DLG-Ausstellung in Frankfurt die beiden Ackerschlepper vorgeführt wurden, waren auch zwei 32 PS Universal-Schlepper, Typenbezeichnung T 32 K dabei. Bei diesen Schleppern konnte der Motor als Drucklufterzeuger benutzt werden, was man durch einfaches Umlegen eines Hebels am Motor erreichte. Der eine Zylinder arbeitete dann als Verbrennungsmotor und der andere als Kompressor.

Der als Industrie-Schlepper, Bauart Ochel, bekannt gewordene O & K-Schlepper konnte zusätzlich noch mit Schweiß-Generator und Seilwinde ausgerüstet werden. Mit dieser Schlepperkonstruktion ebnete sich O & K den Weg zum Baumaschinen-Hersteller. Im Jahr 1953 bot O & K dann ein breites Programm mit 18, 36, 40, 75 PS Schleppern an. Der 75 PS Schlepper war zu jener Zeit der stärkste deutsche Radschlepper, der aber ausschließlich exportiert wurde.

Primus-Schlepper mit eigenem Motor

Schon während des Krieges verlagerte Primus einen Teil seiner Schlepperfertigung von Berlin ins oberbayerische Miesbach. Dort wurden bald nach Ende des Krieges aus vorhandenen Teilen Schlepper gebaut und im bayerischen Umland abgesetzt. Die Produktionsstätten in Berlin mußten nach der totalen Zerstörung aufgegeben werden.

Das Vorkammerverfahren

Der erste dann in Miesbach serienmäßig gebaute Schlepper war der Typ P 22 mit 2-Zylinder-MWM-Dieselmotor und ZF-Getriebe, wie er schon als Einheitsschlepper ab 1934 gebaut wurde. Einen großen Schritt nach vorn auf dem stark umkämpften deutschen Schleppermarkt unternahm Primus im Jahr 1949 mit der Vorstellung von zwei neuen Schleppertypen. Einer dieser beiden neuen Typen war der P 15, ein Kleinschlepper mit 1-Zylinder-MWM-Dieselmotor, ZF-Getriebe sowie Primus-Vorderachse.

Mit dem erstmals im Oktober 1949 vorgestellten neuen P 28 ging Primus noch ein Stück weiter. Für diesen Schlepper wurde ein eigener 3-Zylinder-4-Takt-Dieselmotor gebaut, der von Ing. Schmück (Schmück ging später zu Güldner) entwickelt wurde. Der Motor mit der Typenbezeichnung 3D120 arbeitete nach dem Vorkammerverfahren, hatte einen Hubraum von 2 827 ccm und leistete bei 1 500 U/min 28/30 PS.

Charakteristisch für die Primus-Motoren waren die separaten Köpfe für jeden einzelnen Zylinder. Auf der Basis dieses Motors entwickelte Schmück einen 2-Zylinder-Motor, der bei gleicher Drehzahl 18/20 PS abgab. Dieser Motor fand in dem ab 1950 angebotenen Schlepper P 18 Verwendung, der den P 22 ablöste. Der P 18 mit einem 5-Gang-Getriebe von Hurth konnte auf Wunsch für 25 km/h Höchstgeschwindigkeit geliefert werden.

Der formschöne mittelblau lak-

kierte Schlepper mit roten Zierstreifen an Kühler und Motorhaube hatte vorn und hinten runde Kotflügel. Die Sitze auf den hinteren Kotflügeln waren mit verchromten Haltebügeln ausgestattet. Beide Schlepper mit Primus-Dieselmotoren hatten 12 V Anlasser und Lichtanlage sowie Öldruckmanometer, thermostatisierte Wasserkühlung mit Temperaturanzeige, gefederte Vorderachse. Die Schlepper wurden mit komplettem Werkzeugsatz an die Landwirte geliefert.

Die Nachfrage nach Primus-Schleppern war beachtlich, und so konnte die Primus Traktoren-Gesellschaft im Jahr 1950 ca. 400 bis 500 Schlepper absetzen. Auf der DLG-Ausstellung 1953 in Köln bot Primus dann ein überarbeitetes Schlepperprogramm aus den Typen PD 1 E (12 PS MWM-Motor), PD 2 (20 PS Primus-Motor), PD 3 (30 PS Primus-Motor) an.

Ritscher wieder da

Nach Kriegsende gehörte Ritscher zu den ersten Schlepperproduzenten im zerstörten Deutschland. Schon 1946 wurden aus den noch vorhandenen Teilen mehrere Dreirad-Schlepper zusammengebaut und im Umland von Hamburg abgesetzt. In den Jahren 1946/47 wurde dann aber fast das gesamte Werksinventar demontiert und als Reparationsgut in die Sowjetunion gebracht.

Zwei Jahre benötigte man zum provisorischen Ausbau des Werkes, ehe 1949 wieder einige Dreirad-Schlepper vom Typ 320 gefertigt werden konnten. Außerdem wurde noch ein Vierrad-Schlepper, Typ 420, angeboten, der auf der Basis des Typs 320 entstand.

Hierbei wurde nur die Radaufhängung geändert und das Vorderrad durch eine komplette Vorderachse ersetzt. Bei beiden Schleppern wurden 2-Zylinder-MWM-Dieselmotoren mit 22/24 PS Leistung sowie ein eigenes 4-Gang-Getriebe verwendet. Ferner nahm Ritscher auch den Bau von Grabenreinigungsmaschinen wieder auf.

Ab 1949 begann Ritscher eine völlig neue Schleppergeneration aufzubauen, die aus den Typen 415, 518, 525 und 540 bestand. Der im Herbst 1949 vorgestellte Typ 415 war ein Kleinschlepper mit schmaler Allzweckbereifung und gekröpfter Vorderachse.

Sehr robust gebaut

Der 1-Zylinder-Motor wurde von MWM bezogen. Von diesem Schlepper wurden nur wenige Exemplare gebaut, da er bald darauf vom etwas stärkeren Typ 518 abgelöst wurde. Dieser wurde zunächst mit einem 18 PS Dieselmotor von Bauscher und später von MWM ausgerüstet.

Der Schlüter-Schlepper, Typ DS 15, wurde von einem 15 PS 1-Zylinder-Dieselmotor angetrieben, der aus eigener Produktion stammte.
Foto: Bauer

Auch Zettelmeyer nahm nach dem Krieg den Schlepperbau wieder auf, hier der Typ Z 1 mit 25 PS Leistung. Foto: Bauer

Sowohl Getriebe von ZF (5-Gang) als auch aus eigener Produktion (4-Gang) fanden Verwendung. Der meist produzierte Ritscher-Schlepper war der Typ 525 mit 25 PS MWM-Dieselmotor und einem Getriebe aus eigener Fertigung. Er war sehr robust gebaut und fand besonders in Norddeutschland viele zufriedene Kunden. Im Jahr 1951 wurde er vom baugleichen 528 abgelöst.

Der stärkste Ritscher-Schlepper war der Typ 540 mit 40 PS starkem 3-Zylinder-MWM-Dieselmotor, Ritscher-5-Gang-Getriebe, verstellbarer Spurweite und gekröpfter Vorderachse. Dieser Schlepper ging fast aus-

schließlich in den Export, so u. a. in die Türkei.

Eine der interessantesten Konstruktionen von Ritscher war die sogenannte Weinbergraupe mit schmalen und sehr hohen Halbketten anstelle der Hinterräder und einem lenkbaren Vorderrad.

Durch diese Konstruktion erreichte man eine Bodenfreiheit von 110 cm, so daß über die Weinstöcke hinweg gearbeitet werden konnte. Außerdem konnte die Spur über einen weiten Bereich verstellt werden. Zwei weitere Schlepper mit 12 (Typ 412) und 20 PS (Typ 520) Leistung rundeten 1953 das aus insgesamt vier Schlep-

pern bestehende Angebot ab. Im Inland konnte man 1953 rund 350 Schlepper absetzen. Mit einem Exportanteil von 30 Prozent lag die Jahresproduktion bei ca. 450 Schleppern.

Schlüter weiter erfolgreich

Nach Ende des Krieges war der größte Teil der im Krieg gebauten beiden Fabrikationsanlagen der Motorenfabrik Schlüter in München und Freising zerstört. Nur mit Mühe gelang es dem Firmeninhaber Anton Schlüter, die angekündigte Demontage des restlichen Inventars abzuwenden.

Schon Ende des Jahres 1945 verließen dann wieder die ersten Schlüter-Schlepper die notdürftig instandgesetzten Fertigungshallen.

Es waren sowohl Holzgasschlepper (GZA 25) als auch auf Dieselbetrieb umgerüstete Holzgasschlepper (DSU 25) mit 25 PS Motorleistung. Bald darauf entstand bei Schlüter ein neuer Schlepper, der die Typenbezeichnung DS 25 hatte. Diese Konstruktion basierte auf dem DZM 25 und war mit dem gleichen Dieselmotor wie der DZM versehen, der bei 1 500 U/min 28 PS Höchstleistung abgab.

Ein Getriebe mit vier Vorwärtsgängen und einem Rückwärtsgang kam am Anfang bei diesem Schlepper zum Einbau. Ab 1950 wurde ein von der Zahnrad-Fabrik Augsburg geliefertes 7+2-Gang-Getriebe für 20 km/h Höchstgeschwindigkeit verwendet.

Mit Schnellgang

Auf Wunsch konnte ein Schnellgang-Getriebe für 30 km/h geliefert werden. Ab 1949 nahm Schlüter die Serienproduktion eines neuen 15/17 PS Kleinschleppers auf, der mit 5-Gang-Getriebe (Fabrikat Hurth oder ZF) und stehendem 1-Zylinder-Dieselmotor ausgerüstet war. Dieser Schlepper mit der Typenbezeichnung DS 15 wurde serienmäßig mit einem sehr umfangreichen Zubehör-Programm, wie Zapfwelle, Riemenscheibe und Reifenfüllpumpe geliefert.

Damit wuchs in kürzester Zeit die Zahl der Kunden nicht nur in Bayern. Im Jahr 1950 setzte Schlüter 1 318 Schlepper ab und erreichte so den zehnten Platz bei den zugelassenen Schleppern, was bei der großen Zahl der Anbieter ein beachtlicher Erfolg war.

Konfektionsschlepper von Wahl

Die Maschinenfabrik Karl F. Wahl in Balingen stieg 1947 ebenfalls wieder in den

Schlepperbau ein. Das Ergebnis war ein Konfektionsschlepper in Blockkonstruktion mit 24 PS MWM-Dieselmotor und ZF-Getriebe. Der als Typ W 46 (spätere Typenbezeichnung W 25) angebotene Schlepper fand fast ausschließlich im württembergischen Raum jährlich rund 100 Abnehmer.

Im Jahr 1950 stellte Wahl einen Kleinschlepper in Blockbauweise mit 15 PS Motorleistung und 5-Gang-Getriebe (ZF) vor. Eine weitere Aufstockung des Schlepper-Programms erfolgte ein Jahr später mit den Typen W 17 und W 40. Der W 40 mit 3-Zylinder-MWM-Dieselmotor und 5-Gang-Getriebe war ausschließlich für den Export bestimmt. Anfang der 50er Jahre erreichte das mittelständische Unternehmen immerhin eine Fertigungskapazität von 300 bis 400 Schleppern jährlich.

Nach Kriegsende nahm auch Zettelmeyer den Schlepperbau wieder auf. Doch durch die Zerstörung sämtlicher Fabrikationsanlagen konnte die Serienproduktion erst 1949 anlaufen. Zettelmeyer bot die schon in den Kriegsjahren gefertigten Typen Z 1 (Ackerschlepper) und Z 2 (Straßenschlepper) nach geringfügiger Überarbeitung wieder an.

Ein 2-Zylinder-Deutz-Dieselmotor mit anfangs 22 und später

25 PS Leistung wurde mit dem eigenen robusten 4-Gang-Getriebe verblockt. Für beide Schleppertypen wurde diverses Zubehör angeboten, das aber extra berechnet wurde. Der Schlepper mit Zapfwelle, Riemenscheibe und Mähwerksantrieb war dadurch gegenüber anderen Fabrikaten, die auch mit diesem Zubehör serienmäßig angeboten wurden, teurer.

Deshalb hielt sich auch der Absatz in engen Grenzen. Zettelmeyer wandte sich Anfang der 50er Jahre verstärkt der Baumaschinenfertigung zu. In dieser Branche ist die Firma noch heute tätig. Der Schlepperbau wurde 1953 eingestellt, nachdem im gleichen Jahr nur knapp über 100 Schlepper abgesetzt werden konnten.

Hanomag bringt Neues

Als erste Neukonstruktion stellte die Hanomag AG zum Jahresende 1948 den Allzweckschlepper, Typ R 25, vor, der im Frühjahr 1949 in Serie ging. Es handelte sich um eine Halbrahmen-Konstruktion. Das Getriebe bildete mit den angeflanschten Halbachsen und den am Getriebeblock angeschraubten und um den Motorblock geführten U-Profilträgern den Rahmen.

Der 2-Zylinder-Motor des Hanomag R 16 war im Baukastensystem aufgebaut. Viele Teile wurden auch beim 3- und 4-Zylinder-Motor verwendet. Foto: Bauer

Ein großer Vorteil der Halbrahmenbauweise war der einfache Aus- und Einbau des Motors, wobei der Schlepper auf allen vier Rädern stehenbleiben konnte. Ein weiterer Vorteil waren auch die guten seitlichen Anbaumöglichkeiten für Bodenbearbeitungsgeräte zwischen der Vorder- und Hinterachse.

Der Motor war an seiner Rückseite mittels Flanschverbindung an das Getriebegehäuse angeschraubt. Zusätzlich wurde er vorn auf dem Halbrahmen abgestützt. Die Vorderachse war gefedert. Mehrere hundert Schlepper dieses Typs wurden mit dem 20 PS starken D 19-Dieselmotor geliefert, weil der in der Erprobung befindliche neue 4-Zylinder-Dieselmotor vom Typ D 28 noch nicht serienreif war.

Dieser Motor kam erstmals 1950 serienmäßig zum Einbau. Sowohl der Schlepper als auch der neue Hanomag-Dieselmotor bewährten sich hervorragend und trugen wesentlich dazu bei, daß die Hanomag auch nach dem Krieg zu den erfolgreichsten Schlepperanbietern gehörte. Der Hanomag-Dieselmotor, Typ D 28, mit einem Hubraum von 2 798 ccm arbeitete nach dem Vorkammerverfahren und leistete in dem R 25 bei 1 500 U/min 25 PS. Auf der Basis dieses Motors entwickelte die Hanomag noch einen 2- (D 14) und einen 3-Zylinder-Dieselmotor (D 21).

Alle drei Motoren entstanden nach dem Baukastensystem, so daß viele Teile, wie z. B. Laufbuchsen, Pleuel, Kolben, Lager etc. untereinander austauschbar waren. Die Herstellungs- und Lagerhaltungskosten konnten somit verringert werden. Die 2- und 3-Zylinder-Motoren fanden in den ab 1950 gebauten Schleppern, Typ R 16 und R 22, Verwendung.

Im gleichen Jahr wurde auch der D 25 vom fast baugleichen D 28 abgelöst. Als stärksten Radschlepper bot die Hanomag ab 1950 den 45 PS starken Typ R 45 an. Als Motor wurde der auf 5 702 ccm aufgebohrte und seit 1931 fast unverändert gebaute 4-Zylinder-Dieselmotor verwendet. Seine Typenbezeichnung lautete nun D 57. Der gleiche Motor wurde auch in den Kettenschlepper K 55 eingebaut, der die Raupe K 50 ablöste.

Auf der DLG-Ausstellung 1951 in Hamburg war die Hanomag mit fast 50 Schleppern von 16 bis 55 PS vertreten und hatte damit eines der umfangreichsten Schlepperangebote der Messe vorzuweisen. Die fünf Schlepper-Grundtypen gab es noch in verschiedenen Ausführungen, so als Acker- oder Straßenschlepper, in Allzweckausführung oder mit Standard-Bereifung. So war für fast jede Betriebsgröße der geeignete Hanomag-Schlepper vorhanden.

Viel Zubehör

Außerdem bot die hannoversche Firma ein sehr umfangreiches Zubehörprogramm an. So gab es auf Wunsch neben hydraulischem Kraftheber auch einen Frontlader für die größeren Radschlepper-Typen. Alle Hanomag-Schlepper wurden mit eigenen Getrieben ausgerüstet.

Im Jahr 1952 wurde das Hanomag-Schlepperbau-Programm mit den Typen R 55 und K 90 erweitert. Der Radschlepper R 55 entsprach im Aufbau dem R 45, hatte aber durch Drehzahlerhöhung des Motors 10 PS mehr Leistung. Die Hinterradbereifung dieses 3 375 kg schweren Schleppers hatte die Dimension 13-30; entsprechend hoch lag die Zugkraft dieses Standard-Schleppers bei 3 260 kg.

Eine Sonderform des Schleppers war der R 55 ATK mit zusätzlicher ölhydraulischer Kupplung, die zwischen dem Motor und der normalen Kupplung eingebaut war. Der Vorteil dieser ölhydraulischen Kupplung, die auch als Turbo- oder Strömungskupplung bezeichnet wurde, lag im stoßfreien Anfahren in jedem Gang.

Der 90 PS starke Kettenschlepper, Typ K 90, war von Grund auf neu konstruiert worden und überwiegend für die Bauindu-

strie bestimmt, wurde aber auch als Zugmaschine, z. B. bei der Moorkultivierung, eingesetzt. Die wichtigsten technischen Komponenten des 8 700 kg schweren Kettenschleppers waren Halbrahmenbauweise, pendelnd aufgehängte Laufrollenkästen, Hebellenkung über Lenkkupplung und ein 6-Zylinder-Vorkammer-Reihenmotor mit 9 340 ccm Hubraum, der bei 1 300 U/min eine Nennleistung von 90 PS abgab.

Deutz setzt auf Luftkühlung

Im Jahre 1949 betrat man auch bei der Klöckner-Humboldt-Deutz AG (KHD) in Köln mit der Verwendung von luftgekühlten Dieselmotoren neue Wege im Schlepperbau, die die Firma bis heute nicht verlassen hat. Bereits im Sommer 1949 wurden mehrere Prototypen eines 28 PS Deutz-Schleppers gebaut, die von luftgekühlten 2-Zylinder-Deutz-Dieselmotoren angetrieben wurden. Diese Motoren basierten auf der Entwicklung des luftgekühlten 4-Zylinder-Dieselmotors, der in den letzten Kriegsjahren bei Deutz produziert und im Raupenschlepper „Ost" eingebaut wurde.

Der luftgekühlte 2-Zylinder-

Dieselmotor mit der Typenbezeichnung F2L 514 arbeitete — abweichend von den wassergekühlten Motoren von Deutz — nicht nach dem Vorkammer- sondern nach dem Wirbelkammer-Verfahren.

Der Hubraum des 2-Zylinder-Motors betrug 2 660 ccm. Gegenüber dem wassergekühlten 2-Zylinder-Motor, Typenbezeichnung F2M 513, war der F2L 514 um über 20 % leichter und um 10 cm kürzer.

Die Gewichtsminderung ergab sich durch den Fortfall der bei der Luftkühlung nicht benötigten Teile, wie z. B. Kühler, Wasserpumpe, Kühlmantel. Die Kühlung der einzelnen, stark verrippten Zylinder sowie der Zylinderköpfe erfolgte durch ein Axialgebläse, das über Keilriemen vom Motor angetrieben wurde. Durch das Auftreten verschiedener technischer Probleme beim F2L 514 Motor wurde die Serienproduktion des 28 PS Schleppers vorerst zurückgestellt.

Stattdessen präsentierte Deutz im Februar 1950 der überraschten Fachwelt den 15 PS Kleinschlepper, Typ F1L 514/50. Bei diesem Schlepper wurden 4-Gang-Getriebe und Antriebsachsen vom 11er Deutz verwendet. Der wassergekühl-

Der 15 PS Bauernschlepper, Typ F1L 514, Baujahr 1951, mit einer Halbraupe der Firma Hülle. Foto: Bauer

te Motor wurde durch einen neuentwickelten 15 PS starken luftgekühlten 1-Zylinder-Dieselmotor ausgetauscht. Ende des Jahres 1950 wurde das 4-Gang-Getriebe durch eines mit fünf Gängen ersetzt, das zusätzlich über eine Differentialsperre verfügte.

Nachfolger des 11er Deutz

Die Höchstgeschwindigkeit des 15 PS Schleppers, Typenbezeichnung F1L 514/51, mit 5-Gang-Getriebe lag jetzt bei 23,5 km/h. Dieser neue Schlepper ersetzte bald darauf den wassergekühlten 11er Deutz, der durch einige geringfügige Änderungen am Motor zum Ende der Produktion mit 12 PS Leistung und auch mit einem 5-Gang-Getriebe angeboten wurde.

Ende des Jahres 1950 kam dann noch der 28 PS Schlepper, Typenbezeichnung F2L 514, mit luftgekühltem 2-Zylinder-Motor hinzu. Er war wie der 15 PS Schlepper in Blockbauweise ausgeführt, wobei man beim 5-Gang-Getriebe auf eine Konstruktion der Zahnradfabrik Friedrichshafen zurückgriff.

Der Schlepper wurde serienmäßig mit einer Hinterradbereifung der Größe 10-28 geliefert, konnte aber auch mit der damals üblichen Allzweckbereifung bezogen werden. Bei der Allzweckausführung betrug die Bodenfreiheit fast 50 cm.

8 000 Schlepper im Jahr

Im Mai des folgenden Jahres erweiterte Deutz die Baureihe der luftgekühlten Schleppertypen um den zunächst 42 und später 45 PS starken F3L 514 mit 3-Zylinder-Motor. Bei diesem Schlepper wurde das Getriebe des F2M 417 verwendet. Der mit Hinterreifen der Größe 13-30 ausgerüstete fast 4 000 kg schwere Schlepper hatte durch den relativ kurzen Radabstand von 207 cm einen sehr geringen Wendekreis, so daß er vielfach als Zugmaschine vor

Mähdreschern eingesetzt wurde.

Als letzter und stärkster Schlepper dieser Baureihe erschien im September 1952 der F4L 514 mit 60 PS starkem 4-Zylinder-Dieselmotor. Der in Halbrahmenbauweise gefertigte Schlepper war mit einem 7+2-Gang-ZF-Getriebe ausgerüstet, bei dem die beiden ersten Gänge als Kriechgänge ausgeführt waren. Interessant war an diesem Schlepper, daß der Motor nach links geneigt eingebaut wurde, um trotz des Kühlluftgebläses noch eine schmale und symmetrische Motorhaube zu erhalten.

Mit dem 60 PS Schlepper bot Deutz seinen Kunden nun vier luftgekühlte Schlepper-Grundtypen an, die in mehreren Varianten und mit umfangreichem Zubehör geliefert werden konnten. Die Kölner Firma wurde damit zum erfolgreichsten Schlepperanbieter im Inland. Von den 1953 fast 58 000 in der Bundesrepublik neu zugelassenen Ackerschleppern waren über 8 000 von Deutz dabei. Das entsprach einem Marktanteil von ca. 14 Prozent.

Neue Bulldog-Typen von Lanz

Nach Ende des Krieges nahm auch die Heinrich Lanz AG die Produktion der verschiedenen Bulldog-Typen mit Glühkopfmotor wieder auf. Anläßlich der DLG-Ausstellung 1950 in Frankfurt präsentierte Lanz mit dem Typ D 5506 einen neuen Bulldog. Er war auf der Basis des 1939 erstmals vorgestellten Allzweck-Bauernbulldogs HE, Typenbezeichnung D 4506, entwickelt worden.

Bei diesem neuen 16 PS starken Allzweck-Bulldog wurde das gleiche 6+2-Gang-Getriebe wie bei seinem Vorgänger verwendet. Wie beim D 4506 war auch die Spur in dem weiten Bereich von 1 200 bis 1 550 mm verstellbar. Der ca. 1 200 kg schwere D 5506 wurde serienmäßig mit Pendelvorderachse, Zapfwelle sowie mit elektrischer Anlaßzündung geliefert,

die Zündspule und Zündkerze beinhaltete. Der Motor konnte daher ohne Heizlampe mit Benzin/Diesel-Gemisch von Hand angelassen werden.

Auf Wunsch lieferte Lanz auch einen elektrischen Pendelanlasser, der wie folgt funktionierte: Der durch einen Druckknopf zu betätigende Anlassermotor bewegte den Kolben in Richtung Zylinderkopf bis zum maximal möglichen Anlasserdrehmoment. Dann wurde die Drehrichtung des Anlassers selbsttätig umgesteuert, der Kolben zur Kurbelwelle gedrückt und der Vorgang so oft wiederholt, bis die Zündung des Benzin/Diesel-Gemisches einsetzte.

Jetzt mit Flachkolben

Der D 5506 verfügte weiterhin über einen Glühkopf, bei dem die Heizlampe seitlich angesetzt werden konnte. Die wichtigsten technischen Änderungen am Motor waren der Einsatz einer Bosch-Einspritzdüse statt der verstellbaren Düse von Lanz, außerdem die Verwendung eines Flachkolbens statt des bisher verwendeten Nasenkolbens.

Auf Wunsch konnte der neue Allzweck-Bulldog mit hydraulischem Kraftheber und natürlich auch mit einem Mähwerk geliefert werden. Bis zur Einstellung der Produktion wurden 8 354 Einheiten dieses letzten Bulldog-Typs mit Glühkopfzündung hergestellt.

Im November 1952 stellte Lanz mit den Typen D 1706, D 2206 und D 2806 eine neue Bulldog-Baureihe mit 17, 22 und 28 PS vor. Alle drei Schlepper verfügten über neuentwickelte, sogenannte Mitteldruck-Motoren. Sie unterschieden sich von den seit 1921 fast unverändert gebauten Glühkopfmotoren im wesentlichen wie folgt: Die Verdichtung wurde von bisher 1:6 auf 1:10 bis 1:12 heraufgesetzt. Somit lag der Verdichtungsdruck des Mitteldruck-Motors zwischen dem des Glühkopf- und des Dieselmotors.

Der 16 PS Lanz-All-zweck-Bauern-Bull-dog, Typ D 5506, war die erste Neukonstruktion aus dem Hause Lanz nach dem Krieg. Foto: Bauer

Bessere Verbrennung

Ferner wurde der Einspritz-punkt des Kraftstoffes von an-statt 140 vor OT (OT = Oberer Totpunkt, der Punkt, an dem der Kolben am Zylinderkopf „steht", d.h. von der Aufwärts-bewegung in die Abwärtsbe-wegung übergeht) auf 20 vor OT geändert. Außerdem wur-de anstelle des Glühkopfes ein einfacher, wassergekühlter Zy-linderkopf mit kegelförmigem Verbrennungsraum eingebaut, der eine bessere Ausspülung der Verbrennungsgase ergab. Der Kraftstoff wurde nun über eine Bosch-Düse direkt in Rich-tung des Kolbenbodens ge-spritzt.

Weitere technische Änderun-gen waren die Erhöhung der Drehzahl und die Herabset-zung der Schwungradmasse sowie die Verwendung eines Aluminium-Kolbens. Alle diese technischen Maßnahmen hat-ten einen weitaus ruhigeren Motorlauf als bei dem Glüh-kopf-Bulldog und einen we-

sentlich geringeren Kraft-stoffverbrauch zur Folge, der im Mittel unter 200 g/PSh lag. Bei 40 Prozent Motorbelastung wurde sogar ein Wert von nur 175 g/PSh erreicht. Damit lag der Kraftstoffverbrauch des neuen 2-Takt-Bulldog-Motors bei dem des sparsamen Diesel-motors.

Die Typen D 1706 und D 2206 hatten den gleichen Motor mit 2 260 ccm Hubraum. Die unter-schiedliche Leistung wurde durch Steigerung der Drehzahl von 950 U/min auf 1 050 U/min erreicht. Alle drei neuen Bull-dog-Typen wurden serienmä-ßig mit einem 6+2-Gang-Ge-triebe, Pendelvorderachse und Zapfwelle ausgerüstet. Außer-dem gab es für die Bulldog-Typen ein umfangreiches Zu-behör, wie Kilometerzähler, verschiedene Bereifungen, hy-draulischer Kraftheber, Mäh-werk u. v. m.

Obwohl die neuen Bulldog-Ty-pen technisch und wirtschaft-lich anderen Fabrikaten eben-bürtig waren, lag der Umsatz

unter den Erwartungen des Herstellers. Lanz erreichte 1953 — in dem Jahr, in dem der 150 000ste Bulldog das Werk verließ — bei den Inlandszulas-sungen nur einen Marktanteil von 12,8 Prozent und mußte so-mit die Führungsposition an KHD mit 13,8 Prozent abgeben. Auch die sinkenden Exporter-löse konnten von der neuen Typenreihe nicht entschei-dend beeinflußt werden. Eine Erweiterung des Bulldog-Pro-gramms erfolgte im Jahr 1953 durch den Typ D 3606, der den bis dahin noch gebauten 35 PS Glühkopf-Bulldog ablöste. Der neue 36 PS starke Bulldog ent-sprach weitgehend dem D 2806. Die Leistungssteigerung wurde wiederum durch Erhö-hung der Drehzahl erreicht.

Weitere Hersteller drän-gen auf den Markt

Die Geschichte des deutschen Schlepperbaues der ersten Nachkriegsjahre wäre nicht komplett, ohne die Beschrei-

Dieser Allgaier-Schlepper, Typ R 18, mit der Fahrgestellnummer 2 wurde im Frühjahr 1947 in Backnang im Auftrag für Allgaier gebaut. Foto: Bauer

bung der Firmen, die erst nach 1945 die Schlepperproduktion aufnahmen. Sie leisteten teilweise einen sehr wesentlichen Beitrag zur Förderung der Mechanisierung der deutschen Landwirtschaft (z. B. Allgaier). Der größte Teil der Produzenten aus diesem Kreis (z. B. Bischoff, Kelkel, Kögel. LHB, Röhr, Sulzer, Wesseler) beschränkte sich fast ausschließlich auf den Zusammenbau gekaufter Komponenten, wie Motor, Getriebe, Achsen. Daraus entstand eine ganze Reihe Konfektionsschlepper, wie sie ähnlich von anderen Herstellern auch angeboten wurden.

Von diesen „Newcomer" ging am erfolgreichsten die Firma Allgaier aus dem schwäbischen Uhingen hervor. Sie war in nur neun Jahren − von 1947 bis 1955 − in dieser Branche tätig und hat bei jeder DLG-Ausstellung in jener Zeit für Schlagzeilen gesorgt. Die 1906 von Georg Allgaier gegründeten Allgaier-Werke waren bis

Kriegsende mit der Herstellung von Preßwerkzeugen und Preßteilen sowie in der Karosserieteile-Fertigung tätig. Als nach Kriegsende auf Anordnung der Amerikaner der Betrieb stillgelegt werden mußte − da im Krieg Rüstungsgüter produziert worden waren − suchte man nach einem neuen Produktionsbereich, um den Betrieb weiterführen zu können. Dies bot sich − wie für viele andere Firmen auch − im Schlepperbau an.

Allgaier im Aufwind

Beste Startvoraussetzungen für diesen Bereich ergaben sich durch die familiäre Bindung zum Hause Kaelble im benachbarten Backnang. Erwin Allgaier, einer der beiden Söhne des Firmengründers, war mit der Tochter von Senator Carl Kaelble verheiratet. So wurde schon 1945/46 unter der Leitung des Kaelble-Ingenieurs Paul Strohhäcker mit der Entwick-

lung eines liegend angeordneten 1-Zylinder-4-Takt-Dieselmotors und eines 4-Gang-Getriebes begonnen.

Das Schaltgetriebe war in einem schweren, rechteckigen Gußgehäuse untergebracht, an dem rechts und links je ein geschweißter Achskörper mit Halbachsen angeschraubt war. Außerdem war eine gepreßte Stahlblechplatte an dem Getriebe angebracht, die mit der Pendelvorderachse das Fahrgestell bildete. Auf diese Stahlblechplatte wurde der 18-20 PS starke Motor mit Verdampfungskühlung gesetzt, dessen Kraft über drei Keilriemen auf das Getriebe übertragen wurde.

Schon vor der Währungsreform wurden die ersten Allgaier-Schlepper mit der Typenbezeichnung R 18 abgesetzt und fanden allseits Anerkennung. Im Jahr 1948 konnte die Serienproduktion bei Allgaier aufgenommen werden. Innerhalb kürzester Zeit wurde die

schwäbische Firma mit dieser einfachen und sehr robusten Schlepperkonstruktion zu einem der bedeutendsten Anbieter auf dem deutschen Nachkriegs-Schleppermarkt.

Schon zum Jahresende 1949 konnte man stolz eine Monatsproduktion von 250 Schleppern verzeichnen und erreichte mit einer Jahresproduktion von insgesamt 1 700 Schleppern den vierten Platz im deutschen Schlepperbau. Zwischenzeitlich wurde der Typ R 18 vom Typ R 22 (später A 22) abgelöst, der sich durch höhere Motorleistung von 22 PS, andere Verdampfungskasten-Form sowie größere Bereifung unterschied. Nun wurde der Schlepper auch mit einer Blechverkleidung des Motors geliefert.

Porsche-Schlepper in Lizenz

Im Jahr 1950 wurde mit dem Typ A 40 ein Schlepper mit 40 PS Motorleistung ins Produktionsprogramm aufgenommen. Dieser Schlepper war überwiegend für den Export bestimmt. Er war mit einem eigenen 6-Gang-Getriebe sowie einem stehend angeordneten 2-Zylinder-Allgaier-Dieselmotor ausgerüstet.

Den großen Durchbruch im Schlepperbau erreichte Allgaier mit der Aufnahme der Lizenzproduktion des luftgekühlten Porsche-Volksschleppers. Er war 1950 auf der DLG-Ausstellung in Frankfurt die Sensation und brachte den gesamten deutschen Schlepperbau in Bewegung.

Der als Allgaier-Schlepper AP 17, System Porsche, angebotene Schlepper war mit luftgekühltem 2-Zylinder-4-Takt-Dieselmotor mit 18 PS Leistung, einem eigenen 5-Gang-Getriebe sowie ölhydraulischer Kupplung ausgestattet.

Der Schlepper wog nur 950 kg und wurde zu dem damals sensationell niedrigen Preis von 4 450 DM angeboten (Zum Vergleich: Eicher ED 16, 6 640 DM; Fendt F 18, 6 495 DM; Deutz F1L 514, 6 530 DM; Stihl, 4 975 DM). Schon am zweiten Messetag paßten sich mehrere Produzenten dem neuen Preisniveau an und senkten ihre Schlepperpreise um bis zu 800 DM.

Andere Hersteller zogen nach oder mußten durch sinkende Nachfrage bald darauf die Schlepperproduktion einstellen. Bei Allgaier aber gingen Tausende von Bestellungen ein, die aber durch fehlende Fertigungskapazitäten in Uhingen vorerst nicht ausgeführt werden konnten.

Moderne Fertigung

In einem neu errichteten Allgaier-Schlepperwerk in Friedrichshafen am Bodensee begann dann ab Sommer 1950 die Produktion des AP 17 nach den modernsten Fertigungsmethoden, so daß zum Jahresende eine Monatsproduktion von 1 100 Schleppern erreicht wur-

Professor Porsches „Volksschlepper" wurde nach dem Krieg als Allgaier AP 17, System Porsche, ein großer Erfolg. Foto: Bauer

de. Im Februar 1951 meldete man bei Allgaier stolz die Produktion des 10 000sten Schleppers.

Im Jahr 1951 wurde das Angebot um einen 12 PS Kleinschlepper, Typenbezeichnung A 12, erweitert. Ein stehend angeordneter wassergekühlter 1-Zylinder-Allgaier-Dieselmotor war mit dem 5-Gang-Getriebe des AP 17 verblockt. Der 12 PS starke Schlepper verfügte serienmäßig über Zapfwelle, Differentialsperre und Einzelradbremse. Mit einem Preis von 5 035 DM war er seinerzeit der billigste Schlepper in dieser Leistungsklasse.

Im Jahr 1952 wurde die Motorleistung der Allgaier-Schlepper erhöht. So entstand aus dem A 22 der A 24 (mit Kondensationskühlung statt Verdampfungskühlung). Der AP 17 wurde als AP 22 mit 22 PS Motorleistung und der A 12 mit 16 PS als A 16 angeboten.

Noch im gleichen Jahr erschien Allgaier mit einer Überraschung auf dem Schleppermarkt. In Zusammenarbeit mit der Firma Porsche entwickelte man eine neue Schlepperbaureihe mit luftgekühlten 1- bis 4-Zylinder-Dieselmotoren im Baukastensystem und mit eigenen Getrieben. Die ersten beiden Schlepper dieser Baureihe waren die Typen A 111 mit 12 PS und A 133 mit 33 PS.

Ein Schlepper für 3 800 DM

Der A 111 war ein Kleinschlepper mit nur 750 kg Eigengewicht. Durch seine schmale Bauweise war er sowohl als Tragschlepper zum Anbau von Geräten zwischen den Achsen als auch für den Heckanbau geeignet.

Das Getriebe hatte vier Vorwärtsgänge und vier Rückwärtsgänge, so daß sowohl vorwärts als auch rückwärts gearbeitet werden konnte. Serienmäßig war der Schlepper A 111 mit zwei Zapfwellen (Weg- und Getriebe-Zapfwelle) und einem elektrischen Anlasser ausgerüstet.

Wie zwei Jahre zuvor beim AP 17 war auch der Verkaufspreis dieses Schleppers mit 3 800 DM eine Sensation. Der 33 PS starke A 133 war für Mittel- und Großbetriebe bestimmt und wie der Schlepper AP 17 mit ölhydraulischer Strömungskupplung versehen. Ferner verfügte der Schlepper über ein 5-Gang-Getriebe sowie über drei Zapfwellen — eine Normalzapfwelle, eine Wegzapfwelle am Heck und eine Zapfwelle vorn. Somit war auch eine Anschlußmöglichkeit und ein Antrieb für Geräte vor der Vorderachse gegeben.

Mit den 1953 neu vorgestellten Typen A 122 (22 PS) und A 144 (44 PS) und dem AP 16 als Nachfolger des A 16 verfügte Allgaier nun über ein Schlepperbau-Programm, das aus den Grundtypen mit 12, 16, 22, 33 und 44 PS bestand. Über 5 000 Allgaier-Schlepper wurden im Jahr 1953 neu zugelassen, und damit erreichte man den vierten Platz bei den Neuzulassungen hinter den Firmen Deutz, Lanz und Fendt.

Erst relativ spät im Jahre 1951 nahmen die im Bergwerksmaschinenbau tätigen Bischoff-Werke (Biwe) in Recklinghausen den Schlepperbau auf. Schon im ersten Produktionsjahr bot die Firma vier verschiedene Ackerschlepper an. Alle Typen waren mit zugekauften Getrieben verschiedener Fabrikate und mit Motoren von MWM oder Henschel ausgestattet.

Den Reigen der 1951 angebotenen Biwe-Schlepper eröffnete ein 15 PS Schlepper, Typenbezeichnung AS 15, mit MWM-Dieselmotor und Hurth-Getriebe. Der nächst stärkere Schlepper war der Typ AS 20, ebenfalls mit Hurth-Getriebe, aber mit einem 2-Zylinder-Henschel-Dieselmotor. Dieser Schlepper konnte mit unterschiedlichen Bereifungsgrößen geliefert werden.

Der 28 PS Schlepper, Typ AS 28, konnte ebenfalls mit verschiedenen Reifengrößen geliefert werden, so z. B. 9.00-40 beim AS 28 WB, bei dem die Bodenfreiheit 53 cm betrug.

Der stärkste Biwe-Schlepper war vorerst der Typ AS 42 mit 42 PS 4-Zylinder-Henschel-Dieselmotor und ZF-Getriebe. Für alle Schlepper dieser Firma gab es umfangreiches Zubehör, wie Mähwerk, Kraftheber, Seilwinde u.a.m.

Die ab 1953 angebotenen Typen AS 40 und AS 45 waren ebenfalls Standard-Schlepper in Blockbauweise, bei denen Getriebe von der Zahnradfabrik Passau sowie Motoren von MWM oder Henschel zum Einbau kamen. Doch schon um 1954 stellte man in Recklinghausen den Schlepperbau wieder ein, weil man nicht so recht den erhofften Erfolg erzielt hatte. Man wandte sich u.a. der Baumaschinenfabrikation zu. Im Jahr 1953 konnte man 108 neu zugelassene Bischoff-Schlepper verzeichnen, wobei der AS 20 mit 48 Einheiten der erfolgreichste war.

Famo jetzt in Krefeld

Im Jahr 1947 gründeten führende Famo-Mitarbeiter aus Breslau in Krefeld die Famo-Vertriebsgesellschaft mbH, mit dem Ziel, die Ersatzteilversorgung der rund 2 000 in den drei westlichen Besatzungszonen und im Ausland befindlichen Famo-Schlepper zu sichern. So wurde von der Vertriebsgesellschaft nach vorhandenen Plänen bei Fremdfirmen die Ersatzteilfertigung in Auftrag gegeben. Ein weiteres Ziel war die Aufnah-

me der Schlepperfertigung. Durch die geänderte Struktur der westdeutschen Landwirtschaft schien aber nur die Produktion des Kettenschleppers „Boxer" erfolgversprechend. Aus diesem Grunde nahm man 1950 Verhandlungen mit verschiedenen Firmen auf, die im gleichen Jahr zum Vertragsabschluß mit der Waggonfabrik Jos. Rathgeber AG, München, führten.

Mit finanzieller Unterstützung des Bundeswirtschaftsministeriums und des Landes Bayern nahm man die Fertigung von fünf Versuchsschleppern auf. Die ersten drei wurden 1951 auf der DLG-Ausstellung in Hamburg gezeigt. Die Schlepper waren mit 4-Zylinder-4-Takt-Dieselmotoren von Kämper,

Berlin, ausgerüstet, die bei 1 420 U/min 52 PS leisteten. Ein neuentwickeltes 4-Gang-Schaltgetriebe sowie das bewährte Doppeldifferential-Lenkgetriebe kamen zum Einbau.

Zum Jahresende 1952 wurde die Serienfabrikation des Kettenschleppers in München aufgenommen, von dem bis 1957 etwa 300 bis 400 Einheiten gefertigt wurden. Er kam überwiegend in größeren landwirtschaftlichen Betrieben zum Einsatz, konnte aber auch mit verschiedenen Planiereinrichtungen für die Bauwirtschaft geliefert werden.

Dieser 1951 in Recklinghausen gebaute 22 PS Bischoff-Schlepper war mit einem 2-Zylinder-Henschel-Dieselmotor ausgerüstet.   Foto: Bauer

Holder mit eigenem Motor und Getriebe

Die Gebr. Holder GmbH in Metzingen, die schon 1930 ihre erste Konstruktion vorstellte, gehörte zu den Pionieren des deutschen Schlepperbaus. Nach dem Krieg baute Holder diesen Produktionszweig aus und bot neben den verschiedensten Einachsschleppern auch ein umfassendes Zubehörprogramm für Landwirtschaft, Wein-, Hopfen- und Gartenbau an.

Im Jahr 1952 stellte Holder mit dem Typ B 10 erstmals einen 10 PS Vierrad-Schlepper in Blockbauweise vor. Er war mit einem eigenen 4-Gang-Getriebe und einem luftgekühlten 1-Zylinder-2-Takt-Holder-Dieselmotor versehen. Der ca. 650 kg schwere Kleinschlepper hatte eine verstellbare Spurweite von 95 bis 145 cm.

Ein besonderes Kennzeichen dieses Schleppers war neben guter Wendigkeit und tiefer Schwerpunktlage auch eine Vierradbremse. Schon innerhalb kürzester Zeit konnte Holder besonders bei den Wein- und Obstbauern in Rheinland-Pfalz und Baden eine beachtliche Zahl dieser Kleinschlepper absetzen.

Bald darauf ging Holder mit einem allradgetriebenen Klein-

schlepper, Typenbezeichnung A 10, noch einen Schritt weiter. Dieser technisch hochinteressante Holder-Schlepper mit weit vor der Vorderachse angebrachtem Dieselmotor hatte vier angetriebene gleichgroße Räder und eine Knicklenkung, wobei die Antriebswellen in der Fahrzeugmitte gelenkig und untereinander um den Knickpunkt angeordnet waren. Weitere technische Besonderheiten dieses sehr kurzwendigen Kleinschleppers waren hydraulische Lenkung und integrierter hydraulischer Kraftheber.

Mit Schleppachse

Die noch vor dem Ersten Weltkrieg im oberbayerischen Heitersheim gegründete Landmaschinenfabrik und Eisengießerei Ing. Ludwig Hummel, firmierte ab 1952 unter A, Hummel und Söhne. Bereits 1950 begann man die Produktion von Einachsschleppern, die später mit einer angetriebenen Schleppachse versehen werden konnten.

Damit war der Übergang zum Vierrad-Schlepper bereits gegeben. Bald darauf bot Hummel auch Vierrad-Schmalspur-Schlepper an, die in Blockbauweise gebaut und mit eigenem Getriebe und Vergaser- oder

Dieselmotoren von Fichtel & Sachs oder MWM ausgerüstet waren.

Mitte der 30er Jahre gründeten die Gebrüder Josef und Gottfried Kelkel in Asperg ein Fahrzeugbau-Unternehmen für überwiegend Ein- und Zweiachsanhänger. In den ersten Nachkriegsjahren trennten sich die beiden Brüder und gingen eigene Wege. Beide nahmen den Schlepperbau auf. Gottfried Kelkel bot zwei Akkerschlepper-Typen mit 15 und 22 PS Motorleistung an, deren Produktion zugunsten der Triebachsanhänger-Fertigung schon bald wieder eingestellt wurde. Diese Anhänger waren mit einer angetriebenen Achse ausgestattet. Sie konnten mit der weggebundenen Zapfwelle des Schleppers verbunden werden, so daß man einen Vierrad-Antrieb erhielt.

Josef Kelkel war ebenfalls nur kurzzeitig im Schlepperbau tätig. Er bot aber fünf verschiedene Typen mit 15, 18, 20, 28 und 40 PS Motorleistung an, die entweder mit MWM- oder Güldner-Dieselmotoren ausgerüstet waren. Eine Besonderheit des Unternehmens war die Jo-Ke-Radraupe, die an jedem Vierrad-Schlepper verwendet werden konnte.

Zwischen den Vorder- und Hinterrädern des Schleppers war ein zusätzliches Laufrad angebracht. Über dieses Laufrad und das angetriebene Hinterrad wurde ein Gummiraupenband mit aufvulkanisierten Gummistollen gespannt, so daß sich dadurch eine größere Auflagefläche und somit bessere Zugkraft ergaben. Das Auf- und Abnehmen des Gummiraupenbandes war relativ einfach und schnell durch Luftdruckabsenken der Reifen möglich. Nach dem Tod von Josef Kelkel wurde der Schlepperbau 1953 aufgegeben.

Kögel rüstet Holzgasschlepper um

Neu auf dem Schleppermarkt erschien nach Kriegsende auch die Firma Kurt Kögel in

Ein 52 PS Famo-Rathgeber-Kettenschlepper, Typ „Boxer" aus dem Jahre 1954, mit 4-Zylinder-Kämper-Dieselmotor.
Foto: Bauer

Ab 1952 bot Holder
den Schmalspur-
schlepper mit der
Typenbezeichnung
B 10 an.
Foto: Bauer

München, die schon damals über eine langjährige Tradition in der Baumaschinen-Herstellung verfügte. Doch bevor man um 1948/49 die ersten eigenen Schlepper baute, rüstete man in der Nymphenburger Straße in München Holzgasschlepper auf Dieselbetrieb um.

Hiermit hatte sich der bei Kögel tätige Dipl.-Ing. Voigt einen Namen gemacht. Durch Änderung von Bohrung und Verdichtung sowie den Einsatz einer Vorkammer in den vorhandenen Zylinderkopf des Gasmotors erreichte Voigt mit geringen Kosten eine Umrüstung zum Dieselmotor.

Um eine bessere Gewichtsverteilung auf beide Achsen zu erhalten, konnte zwischen Getriebe und Motor ein Zwischenstück gesetzt werden. Außerdem lieferte Kögel für diese umgebauten Holzgasschlepper eine Motorverkleidung. Ferner bot er in Zusammenarbeit mit Voigt einen Umbausatz für Famo-Kettenschlepper an, um sie mit Dieselmotoren anderer Fabrikate ausrüsten zu können.

Kögels erster Schlepper war der K 22 mit 22 PS MWM-Dieselmotor und ZF-Getriebe, der im Aufbau den vielfach angebotenen Konfektionsschleppern entsprach. Als nächst stärkeren Schlepper bot Kögel ab 1949 den Typ K 28 an, der ebenfalls mit MWM-Dieselmotor und ZF-Getriebe versehen war. Bald darauf kam dann noch ein Kleinschlepper mit 15 PS dazu.

Kögel und LHB zusammen

Charakteristisch für alle Kögel-Schlepper war die halbrunde Kühlerverkleidung mit Querstreben, außerdem die durchgehenden Kotflügel über Vorder- und Hinterräder sowie die patentierte Federung der Pendelvorderachse mit einer starken Spiralfeder. Kögel war mit seinen drei Schleppertypen recht erfolgreich, so daß das Angebot um die Typen K 25 und K 45 erweitert wurde.

Beide Schlepper wurden mit Henschel-Dieselmotoren ausgerüstet, der K 25 mit einem 2-Zylinder- und der K 45 mit einem 4-Zylindermotor. Schon ein Jahr zuvor war es zwischen Kögel und der nach Kriegsende in Salzgitter-Watenstedt neu gegründeten Linke-Hofmann-Busch, Waggon-Fahrzeug-Maschinen GmbH, zu Lizenzverhandlungen gekommen. Mit dem Ergebnis, daß LHB zur Erweiterung der Fertigungskapazitäten in Salzgitter den K 25 in Lizenz produzierte.

Außerdem hoffte man bei LHB, damit den Wiedereinstieg in den Schleppermarkt zu erlangen. Unter der Typenbezeichnung LHB 25 wurden bis 1952 ca. 400 Ackerschlepper dieses Typs in Salzgitter gefertigt und überwiegend im norddeutschen Raum abgesetzt. Der Schlepper entsprach sowohl im Aufbau (2-Zylinder-Henschel-Dieselmotor, ZF-Getriebe, Patent-Vorderachse) als auch in der Verkleidung dem Kögel-Schlepper, hatte aber zum Unterschied eine andere Kühlerverkleidung – mit Längsstreben und rautenförmigem Firmenzeichen.

So war es nicht verwunderlich, daß Kögel und LHB auf der DLG-Ausstellung 1950 in Frankfurt ihr Schlepperbau-Programm auf einem gemeinsamen Stand präsentierten. Bevor LHB mit der Klettenschlepper-Fertigung begann, wurden in Salzgitter noch drei Prototypen eines 42 PS Radschleppers gebaut, die dem Kögel K 45 entsprachen. Mitte der 50er Jahre stellte Kögel den Schlepperbau ein, um sich verstärkt der Baumaschinenbranche zuzuwenden, in der sie heute noch tätig ist.

Röhr-Schlepper in Handarbeit

Noch während der Währungsreform tauchte als Schlepperfabrikant auch der gebürtige Berliner Erich Röhr auf. Er fertigte in Passau in angemieteten Räumen der Zahnradfabrik einen 20/22 PS Standard-Schlepper in Blockbauweise.

Bei dem in Handarbeit gebauten Schlepper wurden Getriebe von der Zahnradfabrik Augsburg (ZA) und 2-Zylinder-2-Takt-Dieselmotoren von Hatz verwendet. Röhr warb aber damals — „man kann auch jeden anderen 2-Zylinder-Motor verwenden". Im Jahr 1949 siedelte Röhr von Passau nach Landshut über, wo er größere Fertigungshallen bezog. Das Schlepperangebot wurde im gleichen Jahr um drei Typen mit 14, 25 und 35 PS erweitert, wobei MWM-Dieselmotoren zum Einbau kamen.

Die mittelblau lackierten Schlepper mit den roten Felgen verkauften sich recht gut. Im ersten Halbjahr 1950 wurden fast 200 Röhr-Schlepper überwiegend in Bayern und Nordrhein-Westfalen abgesetzt. Bald darauf wurde das Angebot nochmals auf nunmehr sechs Typen aufgestockt. Als kleinster Schlepper wurde der Typ 12 R mit luftgekühltem 1-Zylinder-MWM-Motor und Pendelvorderachse angeboten.

Der stärkste Schlepper leistete 60 PS. Ihm war ein 2-Zylinder-MWM-Dieselmotor eingebaut. Als Einzelstück entstand 1953/54 noch ein 60/65 PS starker Kettenschlepper mit Hebellenkung. Erich Röhr konnte 1953 mehr als 300 Schlepper in der Bundesrepublik absetzen und beachtliche Exporterfolge — besonders nach Italien über einen Vertragshändler in Bologna — verzeichnen. Dennoch mußte er aus finanziellen Gründen die Produktion 1954 einstellen.

Schlepper von Sendling

Im Jahr 1950 nahm auch die Motorenfabrik München-Sendling, Otto Vollnhals KG in München die Serienfertigung eines Kleinschleppers in Blockbauweise auf. Er wurde unter der Typenbezeichnung AS 7 angeboten. Der stehend angeordnete 1-Zylinder-4-Takt-Dieselmotor mit 16 PS Leistung aus eigener Fertigung wurde zunächst mit einem 4-Gang-Getriebe von der Zahnradfabrik Augsburg und später mit einem 5-Gang-Getriebe von Hurth geliefert.

Im Jahr 1954 kamen zwei weitere Schleppertypen mit 12 und

Aus München kamen die Kögel-Schlepper; hier ein 1951 gebauter Typ K 22, mit 22 PS Henschel-Dieselmotor.   Foto: Bauer

18 PS Leistung hinzu. Die Schlepper waren mit eigenen Motoren und Getrieben von Hurth ausgestattet. Sie verhalfen aber der alteingesessenen Motorenbau-Firma nicht zum Durchbruch auf dem Schleppermarkt, so daß Mitte der 50er Jahre die Fertigung wieder auslief.

Viele Schlepper-Typen von Sulzer

Ein ganz besonderes Schlepperbau-Konzept hatte Ignaz Sulzer aus Harthausen bei Augsburg, der − von einigen Versuchen vor dem Zweiten Weltkrieg abgesehen − erst um 1950 mit seinen Schleppern auf dem Markt erschien.

Sulzers Konzept bestand darin, aus dem damaligen Angebot von Getrieben, Motoren, Achsen, Lenkungen, Blechteilen usw. die preisgünstigsten oder gerade vorhandenen Teile anzukaufen und daraus Schlepper zusammenzubauen. So wurden Motoren von Sendling, MWM oder Deutz und Getriebe von Prometheus, Zahnradfabrik Augsburg (Renk), ZF oder Hurth verwendet.

Ebenso griff Sulzer auf preiswert anzukaufende Blechteile, wie Kotflügel, Motor- und Kühlerverkleidung zurück. Sie waren bei den Hersteller-Firmen durch große Serien günstiger als Extranfertigungen zu bekommen. So kam es vor, daß Sulzer-Schlepper mit den gleichen Motorhauben wie z. B. Schlepper von Kögel, Gutbrod oder Fendt ausgerüstet wurden.

Doch in Harthausen wurden nicht nur Schlepper produziert, die das Sulzer-Firmenzeichen trugen, sondern man nahm auch Aufträge von anderen Schlepper-Herstellern an, so z. B. von Gutbrod. Ferner konnten auch andere Auftraggeber bei Sulzer Schlepperkonstruktionen bestellen. Sie wurden dann nach Wünschen der Kunden aus dem Motoren- und Getriebe-Angebot kombiniert und trugen den jeweiligen Namen des Auftraggebers. So

verkaufte z. B. ein niedersächsischer Landmaschinen-Händler Sulzer-Schlepper unter dem Namen Ceres.

Nur fünf Mitarbeiter

Sulzers erste Nachkriegsschlepper waren zwei Typen in Blockbauweise mit wassergekühlten Deutz-Dieselmotoren mit 11 und 24 PS. Sie wurden in Handarbeit auf Bestellung von den seinerzeit fünf Sulzer-Mitarbeitern gebaut.

Um 1950/51 bot Sulzer dann erstmals ein Programm von vier serienmäßig gebauten Schleppern mit 15, 18, 22 und 36/40 PS an. Der kleinste Schlepper war der S 15 mit 1-Zylinder-MWM-Motor und einem Getriebe der Zahnradfabrik Augsburg (ZA) sowie mit gefederter Vorderachse. Der nächst stärkere Typ war der S 18, der das gleiche Getriebe wie der S 15 hatte, aber mit einem 18 PS MWM-Motor versehen war.

Oben: Baugleich mit dem Kögel K 22 war der Linke-Hofmann-Busch-Schlepper, Typ LHS 25, von dem ca. 400 Einheiten in Salzgitter gefertigt wurden.
Unten: Technisch sehr aufwendig war der Holder-Allrad-Kleinschlepper, Typ A 10 mit Knicklenkung.
Fotos: Bauer

Über zwei Meter hoch ist dieser 1952 gebaute 60 PS Röhr-Schlepper, dem ein 2-Zylinder-MWM-Dieselmotor eingebaut wurde.
Foto: Berendsen

Fast nur regionalen Absatz fanden die Kleinschlepper der Motorenfabrik München-Sendling. Der abgebildete Typ AS 7 wurde mit einem 15 PS Dieselmotor eigener Produktion ausgerüstet.
Foto: Hummel

Mit dem S 22 bot Sulzer einen typischen Standard-Schlepper in Blockbauweise mit ZA-Getriebe und wassergekühltem 2-Zylinder-Deutz-Dieselmotor an. Der stärkste Schlepper war der S 36/40, bei dem ein 3-Zylinder-MWM-Motor und ein ZF-Getriebe mit sieben Vorwärts- und zwei Rückwärtsgängen verwendet wurden. Wie alle Sulzer-Schlepper wurde auch dieser Typ mit gefederter

Pendelvorderachse und auf Wunsch auch mit umfangreichem Zubehör geliefert.
Bis zur ersten Hälfte der 50er Jahre kamen noch weitere Typen hinzu, so der Kleinschlepper S 12 mit 11 PS Sendling-Dieselmotor und der S 20 mit MWM-Motor und Hurth-Getriebe. Die anderen Schlepper wurden, obwohl sie die gleiche Typenbezeichnung trugen, mit unterschiedlichen Getrieben

und Motoren gefertigt.
Trotz der umfangreichen Angebotspalette fanden jährlich weniger als hundert Schlepper dieses Fabrikats einen Käufer. Sie waren fast ausschließlich um Harthausen zu finden, denn Sulzer vermarktete regional, direkt ab Werk ohne Zwischenhändler, und der Kunde holte sich den Schlepper selbst ab.

Wesseler — die Schlepper aus dem Münsterland

1879 gründete im westfälischen Altenberge Bernhard Wesseler eine Schmiede, und schon bald nach dem Ersten Weltkrieg wurde auch der Vertrieb von Landmaschinen aufgenommen. Im Jahr 1936 baute Heinrich Wesseler, der Sohn des Firmengründers, den ersten Schlepper für den Eigenbedarf, bei dem auf einen Rahmen ein Stationär-Motor gesetzt wurde. Bis zur Typenbegrenzung im Jahre 1939 entstanden bei Wesseler noch rund ein Dutzend weitere Schlepper mit 12 PS Leistung, die in der Umgebung abgesetzt wurden.
Nach der Währungsreform nahm Wesseler den Schlepperbau wieder auf, von dem man sich einen lukrativen Er-

werbszweig versprach, zumal die Verbindungen zur Landwirtschaft gegeben waren. Als erster Typ entstand ein 20/22 PS Standard-Schlepper in Blockbauweise, der von einem 2-Zylinder-MWM-Dieselmotor angetrieben wurde.

Motiviert durch die steigende Nachfrage vergrößerte Wesseler ab 1952 das Angebot um weitere Typen. Und so präsentierte man auf der DLG-Ausstellung in Köln sechs verschiedene Wesseler-Schlepper-Typen von 12 bis 40 PS Motorleistung. Sie wurden ausschließlich von MWM-Dieselmotoren angetrieben.

Nicht nur regional

In den ersten Jahren nach der Währungsreform wurden Wesseler-Schlepper fast ausschließlich im Westfälischen abgesetzt. Erst später fanden sie über feste Werksvertretungen auch Kunden im ganzen Bundesgebiet. Mit Stolz wies man darauf hin, daß sich die Wesseler-Schlepper auch in Holland, Belgien und Luxemburg bewährten. Durchschnittlich wurde von den ca. 50 Beschäftigten täglich ein Schlepper gefertigt.

Technische Daten

Waldschlepper, Typ RS 1500

Hersteller: Klöckner-Humboldt-Deutz AG (Magirus, Ulm)
Baujahr: 1946 bis 1947
Motor: 4-Zylinder-4-Takt-Dieselmotor mit 65 PS Leistung bei einer Drehzahl von 2 100 U/min und einem Hubraum von 5 322 ccm (luftgekühlt), Fabrikat KHD
Getriebe: Vier Vorwärtsgänge und ein Rückwärtsgang, Fabrikat Auto-Union
Maße und Gewichte: Länge 465 cm, Breite 200 cm, Gewicht 3 670 kg

Gerwi-Motor-Stier

Hersteller: Georg R. Wille, Landmaschinen- und Traktorenwerke, Hamburg-Lohbrügge
Baujahr: 1947 bis 1949
Motor: 2-Zylinder-2-Takt-Vergasermotor mit 12 PS Leistung bei einer Drehzahl von 3 000 U/min und einem Hubraum von 665 ccm (luftgekühlt), Fabrikat Ilo, Hamburg
Getriebe: Sechs Vorwärtsgänge (3; 5; 8; 10; 15; 30 km/h) und zwei Rückwärtsgänge (3; 5 km/h), Fabrikat Jeep
Maße und Gewichte: Länge 237 cm, Breite 143 cm, Radstand 140 cm, Gewicht ca. 750 kg

Gerwi-Diesel-Stier, Typ 20

Hersteller: Georg R. Wille, Traktorenwerke Hamburg-Lohbrügge
Baujahr: 1949 bis 1951
Motor: 1-Zylinder-2-Takt-Dieselmotor mit 12 PS Leistung bei einer Drehzahl von 1 500 U/min und einem Hubraum von 1 125 ccm, Fabrikat Hatz, Ruhstorf
Getriebe: Vier Vorwärtsgänge (1,8; 7; 12; 20 km/h) und ein Rückwärtsgang
Maße und Gewichte: Länge 240 cm, Breite 150 cm, Radstand 156 cm, Gewicht 1 400 kg

Urus-Allrad Dieselschlepper

Hersteller: Groß-Hessische Truck Comp. GmbH, Wiesbaden
Baujahr: 1949 bis 1951
Motor: 1-Zylinder-4-Takt-Dieselmotor mit 15 PS Leistung bei einer Drehzahl von 1 500 U/min und einem Hubraum von 1 380 ccm, Fabrikat Bauscher, Hamburg
Getriebe: Acht Vorwärtsgänge (2,0; 3,4; 4,5; 6,7; 7,7; 12,0; 15,0; 20,0 km/h) und zwei Rückwärtsgänge (2,0; 4,5 km/h), Fabrikat GMC
Maße und Gewichte: Länge 250 cm, Breite 167 cm, Gewicht 1 480 kg

Unimog, 25 PS

Hersteller: Gebrüder Boehringer GmbH, Göppingen (Württemb.)
Baujahr: 1948 bis 1950
Motor: 4-Zylinder-4-Takt-Dieselmotor mit 25 PS Leistung bei einer Drehzahl von 2 500 U/min und einem Hubraum von 1 697 ccm, Fabrikat Daimler-Benz
Getriebe: Sechs Vorwärtsgänge (3,4; 6,1; 11,2; 20,3; 32,8; 50 km/h) und zwei Rückwärtsgänge (2,5; 4,5 km/h)
Maße und Gewichte: Länge 335 cm, Breite 155 cm, Radstand 170 cm, Wenderadius 380 cm, Gewicht 1 680 kg

MAN-Ackerdiesel, Typ AS 325 A

Hersteller: Maschinenfabrik Augsburg-Nürnberg AG, Nürnberg
Baujahr: 1947 bis 1950
Motor: 4-Zylinder-4-Takt-Dieselmotor mit 25 PS Leistung bei einer Drehzahl von 1 500 U/min und einem Hubraum von 2 672 ccm, Fabrikat Maschinenfabrik Augsburg-Nürnberg AG, Nürnberg
Getriebe: Fünf Vorwärtsgänge (3,5; 5,6; 8; 12; 20 km/h) und ein Rückwärtsgang (4,3 km/h), Fabrikat ZF
Maße und Gewichte: Länge 294 cm, Breite 175 cm, Gewicht 1 800 kg

Fendt-Dieselroß, Typ F 25 A

Hersteller: Xaver Fendt & Co, Marktoberdorf
Baujahr: 1948 bis 1950
Motor: 2-Zylinder-4-Takt-Dieselmotor mit 25 PS Leistung bei einer Drehzahl von 1 500 U/min und einem Hubraum von 2 350 ccm, Fabrikat MWM
Getriebe: Vier Vorwärtsgänge (3,2; 5,6; 9,7; 17,5 km/h) und ein Rückwärtsgang (2,6 km/h)
Maße und Gewichte: Länge 283 cm, Breite 165 cm, Gewicht 1 785 kg

Alpenland-Schlepper, Typ GS 15

Hersteller: Fahrzeugbau Alpenland GmbH, Wolfratshausen
Baujahr: 1949 bis 1952
Motor: 1-Zylinder-4-Takt-Dieselmotor mit 15 PS Leistung bei einer Drehzahl von 1 600 U/min und einem Hubraum von 1 178 ccm, Fabrikat MWM
Getriebe: Sechs Vorwärtsgänge (3,7; 6,4; 7,5; 10; 13; 20 km/h) und zwei Rückwärtsgänge
Maße und Gewichte: Länge 220 cm, Breite 156 cm, Radstand 153 cm, Wenderadius 265 cm, Gewicht 1 090 kg

Farmax-Ackerbaumaschine, Typ 10 D

Hersteller: Gutbrod-Motorenbau GmbH, Plochingen
Baujahr: 1949 bis 1950
Motor: 1-Zylinder-4-Takt-Dieselmotor mit 10 PS Leistung bei einer Drehzahl von 1 800 U/min und einem Hubraum von 765 ccm, Fabrikat Farny & Weidmann
Getriebe: Drei Vorwärtsgänge (3,4; 5,6; 13,6 km/h) und ein Rückwärtsgang, Fabrikat Getrag
Maße und Gewichte: Länge 295 cm, Breite 165 cm, Radstand 145 cm, Wenderadius 200 cm, Gewicht 910 kg

Erkelenz-Patent-Schlepper

Hersteller: Landmaschinenbau Franz Erkelenz, Frankfurt

Baujahr: 1949 bis 1952
Motor: 1-Zylinder-2-Takt-Dieselmotor mit 12 PS Leistung bei 2 000 U/min und einem Hubraum von 760 ccm (luftgekühlt), Fabrikat Stihl
Getriebe: Fünf Vorwärtsgänge (1,2; 3,5; 5,7; 9; 20 km/h) und ein Rückwärtsgang
Maße und Gewichte: Länge 260 cm, Breite 114 cm, Radstand 140 cm, Gewicht 880 kg

Dieselzwerg

Hersteller: Kühner & Berger GmbH, Sasbach
Baujahr: ab 1949
Motor: 1-Zylinder-4-Takt-Dieselmotor mit 8 PS Leistung bei 1 500 U/min und einem Hubraum von 765 ccm, Fabrikat Farny & Weidmann
Getriebe: Sechs Vorwärtsgänge (3; 5,3; 5,5; 7,9; 9,8; 14,8 km/h) und zwei Rückwärtsgänge (2,15; 4 km/h), Fabrikat Jeep
Maße und Gewichte: Länge 232 cm, Breite 146 cm, Radstand 150 cm, Wenderadius 160 cm, Gewicht 650 kg

Stihl-Allzweck-Schlepper, Typ 140

Hersteller: Andreas Stihl Maschinenfabrik, Waiblingen
Baujahr: ab 1948
Motor: 1-Zylinder-2-Takt-Dieselmotor mit 12 PS Leistung bei einer Drehzahl von 2 000 U/min und einem Hubraum von 763 ccm (luftgekühlt), Fabrikat Stihl
Getriebe: Drei Vorwärtsgänge (3,2; 5,9; 15 km/h) bzw. ab 1950 vier Vorwärtsgänge (2,8; 5; 7,6; 14,5 km/h) und ein Rückwärtsgang (2,8 km/h)
Maße und Gewichte: Länge 260 cm, Breite 150 cm, Radstand 140 cm, Wenderadius 230 cm, Gewicht 750 kg

Ensinger-Ackerschlepper, Typ AS 15

Hersteller: Ensinger-Fahrzeugbau, Michelstadt
Baujahr: ca. 1949 bis 1950
Motor: 1-Zylinder-4-Takt-Dieselmotor mit 15 PS Leistung bei einer Drehzahl von 1 500 U/min und einem Hubraum von 1 178 ccm, Fabrikat MWM

Getriebe: Vier Vorwärtsgänge (3; 5,4; 9,4; 16,8 km/h) und ein Rückwärtsgang (2,5 km/h)
Maße und Gewichte: Länge 245 cm, Breite 150 cm, Radstand 145 cm, Gewicht 1 370 kg

Faun-Dieselschlepper, Typ AS 22

Hersteller: Faun-Werke, Nürnberg
Baujahr: 1949 bis 1950
Motor: 2-Zylinder-4-Takt-Dieselmotor mit 25 PS Leistung bei einer Drehzahl von 1 500 U/min und einem Hubraum von 2 353 ccm, Fabrikat MWM
Getriebe: Vier Vorwärtsgänge (3,2; 6,1; 10,5; 19,2 km/h) und ein Rückwärtsgang (2,5 km/h), Fabrikat ZA
Maße und Gewichte: Länge 261 cm, Breite 152 cm, Gewicht 1 600 kg

15 PS Hagedorn-Schlepper

Hersteller: Gebr. Hagedorn & Co, Warendorf
Baujahr: 1950
Motor: 1-Zylinder-4-Takt-Dieselmotor mit 15 PS Leistung bei einer Drehzahl von 1 500 U/min und einem Hubraum von 1 178 ccm, Fabrikat MWM
Getriebe: Fünf Vorwärtsgänge (3,3; 5,6; 8,1; 11,8; 20 km/h) und ein Rückwärtsgang (3,8 km/h), Fabrikat Hurth
Maße und Gewichte: Länge 240 cm, Breite 155 cm, Radstand 150 cm, Wenderadius 200 cm, Gewicht 1 200 kg

Klauder-Dieselschlepper „Büffel"

Hersteller: Wilhelm Klauder, Fahrzeugbau, Maria-Thann/Allgäu
Baujahr: 1949 bis ca. 1952
Motor: 1-Zylinder-2-Takt-Dieselmotor mit 12/14 PS Leistung bei einer Drehzahl von 1 300 U/min und einem Hubraum von 1 021 ccm, Fabrikat Hatz
Getriebe: Vier Vorwärtsgänge (3; 5,6; 10; 18 km/h) und ein Rückwärtsgang (2,7 km/h), Fabrikat ZF
Maße und Gewichte: Länge 230

cm, Breite 150 cm, Radstand 170 cm, Wenderadius 145 cm, Gewicht 1 050 kg

Martin-Schlepper, Typ S 11

Hersteller: Maschinenfabrik Otto Martin, Ottobeuren
Baujahr: 1949
Motor: 1-Zylinder-4-Takt-Dieselmotor mit 11 PS Leistung bei einer Drehzahl von 1 500 U/min und einem Hubraum von 1 100 ccm, Fabrikat KHD
Getriebe: Vier Vorwärtsgänge (2,7; 5; 8; 15 km/h) und ein Rückwärtsgang (2,5 km/h), Fabrikat ZF
Maße und Gewichte: Länge 255 cm, Breite 155 cm, Radstand 163 cm, Gewicht 1 270 kg

Primus-Universal-Schlepper, Typ U 11 K 4

Hersteller: Primus-Traktoren-Montagewerk Peter A. Titus, Worms
Baujahr: ab 1949
Motor: 1-Zylinder-4-Takt-Dieselmotor mit 11 PS Leistung bei einer Drehzahl von 1 500 U/min und einem Hubraum von 1 100 ccm, Fabrikat KHD
Getriebe: Vier Vorwärtsgänge (2,8; 5,3; 9,1; 16,7 km/h) und ein Rückwärtsgang (2,2 km/h), Fabrikat ZA
Maße und Gewichte: Länge 250 cm, Breite 150 cm, Radstand 147 cm, Wenderadius 300 cm, Gewicht 1 150 kg

Diesel-Ackerschlepper „Trabant 1"

Hersteller: Traktorenbau GmbH, Buchholz, bzw. Traktorenbau Hamburg
Baujahr: 1949
Motor: 2-Zylinder-4-Takt-Dieselmotor mit 28/32 PS Leistung bei einer Drehzahl von 1 500 U/min und einem Hubraum von 2 900 ccm, Fabrikat Bohn & Kähler, Kiel
Getriebe: Fünf Vorwärtsgänge (3,6; 5,6; 7; 12; 22 km/h) und ein Rückwärtsgang (2,8 km/h), Fabrikat ZA oder ZF
Maße und Gewichte: Länge 292 cm, Breite 177 cm, Gewicht 2 050 kg

12 PS Zanker-Ackerschlepper

Hersteller: Hermann Zanker KG, Maschinen- und Metallwarenfabrik, Tübingen
Baujahr: 1949
Motor: 1-Zylinder-2-Takt-Dieselmotor mit 12 PS Leistung bei einer Drehzahl von 1 250 U/min und einem Hubraum von 1 020 ccm, Fabrikat Zanker
Getriebe: Vier Vorwärtsgänge (2,8; 5,3; 9,1; 16,6 km/h) und ein Rückwärtsgang, Fabrikat Zanker
Maße und Gewichte: Länge 247 cm, Breite 147 cm, Radstand 147 cm, Wenderadius 180 cm, Gewicht 1 390 kg

Der 12 PS starke „Büffel" der Firma Klauder wurde von einem Hatz-Dieselmotor angetrieben. Foto: Koch

Primus-Universal-Schlepper, Typ U 35 G 5

Hersteller: Primus-Traktoren-Montagewerk Peter A. Titus, Worms
Baujahr: ab 1949
Motor: 2-Zylinder-4-Takt-Dieselmotor mit 35 PS Leistung bei einer Drehzahl von 1 500 U/min und einem Hubraum von 3 845 ccm, Fabrikat KHD
Getriebe: Fünf Vorwärtsgänge (3; 5; 6,7; 11,5; 21 km/h) und ein Rückwärtsgang (2,7 km/h), Fabrikat ZA
Maße und Gewichte: Länge 290 cm, Breite 180 cm, Gewicht ca. 2 250 kg

Hoffmann-Acker-schlepper, Typ 601

Hersteller: Hannoversche Fahrzeugfabrik Hoffmann & Co, Hannover-Laatzen
Baujahr: 1949 bis 1950
Motor: 2-Zylinder-4-Takt-Dieselmotor mit 22 PS Leistung bei einer Drehzahl von 1 500 U/min und einem Hubraum von 2 200 ccm, Fabrikat KHD
Getriebe: Fünf Vorwärtsgänge (3,5; 5,6; 8,1; 11,6; 19,9 km/h) und ein Rückwärtsgang (4,3 km/h), Fabrikat ZF
Maße und Gewichte: Länge 286 cm, Breite 155 cm, Radstand 180 cm, Gewicht 1 700 kg

Deuliewag-Diesel-schlepper, Typ D 15

Hersteller: Deuliewag Traktoren und Maschinen GmbH, Hamburg
Baujahr: 1950 bis 1952
Motor: 1-Zylinder-4-Takt-Dieselmotor mit 15 PS Leistung bei einer Drehzahl von 1 600 U/min und einem Hubraum von 1 180 ccm, Fabrikat MWM
Getriebe: Fünf Vorwärtsgänge (3,1; 5,3; 8,4; 12,7; 18 km/h) ein Rückwärtsgang, Fabrikat ZA
Maße und Gewichte: Länge 265 cm, Breite 153 cm, Radstand 160 cm, Wenderadius 180 cm, Gewicht 1 250 kg

Der 15 PS Fendt mit der Typenbezeichnung F 15 GH aus dem Jahre 1951 mit 1-Zylinder-MWM-Dieselmotor. Foto: Bauer

Deuliewag-Dieselschlepper, Typ D 240

Hersteller: Deuliewag Traktoren und Maschinen GmbH, Hamburg
Baujahr: 1949 bis 1952
Motor: 2-Zylinder-4-Takt-Dieselmotor mit 24 PS Leistung bei einer Drehzahl von 1 500 U/min und einem Hubraum von 2 355 ccm, Fabrikat MWM
Getriebe: Vier Vorwärtsgänge (3,5; 6,7; 11,4; 20,7 km/h) und ein Rückwärtsgang (2,5 km/h), Fabrikat Renk
Maße und Gewichte: Länge 185 cm, Breite 154 cm, Radstand 155 cm, Wenderadius 200 cm, Gewicht 1 700 kg

Deuliewag-Dieselschlepper, Typ D 35

Hersteller: Deuliewag Traktoren und Maschinen GmbH, Hamburg
Baujahr: 1950 bis 1952
Motor: 3-Zylinder-4-Takt-Dieselmotor mit 36 PS Leistung bei einer Drehzahl von 1 500 U/min und einem Hubraum von 3 533 ccm, Fabrikat MWM
Getriebe: Fünf Vorwärtsgänge (3,8; 6,1; 8,8; 12,7; 21,6 km/h) und

ein Rückwärtsgang (4,1 km/h)
Maße und Gewichte: Länge 325 cm, Breite 178 cm, Radstand 185 cm, Wenderadius ca. 400 cm, Gewicht 2 000 kg

Deuliewag „Record" D 25 V

Hersteller: Deuliewag Traktoren und Maschinen GmbH, Hamburg
Baujahr: 1950 bis 1952
Motor: 2-Zylinder-4-Takt-Dieselmotor mit 25 PS Leistung bei einer Drehzahl von 1 600 U/min und einem Hubraum von 2 355 ccm, Fabrikat MWM
Getriebe: Sechs Vorwärtsgänge (3,3; 5,1; 7,7; 9,1; 14,2; 21,3 km/h) und zwei Rückwärtsgänge (4,6; 12,7 km/h), Fabrikat Deuliewag
Maße und Gewichte: Länge 315 cm, Breite 166 cm, Radstand 140 cm, Wenderadius 220 cm, Gewicht 1 950 kg

Eicher-Ackerschlepper, Typ ED 16

Hersteller: Gebr. Eicher, Traktorenfabrik, Forstern/Obbay.
Baujahr: ab 1948

Motor: 1-Zylinder-4-Takt-Dieselmotor mit 16 PS Leistung bei einer Drehzahl von 1 500 U/min und einem Hubraum von 1 425 ccm (luftgekühlt) Fabrikat Eicher
Getriebe: Vier Vorwärtsgänge (4; 5,5; 8,2; 15 km/h) und ein Rückwärtsgang (2,5 km/h), Fabrikat ZF
Maße und Gewichte: Länge 242 cm, Breite 152 cm, Radstand 152 cm, Wenderadius 450 cm, Gewicht 1 450 kg

Eicher-Dieselschlepper, Typ 22/II

Hersteller: Gebr. Eicher, Traktorenfabrik, Forstern/Obbay.
Baujahr: ab 1949
Motor: 2-Zylinder-4-Takt-Dieselmotor mit 22 PS Leistung bei einer Drehzahl von 1 500 U/min und einem Hubraum von 2 200 ccm, Fabrikat Deutz
Getriebe: Vier Vorwärtsgänge (4,6; 6,3; 9,5; 17,5 km/h) und ein Rückwärtsgang (3,8 km/h), Fabrikat ZF
Maße und Gewichte: Länge 260 cm, Breite 154 cm, Radstand 168 cm, Gewicht 1 800 kg

Fahr-Dieselschlepper, Typ D 28

Hersteller: Maschinenfabrik Fahr AG, Gottmadingen
Baujahr: 1948 bis 1949
Motor: 2-Zylinder-4-Takt-Dieselmotor mit 28 PS Leistung bei einer Drehzahl von 1 500 U/min und einem Hubraum von 2 598 ccm, Fabrikat Güldner
Getriebe: Fünf Vorwärtsgänge (3,5; 5; 6,8; 11; 19,6 km/h) und ein Rückwärtsgang (3,5 km/h), Fabrikat Fahr
Maße und Gewichte: Länge 292 cm, Breite 162 cm, Gewicht 1 980 kg

Fahr-Dieselschlepper, Typ D 15

Hersteller: Maschinenfabrik Fahr AG, Gottmadingen
Baujahr: ab 1949
Motor: 2-Zylinder-4-Takt-Dieselmotor mit 15/16 PS Leistung

bei einer Drehzahl von 1 800 U/min und einem Hubraum von 1 296 ccm, Fabrikat Güldner
Getriebe: Fünf Vorwärtsgänge (2,9; 5,4; 7,8; 11,8; 19,6 km/h) und ein Rückwärtsgang (2,2 km/h), Fabrikat Zahnradfabrik Passau
Maße und Gewichte: Länge 160 cm, Breite 156 cm, Radstand 154 cm, Wenderadius 225 cm, Gewicht 1 160 kg

Fendt-Dieselroß, Typ F 18

Hersteller: Xaver Fendt & Co, Marktoberdorf
Baujahr: ab ca. 1948
Motor: 1-Zylinder-4-Takt-Dieselmotor mit 15/16 PS Leistung bei einer Drehzahl von 1 300 U/min und einem Hubraum von 1 810 ccm, Fabrikat KHD
Getriebe: Vier Vorwärtsgänge (4,1; 5,7; 8,5; 16 km/h) und ein Rückwärtsgang (3,3 km/h), Fabrikat ZF
Maße und Gewichte: Länge 275 cm, Breite 150 cm, Radstand 160 cm, Gewicht 1 485 kg

Fendt-Dieselroß, Typ F 22 V

Hersteller: Xaver Fendt & Co, Marktoberdorf
Baujahr: ab 1948
Motor: 2-Zylinder-4-Takt-Dieselmotor mit 24 PS Leistung bei einer Drehzahl von 1 500 U/min und einem Hubraum von 2 345 ccm, Fabrikat MWM
Getriebe: Vier Vorwärtsgänge (3,7; 5,5; 8,3; 15 km/h) und ein Rückwärtsgang (5 km/h), Fabrikat ZF
Maße und Gewichte: Länge 282 cm, Breite 164 cm, Radstand 184 cm, Gewicht 1 760 kg

Fendt-Dieselroß, Typ F 40

Hersteller: Xaver Fendt & Co, Marktoberdorf
Baujahr: ab 1950
Motor: 3-Zylinder-4-Takt-Dieselmotor mit 40 PS Leistung bei einer Drehzahl von 1 500 U/min und einem Hubraum von 3 534 ccm, Fabrikat MWM
Getriebe: Fünf Vorwärtsgänge (3,4; 5,5; 7,9; 12,4; 19,3 km/h) und ein Rückwärtsgang, Hersteller Zahnradfabrik Passau

Maße und Gewichte: Länge 328 cm, Breite 172 cm, Radstand 210 cm, Wenderadius 745 cm, Gewicht 2 170 kg

Güldner-Kleinschlepper, Typ A 15/AF 15

Hersteller: Güldner Motoren-Werke, Aschaffenburg
Baujahr: 1949 bis 1954
Motor: 2-Zylinder-4-Takt-Dieselmotor mit 16 PS Leistung bei einer Drehzahl von 1 800 U/min und einem Hubraum von 1 296 ccm, Fabrikat Güldner
Getriebe: Vier Vorwärtsgänge beim A 15 (3,8; 6,6; 10,6; 16 km/h) und fünf Vorwärtsgänge beim AF 15 (2,9; 5,4; 7,8; 11,8; 19,6 km/h) und ein Rückwärtsgang, Fabrikat ZA bzw. ZF
Maße und Gewichte: Länge: 277 cm, Breite 147 cm, Radstand 155 cm, Wenderadius 310 cm, Gewicht 1 225 kg

Güldner-Dieselschlepper, Typ AF 30

Hersteller: Güldner Motoren-Werke, Aschaffenburg
Baujahr: 1949 bis 1952

Motor: 2-Zylinder-4-Takt-Dieselmotor mit 30/32 PS Leistung bei einer Drehzahl von 1 500 U/min und einem Hubraum von 2 600 ccm, Fabrikat Güldner
Getriebe: Fünf Vorwärtsgänge (3,3; 5,4; 7,6; 11,2; 19,1 km/h) und ein Rückwärtsgang (3,6 km/h), Fabrikat ZA
Maße und Gewichte: Länge 313 cm, Breite 158 cm, Radstand 188 cm, Gewicht 2 040 kg

Kramer-Dieselschlepper, Typ K 28

Hersteller: Maschinenfabrik Gebr. Kramer GmbH, Gutmadingen/Baden
Baujahr: ab 1949
Motor: 2-Zylinder-4-Takt-Dieselmotor mit 28 PS Leistung bei einer Drehzahl von 1 500 U/min und einem Hubraum von 2 850 ccm, Fabrikat Süddeutsche Bremsen AG, München
Getriebe: Vier Vorwärtsgänge (3,5; 6,2; 11; 19,7 km/h) und ein Rückwärtsgang (2,1 km/h), Fabrikat Kramer
Maße und Gewichte: Länge 285 cm, Breite 155 cm, Gewicht 2 000 kg

Dieser sehr gut restaurierte Eicher ED 16, aus dem Jahre 1950, ist noch heute jeden Tag in einer Landmaschinenwerkstatt im Einsatz. Foto: Tovornik

Kramer-Dieselschlepper, Typ KB 22

Hersteller: Maschinenfabrik Gebr. Kramer GmbH, Gutmadingen/Baden
Baujahr: ab 1951
Motor: 2-Zylinder-4-Takt-Dieselmotor mit 20/22 PS Leistung bei einer Drehzahl von 1 800 U/min und einem Hubraum von 1 640 ccm, Fabrikat Güldner
Getriebe: Fünf Vorwärtsgänge (2,8; 5,1; 8; 12,5; 20,3 km/h) und ein Rückwärtsgang, Fabrikat ZF
Maße und Gewichte: Länge 269 cm, Breite: 154 cm, Radstand 173 cm, Wenderadius 230 cm, Gewicht 1 350 kg

Kramer-Dieselschlepper, Typ K 33 L

Hersteller: Maschinenfabrik Gebr. Kramer GmbH, Gutmadingen/Baden
Baujahr: ab 1952
Motor: 2-Zylinder-4-Takt-Dieselmotor mit 30/33 PS Leistung bei einer Drehzahl von 1 600 U/min und einem Hubraum von 2 660 ccm (luftgekühlt), Fabrikat Deutz
Getriebe: Fünf Vorwärtsgänge (3,3; 5,4; 7,8; 11,3; 20 km/h) und ein Rückwärtsgang, Fabrikat ZF
Maße und Gewichte: Länge 290 cm, Breite 155 cm, Radstand 182 cm, Gewicht 1 750 kg

Lanz-Dieselschlepper, Typ D 47

Hersteller: Hermann Lanz, Schlepperfabrik, Aulendorf
Baujahr: ab ca. 1948
Motor: 2-Zylinder-4-Takt-Dieselmotor mit 22/22 PS Leistung bei einer Drehzahl von 1 500 U/min und einem Hubraum von 2 355 ccm, Fabrikat MWM
Getriebe: Fünf Vorwärtsgänge (3,6; 5,1; 6,9; 11,2; 20 km/h) und ein Rückwärtsgang (3,6 km/h), Fabrikat Lanz
Maße und Gewichte: Länge 290 cm, Breite 154 cm, Gewicht ca. 1 700 kg

14 PS-Lanz-Bauern-Dieselschlepper

Hersteller: Hermann Lanz, Schlepperfabrik, Aulendorf
Baujahr: ab 1949
Motor: 1-Zylinder-4-Takt-Dieselmotor mit 14 PS Leistung bei einer Drehzahl von 1 500 U/min und einem Hubraum von 1 178 ccm, Fabrikat MWM
Getriebe: Fünf Vorwärtsgänge (3,1; 5,6; 7,2; 12,1; 20 km/h) und ein Rückwärtsgang (3,8 km/h), Fabrikat Lanz
Maße und Gewichte: Länge 265 cm, Breite 150 cm, Radstand 170 cm, Wenderadius 225 cm, Gewicht 1 300 kg

Miag-Acker-Dieselschlepper, Typ AD 22

Hersteller: Miag-Fahrzeugbau GmbH, Ober-Ramstadt
Baujahr: 1947 bis 1952
Motor: 2-Zylinder-4-Takt-Dieselmotor mit 22 PS Leistung bei einer Drehzahl von 1 500 U/min und einem Hubraum von 2 355 ccm, Fabrikat MWM
Getriebe: Vier Vorwärtsgänge (3,8; 6; 10,8; 18,5 km/h) und ein Rückwärtsgang (2,45 km/h), Fabrikat ZA
Maße und Gewichte: Länge 279 cm, Breite 172 cm, Gewicht 1 760 kg

Normag-Dieselschlepper, Typ NG 23 K

Hersteller: Normag-Zorge GmbH, Zorge
Baujahr: 1946 bis 1950
Motor: 2-Zylinder-4-Takt-Dieselmotor mit 25 PS Leistung bei einer Drehzahl von 1 650 U/min und einem Hubraum von 2 360 ccm, Fabrikat Normag
Getriebe: Vier Vorwärtsgänge (4; 7; 12,5; 20 km/h) und ein Rückwärtsgang (2,9 km/h), Fabrikat Normag
Maße und Gewichte: Länge 267 cm, Breite 153 cm, Wenderadius 180 cm, Gewicht 1 620 kg

Normag-Dieselschlepper, Typ NG 15 „Faktor I"

Hersteller: Normag-Zorge GmbH, Zorge und Hattingen/Ruhr
Baujahr: ab 1950
Motor: 1-Zylinder-4-Takt-Dieselmotor mit 15 PS Leistung bei einer Drehzahl von 1 500 U/min und einem Hubraum von 1 299 ccm, Fabrikat Normag
Getriebe: Fünf Vorwärtsgänge (2,8; 5,2; 8,2; 12,5; 20 km/h) und ein Rückwärtsgang (3,8 km/h), Fabrikat Normag
Maße und Gewichte: Länge 235 cm, Breite 152 cm, Radstand 157 cm, Wenderadius 150 cm, Gewicht 1 170 kg

Normag-Dieselschlepper, Typ NG 35

Hersteller: Normag-Zorge GmbH, Zorge und Hattingen/Ruhr
Baujahr: ab ca. 1950
Motor: 2-Zylinder-4-Takt-Dieselmotor mit 35 PS Leistung bei einer Drehzahl von 1 500 U/min und einem Hubraum von 3 113 ccm, Fabrikat Normag
Getriebe: Vier Vorwärtsgänge (2,9; 5,1; 8,9; 16 km/h) und ein Rückwärtsgang, Fabrikat Normag
Maße und Gewichte: Länge 271 cm, Breite 154 cm, Radstand 177 cm, Wenderadius 200 cm, Gewicht 1 750 kg

O & K-Dieselschlepper, Typ T 18 A

Hersteller: Orenstein & Koppel AG, Dortmund
Baujahr: ab ca. 1950
Motor: 1-Zylinder-4-Takt-Dieselmotor mit 18 PS Leistung bei einer Drehzahl von 1 500 U/min und einem Hubraum von 1 662 ccm, Fabrikat O & K
Getriebe: Fünf Vorwärtsgänge (2,5; 4,5; 7,2; 11,2; 18 km/h) und ein Rückwärtsgang, Fabrikat ZF
Maße und Gewichte: Länge 255 cm, Breite 157 cm, Radstand 160 cm, Wenderadius 150 cm, Gewicht 1 400 kg

O & K-Dieselschlepper, Typ S 32 A

Hersteller: Orenstein & Koppel AG, Dortmund
Baujahr: ab ca. 1950

Der Titus-Primus-Schlepper, Typ U 11 aus dem Jahre 1950. Foto: Bauer

Motor: 2-Zylinder-4-Takt-Dieselmotor mit 32/36 PS Leistung bei einer Drehzahl von 1 500 U/min und einem Hubraum von 3 324 ccm, Fabrikat O&K
Getriebe: Fünf Vorwärtsgänge (3,5; 5,6; 8; 11,6; 20 km/h) und ein Rückwärtsgang, Fabrikat ZF
Maße und Gewichte: Länge 316 cm, Breite 158 cm, Radstand 180 cm, Wenderadius 160 cm, Gewicht 1 980 kg

Primus-Ackerschlepper, Typ P 15

Hersteller: Primus Traktoren-Gesellschaft Johannes Köhler & Co, Miesbach
Baujahr: ab 1949
Motor: 1-Zylinder-4-Takt-Dieselmotor mit 14 PS Leistung bei einer Drehzahl von 1 500 U/min und einem Hubraum von 1 178 ccm, Fabrikat MWM
Getriebe: Vier Vorwärtsgänge (4; 5,5; 8,2; 15 km/h) und ein Rückwärtsgang (3,3 km/h), Fabrikat ZF
Maße und Gewichte: Länge 295 cm, Breite 165 cm, Radstand 145 cm, Wenderadius 300 cm, Gewicht 1 250 kg

Primus-Ackerschlepper, Typ P 28

Hersteller: Primus Traktoren-Ges. J. Köhler & Co, Miesbach
Baujahr: ab 1949
Motor: 3-Zylinder-4-Takt-Dieselmotor mit 28 PS Leistung bei einer Drehzahl von 1 500 U/min und einem Hubraum von 2 827 ccm, Fabrikat Primus
Getriebe: Fünf Vorwärtsgänge (3,8; 6,1; 8,8; 12,7; 21,6 km/h) und ein Rückwärtsgang (4,7 km/h), Fabrikat ZF
Maße und Gewichte: Länge 280 cm, Breite 165 cm, Gewicht 1 800 kg

Primus-Ackerschlepper, Typ P 18

Hersteller: Primus Traktoren-Ges. J. Köhler & Co, Miesbach
Baujahr: ab 1950
Motor: 2-Zylinder-4-Takt-Dieselmotor mit 18 PS Leistung bei einer Drehzahl von 1 500 U/min und einem Hubraum von 1 870 ccm, Fabrikat Primus
Getriebe: Fünf Vorwärtsgänge (3,3; 5,5; 8; 11,8; 20 km/h) und ein Rückwärtsgang (3,8 km/h), Fabrikat Hurth
Maße und Gewichte: Länge 270 cm, Breite 160 cm, Radstand 165 cm, Wenderadius 300 cm, Gewicht 1 450 kg

Ritscher-Schlepper, Typ 420

Hersteller: Karl Ritscher GmbH, Sprötze
Baujahr: 1949
Motor: 2-Zylinder-4-Takt-Dieselmotor mit 22/24 PS Leistung bei einer Drehzahl von 1 500 U/min und einem Hubraum von 2 350 ccm, Fabrikat MWM
Getriebe: Vier Vorwärtsgänge (4; 5,6; 8,8; 20 km/h) und ein Rückwärtsgang (2,9 km/h), Fabrikat Ritscher
Maße und Gewichte: Länge 273 cm, Breite 170 cm, Radstand 174 cm, Gewicht 1 550 kg

Ritscher-Schlepper, Typ 518

Hersteller: Karl Ritscher GmbH, Sprötze
Baujahr: ab 1949
Motor: 1-Zylinder-4-Takt-Dieselmotor mit 18/20 PS Leistung bei einer Drehzahl von 1 750 U/min und einem Hubraum von 1 380 ccm, Fabrikat Bauscher, Hamburg
Getriebe: Fünf Vorwärtsgänge (2,7; 5; 8; 12,3; 20 km/h) und ein Rückwärtsgang (4,1 km/h), Fabrikat ZF
Maße und Gewichte: Länge 250 cm, Breite 153 cm, Radstand 167 cm, Gewicht 1 345 kg

Ritscher-Schlepper, Typ 528

Hersteller: Karl Ritscher GmbH, Sprötze
Baujahr: ab 1951
Motor: 2-Zylinder-4-Takt-Dieselmotor mit 28 PS Leistung bei einer Drehzahl von 1 500 U/min und einem Hubraum von 2 360 ccm, Fabrikat MWM
Getriebe: Fünf Vorwärtsgänge (4; 5,7; 7; 13; 20 km/h) und ein Rückwärtsgang (3,2 km/h), Fabrikat Ritscher
Maße und Gewichte: Länge 265 cm, Breite 170 cm, Radstand 175 cm, Gewicht 1 550 kg

Schlüter-Dieselschlepper, Typ DS 25

Hersteller: Anton Schlüter, Motorenfabrik, München-Freising
Baujahr: ab (1949) 1950
Motor: 2-Zylinder-4-Takt-Dieselmotor mit 25/28 PS Leistung bei einer Drehzahl von 1 500 U/min und einem Hubraum von 3 114 ccm, Fabrikat Schlüter
Getriebe: Sieben Vorwärtsgänge (3,2; 4,5; 6,1; 7,9; 11; 15; 19 km/h) und zwei Rückwärtsgänge
Maße und Gewichte: Länge 318 cm, Breite 160 cm, Radstand 194 cm, Wenderadius 370 cm, Gewicht 1 990 kg

Zettelmeyer-Dieselschlepper, Typ Z 1

Hersteller: Maschinenfabrik und Eisengießerei Hubert Zettelmeyer, Konz bei Trier
Baujahr: 1950 bis 1953
Motor: 2-Zylinder-4-Takt-Dieselmotor mit 25 PS Leistung bei einer Drehzahl von 1 500 U/min und einem Hubraum von 2 200 ccm, Fabrikat KHD
Getriebe: Vier Vorwärtsgänge (3,3; 5,8; 10; 18 km/h) und ein Rückwärtsgang (2,8 km/h), Fabrikat Zettelmeyer
Maße und Gewichte: Länge 261 cm, Breite 157 cm, Radstand 170 cm, Gewicht 1 715 kg

Hanomag-Dieselschlepper, Typ R 25 C

Hersteller: Hanomag AG, Hannover
Baujahr: 1949 bis 1950
Motor: 4-Zylinder-4-Takt-Dieselmotor mit 25 PS Leistung bei einer Drehzahl von 1 500 U/min und einem Hubraum von 2 798 ccm
Getriebe: Fünf Vorwärtsgänge (3,7; 5, 6,3; 11,6; 18,3 km/h) und ein Rückwärtsgang
Maße und Gewichte: Länge 299 cm, Breite 158 cm, Wenderadius 360 cm, Gewicht 1 940 kg

Hanomag-Dieselschlepper, Typ R 16 A

Hersteller: Hanomag AG, Hannover
Baujahr: ab 1950
Motor: 2-Zylinder-4-Takt-Dieselmotor mit 16 PS Leistung bei einer Drehzahl von 1 600 U/min und einem Hubraum von 1 390 ccm
Getriebe: Fünf Vorwärtsgänge (3,7; 4,8; 6,4; 11,6; 19,1 km/h) und ein Rückwärtsgang
Maße und Gewichte: Länge 268 cm, Breite 147 cm, Radstand 160 cm, Gewicht 1 170 kg

Hanomag-Dieselschlepper, Typ R 22

Hersteller: Hanomag AG, Hannover
Baujahr: ab 1950
Motor: 3-Zylinder-4-Takt-Die-

Der meistverkaufte Ackerschlepper aus dem Hause Ritscher war der Typ 525. Foto: Bauer

Schlüter-Dieselschlepper, Typ DS 15

Hersteller: Anton Schlüter, Motorenfabrik, München-Freising
Baujahr: ab 1949
Motor: 1-Zylinder-4-Takt-Dieselmotor mit 15 PS Leistung bei einer Drehzahl von 1 500 U/min und einem Hubraum von 1 610 ccm, Fabrikat Schlüter
Getriebe: Fünf Vorwärtsgänge (2,5; 4,5; 7,2; 11,2; 18,1 km/h) und ein Rückwärtsgang (3,67 km/h), Fabrikat ZF
Maße und Gewichte: Länge 240 cm, Breite 150 cm, Radstand 160 cm, Gewicht 1 400 kg

Wahl-Dieselschlepper, Typ W 15

Hersteller: Maschinenfabrik K.F. Wahl, Balingen
Baujahr: ab 1950
Motor: 1-Zylinder-4-Takt-Dieselmotor mit 15 PS Leistung bei einer Drehzahl von 1 500 U/min und einem Hubraum von 1 180 ccm, Fabrikat MWM
Getriebe: Fünf Vorwärtsgänge (2,5; 4,5; 7,2; 11,1; 18,5 km/h), ein Rückwärtsgang, Fabrikat ZF
Maße und Gewichte: Länge 245 cm, Breite 157 cm, Radstand 167 cm, Wenderadius 220 cm, Gewicht 1 220 kg

selmotor mit 22 PS Leistung bei einer Drehzahl von 1 500 U/min und einem Hubraum von 2 099 ccm
Getriebe: Fünf Vorwärtsgänge (3,7; 5; 6,3; 11,6; 18,3 km/h) und ein Rückwärtsgang
Maße und Gewichte: Länge 272 cm, Breite 156 cm, Radstand 180 cm, Wenderadius 275 cm, Gewicht 1 520 kg

Hanomag-Diesel-schlepper, Typ R 28 B

Hersteller: Hanomag AG, Hannover
Baujahr: ab 1950
Motor: 4-Zylinder-4-Takt-Dieselmotor mit 28 PS Leistung bei einer Drehzahl von 1 500 U/min und einem Hubraum von 2 798 ccm
Getriebe: Fünf Vorwärtsgänge (3,7; 5; 6,3; 11,6; 18,3 km/h) und ein Rückwärtsgang
Maße und Gewichte: Länge 283 cm, Breite 350 cm, Radstand 180 cm, Wenderadius 380 cm, Gewicht 1 740 kg

Hanomag-Diesel-schlepper, Typ R 45 A

Hersteller: Hanomag AG, Hannover
Baujahr: ab 1950
Motor: 4-Zylinder-4-Takt-Dieselmotor mit 45 PS Leistung bei einer Drehzahl von 1 200 U/min und einem Hubraum von 5 702 ccm
Getriebe: Fünf Vorwärtsgänge (3,5; 5; 6,6; 9,8; 17,3 km/h) und ein Rückwärtsgang
Maße und Gewichte: Länge 354 cm, Breite 175 cm, Radstand 208 cm, Wenderadius 440 cm, Gewicht 3 220 kg

Hanomag-Diesel-Ketten-schlepper, Typ K 55

Hersteller: Hanomag AG, Hannover
Baujahr: ab 1950
Motor: 4-Zylinder-4-Takt-Dieselmotor mit 55 PS Leistung bei einer Drehzahl von 1 300 U/min und einem Hubraum von 5 702 ccm
Getriebe: Drei Vorwärtsgänge

(2,7; 4; 6 km/h) und ein Rückwärtsgang
Maße und Gewichte: Länge 314 cm, Breite 154 cm, Wenderadius 300 cm, Gewicht 4 240 kg, größte Zughakenkraft 4 350 kg

Hanomag-Diesel-Ketten-schlepper, Typ K 90

Hersteller: Hanomag AG, Hannover
Baujahr: ab 1952
Motor: 6-Zylinder-4-Takt-Dieselmotor mit 90 PS Leistung bei einer Drehzahl von 1 300 U/min und einem Hubraum von 9 340 ccm
Getriebe: Fünf Vorwärtsgänge (2,5; 3,7; 4,5; 6,3; 9,6 km/h) und vier Rückwärtsgänge (3,4; 5,1; 6,3; 8,9 km/h)
Maße und Gewichte: Länge 424 cm, Breite 211 cm, Wenderadius 210 cm, Gewicht 7 500 kg, größte Zughakenkraft 7 670 kg

15 PS-Deutz-Diesel-schlepper, Typ F 1 L 514/50

Hersteller: Klöckner-Humboldt-Deutz-AG, Köln
Baujahr: 1950 bis 1951
Motor: 1-Zylinder-4-Takt-Dieselmotor mit 15 PS Leistung bei einer Drehzahl von 1 650 U/min und einem Hubraum von 1 330 ccm (luftgekühlt)
Getriebe: Vier Vorwärtsgänge (3,2; 4,7; 8; 15 km/h) und ein Rückwärtsgang (3,2 km/h), Fabrikat KHD
Maße und Gewichte: Länge 235 cm, Breite 154 cm, Radstand 150 cm, Wenderadius 450 cm, Gewicht 1 190 kg

28/30 PS Deutz-Diesel-schlepper, Typ F 2 L 514/2F A 15

Hersteller: Klöckner-Humboldt-Deutz-AG, Köln
Baujahr: 1951 bis 1953
Motor: 2-Zylinder-4-Takt-Dieselmotor mit 28/30 PS Leistung bei einer Drehzahl von 1 600 U/min und einem Hubraum von 2 660 ccm (luftgekühlt)
Getriebe: Fünf Vorwärtsgänge (3,5; 4,7; 5,8; 12; 20 km/h) und ein Rückwärtsgang, Fabrikat ZF

Maße und Gewichte: Länge 284 cm, Breite 158 cm, Radstand 175 cm, Wenderadius 260 cm, Gewicht 1 730 kg

42/45 PS Deutz-Diesel-schlepper, Typ F 3 L 514/51

Hersteller: Klöckner-Humboldt-Deutz-AG, Köln
Baujahr: 1951 bis 1956
Motor: 3-Zylinder-4-Takt-Dieselmotor mit 42/45 PS Leistung bei einer Drehzahl von 1 450 U/min und einem Hubraum von 3 990 ccm (luftgekühlt)
Getriebe: Fünf Vorwärtsgänge (4; 5,2; 6,8; 11,3; 20 km/h) und ein Rückwärtsgang sowie zwei Kriechgänge (2,1; 2,8 km/h), Fabrikat KHD
Maße und Gewichte: Länge 334 cm, Breite 177 cm, Radstand 207 cm, Wenderadius 300 cm, Gewicht 2 400 kg

60 PS Deutz-Universal-Dieselschlepper, Typ F 4 L 514

Hersteller: Klöckner-Humoldt-Deutz-AG, Köln
Baujahr: ab 1952
Motor: 4-Zylinder-4-Takt-Dieselmotor mit 60 PS Leistung bei einer Drehzahl von 1 650 U/min und einem Hubraum von 5 320 ccm (luftgekühlt)
Getriebe: Fünf Vorwärtsgänge (3,8; 5,3; 6,8; 12; 20 km/h) und ein Rückwärtsgang, Fabrikat KHD
Maße und Gewichte: Länge 375 cm, Breite 189 cm, Radstand 243 cm, Wenderadius 400 cm, Gewicht 2 875 kg

16 PS Allzweck-Bauern-Bulldog, Typ D 5506

Hersteller: Heinrich Lanz AG, Mannheim
Baujahr: 1950 bis 1952
Motor: 1-Zylinder-2-Takt-Mitteldruck-Motor mit 16 PS Leistung bei einer Drehzahl von 950 U/min und einem Hubraum von 2 800 ccm
Getriebe: Sechs Vorwärtsgänge (3,4; 4,9; 7,3; 8,9; 13; 19,3 km/h) und zwei Rückwärtsgänge (6,2; 16,4 km/h)
Maße und Gewichte: Länge 259

cm, Breite 153 – 174 cm, Radstand 167 cm, Wenderadius 260 cm, Gewicht 1 180 kg

17 PS Bulldog, Typ D 1706

Hersteller: Heinrich Lanz AG, Mannheim
Baujahr: 1952 bis 1955
Motor: 1-Zylinder-2-Takt-Mitteldruckmotor mit 17 PS Leistung bei einer Drehzahl von 950 U/min und einem Hubraum von 2 260 ccm
Getriebe: Sechs Vorwärtsgänge (3,3; 5; 7; 8,8; 13,4; 18,8 km/h) und zwei Rückwärtsgänge (6,3; 16,8 km/h)
Maße und Gewichte: Länge 273 cm, Breite 153 – 174 cm, Radstand 167 cm, Wenderadius 240 cm, Gewicht 1 180 kg

28 PS Bulldog, Typ D 2806

Hersteller: Heinrich Lanz AG, Mannheim
Baujahr: 1952 bis 1955
Motor: 1-Zylinder-2-Takt-Mitteldruckmotor mit 28 PS Leistung bei einer Drehzahl von 850 U/min und einem Hubraum von 3 720 ccm
Getriebe: Sechs Vorwärtsgänge (3,3; 5,1; 7; 8,8; 14,4; 18,5 km/h) und zwei Rückwärtsgänge (5,1; 13,4 km/h)
Maße und Gewichte: Länge 317 cm, Breite 165 – 175 cm, Radstand 182 cm, Wenderadius 260 cm, Gewicht 2 100 kg

36 PS Bulldog, Typ D 3606

Hersteller: Heinrich Lanz AG, Mannheim
Baujahr: 1953 bis 1956
Motor: 1-Zylinder-2-Takt-Mitteldruckmotor mit 36 PS Leistung bei einer Drehzahl von 1 050 U/min und einem Hubraum von 3 720 ccm
Getriebe: Sechs Vorwärtsgänge (3,4; 4,6; 5,7; 11,3; 15,6; 19,2 km/h) und zwei Rückwärtsgänge (5,2; 17,2 km/h)
Maße und Gewichte: Länge 317 cm, Breite 183 cm, Radstand 182 cm, Wenderadius 280 cm, Gewicht 2 390 kg

Allgaier-Ackerschlepper, Typ R 18

Hersteller: Allgaier Werkzeugbau GmbH, Uhingen
Baujahr: 1947 bis 1949
Motor: 1-Zylinder-4-Takt-Dieselmotor mit 18/20 PS Leistung bei einer Drehzahl von 1 500 U/min und einem Hubraum von 1 840 ccm
Getriebe: Vier Vorwärtsgänge (2,7; 4,8; 8,5; 17 km/h) und ein Rückwärtsgang (2,7 km/h)
Maße und Gewichte: Länge 260 cm, Breite 148 cm, Radstand 150 cm, Gewicht 1 600 kg

Allgaier-Dieselschlepper, Typ A 22

Hersteller: Allgaier Werkzeugbau GmbH, Uhingen
Baujahr: (1947) 1950 bis 1952
Motor: 1-Zylinder-4-Takt-Dieselmotor mit 22 PS Leistung bei einer Drehzahl von 1 500 U/min und einem Hubraum von 1 840 ccm
Getriebe: Vier Vorwärtsgänge (3,1; 5,1; 9,9; 19,8 km/h) und ein Rückwärtsgang (3,1 km/h)
Maße und Gewichte: Länge 260 cm, Breite 157 cm, Radstand 150 cm, Gewicht 1 700 kg

Allgaier-Diesel-Schlepper, Typ AP 17, System Porsche

Hersteller: Allgaier Maschinenbau GmbH, Uhingen und Friedrichshafen
Baujahr: 1950 bis 1952
Motor: 2-Zylinder-4-Takt-Dieselmotor mit 18 PS Leistung bei einer Drehzahl von 2 000 U/min und einem Hubraum von 1 374 ccm (luftgekühlt)
Getriebe: Fünf Vorwärtsgänge (2,5; 4; 5,8; 10; 20 km/h) und ein Rückwärtsgang (2,5 km/h)
Maße und Gewichte: Länge 250 cm, Breite 152 cm, Radstand 150 cm, Wenderadius 70 cm, Gewicht 950 kg

Allgaier-Dieselschlepper, Typ A 12

Hersteller: Allgaier Maschinenbau GmbH, Uhingen und Friedrichshafen

Baujahr: 1951 bis 1952
Motor: 1-Zylinder-4-Takt-Dieselmotor mit 12 PS Leistung bei einer Drehzahl von 1 800 U/min und einem Hubraum von 1 081 ccm
Getriebe: Fünf Vorwärtsgänge (2,5; 3,9; 5,6; 9,6; 19,3 km/h) und ein Rückwärtsgang (2,5 km/h)
Maße und Gewichte: Länge 220 cm, Breite 150 cm, Radstand 145 cm, Wenderadius 50 cm, Gewicht 950 kg

Allgaier-Dieselschlepper, Typ A 111, System Porsche

Hersteller: Allgaier Maschinenbau GmbH, Uhingen und Friedrichshafen
Baujahr: ab 1952
Motor: 1-Zylinder-4-Takt-Dieselmotor mit 12 PS Leistung bei einer Drehzahl von 2 200 U/min und einem Hubraum von 822 ccm (luftgekühlt)
Getriebe: Vicr Vorwärtsgänge (3,2; 5,1; 8,1; 15,3 km/h) und vier Rückwärtsgänge (1,6; 2,6; 4; 7,6 km/h)
Maße und Gewichte: Länge 243 cm, Breite 128 – 179 cm, Radstand 170 cm, Wenderadius 80 cm, Gewicht 750 kg

Allgaier-Dieselschlepper, Typ A 144, System Porsche

Hersteller: Allgaier Maschinenbau GmbH, Uhingen und Friedrichshafen
Baujahr: ab 1953
Motor: 4-Zylinder-4-Takt-Dieselmotor mit 44 PS Leistung bei einer Drehzahl von 2 000 U/min und einem Hubraum von 3 290 ccm (luftgekühlt)
Getriebe: Fünf Vorwärtsgänge (4,2; 6,7; 9,8; 14,3; 23,3 km/h) und ein Rückwärtsgang (5,2 km/h) sowie ein Kriechgang (2,2 km/h)
Maße und Gewichte: Länge 313 cm, Breite 187 cm, Radstand 195 cm, Gewicht 2 230 kg

Bischoff-Dieselschlepper, Typ AS 20

Hersteller: Bischoff-Werke KG, Recklinghausen

Baujahr: ab 1951
Motor: 2-Zylinder-4-Takt-Dieselmotor mit 20 PS Leistung bei einer Drehzahl von 1 800 U/min und einem Hubraum von 1 590 ccm, Fabrikat Henschel & Sohn, Kassel
Getriebe: Fünf Vorwärtsgänge (3,4; 5,6; 8,1; 11,8; 20 km/h) und ein Rückwärtsgang, Fabrikat Hurth
Maße und Gewichte: Länge 254 cm, Breite 147 cm, Radstand 167 cm, Wenderadius 240 cm, Gewicht 1 310 kg

Holder-Dieselschlepper, Typ B 10

Hersteller: Holder GmbH, Grunbach
Baujahr: ab 1952
Motor: 1-Zylinder-2-Takt-Dieselmotor mit 9,5 PS Leistung bei einer Drehzahl von 2 000 U/min und einem Hubraum von 503 ccm, Fabrikat Holder
Getriebe: Vier Vorwärtsgänge (2,6 bis 15,5 km/h) und ein Rückwärtsgang (2,6 km/h), Fabrikat Holder
Maße und Gewichte: Länge 204 cm, Breite 95 bzw. 145 cm, Radstand 131 cm, Gewicht 640 kg

Holder-Dieselschlepper, Typ A 10

Hersteller: Holder GmbH, Grunbach
Baujahr: ab 1954
Motor: 1-Zylinder-2-Takt-Dieselmotor mit 10 PS Leistung bei einer Drehzahl von 2 000 U/min und einem Hubraum von 500 ccm, Fabrikat Fichtel & Sachs (Lizenz Holder)
Getriebe: Vier Vorwärtsgänge (2,3 bis 13,5 km/h) und zwei Rückwärtsgänge (2,3; 6,2 km/ h), Fabrikat Holder
Maße und Gewichte: Länge 195 cm, Breite 70 bzw. 93 cm, Radstand 100 cm, Gewicht 685 kg

Kelkel-Schlepper, Typ JK 15

Hersteller: Josef Kelkel, Fahrzeugbau, Tamm/Württ.
Baujahr: ab ca. 1951
Motor: 1-Zylinder-4-Takt-Dieselmotor mit 15 PS Leistung bei

einer Drehzahl von 1 500 U/min und einem Hubraum von 1 178 ccm, Fabrikat MWM
Getriebe: Fünf Vorwärtsgänge (2,6; 4,7; 7,4; 11,7; 18,7 km/h), ein Rückwärtsgang, Fabrikat ZF
Maße und Gewichte: Länge 245 cm, Breite 152 cm, Radstand 155 cm, Gewicht 1 280 kg

Kögel-Dieselschlepper, Typ K 22

Hersteller: Kurt Kögel, Schlepperfabrik, München
Baujahr: ab 1949
Motor: 2-Zylinder-4-Takt-Dieselmotor mit 22 PS Leistung bei einer Drehzahl von 1 500 U/min und einem Hubraum von 2 353 ccm, Fabrikat MWM
Getriebe: Vier Vorwärtsgänge (3,3; 6,2; 10,5; 19,2 km/h) und ein Rückwärtsgang (2,5 km/h), Fabrikat ZF
Maße und Gewichte: Länge 290 cm, Breite 160 cm, Gewicht 1 600 kg

Kögel-Dieselschlepper, Typ K 45

Hersteller: Kurt Kögel, Schlepperfabrik, München
Baujahr: ab 1951
Motor: 4-Zylinder-4-Takt-Dieselmotor mit 45 PS Leistung bei 2 000 U/min und einem Hubraum von 3 180 ccm, Fabrikat Henschel & Sohn, Kassel

Getriebe: Sieben Vorwärtsgänge (5,1; 7,2; 10; 13; 18,2; 25; 30 km/h) und ein Rückwärtsgang (7 km/h), Fabrikat ZF
Maße und Gewichte: Länge 320 cm, Breite 162 cm, Radstand 210 cm, Wenderadius 320 cm, Gewicht 1 900 kg

Linke-Hofmann-Busch-Dieselschlepper, Typ LHB LHS 25

Hersteller: Linke-Hofmann-Busch, Waggon-Fahrzeug-Maschinen GmbH, Salzgitter-Watenstedt
Baujahr: 1950 bis 1951
Motor: 2-Zylinder-4-Takt-Dieselmotor mit 22 PS Leistung bei einer Drehzahl von 2 000 U/min und einem Hubraum von 1 590 ccm, Fabrikat Henschel & Sohn, Kassel
Getriebe: Fünf Vorwärtsgänge (3,4; 6,2; 8,9; 13,5; 22,5 km/h) und ein Rückwärtsgang (2,5 km/h), Fabrikat ZF
Maße und Gewichte: Länge 272 cm, Breite 176 cm, Radstand 184 cm, Wenderadius 350 cm, Gewicht 1 300 kg

Rathgeber-Famo-Diesel-Raupenschlepper, Typ „Boxer"

Hersteller: Waggonfabrik Jos. Rathgeber AG, München
Baujahr: ab 1951

Der Allgaier A 22 mit 22 PS 1-Zylinder-4-Takt-Dieselmotor im Feldeinsatz.
Foto: Bauer

Der Unimog mit 25 PS Motorleistung wurde ab 1948 bei der Werkzeugmaschinenfabrik Boehringer in Göppingen gefertigt. Foto: Bauer

Getriebe: Fünf Vorwärtsgänge (3,4 bis 18,5 km/h) und ein Rückwärtsgang, Fabrikat ZA
Maße und Gewichte: Länge 157 cm, Breite 155 cm, Radstand 149 cm, Wenderadius 250 cm, Gewicht 1 300 kg

Wesseler-Dieselschlepper, Typ W 17

Hersteller: H. Wesseler OHG, Schlepper- und Fahrzeugbau, Altenberge
Baujahr: ab 1952
Motor: 2-Zylinder-4-Takt-Dieselmotor mit 17 PS Leistung bei einer Drehzahl von 2 000 U/min und einem Hubraum von 1 250 ccm, Fabrikat MWM
Getriebe: Fünf Vorwärtsgänge (2,7 bis 20,2 km/h) und ein Rückwärtsgang (3,8 km/h), Fabrikat ZP
Maße und Gewichte: Länge 260

Motor: 4-Zylinder-4-Takt-Dieselmotor mit 52 PS Leistung bei einer Drehzahl von 1 420 U/min und einem Hubraum von 4 460 ccm, Fabrikat Kämper, Berlin
Getriebe: Vier Vorwärtsgänge (2,8; 4; 5,3; 7,2 km/h) und ein Rückwärtsgang (3,6 km/h)
Maße und Gewichte: Länge 310 cm, Breite 157 cm, Wenderadius 155 cm, Gewicht 4 400 kg, Zughakenkraft 3 400 kg

Röhr-Dieselschlepper, Typ 15 R

Hersteller: Maschinenfabrik E. Röhr, Landshut
Baujahr: ab 1950
Motor: 1-Zylinder-4-Takt-Dieselmotor mit 15 PS Leistung bei einer Drehzahl von 1 600 U/min und einem Hubraum von 1 180 ccm, Fabrikat MWM
Getriebe: Fünf Vorwärtsgänge (3,4; 5,6; 8,1; 11,8; 20 km/h) und ein Rückwärtsgang (3,2 km/h), Fabrikat Hurth
Maße und Gewichte: Länge 245 cm, Breite 150 cm, Radstand 160 cm, Wenderadius 220 cm, Gewicht 1 280 kg

Sendling-Dieselschlepper, Typ AS 7

Hersteller: Motorenfabrik München-Sendling, O. Vollnhals KG, München
Baujahr: ab 1949
Motor: 1-Zylinder-4-Takt-Dieselmotor mit einer Leistung von 15 PS bei einer Drehzahl von 1 500 U/min und einem Hubraum von 1 254 ccm, Fabrikat Sendling
Getriebe: Vier Vorwärtsgänge (3,7; 6,6; 10,4; 16 km/h) und ein Rückwärtsgang, Fabrikat ZA, oder fünf Vorwärtsgänge (3,4; 5,8; 8,2; 11,8; 20 km/h) und ein Rückwärtsgang, Fabrikat Hurth
Maße und Gewichte: Länge 232 cm, Breite 145 cm, Radstand 152 cm, Wenderadius 280 cm, Gewicht 1 000 bzw. 1 250 kg

Sulzer-Dieselschlepper, Typ S 18

Hersteller: Maschinenbau Ing. Sulzer, Harthausen
Baujahr: ab 1951
Motor: 1-Zylinder-4-Takt-Dieselmotor mit 18 PS Leistung bei einer Drehzahl von 1 600 U/min und einem Hubraum von 1 180 ccm, Fabrikat MWM
cm, Breite 151 cm, Radstand 175 cm, Gewicht 1 200 kg

Im Viertakt in die Zukunft

Die 50er Jahre: Wasser- kontra Luftkühlung – Zweitakt- kontra Viertakt-Motor

Die vier Motorbaukonzeptionen – sowohl Wasserkühlung als auch Luftkühlung, 2-Takt- oder 4-Takt-Verbrennungs-Verfahren – gehörten in den 50er Jahren zu den am lebhaftesten diskutierten Entwicklungen im Schlepperbau.

Um das Ergebnis gleich vorweg zu nehmen, heute beherrschen ausschließlich 4-Takt-Dieselmotoren sowohl wasser- als auch luftgekühlt den deutschen Schlepperbau. Der erste serienmäßig gebaute Schlepper der Welt mit luftgekühltem Dieselmotor war der von den Gebrüdern Eicher in Forstern 1948 auf den Markt gebrachte Typ ED 16. Seine Entwicklung ging auf einen BMW-Flugzeugmotoren-Ingenieur zurück.

Luftkühlung serienmäßig

Die Idee, ihre Schlepper mit luftgekühlten Dieselmotoren eigener Konstruktion auszurüsten, kam den Gebrüdern Eicher schon in den letzten Kriegsjahren. In dieser Zeit mußten sie in ihrer Schlepperfabrik luftgekühlte Flugzeugmotoren für die Wehrmacht fertigen. Sie erkannten schnell die Vorteile dieses Kühlsystems.

Der stehend angeordnete 1-Zylinder-Dieselmotor mit der Typenbezeichnung ED 1 arbeitete nach dem Viertakt-Verfahren mit Direkteinspritzung in den Verbrennungsraum. Bei einer Zylinderbohrung von 110 mm und einem Hub von 150 mm ergab sich ein Hubraum von 1 425 ccm. Bei einer Nenndrehzahl von 1 500 U/min gab der 350 kg schwere Motor eine Dauerleistung von 16 PS ab. Die Kühlung des stark verripp-

ten Zylinders sowie des Zylinderkopfes erfolgte über ein rechtsseitig angeordnetes Radialgebläse. Es wurde über einen Keilriemen von der Kurbelwelle angetrieben. Die luftgekühlten Eicher-Motoren bewährten sich von Anfang an sehr gut, so daß man in Forstern die Weiterentwicklung dieser Motoren vornahm.

Im Jahr 1957 konnte man eine komplette Schlepperbaureihe von 12 bis 60 PS anbieten. Alle Schlepper wurden von eigenen, luftgekühlten Dieselmotoren angetrieben, wobei die mehrzylindrigen Motoren zur Kühlung jeweils von einem eigenen Radialgebläse versorgt wurden.

Erfahrungen mit der Luftkühlung

Dem Beispiel von Eicher folgte kurze Zeit später der Motorsägenfabrikant Andreas Stihl aus

Waiblingen. Er bot ab 1948 ebenfalls einen Schlepper mit einem luftgekühlten 1-Zylinder-Dieselmotor an. Die Entwicklung dieses 2-Takt-Dieselmotors basierte auf den langjährigen Erfahrungen der Firma im Bau von luftgekühlten Vergasermotoren für Motorsägen und Notstromaggregaten. Der luftgekühlte 1-Zylinder-Stihl-Dieselmotor mit 633 ccm Hubraum leistete bei 2 000 U/min 12 PS und wog inkl. Axialgebläse nur 95 kg.

Ab 1949 begann man auch bei KHD die Vorteile der Luftkühlung bei Dieselmotoren zu propagieren. KHD verfügte als einzige Schlepperbaufirma über langjährige Erfahrungen im Bau von luftgekühlten Dieselmotoren, deren Entwicklung auf einen Auftrag des Heereswaffenamtes von 1942 zurückreichte. Damals entwickelte man auf der Basis des wassergekühlten 4-Zylinder-Diesel-

Der Eicher-Schlepper, Typ EKL 15/II, Baujahr 1954, war mit einem luftgekühlten 16 PS Eicher-Dieselmotor und einem 5-Gang-Getriebe von Hurth ausgestattet.
Foto: Hummel

motors, Typ F4M 514, innerhalb kürzester Zeit einen luftgekühlten Dieselmotor, Typenbezeichnung F4L 514.

Er arbeitete aus thermischen Gründen im Gegensatz zu den wassergekühlten Motoren nicht nach dem Vorkammer- sondern nach dem Wirbelkammerverfahren. Der Motor wurde in den letzten Kriegsjahren im Raupenschlepper Ost (RSO) verwendet. Nach dem Krieg wurde dieser Motor auch in den Waldschlepper eingebaut und fand ebenfalls im 1948 vorgestellten Magirus-Deutz-Lkw, Typ S 3 000, Verwendung.

Kühlung durch Axialgebläse

Im Jahr 1949 entstanden bei Deutz mehrere Prototypen eines Radschleppers mit luftgekühltem 2-Zylinder-Dieselmotor, Typenbezeichnung F2L 514. Die Serienproduktion wurde aufgrund technischer Schwierigkeiten erst 1950 in Köln aufgenommen.

Der erste serienmäßig gebaute Deutz-Dieselschlepper war der Typ F1L 514, dessen Fabrikation 1950 anlief. Da dieser

Motor vom 4-Zylinder-Typ abgeleitet wurde, hatte auch der 1-Zylinder-Motor bei einer Bohrung von 110 mm und einem Hub von 140 mm das gleiche Hubvolumen von 1 330 ccm pro Zylinder wie die mehrzylindrigen Typen dieser Baureihe. Der durch ein Axialgebläse gekühlte Motor leistete bei 1 650 U/min 15 PS. Im gleichen Jahr erschien KHD dann auch mit dem schon lange angekündigten 28 PS Schlepper mit luftgekühltem 2-Zylinder-Dieselmotor.

Als vierter Anbieter von Schleppern mit luftgekühlten Dieselmotoren erschien zur DLG-Ausstellung 1950 Allgaier mit dem Porsche-Volksschlepper, Typ AP 17. Der luftgekühlte 2-Zylinder-4-Takt-Dieselmotor arbeitete wie die Deutz-Motoren nach dem Wirbelkammerverfahren. Der Hubraum betrug 1 374 ccm.

Somit hatte dieser Dieselmotor das geringste Hubvolumen pro Zylinder von den damals angebotenen Schleppern mit luftgekühlten Motoren. Sowohl Motor als auch Schlepper basierten auf Entwicklungsarbeiten, die schon während des Krieges

von Prof. Porsche eingeleitet worden waren.

Motoren von Deutz

Bis Mitte des Jahres 1951 boten ausschließlich die Firmen Eicher, Stihl, KHD und Allgaier ihre Schlepper mit eigenen luftgekühlten Dieselmotoren an. Luftgekühlte Dieselmotoren von KHD fanden dann auch in den Schleppern von Eicher und Fahr Verwendung.

Im Jahr 1951 kamen als neue Anbieter von luftgekühlten Dieselmotoren für Schlepper auch die Motoren-Werke Mannheim hinzu. Sie entwickelten auf der Grundlage ihrer bewährten wassergekühlten 1- bis 4-Zylinder-Typen eine Motorenbaureihe mit Luftkühlung. Der Aufbau der beiden Reihen (Motorblock, Kurbelwelle, Regler, Pleuelstangen, Lager etc.) war gleich, ebenso wie der Hub (95 mm), die Bohrung (120 mm) und der Hubraum pro Zylindereinheit.

Beide Baureihen hatten gleiche Anschlußmaße für Getriebe und Vorderachsbock, so daß jederzeit eine einfache Austauschmöglichkeit bestand.

Der 42 PS Deutz-Schlepper, Typ F3L 514/51, mit luftgekühltem 3-Zylinder-Dieselmotor. Foto: Bruse

MWM konnte nun – wie es der Kunde wünschte – wasser- oder luftgekühlte Motoren anbieten. Dadurch war eine vielseitige Austauschmöglichkeit zwischen ein- und mehrzylindrigen, wasser- oder luftgekühlten Typen sowie eine preiswerte Großserienfertigung möglich. Als erster luftgekühlter MWM-Dieselmotor kam der 1-Zylinder mit 15 PS Leistung im Hela-Schlepper, Typ D 15, zum Einbau.

Die Vorteile der Luftkühlung

Das damals am häufigsten angeführte Argument für die Luftkühlung war der Fortfall der Erfrierungsgefahr. Doch dieses Argument war bei richtiger Verwendung von Frostschutzmitteln ohne Gültigkeit. Als weiterer entscheidender Vorteil wurde die schnelle Erreichung der richtigen Betriebstemperatur hervorgehoben, wodurch sich ein geringerer Verschleiß von Kolben und Zylinder ergab.
Den Nachteil gegenüber den luftgekühlten Motoren behoben die Hersteller von wasser-

gekühlten Motoren durch den Einsatz von Mehrkreis-Kühlsystemen und Regelthermostaten. Damit erreichte man auch bei den wassergekühlten Motoren eine vollkommen selbsttätige Einhaltung der richtigen Betriebstemperatur trotz wechselnder Motorbelastungen, wie es auch bei den luftgekühlten Motoren mit Thermostat gegeben war.
Entscheidend für den Durchbruch des luftgekühlten Motors war aber nicht allein das Kühlsystem. Es war vielmehr die Tatsache, daß der wassergekühlte Motor erstens durch den Fortfall des Wasserkühlers und des Kühlmantels leichter und kürzer war als der wassergekühlte Motor. Zweitens waren Zylinder und Zylinderköpfe bei ein- und mehrzylindrigen Motoren gleich (Baukastensystem), so daß ein Austausch einfacher und billiger als bei wassergekühlten Motoren möglich war. Drittens war eine Motorüberholung oder -reparatur, z. B. Wechseln von Kolben, Kolbenringen und Zylinder, innerhalb kürzester Zeit und mit geringem Demontageaufwand durchführbar.

Erheblich lauter

Die Luftkühlung, die sich in der Praxis schon bald bewährte, fand immer mehr Anhänger. Die Tatsache, daß der luftgekühlte Motor durch den Fortfall des Kühlmantels und durch das Luftkühlgebläse ein viel höheres Motorengeräusch abgab als die wassergekühlten Typen, spielte kaum eine Rolle. Denn dies war ja auch im Pkw-Bereich beim Volkswagen der Fall.
Mitte der 50er Jahre erweiterten die Produzenten von luftgekühlten Motoren ihr Angebot um neue Typen. Hinzu kamen weitere Anbieter mit luftgekühlten Dieselmotoren für Einachs- und Kleinschlepper (z. B. Hirth, Ilo, Berning, Fichtel & Sachs, Holder, Gutbrodt, Sendling).

Weitere Hersteller

Lanz entwickelte zusammen mit den Triumph-Werken in Nürnberg einen luftgekühlten 2-Takt-Dieselmotor. Hatz bot eine Motorenbaureihe mit luftgekühlten Ein-, Zwei- und später auch Dreizylinder-Diesel-

motoren für Schlepper und Maschinen an. Ebenso stieg auch Güldner in den Bau von luftgekühlten Dieselmotoren ein. Normag wählte ebenfalls wie die Metallwerke Creussen eine Luftkühlung für die neuentwikkelten 2-Takt-Dieselmotoren.
Als 1953 die Motorenfabrik Hatz in Ruhstorf den Schlepperbau aufnahm, wurden vorerst wassergekühlte 1- und 2-Zylinder-2-Takt-Dieselmotoren eingebaut. Schon ein Jahr später ging man zum Einbau der neuentwickelten luftgekühlten 4-Takt-Dieselmotoren über, die dann bis 1964 den Schlepperbau bei Hatz bestimmten. Verwendet wurden im Hatz-Schlepperbau luftgekühlte 1- bis 3-Zylinder-Motoren von 10 bis 40 PS Leistung.
Von den 1957 über 220 angebotenen, verschiedenen Rad- und Kettenschleppern sowie Geräteträgern waren über 60 % mit luftgekühlten Dieselmotoren ausgerüstet. Sie hatten innerhalb kürzester Zeit ihren Siegeszug angetreten. Außer Daimler-Benz und Hanomag bauten alle anderen Schlepperproduzenten auch luftgekühlte Motoren ein. Wobei 1957 die Hersteller KHD, Eicher, Fahr, Hatz, Porsche und Sulzer ihre Schlepper ausschließlich mit luftgekühlten Motoren ausrüsteten.

2-Takt oder 4-Takt?

Der populärste Vertreter des 2-Takt-Verfahrens im Schlepperbau war zweifellos der Glühkopfmotor des Lanz-Bulldogs. Er zeichnete sich durch einfachen Aufbau, geringen Wartungsaufwand und Kraftstoff-Gleichgültigkeit aus. Der Glühkopfmotor wies aber einen hohen Kraftstoffverbrauch auf. Er bestimmte ab 1921 fast ausschließlich den 2-Takt-Motorenbau.
Erst Ende der 30er Jahre kamen weitere Schlepperhersteller hinzu, die 2-Takt-Dieselmotoren verwendeten. Beispiele waren die Deuliewag mit Junkers-Gegenkolbenmotoren, sowie Seitz und Hartwig

mit Hatz-2-Takt-Dieselmotoren. Schon in den ersten Nachkriegsjahren griffen mehrere Schlepper-Produzenten in der Bundesrepublik auf die bewährten 2-Takt-Dieselmotoren von Hatz zurück. Die wichtigsten waren Schneider, Wille, Nordtrak, Klauder, Röhr u. a. Hatz baute sowohl stehend als auch liegend angeordnete 2-Takt-Dieselmotoren mit Kurbelkastenspülung und Direkteinspritzung. Bei diesen Motoren wurde eine eigene patentierte Einspritzdüse verwendet. Eine Besonderheit der Hatz-Motoren waren die Wangen der Kurbelwelle, die zur besseren Abdichtung des Kurbelgehäuses scheibenförmig ausgeführt und sehr stabil waren.

Gegenkolben-Motor

In der DDR hingegen wurden nach dem Krieg in großer Zahl Holzgasschlepper mit 2-Takt-Junkers-Gegenkolben-Dieselmotoren versehen, wofür komplette Umrüstsätze zu bekommen waren.
Die Junkers-2-Takt-Dieselmotoren, die sowohl in ein- oder mehrzylindriger Ausführung hergestellt wurden, wichen stark von der üblichen Motorenbauart ab. In dem oben und unten offenen Zylinder bewegten sich zwei Kolben gegeneinander. Der untere war durch eine Pleuelstange mit der Kurbelwelle verbunden. Der obere Kolben übertrug seine Kraft über eine Querverbindung und zwei beiderseits des Zylinders angeordnete Pleuelstangen ebenfalls auf die Kurbelwelle. Im oberen und im unteren Teil des Zylinders waren jeweils Einlaß- und Auslaßschlitze vorhanden. Durch eine zusätzliche Ladepumpe wurde Frischluft in den Zylinder gedrückt und eine gute Spülung erreicht. Sobald beide Kolben in der Mittelstellung waren, wurde durch die Düse der Kraftstoff in den rotierenden Luftstrom gedrückt und verwirbelt. Durch die Verbrennung wurden beide Kolben bewegt.

Als neue Schlepperproduzenten tauchten nach dem Krieg die Firmen Stihl und Zanker auf. Beide stellten stehend angeordnete 1-Zylinder-2-Takt-Dieselmotoren verschiedener Bauart her.
Da Stihl bereits Erfahrungen im Bau von luftgekühlten 2-Takt-Vergasermotoren besaß, entschied man sich auch beim Dieselmotor für dieses Verfahren und die Luftkühlung. Stihl wählte wie Lanz beim Bulldog-Motor die Kurbelkastenladung, bei der die Frischluft durch das Kurbelgehäuse angesaugt, vorverdichtet und über die Einlaßschlitze in den Verbrennungsraum gedrückt wurde.

Höhere Leistung durch Gleichstromspülung

Die Verbrennungsgase wurden aber nicht über Schlitze, sondern über ein Auslaßventil abgeführt. Mit diesem Verfahren, das unter Gleichstromspülung bekannt war, erreichte man eine gute Spülwirkung. Die Füllung des Verbrennungsraumes mit Luft wurde verbessert, und man erreichte dadurch eine erhebliche Leistungssteigerung gegenüber der Querspülung (Bulldog).
Der Stihl-Motor leistete bei einer Drehzahl von 2 000 U/min 12 PS. Bei einer Bohrung von 90 mm und einem Hub von 120 mm betrug der Hubraum 763 ccm. Die Hubraumleistung lag bei 15,7 PS/l.
Der 12 PS Zanker-2-Takt-Dieselmotor arbeitete genau wie die Hatz-2-Takt-Dieselmotoren mit Kurbelkastenaufladung und Umkehrspülung. Motor und Schlepper erregten damals in Fachkreisen erhebliches Aufsehen, da Zanker bisher weder als Schlepper- noch als Motorenhersteller in Erscheinung getreten war.
Im Jahr 1949 führte das neugegründete Institut für Schlepperforschung in Braunschweig-Völkenrode eine umfangreiche Kraftstoffverbrauchs-Messung bei diesem Motor durch, dessen Hubraum 1 020 ccm betrug. In dem Schlußbericht heißt es

Normag setzte bei seinen neuen 1-Zylinder-Motoren auf das 2-Takt-Verfahren und die Luftkühlung, wie hier beim Typ K 12a „Kornett". Foto: Koch

u.a.: „Der Zanker-Motor kommt mit 220 g/PSh bei mittlerer Belastung den besten Dieselmotoren sehr nahe". Die Hubraumleistung lag bei ca. 12 PS/l.

Neuer 2-Takter von Holder

Anfang der 50er Jahre begann auch Holder mit der Entwicklung eines Dieselmotors, der durch die vorgesehene Verwendung in Einachsschleppern besonders leicht und klein sein mußte. Nach einigen Rückschlägen präsentierte Holder dann 1951 einen wassergekühlten 2-Takt-Dieselmotor mit Kurbelkastenaufladung und Vorkammereinspritzung. Der nur 85 kg schwere 1-Zylinder-Motor mit der Typenbezeichnung D 500 hatte einen Hubraum von 502,6 ccm und gab bei 2 000 U/min 9,5 PS ab. Die Hubraumleistung betrug ca. 19 PS/l. Er wurde sowohl in den firmeneigenen Einachsschleppern als auch in den bald darauf vorgestellten Vierradschleppern der Typen B 10

und A 10 eingebaut. Nachdem Holder bis Mitte der 50er Jahre über 6 500 Dieselmotoren dieses Typs gefertigt hatte, übernahm die Fichtel & Sachs AG in Schweinfurt diesen Motor in ihr umfangreiches Fabrikationsprogramm.

Um 1952 stellten die Metallwerke Creussen erstmals ihren neuentwickelten 1-Zylinder-2-Takt-Dieselmotor der Öffentlichkeit vor, bei dem mehrere technische Ideen verwirklicht worden waren. So arbeitete der stehend angeordnete luftgekühlte Dieselmotor wie der Stihl-Motor mit Gleichstromspülung und einem gesteuerten Auslaßventil.

Das Roots-Gebläse

Die Frischluft wurde aber nicht durch das Kurbelgehäuse angesaugt, sondern über ein Drehkolbengebläse (Roots-Gebläse) in den Verbrennungsraum gedrückt. Dadurch war es möglich, ein größeres Volumen an Luft in den Ver-

brennungsraum zu befördern als es durch die Kurbelkastenverdichtung möglich war. Außerdem ergab sich eine bessere Spülung des Verbrennungsraumes. Hinzu kam eine geringe Vorverdichtung (Aufladung) der Verbrennungsluft, so daß mehr Sauerstoff für den Verbrennungsvorgang zur Verfügung stand, was wiederum eine höhere Motorleistung (22,1 PS/l) ergab.

Der nur 120 kg schwere Motor hatte einen Hubraum von 681 ccm und leistete bei 1 800 U/min 15 PS. Sowohl Kühl- als auch Aufladegebläse und Lichtmaschine wurden über zwei Keilriemen von der Kurbelwelle aus angetrieben. Der Motor fand im Unitrak und im neuentwickelten Vierrad-Schlepper „Treff" Verwendung. Doch bei beiden Schleppern der Metallwerke Creussen blieben die Absatzzahlen weit hinter den Erwartungen zurück.

Auch die erhofften Verkäufe des 2-Takt-Motors setzten nicht

Ein Lanz-Halbdiesel-Bulldog, Typ 1706, Baujahr 1953, als Antriebsmaschine vor einem Dreschkasten. Foto: Bauer

ein. Bereits 1954 wurde die Produktion von Motoren und Schleppern eingestellt, um sich u.a. der lukrativeren Fertigung von Ölöfen zuzuwenden.

Weitere Verbesserungen

Als weiterer Produzent von 2-Takt-Dieselmotoren erschien 1953 die renommierte Schlepperbaufirma Normag mit einer sehr interessanten Konstruktion. Sie zeigte, wie intensiv sich Konstrukteure und Firmen mit der Verbesserung des 2-Takt-Prinzips befaßten. Für Normag entwickelte Dr. Ing. H. König einen 2-Takt-Dieselmotor mit Umkehrspülung und Schlitzsteuerung sowie Direkteinspritzung.

Die Verbrennung setzte bei diesem Motor in einem tellerförmigen Raum im Zylinderkopf ein. Zur besseren Spülung des Verbrennungsraumes war der Motor mit einer Kolbenpumpe versehen, die über eine Hubstange vom Pleuel des Kolbens angetrieben wurde. Mit dieser Kolbenpumpe wurde

die Luft über ein federunterstütztes Plattenventil angesaugt und dann über einen Kanal in den Verbrennungsraum gedrückt.

Der Hubraum der Kolbenspülpumpe war erheblich größer als das Hubvolumen des Motors. Neben einer optimalen Spülung des Verbrennungsraumes war dadurch auch eine geringfügige Aufladung an Verbrennungsluft gegeben. Der in zwei Varianten von 12 und 16 PS gebaute Normag-2-Takt-Dieselmotor zeichnete sich durch einen geringen Kraftstoff- und Ölverbrauch sowie saubere, ölfreie Verbrennungsabgase aus. Die Hubraumleistung des Motors betrug ca. 15,6 PS/l.

Die Normag-2-Takt-Dieselmotoren wurden bis zur Einstellung der Schlepperproduktion im Jahre 1957 in die Typen K 12 (12 PS), K 15 (15 PS) K 18 (18 PS) und N 12 (12 PS) eingebaut. Außerdem bot Normag die 2-Takt-Motoren auch für stationären Betrieb und als Bootsmotoren an.

Geräteträger „Alldog"

Im Jahre 1951 stellte die Heinrich Lanz AG, Mannheim, auf der DLG-Ausstellung in Hamburg den Geräteträger „Alldog" vor. Er wurde von einem luftgekühlten 12 PS starken 2-Takt-Vergasermotor angetrieben. Der Motor stammte von dem renommierten Motorradhersteller Triumph in Nürnberg. Der unter der Typenbezeichnung Gemo 450 gebaute 1-Zylinder-Doppelkolben-Vergasermotor hatte einen Hubraum von 446 ccm und wog lediglich 53 kg.

Ab 1953 rüstete Lanz dann den Alldog mit einem ebenfalls 12 PS starken, luftgekühlten 1-Zylinder-2-Takt-Mitteldruck-Dieselmotor aus. Der Motor mit der Typenbezeichnung TWN LT 85 arbeitete mit Kurbelkastenspülung und Direkteinspritzung und wurde ebenfalls von den Triumph-Werken gebaut. Die Nennleistung von 12 PS wurde bei einer Drehzahl von 3 000 U/min abgegeben. Diese hohe Drehzahl war Voraussetzung, um den bisher verwendeten Vergasermotor, der sich nicht bewährte, austauschbar zu machen.

Die Literleistung des Motors betrug ca. 22 PS. Der nur knapp 70 kg schwere Dieselmotor mit einem Hubraum von 540 ccm wurde wie der Bulldog-Halbdiesel-Motor über einen Benzinvergaser mit Zündanlage angelassen und dann auf Dieselbetrieb umgestellt. Mit diesem Motor wurden neben den Lanz-Geräteträgern auch die Bulldog-Typen D 1306 und D 1106 ausgerüstet.

Geringerer Kraftstoffbedarf

Als Lanz zum Jahresende 1952 eine neue Bulldog-Reihe vorstellte, war dieses mit wesentlichen Verbesserungen des 2-Takt-Motors verbunden. Sie ging zwar auf Kosten der Kraftstoff-Unempfindlichkeit, der Kraftstoffverbrauch war aber wesentlich geringer als bei den Glühkopfmotoren. Bei den sogenannten Halbdiesel- oder Mitteldruckmotoren lag die Verdichtung zwischen der des Glühkopf- und des Dieselmotors. Daher mußten diese Motoren nicht wie jeder andere Dieselmotor mit Diesel, sondern mit Benzin gestartet werden.

Die letzte Lanz-Halbdiesel-Baureihe bestand aus den Typen D 5006 bzw. D 5016 (50 PS) und D 6006 bzw. D 6016 (60 PS), die einen Hubraum von 7351 ccm hatten. Die unterschiedliche Motorleistung wurde durch verschiedene Drehzahlen erreicht, die bei den 50 PS Typen bei 650 U/min und bei den 60 PS Typen bei 800 U/min lagen.

Von den Mitteldruck-Motoren ging man 1955 zu der neuen, Volldiesel-Bulldog-Reihe über, die aus den Typen D 1616 (16 PS), D 2016 (20 PS), D 2416 (24 PS) und D 2816 (28 PS) bestand. Durch Erhöhung der Verdichtung (12:1) konnte der Bulldog-Motor nach dem Vorglühen wie jeder andere Dieselmotor gestartet werden. Die Kurbelgehäusespülung und Direktein-

spritzung wurden beibehalten. Die Hubraumleistungen dieser vier neuen Typen lagen zwischen 7,1 und 10,7 PS/l.

Übernahme durch John Deere

Die letzte Bulldog-Entwicklung war der 1957 präsentierte 40 PS starke Typ D 4016 mit einem Hubraum von 4 220 ccm (Hubraumleistung 9,5 PS/l). Im gleichen Jahr übernahmen die amerikanischen John Deere Werke die Aktienmehrheit der Mannheimer Firma, die zu einer Typenänderung und 1962 zur Einstellung der Bulldog-Produktion führte. In den 39 Jahren der Produktion wurden über 200 000 Bulldogs mit 2-Takt-Motoren in Mannheim gebaut.

Mit beispiellosem Engagement

stieg die Hanomag AG 1950 in den 2-Takt-Motorenbau ein, der unter der Leitung von Dr. Ing. H. Kremser stand. Um den bäuerlichen Betrieben (60% der landwirtschaftlichen Betriebe hatten derzeit eine Fläche bis 5 ha) einen universell einsetzbaren und leichten Schlepper anzubieten, entwickelte die Hanomag einen Tragschlepper in Rahmenbauweise.

Für ihn wurde ein neuer 1-Zylinder-2-Takt-Dieselmotor konstruiert. Die Hanomag wählte für diese wassergekühlten Motoren die Umkehrspülung in Kombination mit einem Roots-Gebläse. Der neue Motor mit der Typenbezeichnung D 611 wog mit Luftfilter nur 139 kg und hatte einen Hubraum von 508 ccm. Bei 2 200 U/min gab er eine Leistung von 12 PS ab.

16 PS Lanz-Volldiesel-Bulldog, Typ D 1616, mit 1-Zylinder-2-Takt-Dieselmotor. Foto: Bauer

Somit lag die Hubraumleistung bei beachtlichen 23,6 PS/l.

Nur noch 2-Takter bei Hanomag

Auf der Basis dieses Motors entstand noch ein 2-Zylinder-2-Takt-Dieselmotor, Typenbezeichnung D 621, der in die Hanomag-Schlepper R 24 (24 PS), R 18 (18 PS), C 218 (18 PS), C 220 (20 PS), C 224 (24 PS) und in dem Typ „Greif" (14 PS) ein-

gebaut wurde. Außerdem entwickelte man in Hannover noch eine zweite 2-Takt-Motorenbaureihe, aus der nur der 2-Zylinder-Dieselmotor, Typenbezeichnung D 721, in Serie ging. Dieser Motor hatte einen Hubraum von 3 715 ccm und leistete bei 1 600 U/min 60 bzw. 65 PS, was einer Hubraumleistung von 17,5 PS/l entsprach. Bei der Hanomag war man von den Vorteilen des 2-Takt-Motors derart überzeugt, daß mit

hohen Investitionen (25 Mill. DM) eine komplette neue Motorenfertigung eingerichtet wurde. Außerdem hatte die Werksleitung beschlossen, den gesamten Schlepperbau auf 2-Takt-Dieselmotoren umzustellen und die 4-Takt-Motorenfertigung an das Zweigwerk nach Argentinien abzugeben. Doch es kam anders als in Hannover geplant. Zwar gehörte der 1953 vorgestellte R 12 zu den modernsten und am besten

Von einem neuentwickelten 1-Zylinder-2-Takt-Dieselmotor mit Auflade-gebläse wurde der Hanomag R 12 KB angetrieben. Foto: Bauer

Ab 1954 baute Hatz in seine Schlepper auch luftgekühlte Dieselmotoren ein; hier der Typ TL 17 mit 2-Zylinder-Motor. Foto: Bauer

durchdachten Schlepper-Konstruktionen seiner Zeit. Er bot vielseitige Einsatzmöglichkeiten (Hydraulik, Mähwerk, Zwischenachsanbau, Frontlader, 8-Gang-Getriebe), die für den Landwirt kaum Lücken ließen. Aber der neue Motor gab zu mehreren Mängeln Anlaß.

Geringe Schwungmasse

Durch die geringe Schwungmasse kam der Motor sehr schnell auf Höchstdrehzahl, und der gesamte Schlepper geriet in Schwingungen und rasselte. Außerdem fiel die Drehzahl bei Belastung sehr schnell ab. Zum Fahren des R 12 war daher etwas Übung sowie öfteres Schalten nötig als bei anderen Schleppern mit höherer Schwungmasse. Ansonsten „würgte" der Motor sehr schnell ab.

Ferner war der Motor bei höherer Drehzahl sehr laut und für einen Dieselschlepper nicht charakteristisch. Dadurch bekam er bald den Beinamen „Ackermoped". Doch viel gravierender war das Problem des Auswurfs von unverbranntem schwarzem Schmieröl durch den nach hinten gerichteten Auspuff. Durch den Auswurf wurden die angehängten oder angebauten Geräte und Maschinen stark verschmutzt.

Bei den 2-Takt-Dieselmotoren lag die Abgastemperatur niedriger als bei den 4-Takt-Dieselmotoren. Besonders bei den durch das Roots-Gebläse gut

gespülten Zylindern konnte die Abgastemperatur bis auf 100 °C absinken. Dadurch wurde das zwischen Kolben und Zylinderwand gedrückte Schmieröl nicht mitverbrannt und mit den Abgasen aus dem Auspuff befördert.

Diesen Nachteil konnte der Bauer aber umgehen, indem er mit höherem Gang und verminderter Drehzahl fuhr. Durch die größere Einspritzmenge erreichte man eine höhere Abgastemperatur. Doch in der Praxis wurde genau gegenteilig verfahren. Auch Aufklärungskampagnen brachten keine Änderung des Fahrverhaltens, so daß dieser Mangel blieb.

Spitzname: „Düsenjäger"

Auch der erstmals im R 24 eingebaute 2-Zylinder-2-Takt-Dieselmotor war nicht frei von Mängeln. Es gab an Fahrwerk und Lenkung Schwächen und wegen seines durch den Kühlventilator erzeugten unangenehmen Pfeiftons wurde er bald „Düsenjäger" tituliert. Trotz mehrerer konstruktiver Änderungen konnte aber der Mangel des Ölauswurfs nicht restlos behoben werden. Nach anfänglichen großen Verkaufserfolgen stagnierte der Absatz von Hanomag-Schleppern mit 2-Takt-Dieselmotoren und war bald darauf rückläufig.

Mehr Anerkennung aus den Kreisen der Benutzer fand hingegen der 2-Takt-Dieselmotor,

Typ D 721. Er wurde in den ab 1956 gefertigten Kettenschleppern K 60 (später K 65) eingebaut. Der Motor zeichnete sich durch geringen Kraftstoffverbrauch (164 g/PSh bei 1 600 U/min Dauerbetrieb) und anspruchslose Wartung aus. Auch das Ölauswurfproblem konnte bei diesem Motor fast ganz behoben werden.

Durch die in der Praxis nicht bewährten 2-Takt-Dieselmotoren geriet die Hanomag AG in eine große Absatzkrise, und der 1954 errungene erste Platz in der deutschen Zulassungsstatistik mußte 1956 an Deutz abgegeben werden. Ein Jahr später rutschte die Hanomag mit fast 50 % weniger als zwei Jahre zuvor zugelassenen Schleppern auf den fünften Platz.

Das Aus für den 2-Takter

In den Jahren 1961/62 wurde der für die Hanomag so schicksalhafte 2-Takt-Motorenbau aufgegeben. Damit ging auch die Ära des 2-Takt-Motorenbau im deutschen Schlepperbau zu Ende.

Entscheidender Vorteil für die Verwendung von 2-Takt-Dieselmotoren im Schlepper war damals die einfache Bauweise. Der gesamte Ventiltrieb fiel weg, ferner war die Fertigung einfach und preiswert. Die Motoren zeichneten sich durch niedriges Gewicht und geringen spezifischen Kraftstoffverbrauch aus.

Nachteilig war hingegen, daß eine optimale Spülung des Verbrennungsraumes nur mit Zusatzaggregaten (Spülpumpe, Spülgebläse, gesteuertes Auslaßventil) möglich war. Durch die Aggregate wurde der Vorteil eines einfachen Dieselmotors wieder aufgehoben.

Technische Daten

Eicher-Dieselschlepper, Typ ED 40

Hersteller: Gebr. Eicher, Traktorenfabrik, Forstern
Baujahr: ab 1955
Motor: 2-Zylinder-4-Takt-Dieselmotor mit 40 PS Leistung bei einer Drehzahl von 1 650 U/min und einem Hubraum von 3 100 ccm
Getriebe: Fünf Vorwärtsgänge (3,2 bis 19,5 km/h) und ein Rückwärtsgang (4,2 km/h), Fabrikat Zahnradfabrik Passau
Maße und Gewichte: Länge 330 cm, Breite 186 cm, Radstand 215 cm, Gewicht 2 200 kg

Eicher-Dieselschlepper, Typ ED 60

Hersteller: Gebr. Eicher, Traktorenfabrik, Forstern
Baujahr: ab 1955
Motor: 3-Zylinder-4-Takt-Dieselmotor mit 60 PS Leistung bei einer Drehzahl von 1 650 U/min und einem Hubraum von 4 670 ccm
Getriebe: Fünf Vorwärtsgänge (4,0 bis 19,2 km/h) und zwei Rückwärtsgänge (1,8; 3,1 km/h), Fabrikat Zahnradfabrik Passau
Maße und Gewichte: Länge 372 cm, Breite 190 cm, Radstand 238 cm, Gewicht 3 075 kg

Eicher-Allradschlepper, Typ EA 600 „Mammut"

Hersteller: Gebr. Eicher, Traktoren- und Landmaschinen-Werke, Forstern
Baujahr: 1965
Motor: 4-Zylinder-4-Takt-Dieselmotor mit 60 PS Leistung bei einer Drehzahl von 2 000 U/min und einem Hubraum von 3 927 ccm
Getriebe: Acht Vorwärtsgänge (0,54 bis 20 km/h oder 0,77 bis 28 km/h) und vier Rückwärtsgänge, Fabrikat Zahnradfabrik Friedrichshafen
Maße und Gewichte: Länge 340 cm, Breite 194 cm, Radstand 221 cm, Gewicht 2 775 kg

Kramer-Dieselschlepper, Typ K 33

Hersteller: Gebr. Kramer GmbH, Gutmadingen
Baujahr: 1953
Motor: 2-Zylinder-4-Takt-Dieselmotor mit 33 PS Leistung bei einer Drehzahl von 1 600 U/min und einem Hubraum von 2 660 ccm, Fabrikat KHD
Getriebe: Fünf Vorwärtsgänge (3,3; 5,4; 7,8; 11,3; 20 km/h) und ein Rückwärtsgang (4,2 km/h), Fabrikat Zahnradfabrik Friedrichshafen
Maße und Gewichte: Länge 290 cm, Breite 170 cm, Radstand 182 cm, Gewicht 1 750 kg

Fahr-Dieselschlepper, Typ D 45

Hersteller: Maschinenfabrik Fahr AG, Gottmadingen
Baujahr: 1953
Motor: 3-Zylinder-4-Takt-Dieselmotor mit 45 PS Leistung bei einer Drehzahl von 1 600 U/min und einem Hubraum von 3 990 ccm, Fabrikat KHD
Getriebe: Sechs Vorwärtsgänge (1,9; 3,7; 5,9; 8,6; 12,6; 20 km/h) und ein Rückwärtsgang (4.6 km/h), Fabrikat Zahnradfabrik Friedrichshafen
Maße und Gewichte: Länge 366 cm, Breite 216 cm, Radstand 2 100 cm, Gewicht 2 420 kg

Allgaier-Dieselschlepper, Typ AP 22

Hersteller: Allgaier-Werke GmbH, Uhingen und Friedrichshafen
Baujahr: ab 1953
Motor: 2-Zylinder-4-Takt-Dieselmotor mit 22 PS Leistung bei einer Drehzahl von 2 000 U/min und einem Hubraum von 1 531 ccm
Getriebe: Fünf Vorwärtsgänge (2,6; 4,1; 5,8; 10; 20 km/h) und ein Rückwärtsgang (2,6 km/h), Fabrikat Allgaier
Maße und Gewichte: Länge 255 cm, Breite 146 bis 186 cm, Radstand 150 cm, Gewicht 1 270 kg

Hela-Dieselschlepper, Typ D 12 S

Hersteller: Hermann Lanz, Aulendorf
Baujahr: 1953
Motor: 1-Zylinder-4-Takt-Dieselmotor mit 12 PS Leistung bei einer Drehzahl von 1 980 U/min und einem Hubraum von 905 ccm, Fabrikat MWM
Getriebe: Fünf Vorwärtsgänge (3,3; 5,3; 7,6; 12,6; 20 km/h) und ein Rückwärtsgang, Fabrikat Hela
Maße und Gewichte: Länge 250 cm, Breite 150 cm, Radstand 162 cm, Gewicht 1 155 kg

Hela-Dieselschlepper, Typ D 24

Hersteller: Hermann Lanz, Aulendorf
Baujahr: 1953
Motor: 2-Zylinder-4-Takt-Dieselmotor mit 22 PS Leistung bei einer Drehzahl von 1 800 U/min und einem Hubraum von 1 810 ccm, Fabrikat MWM
Getriebe: Sechs Vorwärtsgänge (1,8; 3,2; 5,2; 7,4; 12,1; 20 km/h) und ein Rückwärtsgang (4,2 km/h), Fabrikat Hela
Maße und Gewichte: Länge 276 cm, Breite 150 cm, Radstand 172 cm, Gewicht 1 365 kg

Wahl-Dieselschlepper, Typ W 22

Hersteller: Karl Friedrich Wahl, Maschinenfabrik, Balingen
Baujahr: 1953
Motor: 2-Zylinder-4-Takt-Dieselmotor mit 24 PS Leistung bei einer Drehzahl von 2 000 U/min und einem Hubraum von 1 810 ccm, Fabrikat MWM
Getriebe: Fünf Vorwärtsgänge (3,2; 5,7; 8,2; 12,6; 20 km/h) und ein Rückwärtsgang (2,3 km/h), Fabrikat Zahnradfabrik Friedrichshafen
Maße und Gewichte: Länge 255 cm, Breite 150 cm, Radstand 177 cm, Gewicht 1 160 kg

Güldner-Dieselschlepper, Typ ALD

Hersteller: Güldner-Motoren-Werke, Aschaffenburg
Baujahr: 1954 bis 1959
Motor: 2-Zylinder-4-Takt-Dieselmotor mit 17 PS Leistung bei einer Drehzahl von 2 000 U/min und einem Hubraum von 1 305 ccm
Getriebe: Fünf Vorwärtsgänge (2,5; 4,2; 6,8; 10,6; 18 km/h) und ein Rückwärtsgang (3,4 km/h), Fabrikat Zahnradfabrik Passau
Maße und Gewichte: Länge 286 cm, Breite 151 cm, Radstand 178 cm, Gewicht 1 050 kg

Güldner-Dieselschlepper, Typ ALB

Hersteller: Güldner-Motoren-Werke, Aschaffenburg
Baujahr: 1955 bis 1959
Motor: 2-Zylinder-4-Takt-Dieselmotor mit 22 PS Leistung bei einer Drehzahl von 2 000 U/min und 1 840 ccm Hubraum
Getriebe: Sechs Vorwärtsgänge (1,9 bis 20 km/h) und ein Rückwärtsgang (5,5 km/h), Fabrikat Zahnradfabrik Passau
Maße und Gewichte: Länge 290 cm, Breite 150 cm, Radstand 189 cm, Gewicht 1 480 kg

Hatz-Dieselschlepper, Typ TL 10 „Agricolo"

Hersteller: Motorenfabrik Hatz, Ruhstorf
Baujahr: 1954 bis 1961
Motor: 1-Zylinder-4-Takt-Dieselmotor mit 10 PS Leistung bei einer Drehzahl von 2 500 U/min und einem Hubraum von 567 ccm
Getriebe: Vier Vorwärtsgänge (0,7 bis 16 km/h) und ein Rückwärtsgang (2,2 km/h), Fabrikat Hurth
Maße und Gewichte: Länge 245 cm, Breite 144 cm, Radstand 158 cm, Gewicht 715 kg

Hatz-Dieselschlepper, Typ TL 38

Hersteller: Motorenfabrik Hatz, Ruhstorf
Baujahr: 1960 bis 1964
Motor: 3-Zylinder-4-Takt-Dieselmotor mit 38 PS Leistung bei einer Drehzahl von 1 800 U/min und einem Hubraum von 2 988 ccm
Getriebe: Acht Vorwärtsgänge (1,2 bis 19,5 km/h) und vier Rückwärtsgänge (2,2 bis 9,8 km/h), Fabrikat Zahnradfabrik Passau
Maße und Gewichte: Länge 333 cm, Breite 159 cm, Radstand 207 cm, Gewicht 1 759 kg

Schlepper mit 2-Takt-Dieselmotoren

Hatz-Dieselschlepper, Typ T 13

Hersteller: Motorenfabrik Hatz, Ruhstorf
Baujahr: 1953 bis 1957
Motor: 1-Zylinder-2-Takt-Dieselmotor mit 13 PS Leistung bei

Ein Deutz-Bauernschlepper, Typ F 1 L 514, mit luftgekühltem 1-Zylinder-4-Takt-Dieselmotor im Einsatz.
Foto: Bruse

einer Drehzahl von 1 500 U/min und einem Hubraum von 1 125 ccm

Getriebe: Fünf Vorwärtsgänge (2,9; 4,6; 7; 11,6; 18,6 km/h) und ein Rückwärtsgang (3,5 km/h), Fabrikat Zahnradfabrik Passau

Maße und Gewichte: Länge 250 cm, Breite 150 cm, Radstand 160 cm, Gewicht 1 034 kg

Hatz-Dieselschlepper, Typ T 32

Hersteller: Motorenfabrik Hatz, Ruhstorf

Baujahr: 1953 bis 1957

Motor: 2-Zylinder-2-Takt-Dieselmotor mit 32 PS Leistung bei einer Drehzahl von 1 500 U/min und einem Hubraum von 2 940 ccm

Getriebe: Vier Vorwärtsgänge (3,4; 6,4; 10,9; 20 km/h) und ein Rückwärtsgang (2,6 km/h), Fabrikat Zahnradfabrik Augsburg

Maße und Gewichte: Länge 280 cm, Breite 155 cm, Radstand 186 cm, Gewicht 1 740 kg

MWC-Dieselschlepper, Typ 15 „Treff"

Hersteller: Metallwerk Creussen, Carl Tabel, Creussen

Baujahr: ab 1954

Motor: 1-Zylinder-2-Takt-Dieselmotor mit 15 PS Leistung bei einer Drehzahl von 1 800 U/min und einem Hubraum von 681 ccm, Fabrikat MWC

Getriebe: Fünf Vorwärtsgänge (2,6; 4,4; 7,1; 11,1; 19 km/h) und ein Rückwärtsgang (3,6 km/h), Fabrikat Zahnradfabrik Passau

Maße und Gewichte: Länge 245 cm, Breite 150 cm, Radstand 160 cm, Gewicht 950 kg

Normag-Diesel-schlepper, Typ F 12 b (Kornett I)

Hersteller: Normag Zorge GmbH, Hattingen

Baujahr: 1953

Motor: 1-Zylinder-2-Takt-Dieselmotor mit 12 PS Leistung bei einer Drehzahl von 1 500 U/min und einem Hubraum von 1 280 ccm, Fabrikat Normag

Getriebe: Fünf Vorwärtsgänge (2,4; 4,4; 7; 11,3; 18 km/h) und ein Rückwärtsgang (3,5 km/h)

Maße und Gewichte: Länge 226 cm, Breite 156 cm, Radstand 140 cm, Gewicht 950 kg

Normag-Diesel-schlepper, Typ F 16 b (Kornett II)

Hersteller: Normag Zorge GmbH, Hattingen

Baujahr: 1954

Motor: 1-Zylinder-2-Takt-Dieselmotor mit 16 PS Leistung bei einer Drehzahl von 1 500 U/min und einem Hubraum von 1 289 ccm, Fabrikat Normag

Getriebe: Fünf Vorwärtsgänge (2,7; 5; 7,9; 12,3; 19,8 km/h) und ein Rückwärtsgang (4 km/h), Fabrikat Normag

Maße und Gewichte: Länge 262 cm, Breite 152 cm, Radstand 153 cm, Gewicht 1 070 kg

Lanz-Bulldog, Typ D 3206

Hersteller: Heinrich Lanz AG, Mannheim

Baujahr: 1955 bis 1956

Motor: 1-Zylinder-2-Takt-Dieselmotor mit 32 PS Leistung bei einer Drehzahl von 900 U/min und einem Hubraum von 3 710 ccm

Getriebe: Sechs Vorwärtsgänge (3,4; 5,3; 7,2; 9; 13,9; 19,2 km/h) und zwei Rückwärtsgänge (5,3; 13,9 km/h)

Maße und Gewichte: Länge: 317 cm, Breite 165 cm, Radstand 182 cm, Gewicht 2 270 kg

Lanz-Bulldog, Typ D 6007 (Verkehrsschlepper)

Hersteller: Heinrich Lanz AG, Mannheim

Baujahr: 1955 bis 1956

Motor: 1-Zylinder-2-Takt-Dieselmotor mit 60 PS Leistung bei einer Drehzahl von 800 U/min und einem Hubraum von 7 370 ccm

Getriebe: Sechs Vorwärtsgänge (4,7; 6,8; 10; 14,2; 20,7; 30,8 km/h) und zwei Rückwärtsgänge (5,9; 17,9 km/h)

Maße und Gewichte: Länge 361 cm, Breite 192 cm, Radstand 225 cm, Gewicht 3 700 kg

Lanz-Bulli, Typ D 1106

Hersteller: Heinrich Lanz AG, Mannheim

Baujahr: 1956 bis 1958

Motor: 1-Zylinder-2-Takt-Dieselmotor mit 11 PS Leistung bei einer Drehzahl von 2 500 U/min und einem Hubraum von 533 ccm, Fabrikat Lanz-TWN

Getriebe: Sechs Vorwärtsgänge (1,3; 2,2; 3,7; 6,4; 10,6; 17,6 km/h) und zwei Rückwärtsgänge (0,9 und 4,4 km/h)

Maße und Gewichte: Länge 244 cm, Breite 150 cm, Radstand 160 cm, Gewicht 774 kg

Lanz-Bulldog, Typ D 4016

Hersteller: Heinrich Lanz AG, Mannheim

Baujahr: 1957 bis 1959

Motor: 1-Zylinder-2-Takt-Dieselmotor mit 40 PS Leistung bei einer Drehzahl von 1 000 U/min und einem Hubraum von 4 220 ccm

Getriebe: Sechs Vorwärtsgänge (3,3; 5; 6,9; 8,6; 13,2; 18,1 km/h) und zwei Rückwärtsgänge (5; 15,2 km/h)

Maße und Gewichte: Länge 338 cm, Breite 181 cm, Radstand 195 cm, Gewicht 2 500 kg

Hanomag-Radschlepper, Typ R 12

Hersteller: Hanomag AG, Hannover

Baujahr: ab 1953

Motor: 1-Zylinder-2-Takt-Dieselmotor mit 12 PS Leistung bei einer Drehzahl von 2 200 U/min und einem Hubraum von 508 ccm

Getriebe: Sechs Vorwärtsgänge (1,3; 2,4; 4,2; 5,2; 9,8; 17 km/h) und zwei Rückwärtsgänge (1,6; 6,6 km/h)

Maße und Gewichte: Länge 273 cm, Breite 148 bis 167 cm, Radstand 180 cm, Gewicht 820 kg

Hanomag-Radschlepper, Typ R 24

Hersteller: Hanomag AG, Hannover

Baujahr: 1955

Motor: 2-Zylinder-2-Takt-Dieselmotor mit 24 PS Leistung bei einer Drehzahl von 2 200 U/min und einem Hubraum von 1 021 ccm

Getriebe: Sechs Vorwärtsgänge (1,7; 3,1; 4,8; 6,8; 12,5; 19,5 km/h) und zwei Rückwärtsgänge (2,2; 8,8 km/h)

Maße und Gewichte: Länge 310 cm, Breite 160 bis 186 cm, Radstand 196 cm, Gewicht 1 360 kg

Hanomag-Kettenschlepper, Typ K 60

Hersteller: Hanomag AG, Hannover

Baujahr: ab 1956

Motor: 2-Zylinder-2-Takt-Dieselmotor mit 60 PS Leistung bei einer Drehzahl von 1 600 U/min und einem Hubraum von 3 715 ccm

Getriebe: Sechs Vorwärtsgänge (2,6; 3,3; 4,3; 5,5; 7,2; 9,3 km/h) und drei Rückwärtsgänge (3,9; 5,1; 6,6 km/h)

Maße und Gewichte: Länge 355 cm, Breite 177 cm, Gewicht 6 045 kg

Hanomag-Radschlepper, Typ „Greif"

Hersteller: Hanomag AG, Hannover

Baujahr: 1960 bis 1961

Motor: 1-Zylinder-2-Takt-Dieselmotor mit 14 PS Leistung bei einer Drehzahl von 2 350 U/min und einem Hubraum von 508 ccm

Getriebe: Sechs Vorwärtsgänge (1,5 bis 20 km/h) und zwei Rückwärtsgänge (1,2; 5,2 km/h), Fabrikat Zahnradfabrik Friedrichshafen

Maße und Gewichte: Länge 270 cm, Breite 145 cm, Radstand 170 cm, Gewicht 1 075 kg

Ab 1956 wurde der 60 PS starke Hanomag-Kettenschlepper K 60 gebaut. Er wurde mit einem 2-Zylinder-2-Takt-Dieselmotor ausgerüstet.
Foto: Hanomag

60 PS leistete der 1-Zylinder-2-Takt-Halbdieselmotor im Lanz Verkehrsbulldog, Typ D 6007.
Foto: Pott

Dem 12 PS starken Lanz „Bulli", Typ D 1106, war ein luftgekühlter 2-Takt-Dieselmotor eingebaut.
Foto: Bauer

Vom Packesel zum Geräteträger

Gesucht: Ein Vielzweckschlepper für den bäuerlichen Betrieb

In den 50er Jahren versuchte man den Personalbestand in der Landwirtschaft abzubauen. Die Tragschlepper und Geräteträger als Vielzweckgeräte sollten dabei helfen.

Nachdem Endres seinen Packesel vorgestellt hatte, suchten Ende der 40er und zu Beginn der 50er Jahre Konstrukteure und Firmen nach einer Vielzweckmaschine. Sie sollte nicht nur ziehen können sondern universell einsetzbar sein. Eine weitere sehr wichtige Forderung war die Bedienung solch einer Maschine durch nur einen Mann. Dadurch sollte der hohe Personalbestand in der Landwirtschaft abgebaut und den bäuerlichen

Vielseitig einsetzbar und schön anzusehen war der 12 PS Allgaier-Tragschlepper, Typ A 111. Foto: Beine

Familienbetrieben die Motorisierung ermöglicht werden.

Mit der in den 50er Jahren einsetzenden Motorisierungswelle der bäuerlichen Landwirtschaft bot sich die Chance für die deutsche Schlepper Industrie, eine entsprechende Universalmaschine auf den Markt zu bringen und abzusetzen. Sowohl mit dem Tragschlepper, als auch mit dem Geräteträger bot man solch eine Vielzweckmaschine an.

Die landwirtschaftliche Betriebszählung von 1949 wies mehr als 1,9 Mill. Betriebe mit 0,5 ha und zusammen 13,5 Mill. ha Nutzfläche aus. Etwa 80% aller Betriebe bis 10 ha bewirtschafteten rund 40% der Nutzfläche. Diese Betriebe arbeiteten fast ausschließlich ohne Schlepper, sondern nur mit Gespanntieren. Neben der Be-

triebsgrößenstruktur war auch die Art der tierischen Anspannung von entscheidender Bedeutung. Sie sah wie folgt aus: Von den 3,3 Mill. eingesetzten Zugtieren waren ca. 36% Pferde, 55% Zugkühe und ca. 9% Zugochsen. Von den zu jener Zeit 140 000 eingesetzten Schleppern mit einer Durchschnittsleistung von 23,5 PS waren fast alle in Großbetrieben vorhanden.

Abschaffung der Zugtiere

Es war nötig, die Ernährungslage der Bevölkerung zu verbessern und den Bauern der Kleinbetriebe in der Bundesrepublik die übermäßige körperliche Arbeit zu erleichtern. Dies war aber nur durch den Austausch der tierischen gegen die motorische Zugkraft mög-

lich. Nur damit konnten ernährungswirtschaftliche Reserven erschlossen werden. Diese Reserven lagen größtenteils in der Einsparung großer Futterflächen für die Zugtiere. Vorteile versprach hier nur die Vollmechanisierung, also die Abschaffung aller Zugtiere und der Einsatz des Schleppers.

Doch der Anschaffung eines Schleppers stand damals der relativ hohe Kaufpreis entgegen. Um aber die Ertragslage des Betriebes zu verbessern, mußte erst einmal der Schlepper angeschafft werden. Außerdem mußte der Schlepper vielseitig einsetzbar sein, bevor die Vorteile zum Tragen kamen, und erst dann konnten die Zugtiere abgeschafft werden. Eine schwierige Situation für den Schlepper-Verkäufer, der hier gute und überzeugende Aufklärung leisten mußte, bevor er verkaufen konnte.

Was nach der Meinung vieler Landtechniker fehlte, war eine Vielzweckmaschine, bei der die Geräte am Heck und zwischen den Achsen angebaut werden konnten. Zapfwelle, Mähwerk, Riemenscheibe, Ladefläche und Frontlader waren weitere Komponenten, die einen wirtschaftlichen Einsatz verbessern würden. Solch eine Maschine war aber um 1950 noch nicht auf dem Markt und mußte erst einmal entwickelt werden.

Der erste Schlepper in Deutschland, bei dem Geräte zwischen den Achsen angebaut werden konnten, war der NG 23 von Normag, der ab 1947/48 angeboten wurde. Bei diesem Schlepper, der als erste Tragschlepper-Konstruktion in Deutschland angesehen werden kann, waren Zwischenachs-Anbaumöglichkeiten gegeben. Dies war möglich, indem zwischen dem Kurzgetriebe (das von dem Holzgas-Schlepper stammte) und dem Motor des Schleppers ein Zwischenstück angeflanscht wurde. Dadurch erhielt der Schlepper einen größeren Radstand. Bei Normag propagierte man diese Bauweise und

bot auch einen Rahmen zur Aufnahme von Bodenbearbeitungsgeräten zwischen den Achsen an.

Geringe Motorleistung

Die 1949 in Hannover vorgestellte Gutbrod-Farmax-Ackerbaumaschine bot ebenfalls die Möglichkeit, Zwischenachs-Geräte anzubauen, außerdem verfügte das in Rahmenbauweise aufgebaute Fahrzeug über eine Ladepritsche. Wie bei allen anderen Schleppern konnten Geräte auch am Heck angebaut werden. Mit diesem Konzept war man zwar auf dem richtigen Weg zu einer Universalmaschine. Die zu geringe Motorleistung (Benzin- oder Dieselmotor) und der hohe Preis standen der weiteren Verbreitung aber im Wege.

Über eine Ladepritsche verfügte auch der „Gayser-Muli", der in einem Versuchsexemplar von dem Hersteller von landwirtschaftlichen Anhängern, Otto Gayser in Mitteltal/Schwarzwald gebaut wurde. Das Fahrzeug war eine Rahmenkonstruktion, bei der zwei Personen auf einer Sitzbank über der Vorderachse Platz hatten. Über der Vorderachse war der 1-Zylinder-2-Takt-Stihl-Dieselmotor angebracht, dessen Kraft auf die Hinterräder übertragen wurde.

Gayser erkannte erst später die

weiteren Vorteile seiner Schlepperkonstruktion, die sich durch die schmale Bauweise und den Zentralrohrrahmen sehr gut für die Aufnahme von Zwischenachsgeräten eignete. Bald darauf bot Gayser eine zweite Ackerschiene an, die zwischen den Achsen für die Aufnahme von Bodenbearbeitungsgeräten vorgesehen war.

Mit dem ersten vollwertigen Tragschlepper erschienen die Allgaier-Werke in Uhingen im Herbst 1952. Es war der 12 PS starke A 111, der zum Preis von unter 4 000 DM angeboten wurde, was etwa dem Preis von drei Pferden entsprach. Dieser sehr leichte (750 kg) Kleinschlepper hatte eine sehr hohe Bodenfreiheit von 42 cm. Er bot durch die schmale Bauform (Wespentaille) beste Voraussetzungen zum Anbau von Geräten zwischen den Achsen, die Allgaier in Zusammenarbeit mit diversen Landmaschinenfirmen entwickelt hatte.

Außerdem bestand natürlich auch die Möglichkeit des Anbaues von Geräten am Heck, und selbst ein Frontlader und ein Anbau-Mähbinder konnten für diesen 12 PS Schlepper geliefert werden. Allgaier hatte mit diesem Schlepperkonzept einen beachtlichen Erfolg. So bot man einen kompletten Gerätesatz an, der zusammen mit dem Schlepper 6 998 DM ko-

Auch Deutz bot mit dem Typ F1L 612 ab 1953 einen Tragschlepper an. Für Arbeiten in Rückwärtsfahrt konnte der Sitz umgeschwenkt werden. Foto: Bauer

Auch der von 1962 bis 1964 gebaute Hanomag-Perfekt 300 (hier in Exportausführung) bot die Möglichkeit, Geräte zwischen den Achsen anzubauen. Foto: Bauer

stete und aus folgenden Teilen bestand: elektrischer Anlasser, hydraulischer Kraftheber, Zapfwelle, Mähwerk, Wechselpflug, Grubber, Hackgerät mit Aufzug und Eggenrahmen.

Vielseitiger Schlepper

Auch KHD nahm dieses Schlepperbaukonzept auf und brachte den 11 PS Bauernschlepper, Typ F1L 612, auf den Markt. Er zeichnete sich durch einen langen Mittelrahmen und hohe Bodenfreiheit von 49 cm aus. Mit diesem Schlepper hoffte KHD an die großen Verkaufserfolge des F1M 514 anzuknüpfen. Für den 830 kg schweren Schlepper gab es drei Anbaumöglichkeiten: vor der Vorderachse, zwischen den Achsen und am Heck.

Ein damals häufig gebrauchtes Beispiel für die Vielseitigkeit dieser Bauart war das Kartoffelpflanzen. Vor der Vorderachse des Schleppers waren zwei Pflanzlochsterne angebracht, mit denen die Löcher ausgehoben wurden. Zwischen Vorder- und Hinterachse saß an der rechten und an der linken Seite je eine Person, die die Kartoffeln aus angebauten Kisten nahm und in die Pflanzlöcher legte. Mit dem am Heck angebrachten Häufelgerät wurden die Kartoffeln dann zugedeckt. Laut Prospekt konnten mit dem 11 PS Schlepper und drei Personen in 10 Stunden bis zu 2,5 ha mit Kartoffeln bepflanzt werden.

Viel gepriesen wurde auch die Anbaumöglichkeit eines Mähbinders am Heck des Tragschleppers. Dabei mußte rück-

wärts gefahren werden, aus diesem Grunde war auch der Fahrersitz schwenkbar.

Das umfassendste Angebot an Tragschleppern und dazugehörenden Geräten hatte die Hanomag AG, die erstmals 1953 mit einem Schlepper dieser Bauweise auf den Markt kam. Bei der Hanomag hielt man sehr lange an diesem Konzept fest. Bis zur Einstellung der Schlepperproduktion in Hannover im Jahre 1970 wurden Schlepper gebaut, bei denen Zwischenachs-Anbaumöglichkeiten gegeben waren.

Der R 12 war ein Tragschlepper in Ganzrahmenbauweise, wobei der Rahmen Motor, Getriebe mit Antriebseinheit und die Vorderachse aufnahm. Die entscheidenden Vorteile dieser Bauart waren das leichte Auswechseln einzelner Baugruppen und die guten Befestigungsmöglichkeiten von Geräten am Rahmen. Die Lenkung war rechts am Rahmen vorbeigeführt, so daß auch der Fahrer auf der rechten Seite der Doppelsitzbank saß. Durch die Rechtslenkung lagen auch Brems- und Kupplungspedale an der rechten Seite.

Preiswerter Tragschlepper

Das Schaltgetriebe hatte sechs Vorwärts- und zwei Rückwärtsgänge. Im ersten Gang rollte der Schlepper bei halber Drehzahl des Motors nicht schneller als 300 m/h. Die Höchstgeschwindigkeit lag bei 19 km/h. Das Gewicht des betriebsfertigen Schleppers betrug 800 kg. Die umfangreiche Ausstattung und der geringe Preis von 4 539 DM machten den R 12 zum idealen Schlepper für den bäuerlichen Betrieb.

Auf Wunsch wurde der Schlepper mit Dreipunkthydraulik geliefert. Sie ermöglichte den Anbau aller auf das international genormte Dreipunkt-System angepaßten Bodenbearbeitungsgeräte, wie Pflug, Grubber, Eggenrahmen usw. Außerdem konnte an den R 12 ein Frontlader aus Rohrrahmen mit einer Hubkraft von 200 kg angebaut werden. Für den Zwischenachsanbau bot Hanomag einen Geräterahmen an, der hydraulisch zu heben und zu senken war. Die Betätigung der Hydraulik erfolgte für alle drei Anbaumöglichkeiten über eine am Armaturenbrett angebrachte zentrale Steuerung.

Mit einem zweiten Tragschlepper, dem R 24, erschien die Hanomag 1955. Er war ebenfalls eine Rahmenkonstruktion, die genauso aufgebaut war wie der R 12. Verwendet wurde aber ein neuentwickelter 24 PS starker 2-Zylinder-2-Takt-Dieselmotor. Der R 24 war seinerzeit der stärkste Tragschlepper auf dem Markt, der sich auch als Zugschlepper eignete. Zu diesem Schlepper gab es eine komplette Gerätereihe, die unter dem Namen Combitrac-Sy-

stem angeboten wurde.

Bis 1960 baute man in Hannover fast ein Dutzend Tragschlepper-Typen in Rahmenbauweise mit einer Motorleistung von 12 bis 24 PS. Aus wirtschaftlichen Gründen ging man dann von diesem Konzept ab. Die Schlepper-Typen „Perfekt" und „Granit" in Blockbauweise bis 48 PS Motorleistung besaßen aber weiterhin die Zwischenachs-Anbaumöglichkeiten.

Hohe Zulassungszahlen

Stihl, Allgaier, Hanomag und Deutz hatten mit ihren Tragschleppern guten Absatz, was sich in den Zulassungszahlen für das Jahr 1954 wie folgt darstellt: Stihl ca. 170 Schlepper, Allgaier (A 111) ca. 900 Schlepper, Deutz (F1L 612) ca. 2 500 Schlepper und Hanomag (R 12) ca. 3 800 Schlepper. Im Jahr 1954 wurden insgesamt ca. 22 000 Schlepper bis 12 PS Motorleistung zugelassen.

Bis Mitte der 60er Jahre folgten dann noch weitere Produzenten mit ähnlichen Konstruktionen, bei denen Zwischenachs-Anbaumöglichkeiten gegeben waren. Diese Schlepper zeichneten sich durch schmale Bauart, gute Sicht auf den Raum zwischen den Achsen und durch längeren Radstand gegenüber den Standard-Schleppern aus.

Der größte Teil der Hersteller beschränkte sich auf die Verwendung eines Zwischenstükkes, das zwischen Motor und Getriebe geflanscht wurde und so den Radstand verlängerte. Dadurch ergab sich eine preiswerte Möglichkeit, einen Geräterahmen zwischen den Achsen anzubauen.

Andere Firmen entwickelten ihre Tragschlepper von Grund auf neu. Neben dem hydraulisch zu betätigenden Anbaurahmen wurde auch ein Spezialgetriebe mit oftmals zehn und mehr Vorwärtsgängen eingebaut. Bei den Geschwindigkeitsabstufungen legte man besonderes Augenmerk auf mehrere Gänge im unteren Geschwindigkeitsbereich, da die Tragschlepper mit ihren vielfältigen Einsatzmöglichkeiten oft mit Pflanzmaschinen ausgerüstet wurden, die niedrige Arbeitsgeschwindigkeiten voraussetzten.

Geräteträger von Fahr

Eine interessante Konstruktion war der um 1955 in einigen Prototypen hergestellte 17 PS Geräteträger von Fahr, Typenbezeichnung GT 130. Bei diesem Schlepper war zwischen Motor und Getriebeblock ein sehr langes Zwischenstück gesetzt worden. An diesem Zwischenstück konnten — wie bei

Eine interessante Konstruktion war der um 1955 hergestellte 17 PS Geräteträger von Fahr, mit der Typenbezeichnung GT 130. Foto: Fahr Archiv

allen anderen Geräteträgern — die Bodenbearbeitungsgeräte angebaut werden. Außerdem war eine kippbare Ladepritsche vorgesehen.

Doch so überzeugend eine Kombination aus Schlepper und Gerät auch schien, sie konnte sich doch auf Dauer nicht durchsetzen. Der Grund dafür waren die langen Rüstzeiten — so dauerte z. B. der Anbau einer Drillmaschine zwischen den Achsen des Tragschleppers mehr als eine Stunde. Außerdem waren die Anbaugeräte nur für diesen Tragschlepper-Typ geeignet.

Nicht gerade förderlich für die weitere Verbreitung des Tragschleppers war auch die immer mehr aufkommende genormte Dreipunkthydraulik am Heck des Standard-Schleppers. Hier konnten mit nur drei Bolzen die verschiedensten Geräte auch unterschiedlicher Fabrikate angebaut werden, so daß ebenfalls eine Einheit von Schlepper und Gerät entstand. Die Idee, den Pflug fest am Schlepper anzubauen und nicht nur anzuhängen, stammte von dem Iren Harry Ferguson. Er rüstete schon nach dem Ersten Weltkrieg Fordson-Schlepper mit seinen eigenen Anbaupflügen aus und erreichte damit den entscheidenden Vorteil der Einmannbedienung und der besseren Schwerpunktverlagerung. Fergusons Prinzip fand in der ganzen Welt Anwendung. Ein weiterer Konkurrent des Tragschleppers war der Geräteträger, der vielseitiger einsetzbar war.

Lanz-Alldog

Auf der DLG-Ausstellung 1951 in Hamburg wurden erstmals zwei Geräteträger, der Lanz-Alldog und die Ruhrstahl-Landmaschine, dem staunenden Publikum gezeigt, die beide zu heftigen Diskussionen führten. Der Lanz-Geräteträger Alldog geht auf die Entwicklungsarbeit von Prof. Dr.-Ing. Wilhelm Stolle zurück, der als technisches Vorstandsmitglied bei Lanz den Bau des Alldogs durchsetzte. Der Alldog war eine vierrädrige Rahmenkonstruktion, bei der die gesamte Antriebseinheit, das Lenkgetriebe sowie Sitz und Beifahrersitz im hinteren Teil des Fahr-

Einer der modernsten Tragschlepper seiner Zeit war der Hanomag R 12, der sehr vielseitige Anbaumöglichkeiten bot.
Foto: Bauer

zeugs untergebracht waren. Zwei Rohrholme verbanden die lenkbare Vorderachse mit der hinteren Antriebseinheit. Somit bot diese Vielzweckmaschine Anbauräume zwischen den Achsen, vor der Vorderachse und am Heck. Zusätzlich konnte das Fahrzeug auch noch mit einer kippbaren Ladepritsche mit 1000 kg Tragkraft ausgerüstet werden. Außerdem waren sowohl die Spurweite (von 1,25 m bis 2,00 m) als auch der Achsabstand veränderbar. Lanz bot bald darauf ein sehr umfangreiches Programm der verschiedensten Geräte und Maschinen für den Alldog an. So gab es einen Anbau-Wechselpflug, der an den Holmen befestigt wurde. Folgende Kombination war möglich:

Kalkstreuer vor der Vorderachse, (wurde von einer Welle vom Vorderrad aus angetrieben), Grubber zwischen den Achsen und Egge am Heck. Eine Rübenvollerntemaschine (mit Blatt- und Rübenbunker) wurde ebenfalls für den Alldog entwickelt. Sehr vorteilhaft war die Anbringung eines Spritzgerätes mit 600 l Vorratsbehälter. Selbstverständlich gab es auch ein Hackgerät, einen Kartoffelroder, ein Mähwerk etc.

Doch nicht nur in der Landwirtschaft fand der Alldog ein Einsatzgebiet. Der Schlepper wurde aufgrund seiner Vielseitigkeit auch in der Bauwirtschaft eingesetzt, so z. B. mit Planierschild, Kanalreinigungsgerät, Asphalt-Spritze, Kompressor u. v. m. Schon bald standen mehr als hundert verschiedene Geräte für den Alldog zur Verfügung.

Doch der Alldog hatte einen entscheidenden Mangel: Der 12 PS Vergasermotor erwies sich für diese Maschine als zu leistungsschwach. Auch zeigte der Motor mehrere technische Mängel, so daß der Alldog bald den Spitznamen „Knalldog" bekam. Eine Ablösung des Vergasermotors erfolgte 1953 mit dem Einbau des Lanz-Halbdiesel-Motors, der mit 13 PS nur eine geringfügig höhere Motorleistung hatte. Ab 1956 rüstete Lanz dann seinen Alldog (Typ A 1806) mit 18 PS starkem 2-Zylinder-4-Takt-MWM-Dieselmotor aus.

Ruhrstahl-Landmaschine

Über den Ruhrstahl-Geräteträger konnte man aus dem DLG-Ausstellungskatalog von 1951 folgendes entnehmen: „Allzweckmaschine für die Landwirtschaft; Zugmaschine und Geräteträger. Vermeidet jede Gespannarbeit und ermöglicht die Ausführung sämtlicher Ernte- und Feldbestellungsarbeiten im Einmannbetrieb. Mittels hydraulischer Betätigung steuert und beobachtet der Fahrer der Maschine die Arbeiten der Geräte vor, unter und hinter der Maschine, einwandfreie

Sicht auf Geräte und Boden. Genaue Führung der Arbeitswerkzeuge, keine Abweichung von der Arbeitsspur bei unvermeidlichen Lenkausschlägen, gute Einsatzmöglichkeit in Intensivkulturen."

Die Idee der Ruhrstahl-Landmaschine stammte von Heinrich Hildebrand, einem der drei Firmeninhaber der Landmaschinenfabrik Hildebrand in Unna. Angeregt durch Endres Packesel machte er sich noch vor dem Krieg an die Entwicklung einer neuen Vielzweckmaschine, bei der die Geräte zwischen den Achsen an gekröpften Holmen angebaut werden sollten.

Ausreichende Motorleistung

Nach Kriegsende griff Hildebrand diese Idee wieder auf und bot der Ruhrstahl AG in Witten diese Maschine an. Unter der Leitung von Dipl. Ing. Fritz Simbriger und Ing. Hansmann wurde bei der Ruhrstahl AG innerhalb von zwei Jahren die Ruhrstahl-Landmaschine entwickelt, so wie sie 1951 in Hamburg erstmals vorgestellt wurde.

Diese Konstruktion hatte gegenüber dem Lanz-Alldog und allen anderen in den 50er Jahren auf den Markt gekommenen Geräteträgern zwei entscheidende Vorteile: Ausreichende Motorleistung (20/22 PS-Henschel-Dieselmotor) und zwei gekröpfte Holme, an denen die Geräte durchgehend angehängt werden konnten. Auch bei der Ruhrstahl-Landmaschine gab es drei Anbaubereiche – vor der Vorderachse, zwischen den Achsen und am Heck. An allen Anbauräumen konnten die Geräte durch eine zentrale Hydraulikanlage gehoben und gesenkt werden. Außerdem waren ein Frontlader und eine vordere Ladeplatte mit ca. 1500 kg Tragfähigkeit lieferbar. Große hintere Antriebsräder, die mit rund Dreiviertel des Gesamtgewichtes der Maschine belastet waren, sorgten für gute Zugkraft. Die

Mit einem umfangreichen Zubehörprogramm bot die Ruhrstahl-Landmaschine beachtliche Einsatzmöglichkeiten.
Foto: Bauer

Vorderräder waren einzeln gefedert (Teleskopfederung). In Zusammenarbeit mit verschiedenen Landmaschinenfirmen wurde ein reichhaltiges Sortiment an Bodenbearbeitungsmaschinen und Geräten entwickelt.

Die erste offizielle Vorführung der Ruhrstahl-Landmaschine auf der DLG-Ausstellung 1951 war dann auch gleich mit einem großen Verkaufserfolg verbunden: 350 Bestellungen gingen ein. Doch in den nachfolgenden Jahren hielt sich die Nachfrage nach der Universalmaschine in Grenzen.

Viel zu teuer

Immerhin mußte damals der Bauer für eine Ruhrstahl-Maschine mit den wichtigsten Geräten (für 28 Arbeitsgänge) 19 000 DM bezahlen. Das war auch der Grund, warum kaum eine Maschine in bäuerliche Betriebe ging, sondern fast alle in Mittel- oder Großbetriebe, da sie die Vorteile der Maschine ausreichend nutzen konnten. Bis 1956/57 wurde bei der Ruhrstahl AG die Landmaschine in Kleinserie produziert, danach wandte sich die Firma einem lukrativeren Produktionszweig zu.

1954 erschien auch die Karl Ritscher GmbH, Sprötze, mit einem Geräteträger auf dem Markt, der unter dem Namen „Multitrak" angeboten wurde. Die Konstruktion ging auf die Entwicklungsarbeiten von Ing. Theesefeld zurück, der 1952 bei Ritscher eintrat.

Auch Theesefeld wählte wie beim Lanz-Alldog die Zweiholm-Bauweise, wobei die beiden Holme seitlich am Motorblock befestigt waren, so daß ein Schlepper in Halbrahmenbauweise entstand. Die Holme konnten teleskopartig ausgezogen werden, damit war der Radstand im Bereich von 168 cm bis 250 cm variabel.

Um in alle Reihenkulturen einfahren zu können, war auch die Spur verstellbar. Die unter dem Rahmen angebrachte Vorderachse war pendelnd aufgehängt. Der luftgekühlte 12 PS MWM-Dieselmotor und das ZF-Getriebe mit 5 oder 10 Vorwärtsgängen bildeten die hintere Antriebseinheit. Wie bei allen anderen Geräteträgern konnte auch der Multitrak durch umfangreiches Zubehör vielseitig eingesetzt werden. Hier ein paar Beispiele: hydraulisch kippbare Ladepritsche, drei Anbauräume, hydraulische Krafteberanlage, Frontlader, Mähwerk, Dungkran.

Im Jahr 1955 erhöhte Ritscher die Motorleistung des Multitraks durch die Verwendung von luftgekühlten 2-Zylinder-Güldner-Dieselmotoren auf 17 PS. Kurzzeitig übernahm dann auch Güldner den Geräteträger in sein Schlepperprogramm auf, der als Güldner-Multitrak angeboten wurde. Bis zur Einstellung der Produktion im Jahre 1963 wurden von Ritscher rund 2 000 Geräteträger gebaut, die in den letzten Produktionsjahren mit 20 und 25 PS Deutz-Dieselmotoren versehen wurden.

Eicher-Geräteträger, Typ „Kombi"

Ab 1953 brachte auch Eicher einen 19 PS starken Geräteträger, den Typ „Kombi" (EGT 19), mit luftgekühltem 1-Zylinder-Eicher-Dieselmotor und 5-Gang-Hurth-Getriebe heraus. Wie bei Ritscher entschied man sich auch bei Eicher für die Zweiholm-Halbrahmen-Bauweise.

Spurverstellung, hydraulischer Kraftheber sowie umfangrei-

ches Zubehör (Eicher entwickelte für seinen Geräteträger einen Mistgreifer) machten den Kombi bald zu einer weitverbreiteten Universalmaschine. Die ständige Weiterentwicklung des Geräteträgers führte Mitte der 60er Jahre zum 40 PS starken G 40 mit luftgekühltem 3-Zylinder-Eicher-Dieselmotor und 8-Gang-Getriebe.

Claas „Huckepack"

Der bekannte Landmaschinen und Mähdrescher-Produzent Claas in Harsewinkel stellte 1956 das Allzweckfahrzeug „Huckepack" vor. Dieses Fahrzeug war als Fahrgestell und Antriebseinheit für ihre Mähdrescher gedacht. Durch die Zweiholm-Bauweise, Dreipunkthydraulik und Zapfwelle konnte der Huckepack aber auch als Geräteträger eingesetzt werden. Verschiedene Dieselmotoren von Hatz und MWM kamen zum Einbau.
Auf der DLG-Ausstellung 1953 in Köln stellte auch Fendt erst-

mals einen Geräteträger aus. Dieser 12 PS Geräteträger, wurde unter der Typenbezeichnung F 12 GT angeboten. Er besaß aber abweichend von den bisherigen Konstruktionen anderer Hersteller nur einen Zentralrohrträger, der die hintere Antriebseinheit mit der Vorderachse verband. Der Holm war mit einem Drehzapfen am Vorderende des Motorgehäuses drehbar gelagert, um ein Verschwenken der beiden Achsen gegeneinander zu ermöglichen.
Die Vorderachse war mit dem Holm fest verbunden. Der Vorteil dieser Bauart lag in der besseren Bodenanpassung der Geräte, die direkt von der Vorderachse geführt wurden. Dieses Prinzip hat Fendt bis heute beibehalten. Fendt bot nicht nur eine reichhaltige Palette an Geräten und Maschinen an,

sondern führte sie auch so aus, daß sie von einer Person in kürzester Zeit nur mit einem Werkzeugschlüssel an- und abgebaut werden konnten.
Mit diesem „Fendt-Einmannsystem" konnten nun innerhalb kürzester Zeit Geräte gewechselt werden. Wie alle modernen Geräteträger seiner Zeit verfügte auch der Fendt F 12 GT und alle anderen nachfolgenden Typen über eine zentrale hydraulische Kraftheberanlage. Mit ihr konnten die Geräte an allen Anbauräumen gehoben oder gesenkt werden.
Maßgeblich an der Konstruktion des Fendt-Einmannsystems war Oberingenieur Georg Heidemann beteiligt, der 1953 bei Fendt eintrat. In den nachfolgenden Jahrzehnten erfuhr der Fendt-Geräteträger nicht nur eine ständige Erhöhung der Motorleistung son-

Das Prinzip der Einholmbauweise – hier beim Fendt F 12 GT – beim Fendt-Geräteträger wurde bis heute beibehalten.
Foto: Fendt Archiv

dern auch eine laufende Anpassung an die sich wandelnde Landtechnik. Der Geräteträger ist noch heute als einziger Schlepper dieser Bauart eine ideale Vielzweckmaschine.

Nur wenige Exemplare gebaut

Einen 10 PS starken Geräteträger in Einholm-Bauweise brachten die in Möckmühl in Württemberg ansässigen Agria-Werke GmbH ca. 1954 auf den Markt. Die bekannte Herstellerin für Einachs-Schlepper stellte aber aufgrund der geringen Nachfrage nur wenige Exemplare ihres Geräteträgers her.

Über ebenfalls 10 PS Leistung verfügte der Geräteträger der Schmiedag AG in Hagen, der in Zweiholm-Bauweise ausgeführt war. Die Schmiedag AG war Anfang der 50er Jahre eine der bekanntesten Hersteller von Einachs-Schleppern (Hansa) und bot außerdem noch eine Kleinraupe an.

Ähnlich aufgebaut waren auch die Geräteträger der Hermann Schneider-Maschinen- und Gerätebau GmbH u. Co. KG in Tamm/Württ. Diese Firma spezialisierte sich auf den Bau von Gartenbau-und Baumschul-Geräteträgern, die in Zweiholm-Bauweise mit unterschiedlichen Motorleistungen bis 50 PS angeboten wurden.

Ab 1956 kam als Geräteträger-Hersteller noch die H. Wesseler oHG in Altenberge hinzu, die ihre Konstruktionen ebenfalls in Einholm-Bauweise ausführte und unter dem Namen „Ackermeister" anbot. Die mit hydraulischer Krafthebeanlage, Zapfwelle und veränderlicher Spur versehenen Geräteträger wurden mit 12, 18 und 20 PS bis ca. Ende der 50er Jahre angeboten. Die westfälische Firma erlangte allerdings niemals einen nennenswerten Marktanteil.

Technische Daten

Normag-Schlepper, Typ NG 23 K

Hersteller: Normag-Zorge GmbH, Zorge/Harz
Baujahr: 1947/48 bis 1950
Motor: 2-Zylinder-4-Takt-Dieselmotor mit 22/25 PS Leistung bei einer Drehzahl von 1 500 U/min und einem Hubraum von 2 360 ccm, Fabrikat Normag
Getriebe: Vier Vorwärtsgänge (3,6; 6,4; 11; 19,8 km/h) und ein Rückwärtsgang (2,9 km/h), Fabrikat Normag
Maße und Gewichte: Länge 267 cm, Breite 153 cm, Radstand 172 cm, Gewicht 1 620 kg, Bodenfreiheit in der Mitte 65 cm

Gutbrod-Farmax, Typ 10 D

Hersteller: Gutbrod-Motorenbau GmbH, Plochingen
Baujahr: ab 1949
Motor: 1-Zylinder-4-Takt-Dieselmotor mit 10 PS Leistung bei einer Drehzahl von 1 800 U/min und einem Hubraum von 763 ccm, Fabrikat Farny & Weidmann, Lampertheim
Getriebe: Drei Vorwärtsgänge (3,4; 5,6; 13,6 km/h) und ein Rückwärtsgang (2,4 km/h), Fabrikat Getrag
Maße und Gewichte: Länge 295 cm, Breite 165 cm, Radstand 145 cm, Gewicht 850 kg

Deutz-Bauernschlepper, Typ F1L 612

Hersteller: Klöckner-Humboldt-Deutz AG, Köln
Baujahr: ab 1953
Motor: 1-Zylinder-4-Takt-Dieselmotor mit 11 PS Leistung bei einer Drehzahl von 2 100 U/min und einem Hubraum von 763 ccm
Getriebe: Sechs Vorwärtsgänge (2; 4; 6,5; 6; 11,5; 19 km/h) und drei Rückwärtsgänge (2; 4; 6,5 km/h)
Maße und Gewichte: Länge 278 cm, Breite 141 cm, Radstand 180 cm, Gewicht 830 kg

Hanomag-Schlepper, Typ C 112

Hersteller: Rheinstahl Hanomag AG, Hannover
Baujahr: ab 1957
Motor: 1-Zylinder-2-Takt-Dieselmotor mit 12 PS Leistung bei einer Drehzahl von 2 200 U/min und einem Hubraum von 511 ccm
Getriebe: Sechs Vorwärtsgänge (1,4; 2,7; 4,6; 5,7; 10,9; 19 km/h) und zwei Rückwärtsgänge (1,8; 7,3 km/h)
Maße und Gewichte: Länge 281 cm, Breite 148 cm, Radstand 180 cm, Gewicht 890 kg

Hanomag-Schlepper, Typ C 220

Hersteller: Rheinstahl Hanomag AG, Hannover
Baujahr: ab 1959
Motor: 2-Zylinder-2-Takt-Dieselmotor mit 20 PS Leistung bei einer Drehzahl von 1 870 U/min und einem Hubraum von 1 022 ccm
Getriebe: Sechs Vorwärtsgänge (1,5; 2,7; 4,3; 6; 11,3; 18 km/h) und zwei Rückwärtsgänge (1,9; 7,7 km/h)
Maße und Gewichte: Länge 310 cm, Breite 160 cm, Radstand 196 cm, Gewicht 1 370 kg

Hanomag-Schlepper, Typ Perfekt 300

Hersteller: Rheinstahl Hanomag AG, Hannover
Baujahr: ab 1962
Motor: 2-Zylinder-4-Takt-Dieselmotor mit 25 PS Leistung bei einer Drehzahl von 2 400 U/min und einem Hubraum von 1 399 ccm
Getriebe : Sechs Vorwärtsgänge (1,8; 2,9; 4,9; 7,2; 11,7; 20 km/h) und zwei Rückwärtsgänge (2,6; 10,6 km/h)
Maße und Gewichte: Länge 338 cm, Breite 155 cm, Radstand 204 cm, Gewicht 1 710 kg

Fahr-Gerätetrak, Typ GT 130

Hersteller: Maschinenfabrik Fahr AG, Gottmadingen
Baujahr: 1955

Motor: 2-Zylinder-4-Takt-Dieselmotor mit 17 PS Leistung bei einer Drehzahl von 2 000 U/min und einem Hubraum von 1 300 ccm, Fabrikat Güldner
Getriebe: Zwölf Vorwärts- und zwölf Rückwärtsgänge (0,8 bis 19,6 km/h), Fabrikat Zahnradfabrik Passau
Maße und Gewichte: Länge 388 cm, Breite 164 bis 213 cm, Radstand 235 cm, Gewicht 1 605 kg

Lanz-Alldog

Hersteller: Heinrich Lanz AG Mannheim
Baujahr: 1951 bis 1953
Motor: 1-Zylinder-2-Takt-Doppelkolben-Vergasermotor mit 12 PS Leistung bei einer Drehzahl von 3 200 U/min und einem Hubraum von 466 ccm, Fabrikat Triumph, Nürnberg
Getriebe: Fünf Vorwärtsgänge (2,6; 4,8; 7,5; 11,8; 19 km/h) und ein Rückwärtsgang
Maße und Gewichte: Länge bis 375 cm, Breite 125 bis 200 cm, Radstand 225 cm, Gewicht 750 kg

Lanz-Alldog, Typ A 1305

Hersteller: Heinrich Lanz AG Mannheim
Baujahr: 1953 bis 1956
Motor: 1-Zylinder-2-Takt-Dieselmotor mit 13 PS Leistung bei einer Drehzahl von 2 800 U/min und einem Hubraum von 533 ccm (luftgekühlt), Fabrikat Lanz/TWN
Getriebe: Sechs Vorwärtsgänge (0,5; 2,5; 4,4; 7,1; 11,1; 18,9 km/h) und ein Rückwärtsgang (3,6 km/h), Fabrikat Zahnradfabrik Friedrichshafen
Maße und Gewichte: Länge bis 376 cm, Breite 162 bis 204 cm, Radstand 220 bis 230 cm, Gewicht 1 060 kg

Lanz-Alldog, Typ A 1806

Hersteller: Heinrich Lanz AG Mannheim
Baujahr: ab 1956
Motor: 2-Zylinder-4-Takt-Dieselmotor mit 18 PS Leistung bei einer Drehzahl von 2 000 U/min und einem Hubraum von 1 250 ccm, Fabrikat MWM

Getriebe: Sechs Vorwärtsgänge (1,8; 2,8; 5,1; 7,2; 11; 18,4 km/h) und ein Rückwärtsgang (5,1 km/h), Fabrikat Zahnradfabrik Friedrichshafen
Maße und Gewichte: Länge 383 cm, Breite 163 bis 213 cm, Radstand 230 bis 237 cm, Gewicht 1 520 kg

Ruhrstahl-Landmaschine

Hersteller: Ruhrstahl AG, Witten
Baujahr: ab 1951
Motor: 2-Zylinder-4-Takt-Dieselmotor mit 20/22 PS Leistung bei einer Drehzahl von 1 800 U/min und einem Hubraum von 1 590 ccm, Fabrikat Henschel
Getriebe: Vier Vorwärts- und vier Rückwärtsgänge (3; 5; 8,5; 18 km/h)
Maße und Gewichte: Länge 339 cm, Breite 153 cm, Radstand 230 cm, Gewicht 1 400 kg

Ritscher-Multitrak

Hersteller: Karl Ritscher GmbH, Sprötze
Baujahr: ab 1954
Motor: 1-Zylinder-4-Takt-Dieselmotor mit 12 PS Leistung bei einer Drehzahl von 2 000 U/min und einem Hubraum von 905 ccm, Fabrikat MWM
Getriebe: Fünf Vorwärtsgänge (2,7; 4,6; 7,5; 11,7; 19,8 km/h) und zwei Rückwärtsgänge (1,3; 3,7 km/h), Fabrikat Zahnradfabrik Friedrichshafen

Maße und Gewichte: Länge 168 bis 352 cm, Breite 175 bis 225 cm, Radstand 168 bis 250 cm, Gewicht 1 250 kg

Eicher Geräteträger, Typ EGT 19

Hersteller: Gebr. Eicher, Traktoren-Fabrik, Forstern (Obbay.)
Baujahr: ab ca. 1953
Motor: 1-Zylinder-4-Takt-Dieselmotor mit 19 PS Leistung bei einer Drehzahl von 1 500 U/min und einem Hubraum von 1 425 ccm, Fabrikat Eicher
Getriebe: Fünf Vorwärtsgänge (2; 5; 8; 12,4; 20 km/h) und ein Rückwärtsgang (4 km/h), Fabrikat Hurth
Maße und Gewichte: Länge 350 cm, Breite 218 cm, Radstand 255 cm, Gewicht 1 230 kg

Eicher Geräteträger, Typ G 40

Hersteller: Gebr. Eicher, Traktoren- und Landmaschinen-Werke, Forstern (Obbay.)
Baujahr: ab ca. 1963
Motor: 3-Zylinder-4-Takt-Dieselmotor mit 40 PS Leistung bei einer Drehzahl von 2 000 U/min und einem Hubraum von 2 944 ccm, Fabrikat Eicher
Getriebe: Acht Vorwärtsgänge (0,5 bis 20 km/h) und vier Rückwärtsgänge, Fabrikat Zahnradfabrik Friedrichshafen

Bereits 1951 erschien Lanz mit seinem Geräteträger „Alldog". Der 1-Zylinder-2-Takt-Doppelkolbenmotor der Firma Triumph leistete 12 PS.
Foto: Hummel

Der Eicher-Geräteträger in Zweiholm-Bauweise; hier im Einsatz mit einem 3-reihigen Kartoffellegegerät. Foto: Eicher Archiv

Auch der Ritscher-Multitrac hatte die Zweiholm-Bauweise. Die Ladepritsche war hydraulisch kippbar. Foto: Ehlert

selmotor mit 12 PS Leistung bei einer Drehzahl von 2 000 U/min und einem Hubraum von 850 ccm, Fabrikat MWM
Getriebe: Sechs Vorwärtsgänge (1,5 bis 19,8 km/h) und zwei Rückwärtsgänge (1,1 bis 4,3 km/h), Fabrikat Zahnradfabrik Friedrichshafen
Maße und Gewichte: Länge 355 cm, Breite 147 bis 220 cm, Radstand 210 cm, Gewicht 1 200 kg

Maße und Gewichte: Länge 402 cm, Breite 164 cm, Radstand 294 cm, Gewicht 2 020 kg

Fendt-Geräteträger, Typ F 12 GT

Hersteller: Xaver Fendt & Co., Marktoberdorf
Baujahr: ab 1953
Motor: 1-Zylinder-4-Takt-Dieselmotor mit 12 PS Leistung bei einer Drehzahl von 2 000 U/min und einem Hubraum von 905 ccm, Fabrikat MWM
Getriebe: Sechs Vorwärtsgänge (1,8; 3; 5; 7; 12,5; 20 km/h) und zwei Rückwärtsgänge
Maße und Gewichte: Länge 290 bis 310 cm, Breite 147 cm, Radstand 199 cm, Gewicht 1 150 kg

Fendt-Geräteträger, Typ F 230 GT

Hersteller: Xaver Fendt & Co., Marktoberdorf
Baujahr: 1965
Motor: 3-Zylinder-4-Takt-Dieselmotor mit 30 PS Leistung bei einer Drehzahl von 2 000 U/min und einem Hubraum von 2 232 ccm, Fabrikat MWM
Getriebe: Acht Vorwärtsgänge (1 bis 20 km/h) und vier Rückwärtsgänge, Fabrikat Fendt
Maße und Gewichte: Länge 366 cm, Breite 157 cm, Radstand 241 cm, Gewicht 1 530 kg

Wesseler-Geräteträger, Typ WLG 12 „Ackermeister"

Hersteller: H. Wesseler OHG Schlepper- und Fahrzeugbau, Altenberge
Baujahr: ab 1956
Motor: 1-Zylinder-4-Takt-Die-

Importe, Fusionen und Konkurse

Der Weg der Schlepperfirmen in die 70er Jahre

Nach der starken Motorisierungswelle in den 50er Jahren gingen die Schlepperabsätze zurück. Nicht alle Schlepperhersteller hielten den Konkurrenzkampf durch. Einige fusionierten, andere stellten die Produktion ein.

Die Zeit bis Mitte der 50er Jahre war durch eine kaum übersehbare Zahl von Firmen, Fabrikaten und Herstellern geprägt, die auf dem aufnahmefähigen deutschen Nachkriegsschleppermarkt zu ständig steigenden Absatzzahlen führten. In den 60er Jahren setzte dann allerdings durch Sättigung des Marktes und durch zunehmende ausländische Anbieter ein immer stärker werdender Konkurrenzkampf um Marktanteile ein. Viele Firmen mußten daher bis Ende der 60er Jahre ihre Schlepper-Produktion aufgeben.

Diese Entwicklung sollen folgende Zahlen deutlich machen: 1956 wurden 94 472 Schlepper neu zugelassen. Im Jahr 1963 waren es mit 77 894 Einheiten rund ein Fünftel weniger, wobei von den 1963 zugelassenen Schleppern über 13 000 von ausländischen Herstellern, wie Brown, Deere, Ford, IHC, MF kamen. 1963 wurde erstmals die Millionengrenze an zugelassenen Schleppern überschritten.

Stärkere Zusammenarbeit

Dem stärkeren Konkurrenzdruck versuchten einige Firmen mit Zusammenarbeitsverträgen und Typenabstimmung entgegenzuwirken. Diese bestanden aber meist nur kurzzeitig, so u.a. zwischen Bautz und Hanomag, Güldner und Fahr, Normag und O & K, MAN und Porsche. Andere Produzenten, wie z. B. Bautz, Hela, Stihl, Wahl hofften mit dem Vertrieb ausländischer Schlepper die Bilanz ihres Betriebes zu verbessern.

Bis Ende der 60er Jahre zogen sich viele inländische Produzenten aus dem Schlepper-Geschäft zurück. Ein großer Teil wandte sich wieder dem Produktionsbereich zu, aus dem sie ursprünglich gekommen waren. So baute Allgaier mit dem Erlös aus dem Verkauf des Schlepperbaues den Werkzeugbau aus. Bei Fahr in Gottmadingen wurden seit Einstellung des Schlepperbaues wie-

Bautz baute nur Schleppertypen der unteren Leistungsklasse. Hier der Bautz-Kleinschlepper, Typ AS 120, Baujahr 1957. Foto: Bauer

der ausschließlich Landmaschinen und Mähdrescher gefertigt. Hatz spezialisierte sich auf luftgekühlte Kleindieselmotoren und wurde bald einer der größten Anbieter auf dem europäischen Markt.

LHB entwickelte sich im Laufe der Jahre zu einem der bedeutendsten Produzenten von schienengebundenen Fahrzeugen in Deutschland. MAN erweiterte nach Einstellung der Schlepperfertigung den Motoren- und Nutzfahrzeugbau und lieferte u.a. Dieselmotoren an Schlüter. Stihl baut heute, wie schon vor Aufnahme des Schlepperbaues, Motorsägen. Andere Firmen wiederum sahen eine Chance auf dem Baumaschinen-Sektor und erweiterten noch während der Schlepperfertigung ihr Bauprogramm, so z. B. Hanomag, Hela, Kramer und Zettelmeyer. Auch bei Güldner-Linde lief die Produktion von Schleppern und Hubstablern gleichzeitig, so daß nach Einstellung der Schlepper-Produktion die Gabelstabler-Fertigung ausgebaut wurde.

Doch ein großer Teil der vielen Anbieter dieser Zeit wurde von anderen Schlepperproduzenten übernommen oder stellte aus wirtschaftlichen Gründen die Fertigung ein. Einige von ihnen, die eine Zeitlang deutsche Schlepperbau-Geschichte schrieben, sind Nordtrak, Normag, Porsche, Primus und Ritscher.

Der nachfolgende Überblick beschreibt den Weg der einzelnen Firmen bis in die 70er Jahre. Eine Zeit, die reich war an Ideen und technisch interessanten Entwicklungen und Konstruktionen. Diese Zeit bedeutete aber auch für viele Produzenten das schmerzhafte Ende einer Ära.

Schmalspur-Schlepper

Die Agria-Werke GmbH in Möckmühl gehörten seit Kriegsende zu den erfolgreichsten Produzenten von Einachsschleppern und Motorhacken. Ab 1964 boten sie dann auch

einen Zweiachs-Schmalspur-Schlepper in Blockbauweise, Typenbezeichnung 4800 an, der mit Vergaser- oder Dieselmotor ausgerüstet werden konnte.

Basierend auf dieser Konstruktion entwickelte man den Schmalspur-Schlepperbau konsequent weiter und bot ab Ende der 60er Jahre auch Schmalspur-Schlepper mit Allradantrieb und Allradlenkung an. Die Maschinen waren sehr solide gearbeitet und boten durch das umfangreiche Zubehör vielfache Einsatzmöglichkeiten, so z. B. in Sonderkulturen (Wein-, Hopfen-, Obstbau), in Gartenbaubetrieben und als Kommunalschlepper.

Schlepperbau eingestellt

Zum Jahresende 1955 stellten die Allgaier-Werke den Schlepperbau ein, nachdem über 50 000 Schlepper in Uhingen und Friedrichshafen gefertigt und in alle Welt geliefert worden waren. Schon ein Jahr zuvor war man an die Grenzen der Fertigungskapazität gestoßen, die bei einer Monatsproduktion von 1 350 Schleppern lag. Die Familie Allgaier mußte sich also entscheiden, ob die Schlepper-Produktion mit großem finanziellem Aufwand ausgebaut oder abgegeben werden sollte.

Nach Verhandlungen mit den Firmen Mannesmann und Porsche entschied man sich, den Schlepperbau ab 1956 an die neugegründete „Porsche-Diesel-Motorenbau GmbH, Friedrichshafen" zu verkaufen. Allgaier wandte sich nun wieder ausschließlich dem Werkzeugmaschinenbau und der Press- und Blechteilfertigung zu. Das Allgaier-Schlepperbau-Programm umfaßte vor der Übernahme sechs Typen von 12 bis 44 PS Leistung, die mit eigenen Getrieben und ausschließlich mit luftgekühlten Motoren ausgerüstet wurden.

Nach der Übernahme des 12 PS Zanker-Schleppers erweiterte die Josef Bautz AG in Saulgau ihr Angebot an Schleppern. Es

wurden nur Typen in der unteren Leistungsklasse gefertigt. Alle Schlepper waren, vom Zanker-Motor abgesehen, mit wasser- oder luftgekühlten Dieselmotoren von Güldner oder MWM ausgerüstet. Zum Einbau kamen fast ausschließlich eigene 5-Gang-Getriebe. Mit einem Bauprogramm, das 1953 aus vier Typen mit 12, 14, 17 und 22 PS bestand, erreichte man mit 1 673 Schleppern immerhin den 12. Platz bei den Schlepperneuzulassungen im Inland.

Zum Jahresende 1959 stellte Bautz eine überarbeitete Schlepperbaureihe mit den Baumustern 200 und 300 vor. Sie zeichneten sich durch neues Getriebe, Tragbauart, moderne Verkleidung sowie Lenkradschaltung aus. Zur Ergänzung des eigenen Schlepperprogrammes nahm Bautz Anfang der 60er Jahre den Vertrieb der englischen Nuffild-Traktoren auf.

Im Jahr 1962 kam es zur kurzzeitigen Zusammenarbeit mit der Hanomag AG, in der „Union Hanomag Bautz", bei der die Bautz-Schlepper bis 20 PS Leistung in das Verkaufsprogramm der Hanomag AG aufgenommen wurden. Doch diese Verbindung dauerte nicht lange, da 1962/63 die Schlepperproduktion bei Bautz eingestellt wurde. Bei Bautz wurden bis dahin rund 25 000 Schlepper gefertigt. Bis Mitte der 60er Jahre wurden allerdings noch Bautz-Schlepper nach Frankreich exportiert, die für Bautz bei Heinrich Lanz in Aulendorf gefertigt wurden.

BTG-Allradschlepper

Die „Bayerische Traktoren- und Fahrzeugbau-Gesellschaft mbH, München" (BTG) hatte langjährige Erfahrungen in der Herstellung von allradgetriebenen Schleppern aus Teilen ausgemusterter Armeefahrzeuge. Aufbauend darauf entwickelte man Mitte der 50er Jahre neue Schleppertypen. Sie zeichneten sich durch folgende technische Besonderheiten aus: Allradantrieb über

vier gleichgroße Räder und pendelnd aufgehängten Hinterachsblock. Durch die tiefe Schwerpunktlage und den beweglichen Hinterachsblock verfügten die BTG-Schlepper über gute Bodenanpassung und hervorragende Geländegängigkeit. Der vor der Vorderachse plazierte Motor belastete die Vorderachse mit mehr als 60 % des Gesamtgewichtes, so daß sich eine hohe Zugkraft ergab.

Im Jahr 1957 bot die BTG drei Typen mit 17, 24 und 32 PS Motorleistung an. Ein Jahr später nahm die KHD den BTG-Schlepper in ihr Vertriebssystem auf, nachdem die BTG den Schlepperbau aus wirtschaftlichen Gründen auf einen Typ beschränken mußte. Bis ca. 1960 wurden BTG-Schlepper mit luftgekühlten 3-Zylinder-Deutz-Dieselmotoren ausgerüstet.

Eine Kleinraupe mit einer Breite von nur ca. 80 cm für den Einsatz im Weinberg und in Sonderkulturen entwickelte die Firma Blank KG in Dirm-stein. Die Raupe wurde erstmals Anfang der 50er Jahre unter dem Namen „Unirag" (Universalraupengerät) vorgestellt. Das 10 PS starke Fahrzeug wurde über Lenkbremsen gesteuert. Die Weiterentwicklung führte zu Kleinraupen mit bis zu 50 PS Motorleistung, wie sie noch heute von der Firma Blank hergestellt werden. Neben dem Bau von Kleinraupen nahm Blank im Jahre 1966 auch die Fertigung von vorwiegend allradgetriebenen Schmalspur-Schleppern auf.

Mit dem Typ LH 12, Baujahr 1957, bot Eicher einen 12 PS-Kleinschlepper an, der von einem luftgekühlten 1-Zylinder-Hatz-Dieselmotor angetrieben wurde.
Foto: Bauer

Bungartz aus München

Bereits 1934 begann die Maschinenfabrik Bungartz in München mit dem Bau von Einachsschleppern. Sie fanden guten Absatz, so daß die Münchner Firma bald ein bedeutender Anbieter von Einachsschleppern wurde. Die Produktion konnte auch nach Kriegsende weitergeführt werden.

Auf den Erfahrungen bei der Fertigung von Einachsschleppern aufbauend bot Bungartz 1953 erstmals einen Schmalspur-Zweiachsschlepper an. Es war der Typ T 3, der wahlweise mit 11 PS Vergaser- oder 12/14 PS Dieselmotor (Stihl) und 6-Gang-Getriebe lieferbar war. Besonders hervorzuheben war bei diesem Schlepper die patentierte Vorderachs-Lenkung mit fast rechtwinkligem Lenkeinschlag, der dem Schlepper eine besonders gute Wendigkeit verlieh.

Die Überarbeitung dieses Schleppers führte zu den Typen T 5 mit 13 PS Hatz-Dieselmotor und T 6 mit 20 PS MWM-Dieselmotor, die bis ca. 1960 gebaut wurden. Anfang der 60er Jahre bot Bungartz dann eine ganze Palette von Kleinschleppern von 13 bis 34 PS an, so u.a. auch mit Volkswagen-Motor.

Doch schon ein paar Jahre später geriet man in wirtschaftliche Schwierigkeiten. Nach dem Verkauf der Münchner Werksanlagen schloß man sich mit dem Baumaschinenfabrikanten Karl Peschke zusammen und gründete 1965 die Bungartz und Peschke GmbH u. Co. KG im saarländischen Hornbach. Dort wurden bis zur Einstellung der Produktion im Jahre 1976 Einachs- und Zweiachsschlepper bis 50 PS Motorleistung gefertigt.

Unimog mit höherer Leistung

Nach der Übernahme des Unimogs durch die Daimler-Benz AG im Jahre 1950 erfuhr dieses Fahrzeug eine ständige technische Weiterentwicklung. Die wichtigsten Neuerungen waren die Erhöhung der Motorleistung von 25 auf 30 PS im Jahre 1956 und vier Jahre später auf 34 PS sowie die Verlängerung des Radstandes von 172 auf 212 cm (1960). Außerdem konnte der Kunde den Unimog auf Wunsch mit festem Fahrerhaus und Hydraulik bekommen. Die vielseitigen Einsatzmöglichkeiten des Fahrzeugs schlugen sich auch auf die Verkaufszahlen nieder. Bereits 1961 konnte man den 50 000sten Unimog feiern.

Zwei Jahre später, im Mai 1963, stellte die Daimler-Benz AG eine neue mittelschwere Unimog-Baureihe vor. Der erste Typ aus dieser Baureihe war der 65 PS starke U 406 mit 6-Zylinder-Dieselmotor und synchronisiertem 6-Gang-Getriebe. Auch bei dieser neuen Baureihe wurde das erfolgreiche Grundkonzept Rahmenbauweise, Einzelradfederung und Allradantrieb ebenso beibehalten wie bei der ab 1967 vorgestellten schweren Unimog-Baureihe mit den Typen U 1000 und U 1300.

Auf dem technischen Konzept des Unimogs aufbauend brachte die Daimler-Benz AG 1972 den MB-trac auf den Markt, einen Allradschlepper in Rahmenbauweise mit vier gleichgroßen Rädern und einem in der Fahrzeugmitte angebrachten Fahrerhaus. Der MB-trac bot drei Anbauräume: vorn, hinten und hinter der Fahrerkabine. Mit Unimog und MB-trac wurde die Daimler-Benz AG bald einer der erfolgreichsten Schlepperanbieter in der Bundesrepublik.

Im Jahre 1956 wurden in der Bundesrepublik 6 883 Eicher-Schlepper neu zugelassen. Damit hatte die oberbayerische Firma, deren Bauprogramm zu dieser Zeit aus 13 Schleppern und Geräteträgern von 12 bis 60 PS bestand, den vierten Platz noch vor der Hanomag AG in der Zulassungsstatistik belegt. Drei Jahre später kam man mit einer neuen Schlepperbaureihe – der sogenannten Raub-

tierreihe – auf den Markt. Diese Schlepper zeichneten sich durch moderne Technik, luftgekühlte Eicher-Dieselmotoren sowie durch die charakteristischen runden Motorhauben und runden Kotflügel aus.

Raubtiere von Eicher

Im Jahr 1961 bestand das Angebot aus folgenden Typen: 15 PS „Leopard", 19 PS „Panther", 25 PS „Tiger", 35 PS „Königstiger" und 45 PS „Mammut". Neu in die Produktion aufgenommen wurde ein 28 PS starker Schmalspur-Schlepper. Der Erfolg blieb nicht aus, und so wurden 1962 in der Bundesrepublik 6 721 Eicher-Schlepper zugelassen, wobei traditionsgemäß die Hälfte davon in Bayern abgesetzt wurde.

Ende der 50er und Anfang der 60er Jahre brachte Eicher auch mehrere interessante Neukonstruktionen auf den Markt. Hierzu gehörte der „Farm-Express", ein Zug- und Transportfahrzeug ähnlich dem Unimog, aber nur mit Hinterachsantrieb. Im Jahre 1963 stellte Eicher auch einen 3,5-Tonner Lastwagen vor, der wie der „Farm-Express" von einem luftgekühlten 4-Zylinder-Dieselmotor angetrieben wurde.

„Agrirobot" nannte Eicher den Prototyp eines automatisch arbeitenden motorisierten Kippfluges, der 1964 Aufsehen erregte, aber nicht in Serie ging. Ein 15 PS Kleinschlepper mit Ladepritsche vor dem Motor wurde als Eicher-Kombi angeboten. Eicher war auch der erste deutsche Hersteller, der einen Schlepper (62 PS Mammut HR) mit Automatik-Getriebe serienmäßig baute.

Eicher mit MF

Die Ende der 60er Jahre einsetzende Absatzkrise auf dem deutschen Schleppermarkt ging auch an Eicher nicht ohne Folgen vorüber, so daß die finanziellen Rücklagen bald aufgebraucht waren. Erschwerend kam dann noch die Entscheidung des Getriebeherstellers ZF hinzu, die Fertigung von Getrieben der unteren Leistungsklasse einzustellen. Eine eigene Getriebefertigung bei Eicher war finanziell aber nicht tragbar. Daher entschloß sich die Firmenleitung 1970 mit dem kanadischen Landmaschinen-Konzern Massey-Ferguson (MF) zur finanziellen Kooperation und zum Produktionsverbund.

Eicher lieferte an Ferguson verschiedene Schleppertypen, die im Ausland unter dem Firmenzeichen MF verkauft wurden. Als Gegenleistung bekam Eicher von Ferguson Schleppergetriebe und Perkins-Dieselmotoren. Der zunehmende Einfluß von Ferguson bei Eicher führte bald darauf zum Einbau von Perkins-Motoren in fast alle Eicher-Schleppertypen. Die Zulassungszahlen im Inland sanken in den nachfolgenden Jahren um rund ein Drittel.

1982 übernahm die „Eicher Goodearth India" das Unternehmen von dem inzwischen weltweit in finanzielle Schwierigkeiten geratenen MF-Konzern. Ab 1982 wurden wieder Eicher-Schlepper mit eigenen Motoren produziert. Zwei Jahre später geriet das Unternehmen abermals in finanzielle Schwierigkeiten, so daß die Produktion eingestellt werden mußte. Eine aus 90 in- und ausländischen Eicher-Händlern bestehende Auffanggesellschaft gründete noch im gleichen Jahr die Eicher GmbH. Sie führt bis heute die Produktion von Eicher-Schleppern und Eicher-Landmaschinen weiter.

Mit knapp 5 500 neuzugelassenen Schleppern im Jahre 1956 gehörte die Maschinenfabrik Fahr AG in Gottmadingen zu den zehn erfolgreichsten Schlepperanbietern in der Bundesrepublik. Die rot lackierten Fahr-Schlepper, die von 12 bis 60 PS Motorleistung angeboten wurden, zeichneten sich durch solide Bauweise und gute Verarbeitung aus. Bei den Schleppern griff man auf die bewährten Dieselmotoren von MWM, Güldner und Deutz zu-

rück. Neben Getrieben aus eigener Fertigung kamen auch Getriebe von ZF und ZP zum Einbau.

Fahr und Güldner

Die einzige Abwechslung im Standard-Schlepperbau-Programm bot der Geräteträger GT 130. Bei ihm wurde zwischen Motorblock und Getriebe ein sehr langes Zwischenstück eingesetzt, das Geräte aufnehmen konnte, aber auch den Aufbau einer Ladepritsche ermöglichte. Bei diesem Geräteträger fand sowohl der gleiche Motor als auch das gleiche Getriebe wie beim Fahr-Standard-Schlepper, Typ D 130, Verwendung.

Um dem steigenden Wettbewerbsdruck auf dem deutschen Schleppermarkt wirksam entgegenzutreten und Kosten einzusparen, entschied

man sich 1956 in Gottmadingen zur Zusammenarbeit mit Güldner. So wurde die Fertigung des gemeinsamen Typenprogrammes der „Fahr-Güldner-Europa-Reihe" auf beide Firmen aufgeteilt. Der einzige Unterschied zu den baugleichen Güldner-Schleppern bestand in der Form der Motorhaube und der Farbe der Lackierung. Die Europa-Reihe der Fahr-Schlepper umfaßte vier Typen mit 15, 20, 25 und 34 PS Motorleistung.

Außer dem 34 PS Daimler-Benz-Motor stammten die anderen Motoren von Güldner. Neben dem Schlepperbau engagierte sich Fahr seit 1951 aber auch sehr stark im Mähdrescherbau, so daß die Firma schon bald zu den drei bedeutendsten Herstellern dieser Erntemaschinen gehörte. Um aber die Erntemaschinen-Produktion auszubauen, suchte das

Neben den Schleppern aus der „Raubtierreihe" bot Eicher auch einen Schmalspurschlepper an. Der Schlepper mit der Typenbezeichnung ES 202 hatte eine Leistung von 28 PS, Baujahr 1966. Foto: Bauer

Gottmadinger Familienunternehmen nach einem finanzstarken Partner, der sich 1962 mit dem Konkurrenten KHD fand. Damit fiel auch die Entscheidung, den Schlepperbau zu beenden. 1962 fuhr der letzte von insgesamt über 100 000 Fahr-Schleppern vom Band in Gottmadingen.

Neue Schleppertypen von Fendt

Die Xaver Fendt u. Co. Maschinen- und Schlepperfabrik in Marktoberdorf feierte den 100 000sten Schlepper 1961.

Vier Jahre später lief bereits der 150 000ste Fendt-Schlepper vom Band, zwei Jubiläen, die die stürmische Entwicklung des bayerischen Familienunternehmens verdeutlichen. Man verstand es in Marktoberdorf, nicht nur technisch ausgereifte Schlepper und Geräteträger zu konstruieren sondern baute auch ein leistungsstarkes und weitverzweigtes Vertriebsnetz auf.

Basierend auf den erfolgreichen Dieselroß-Typen von 12 bis 40 PS, stellte Fendt 1958 eine neue Schlepperbaureihe vor, die aus den Typen „Fix",

„Farmer" und „Favorit" bestand. Äußerlich erkennbar war die neue Schlepperbaureihe an den seitlichen Kühlgittern und den in der Motorhaube integrierten Scheinwerfern. Der kleinste Schlepper der neuen Baureihe war der Typ Fix 2 mit 18 PS starkem 2-Zylinder-MWM-Dieselmotor (wahlweise Luft- oder Wasserkühlung) und 6+3-Gang-Getriebe aus eigener Produktion.

Die Typen Farmer 1 (25 PS) und Farmer 2 (34 PS) gehörten seinerzeit zu den am meisten verkauften Fendt-Schleppern. Hier wurden, wie auch bei den

Aus Gottmadingen kam der Fahr-Schlepper, Typ D 160 H, Baujahr 1956. Er wurde mit einem wassergekühlten Güldner-Motor ausgestattet.
Foto: Bauer

nächst stärkeren Typen Favorit 1 (40 PS) und Favorit 2 (46 PS), MWM-Dieselmotoren eingebaut. Detailverbesserungen, Steigerung der Motorleistung und Änderungen in den Getriebeabstufungen bestimmten bis zur Vorstellung einer neuen Fendt-Schlepper-Baureihe im Jahre 1968 die Entwicklung bei Fendt-Standard-Schleppern ebenso wie bei den Geräteträger-Typen. Mitte der 60er Jahre lieferte Fendt den 52 PS starken Favorit 3 auch mit Allradantrieb.

Im Jahr 1968 stellte Fendt eine neue moderne Schlepper-Bau-

reihe vor, die sich durch kantige, glattflächige Motorverkleidung von den vorhergehenden Typen unterschied. Mit ihr und den Geräteträgern fuhr Fendt dann in die 90er Jahre. Ebenfalls erfolgreich verlief der Absatz der ab Mitte der 70er Jahre in die Fertigung aufgenommenen Schmalspurschlepper für Wein-, Hopfen- und Obstbau-Betriebe.

Güldner-Schlepper

Als die Güldner-Motorenwerke auf der DLG-Ausstellung 1956 in Hannover ihr Schlepperbau-Programm vorstellten, bestand es aus 10 Typen von 11 bis 25/27 PS Motorleistung. Abgesehen vom 11 PS Schlepper, waren alle Typen mit 2-Zylinder-Güldner-Dieselmotoren (luft- oder wassergekühlt) ausgerüstet. In dieser Leistungsklasse hatte man schon seit Jahren beachtliche Absatzerfolge erzielt und behielt auch während der Zusammenarbeit mit Fahr das Angebot im wesentlichen bei.

Geliefert wurden die Typen „AX" (11 PS), „AK" (13 PS), „ADK" (15 PS), „A2D" (20 PS), „A2B" (25 PS) und „A3P" (34 PS). Diese neue Baureihe erhielt dann auch eine moderne glatte Motorverkleidung mit senkrecht stehendem, oval geformtem Kühlergrill. Die Überarbeitung dieser Schlepperreihe führte zu den Typen „Spessart" (15 PS), „Tessin" (20 PS), „Burgund" (25 PS) und „Toledo" (34 PS).

Bis zur Auflösung der Zusammenarbeit mit Fahr im Jahre 1962 wurde dieses Bauprogramm mit geringfügigen Änderungen beibehalten. 1963 belegte Güldner mit 4 279 neuzugelassenen Schleppern einen beachtlichen sechsten Platz in der Zulassungsstatistik. Ab 1962/63 stellte Güldner die ersten Schlepper der neuen „G"-Baureihe vor, die bis zur Produktionseinstellung im Jahre 1969 gefertigt wurden. Bei dieser neuen Baureihe wurden, abgesehen vom G 15, neuentwickelte luftgekühlte, kurzhu-

bige Dieselmotoren (Typenreihe L 79) mit 2, 3, 4 und 6 Zylindern verwendet. Bohrung und Hub betrugen jeweils 100 mm und ergaben so je Zylindereinheit einen Hubraum von 785 ccm. Die Getriebe wurden von der Zahnradfabrik Friedrichshafen bezogen und waren ohne Mehrpreis mit Schnellgang-Getriebe erhältlich.

Die Lenkrad-Schaltung mit zwei Schalthebeln lag sehr griffgünstig und ermöglichte außerdem noch einen bequemen Fronteinstieg. Die Typen G 35, G 40, G 45, G 50, G 60 und G 75 konnten auch mit angetriebener Vorderachse geliefert werden. Doch die weltweite Sättigung des Schleppermarktes machte sich auch in Aschaffenburg bemerkbar. Die Nachfrage stagnierte und war sogar bei einigen Typen rückläufig. Die schon seit längerer Zeit aufgenommene Fertigung von Transportkarren (Hydrocars) und Gabelstablern versprach bessere Rendite. Die Firmenleitung der Linde AG beschloß daher 1969 die Schlepperfertigung auslaufen zu lassen. Insgesamt verließen etwa 100 000 Güldner-Schlepper die Werkshallen in Aschaffenburg.

Gutbrod-Kleinschlepper

Ein weiterer erfolgreicher Produzent von Einachsschleppern und motorisierten Bodenbearbeitungsgeräten in der Bundesrepublik waren die Gutbrod-Werke in Bübingen/Saar, die ab ca. 1963 auch den Bau von Kleinschleppern mit 8 und 10 PS aufnahmen. Eine wesentliche Erweiterung des Angebotes an Kleinschleppern erfolgte mit der Übernahme des Bauprogramms der Bungartz und Peschke GmbH u. Co. KG. Bald entwickelte man sich zum Marktführer von Schleppern in der Leistungsklasse unter 24 PS, die, damals wie heute, hauptsächlich in Gartenbau-Betrieben und in den Kommunen abgesetzt wurden.

Als die Hako-Werke erstmals 1961 ihren 6 PS Kleinstschlepper „Hakotrak" vorstellten, wur-

Das Fendt-Diesel-roß, Typ F 12 GH, Baujahr 1955. Der wassergekühlte MWM-Motor mit 850 ccm leistete 12 PS. Foto: Bauer

Einer der markantesten Hanomag-Schlepper seiner Zeit war der 1964 auf den Markt gebrachte 75 PS starke Robust 800. Foto: Bauer

bzw. ab 1958 Rheinstahl Hanomag AG eines der umfangreichsten Schlepperbau-Programme an. Es bestand für den Inlandsmarkt aus 19 verschiedenen Typen von 12 bis 90 PS Motorleistung. Produziert wurden Radschlepper sowohl mit 1- und 2-Zylinder-2-Takt-Dieselmotoren (C 112, R 112, C 218, C 224) als auch mit 2-, 3- und 4-Zylinder-4-Takt-Dieselmotoren (R 217, R 324, R 435, R 435/45, R 445, R 455). Hinzu kamen außerdem noch die beiden Kettenschlepper K 60 (2-Zylinder-2-Takt-Dieselmotor) und K 90 (6-Zylinder-4-Takt-Dieselmotor).

Doch die große Zahl an verschiedenen Typen und Ausführungen konnte nicht über die schwere Absatzkrise hinwegtäuschen, in die die Hanomag durch die in der Praxis nicht bewährten 2-Takt-Motoren geriet. So mußte 1956 der errungene erste Platz in der deutschen Zulassungsstatistik aufgegeben werden, und ein Jahr später belegte die renommierte hannoversche Firma nur noch Platz fünf. Hieran änderte auch die geringfügige Überarbeitung des Typenprogrammes nichts. Nach der Überarbeitung bekamen die Hanomag-Schlepper ab 1957 eine moderne Verkleidung, eine abgerundete Kühlerhaube sowie dreistellige Typennummern.

Mit Roots-Gebläse

Technisch interessant war der 4-Zylinder-Motor, Typ D 28 des Schleppers R 35/45 bzw. R 435/45, der mit einem Aufladegebläse (Roots-Gebläse) und einem Einspritzmengen-Versteller versehen war. Der Motor leistete bei normaler Einspritzmenge 35 PS. Durch Erhöhung der Einspritzmenge gab der Motor bei gleicher Drehzahl 45 PS ab.

Das Verändern der Einspritzmenge konnte während des Betriebes vom Fahrersitz aus geschehen. Damit war der Schlepper besonders gut zum Ziehen von zapfwellengetrie-

de er anfangs mehr belächelt als bewundert, konnte man doch nicht glauben, daß solch ein nur 200 kg leichter Winzling sinnvoll einsetzbar war. Doch Hans Koch und sein Team hatten den Markt genau analysiert und wußten, daß ihr Hakotrak zusammen mit entsprechendem Zubehör sehr vielseitig einsetzbar war.

So konnte der Kleinstschlepper ziehen, pflügen, mähen, fegen, spritzen, schieben, hacken, frä-

sen, pumpen und noch vieles mehr. Schon bald bot Hako aufgrund der großen Nachfrage weitere Vierrad-Kleinschlepper mit 8 und 10 PS Motorleistung an. Sie blieben dann lange Jahre im Bauprogramm der Firma, bis sie von stärkeren Hako-Schleppern abgelöst wurden. Die Motoren wurden entweder von Ilo, dem italienischen Hersteller Lombardini oder auch von VW bezogen. 1957/58 bot die Hanomag AG

benen Mähdreschern geeignet. Aus diesem Grund wurde der R 435/45 serienmäßig mit einer Zweischeiben-Kupplung ausgerüstet, mit der die Zapfwelle unabhängig von der Fahrkupplung geschaltet werden konnte.

Die Ablösung der Typen R 435 und R 435/45 erfolgte 1960 durch die Schlepper Brillant (42 PS) und Robust (42/50 PS). Ein weiterer neuer Schlepper wurde 1961 mit der Bezeichnung Granit vorgestellt, bei dem es sich um die Weiterentwicklung des Typs R 324 mit 3-Zylinder-Dieselmotor handelte. Die Änderung der Motoren vom Vorkammer- auf das Wirbelkammer-Verbrennungsverfahren führte 1962 zu den Typen Perfekt 300 (25 PS), Granit 500 (38 PS) und Brillant 600 (50 PS).

Durch die Übernahme des von Ing. K.-L. Brandt bei Borgward entwickelten 4-Zylinder-4-Takt-Wirbelkammer-Dieselmotors stand der Rheinstahl-Hanomag AG ein weiterer Dieselmotor zur Verfügung. Er wurde in die Typen Perfekt 400 (32 PS), Perfekt 300 (25 PS) und Perfekt 400 E (34 PS) eingebaut. 1964 stellte die Hanomag noch den 75 PS starken Robust 800 vor, der für schwerste Arbeiten

in der Land- und Forstwirtschaft sowie für das Transportgewerbe konzipiert war. Technische Merkmale waren: 4-Zylinder-Vorkammer-Dieselmotor, 3 500 kg Eigengewicht, hohe Zughakenkraft, Bereifung der Größe 15-30.

Den Weg in die 70er Jahre trat die Rheinstahl Hanomag AG mit einer 1967/68 vorgestellten modernen und fortschrittlichen Schlepperbaureihe in Blockbauweise an. Bei diesen Schleppern wurden sowohl neuentwickelte 3-, 4- und 6-Zylinder-Wirbelkammer-Dieselmotoren von 40 bis 92 PS Leistung als auch neuentwickelte Getriebe mit 9+3 oder 12+3 Gängen verwendet.

Moderne Fertigungsstraße

Diese neue Schlepperbau-Reihe war das Ergebnis mehrjähriger Forschungs- und Entwicklungsarbeiten, in die die Firma in den Jahren 1965 bis 1967 über 100 Millionen DM investiert hatte. Die sogenannten Hanomag-Kompaktmotoren wurden nach dem Baukastensystem entwickelt, so daß eine größtmögliche Zahl an Teilen untereinander austauschbar

war. Mit 100 mm Hub und 95 oder 100 mm Bohrung waren sie ausgesprochene Kurzhubmotoren, die niedrige Kolbengeschwindigkeiten und hohe Nenndrehzahlen ermöglichten. Die Serienproduktion der Motoren lief in Hannover auf einer neuen automatischen Fertigungsstraße, die seinerzeit die modernste in Europa war.

Die neue Schlepper-Baureihe mit der trapezförmigen Frontpartie und der glatten Motorverkleidung bestand aus den Typen Perfekt 400 und Granit 500 mit 3-Zylinder-Dieselmotoren, Brillant 600 mit 58/62 PS 4-Zylinder-Dieselmotor, Brillant 700 mit 68/75 PS 6-Zylinder-Dieselmotor und Robust 900 mit 85/92 PS 6-Zylinder-Dieselmotor. Die größeren Typen Brillant 600 und 700 sowie Robust 900 waren auf Wunsch auch mit zusätzlich angetriebener Vorderachse lieferbar.

Doch auch die neue Schlepper-Baureihe brachte nicht den erhofften Erfolg. Schon lange wies die Bilanz der Schlepper-Produktion trotz hoher Investitionen rote Zahlen aus. Besonders der hohe Wettbewerbs-

35 PS leistete der 2-Zylinder-Güldner-Dieselmotor im Güldner-Schlepper, Typ AFN, Baujahr 1957.
Foto: Bauer

Oben: Ein Güldner-Schlepper, Typ A 3K, aus dem Jahre 1959 mit einem einreihigen Rübenvollernter.
Unten: Ein 4-Zylinder-Daimler-Benz-Dieselmotor war im 1960 gebauten Güldner-Schlepper, Typ A 4M (Toledo), eingebaut.
Fotos: Sammlung Bauer

druck schlug sich auf die Nachfrage nieder und ließ die Herstellungszahlen auf unter 10 000 Einheiten pro Jahr sinken. Bedingt durch die niedrige Produktion und wegen des hohen Qualitätsstandards bei Hanomag waren die blauen Schlepper aus Hannover stets teurer als die der Konkurrenz.

Als 1969 die jährliche Fertigung auf ca. 6 700 Hanomag-Schlepper schrumpfte, entschloß sich die Konzernleitung, die Schlepper-Produktion auslaufen zu lassen. Im Frühjahr des Jahres 1971 liefen die letzten Hanomag-Schlepper vom Fließband. Insgesamt waren es in fast sechs Jahrzehnten über eine viertel Million Schlepper, die in Hannover produziert worden waren.

Motoren und Schlepper von Hatz

Die Motorenfabrik Hatz GmbH und Co. KG in Ruhstorf stieg erst 1953 in den Schlepperbau ein. Zunächst griff man auf die bewährten wassergekühlten 1- und 2-Zylinder-2-Takt-Dieselmotoren aus eigener Produktion zurück, ab 1954 verwendete man dann die neuentwickelten luftgekühlten Hatz-4-Takt-Dieselmotoren. Die Getriebe wurden von der Zahnradfabrik Passau, der Zahnradfabrik Augsburg und von Hurth bezogen.

Die als robust bekannten Motoren, die bewährten Getriebe sowie die solide Verarbeitung sorgten bald dafür, daß die Hatz-Schlepper regional relativ

guten Absatz fanden. Die Jahresproduktion betrug 1954 ca. 300 Schlepper. Angeboten wurden fünf verschiedene Typen von 10 bis 32 PS Motorleistung. Auch in den nachfolgenden Jahren beschränkte man sich auf Schlepper in diesen Leistungsklassen. Mit dem Ausbau des Händlernetzes konnte Hatz das Absatzgebiet auf die gesamte Bundesrepublik ausweiten und auch mehrere Schlepper ins Ausland liefern.

Mit einer durchschnittlichen Jahresproduktion von 600 Schleppern gehörte man zwar zu den kleinsten Anbietern auf dem Schleppermarkt, aber man erreichte mit dem Schlepperbau eine Auslastung der Fabrikationskapazitäten. Als im Jahre 1964 der Schlepperbau eingestellt wurde, um sich ausschließlich dem Motorenbau zuzuwenden, konnte man stolz auf insgesamt 7 201 produzierte Schlepper von 10 bis 40 PS zurückblicken.

Neue Schlepper von Holder

Auf der Basis der Anfang der 50er Jahre vorgestellten Schlepper B 10 und A 10 entwickelte man bei der Holder GmbH in Grunbach beide Typen kontinuierlich weiter. Besonders der Allradschlepper Typ A 10, später A 12 mit hydraulischer Knicklenkung, hydraulischem Kraftheber und Allradbremse fand durch seine vielseitigen Einsatzmöglichkeiten und das große Zubehör-Programm sehr guten Absatz. Rund ein Drittel der Produktion wurde in über 60 Länder der Welt exportiert.

Anfang der 60er Jahre hatte man bei Holder drei Allradschlepper mit 8, 12 und 20 PS im Angebot. Der 20 PS starke Cultitrac A 20 bzw. A 21 (Schmalspur) war mit einem 2-Zylinder MWM-Dieselmotor ausgerüstet und verfügte über ein Getriebe mit 8 Vorwärts- und 4 Rückwärts-Gängen. Auch in den folgenden Jahren setzte Holder auf die konsequente

Weiterentwicklung seiner All-radschlepper, die bald mit 40 PS und mehr Leistung angeboten wurden.

Mit Schleppachse

Ebenfalls auf den Bau von Kleinschleppern hatte sich die Maschinenfabrik A. Hummel und Söhne im badischen Heitersheim spezialisiert. Bereits 1950 wurde ein patentierter Einachsschlepper mit angetriebener Schleppachse auf den Markt gebracht. 1954 stellte man erstmals einen Vierradschlepper in Blockbauweise, Typenbezeichnung DT 54, mit zunächst 9 und bald darauf mit 10 PS Motorleistung vor. Das Getriebe mit sechs Vorwärtsgängen stammte aus eigener Produktion und ermöglichte eine Höchstgeschwindigkeit von 15 km/h.

Nach weiteren Standard-Schlepper-Typen (H 12 M, DT 58) wurde dann auch die Pro-duktion von Allrad-Schleppern mit Knicklenkung aufgenommen. Unter anderem wurde der Typ HA 56 angeboten – ein Schmalspurschlepper mit nur 73 cm Spurweite, 6-Gang-Getriebe und 10 oder 12 PS Motorleistung (F & S-Dieselmotor).

Mitte der 60er Jahre zog sich Hummel aus dem Schlepper-bau zurück, weil eine wirt-schaftliche Produktion bei der geringen Fertigung (Neuzulassungen 1965 und 1966 jeweils nur ca. 30 Schlepper) nicht möglich war. Vorher wurde allerdings noch der technisch hochinteressante Schlepper A 65 vorgestellt. Der in Blockbauweise aufgebaute Schlepper verfügte über vier angetriebene gleichgroße Räder, Knicksteuerung, 12+4-Gang-Getriebe, Spurverstellung von 64 bis 97 cm, hydraulischen Kraftheber und konnte wahlweise mit einem 20 PS MWM- oder 27 PS Slanzi-Dieselmotor geliefert werden.

KHD mit Luftkühlung

Mit einem großen Messestand auf der DLG-Ausstellung 1956 in Hannover präsentierte die Klöckner-Humboldt-Deutz AG (KHD) der in- und ausländischen Landwirtschaft ihr umfangreiches Schlepper- und Dieselmotoren-Programm. Im gleichen Jahr gehörte KHD nicht nur zu den erfolgreichsten Exporteuren von Ackerschleppern, sondern man erreichte erstmals 1956 die Spitzenposition beim Absatz von Schleppern im Inland. Mit knapp 12 000 neuzugelassenen Schleppern lag man sogar weit vor der Hanomag AG, die rund 10% weniger Einheiten als der Tabellenführer vorweisen konnte.

Zu diesem Erfolg trug nicht nur die umfassende Modellpalette und das gut ausgebaute Händlernetz sowie die luftgekühlten Dieselmotoren bei. Es war vielmehr auch die Schwäche des

60 PS leistet dieser Hanomag-Schlepper mit der Typenbezeichnung R 460, Baujahr 1961. Foto: Bauer

Die Maschinen-
fabrik A. Hummel &
Söhne im badischen
Heitersheim spezia-
lisierte sich auf den
Bau von Klein-
schleppern. Hier der
Typ T 20 aus dem
Jahre 1962.
Foto: Bauer

damals größten Konkurrenten Hanomag, der zu dieser Zeit große Probleme mit den Zwei-takt-Motoren hatte. Das Ange-bot der KHD umfaßte 1956 acht Radschlepper von 11 bis 60 PS Motorleistung sowie zwei Ket-tenschlepper mit 60 und 90 PS Motorleistung.

Wesentliche Änderungen der Baureihe FL 514 bestanden in der Verwendung anderer Ge-triebe, so wurde ab 1955 der F2L 514 nicht mehr mit ZF-Ge-triebe sondern mit Deutz-Ge-triebe geliefert. Beim F3L 514 ging man den umgekehrten Weg und baute ab 1956 das ZF A 23-Getriebe statt des schon im Stahl-Schlepper verwende-ten Deutz-Getriebes ein.

Neben den Motoren der Bau-reihe FL 514 kamen ab 1954 Motoren der neuen Baureihe FL 612 zum Einsatz. Sie unter-schieden sich u.a. durch ande-re Motorenmaße (90 mm Boh-rung und 120 mm Hub beim FL 612 statt 110 mm Bohrung und 140 mm Hub beim FL 514) und ein Radialgebläse im Schwung-rad statt eines Axialgebläses. Diese Motoren wurden in dem

11 PS Tragschlepper und den 18, 22 und 24 PS PS Standard-Schleppern eingebaut.

Deutz-Kettenschlepper

Die beiden Kettenschlepper F4L 514 (D 60) mit 60 PS und F6L 514 (D 90) mit 90 PS waren Halbrahmen-Konstruktionen, bei denen Motor und Kupp-lungsgehäuse in den am Ge-triebeblock angeflanschten Rahmenholmen eingehängt waren. Die Verbindung zum 5+3-Gang-Deutz-Getriebe er-folgte über eine Gelenkwelle. Gesteuert wurden die beiden Raupen über Hand-Kupplungs-hebel und Fußbremshebel, die auf Lenkkupplung und Lenk-bremse wirkten. Beide Ketten-schlepper wurden ab Ende der 50er Jahre als Typen DK 75 (75 PS) und DK 100 (100 PS) ange-boten.

Ab 1958/59 stellte KHD mit Ein-führung der „D"-Serie eine neue Schleppergeneration in neuem Design vor. Sie wurden mit den Dieselmotoren der Baureihe FL 712 mit 95 mm Zylinder-Bohrung und 120 mm

Hub bestückt. 1959 bestand diese Baureihe aus den Typen D 15 (14 PS), D 25 (20 PS), D 30/ D 30 S (28 PS), D 40 (35 PS), D 40 (38 PS), D 40 S (38 PS) und D 50 (46 PS). Ab 1962 kam der D 50 S mit 52 PS Motor und ZF-Getrie-be hinzu, der den D 50 ablöste. Ein Jahr später ging der D 40 L in Serie, der die Nachfolge des D 40 antrat. 1964 wurde das Bauprogramm auf die neuen Motoren der Baureihe FL 812 umgestellt, wodurch sich höhe-re Motorleistungen ergaben. Hinzu kam 1964 noch der D 80 mit 75 PS starkem Dieselmotor (F6L 712) und ZF-Getriebe.

Basierend auf der „D"-Serie wurde 1965 die „05"-Serie prä-sentiert. Diese Schlepper wa-ren alle mit den FL 812-Moto-ren und mit Ausnahme der Schlepper D 5505 und D 8005 auch mit eigenen Getrieben ausgerüstet. Ein weiterer Mei-lenstein im Deutz-Dieselmoto-renbau war die Baureihe FL 912 mit Direkteinspritzung, die ab 1967/68 mit der „06"-Schlep-perserie die FL 812-Motoren im Schlepperbau ablöste und bis 1974 beibehalten wurde.

Seit Mitte der 60er Jahre fertigt die in Rhodt an der Weinstraße ansässige F. Krieger KG, Landmaschinen- und Fahrzeugbau, Schmalspurschlepper mit luftgekühlten MWM-Dieselmotoren. Diese Schlepper sind speziell auf die Bedürfnisse der Weinbauern zugeschnitten. So verfügen die Schlepper über gut abgestufte Getriebe, sinnvolles technisches Zubehör und zeichnen sich durch besonders gute Kippsicherheit aus.

Kramer: 5% Marktanteil

Als 1956 fast 100 000 neue Schlepper in der Bundesrepublik zugelassen wurden, konnte auch die Maschinenfabrik Gebr. Kramer GmbH in Gutmadingen mit einem beachtlichen Anteil von über 5 % aufwarten. Dies lag einerseits an dem gut ausgebauten Händlernetz in Süddeutschland und war andererseits die Folge einer umfassenden Modellpalette.

So stellte man während der DLG-Ausstellung 1956 in Hannover nicht weniger als neun verschiedene Kramer-Schlepper von 11 bis 45 PS Leistung aus, die von wasser- oder luftgekühlten Dieselmotoren der Firmen Güldner, KHD oder MWM angetrieben wurden. Die Getriebe wurden entweder selbst gefertigt oder von der Zahnradfabrik Friedrichshafen bezogen. Bis Ende der 50er Jahre wurde dieses Programm fast unverändert beibehalten, und auch der Marktanteil blieb mit knapp 5% fast konstant.

Den 1961/62 einsetzenden Absatzrückgang versuchte man mit einem überarbeiteten und in zwei Gruppen aufgeteilten Bauprogramm entgegenzutreten. Es bestand aus den Typen KL 150 (luftgekühlter 13 PS Deutz-Dieselmotor), KW 200 (wassergekühlter 20 PS Güldner-Dieselmotor), KL 200/KT 200 (luftgekühlter 20 PS Deutz-Dieselmotor), KL 300 (luftgekühlter 28 PS Deutz-Dieselmotor) und KL 400 (luftgekühlter 38 PS Deutz-Dieselmotor). Alle Schlepper waren mit eigenen

10-Gang-Getrieben ausgerüstet und besaßen als Besonderheit Motorhauben aus Kunststoff. Diese Hauben sollten, so die damalige Kramer-Werbung „stoßfest, schlagfest sowie schalldämpfend sein und dem Fahrzeug eine erstaunliche Laufruhe geben".

Auf der Basis der seit Herbst 1956 gebauten Allrad-Straßenzugmaschine, Typ KA 540, entwickelte man in Gutmadingen mehrere Allrad-Schlepper-Typen (KL 600, KL 800, UF 900) in Rahmenbauweise. Sie waren ähnlich aufgebaut wie der Unimog und kamen ab ca. 1961 auf den Markt. Zwar verfügten diese Zugmaschinen über Zapfwelle, Dreipunktaufhängung und konnten auch mit Frontlader ausgerüstet werden, doch blieb der Absatz in der Landwirtschaft weit hinter den Erwartungen zurück.

Kramer-Allrad

Eine nochmalige Überarbeitung des Kramer-Schlepperbau-Programmes erfolgte Ende der 60er Jahre. Die von nun

an mit glatter, eckiger Motorverkleidung gelieferten Kramer-Schlepper konnten auf Wunsch auch mit angetriebener Vorderachse versehen werden. Als letzte Schlepper-Neuentwicklung stellte Kramer 1971 den Typ 1214 vor. Es war ein 115 PS starker Zwei-Wege-Schlepper mit Allrad-Antrieb, vier gleichgroßen Rädern, Allrad-Lenkung, Lastschalt-Wendegetriebe und festem Fahrerhaus.

Doch inzwischen war der Anteil der Kramer-Schlepper bei den Neuzulassungen auf unter ein Prozent gefallen, so daß sich die Geschäftsleitung entschloß, 1973 den Schlepperbau mit Ausnahme des Typs 1214 auslaufen zu lassen, nachdem über 100 000 Schlepper geliefert wurden.

Im Jahr 1956 lief bei der Heinrich Lanz AG in Mannheim der 200 000ste Bulldog vom Band. Im gleichen Jahr gab die Firmenleitung bekannt, daß die Landmaschinenfabrik John Deere & Company, Moline/USA, die Aktienmehrheit der Mannheimer Firma übernom-

Von 1955 bis 1959 wurde der 18-PS-Deutz-Schlepper, Typ F2L 612/6, gebaut.
Foto: Bruse

men hat. Ab Jahresende lenkte dann ein neuer Aufsichtsrat die Geschicke der traditionsreichen Firma. Der einst größte Anbieter von Schleppern hatte 1956 nur noch einen Anteil von 9,3 % bei den Neuzulassungen. Ein Jahr später fiel er auf 6,3 % und betrug 1958 nur noch 4,3 %. Obgleich die Lanz-Dieselmotoren im Kraftstoffverbrauch sehr sparsam waren, was sich besonders beim 1957 vorgestellten Typ D 4016 zeigte, konnten sie sich nicht mehr durchsetzen. Die Einzylindrigkeit, an der Lanz so lange festgehalten hatte, war überholt. Die Land-

Bulldogs eingestellt.

In den 39 Jahren von 1921 bis 1960 wurden in Mannheim 219 253 Bulldogs gebaut. Mit der Einstellung der Bulldog-Produktion wurde in Mannheim 1960 die Fertigung der John Deere-Lanz Typen 300 (28 PS) und 500 (36 PS) aufgenommen. Beide waren Schlepper in Halbrahmen-Bauweise mit 4-Zylinder-4-Takt-Dieselmotoren, Regelhydraulik und 10-Gang-Gruppenschaltgetriebe. Zwei Jahre später wurde die Angebotspalette um die drei Typen 100 (18 PS), 700 (50 PS) und 3010 (65 PS) erweitert.

Ab 1965 brachte KHD die 05-Serie heraus. Hier der 52-PS-Schlepper mit der Typenbezeichnung D 5505 aus dem Jahr 1966.
Foto: Bruse

wirte stellten höhere Ansprüche an den Fahrkomfort, den die einzylindrigen Maschinen mit ihrem schlechten Massenausgleich nicht bieten konnten. Der amerikanische Einfluß auf die alteingesessene Landmaschinen-Firma wurde von Jahr zu Jahr sichtbarer. So wurden ab September 1958 die Lanz-Schlepper nicht mehr in blau, sondern in der grünen John Deere-Lackierung mit gelben Felgen ausgeliefert. Ein Jahr später wurde im Mannheimer Lanz-Werk die Fertigung von John Deere-Raupen für die Bauindustrie aufgenommen. 1960, ein Jahr nach dem hundertjährigen Jubiläum der Heinrich Lanz AG wurde der Mannheimer Firmenname in „John Deere Lanz AG" abgeändert und die Produktion des

Hela-Schlepper mit eigenen Dieselmotoren

1955, sechs Jahre nach der Wiederaufnahme der serienmäßigen Schlepper-Produktion bot die Firma Hermann Lanz (Hela) im württembergischen Aulendorf ein Schlepperbauprogramm an, das aus acht verschiedenen Typen von 12 bis 40 PS Motorleistung bestand. Ausgerüstet mit wasser- oder luftgekühlten MWM-Dieselmotoren und eigenen 5-Gang-Getrieben konnte der Familienbetrieb seinen Kunden eine umfangreiche Palette solider und ordentlich verarbeiteter Standard-Schlepper liefern. Die Hela-Schlepper waren weit über Württembergs Landesgrenzen hinaus bekannt.

Nur 500 kg Gewicht

Etwa 3 000 Schlepper in dunkelgrüner Lackierung mit dem charakteristischen roten Kühlergrill und dem silberfarbenen Hela-Zeichen verließen 1955 das Werk. Ein Jahr später wurde in Aulendorf die Fertigung des Varimot-Schleppers aufgenommen. Es handelte sich hierbei um einen nur 500 kg schweren vierradgetriebenen Spezialschlepper mit nur 77 cm Gesamtbreite für den Einsatz im Wein- und Hopfenbau sowie in Sonderkulturen. Konzipiert wurde das Fahrzeug 1949 von dem Landwirt Adam Rodach, der 1952 ein Patent auf seine Konstruktion bekam. Bei der Motorenbau-Firma Farny & Weidmann (Farymann) in Lampertheim (Hessen) wurde das Fahrzeug unter dem Namen Varimot ab 1950 bis zur Übernahme durch Lanz mit liegendem 10 PS 1-Zylinder-4-Takt-Farymann-Dieselmotor gebaut. Die Vorderräder wurden direkt vom Getriebe aus angetrieben, die Hinterräder über eine Rollenkette. Gesteuert wurde dieses Spezialfahrzeug wie ein Raupenschlepper mittels Lenkbremse. Für die Verwendung von Anbaugeräten verfügte der Varimot über einen hydraulischen Kraftheber, der die Geräte fast senkrecht aushob, so daß selbst mit angebauten Bodenbearbeitungsgeräten eine beachtliche Wendigkeit gegeben war.

1955 nahm Lanz mit dem Bau von eigenen Dieselmotoren ein weiteres ehrgeiziges Projekt in Angriff. Mit großem finanziellen Aufwand wurde dafür eine Fertigungsstraße errichtet, auf der nun wassergekühlte 1-, 2- und 3-Zylinder-Hela-Dieselmotoren produziert wurden. Die Motoren waren mit Bosch-Einspritz-Pumpen und -Düsen ausgerüstet und arbeiteten nach dem Wirbelkammerverfahren. Als Besonderheit verfügten diese Motoren über eine automatische Ventil-Drehvorrichtung. Die Motoren waren so aufgebaut, daß sie gut zugänglich waren und mit einfachsten

Der kleinste Deutz-Schlepper aus der D-Serie war der D 15 mit 14 PS Motorleistung, Baujahr 1963. Foto: Bauer

Werkstattmitteln alle Teilgruppen montiert werden konnten. Erste Schlepper mit Hela-Dieselmotoren waren die Typen D 12 S (1-Zylinder-Motor mit 12 PS Leistung), D 15 (1-Zylinder-Motor mit 15 PS Leistung) und D 30 (2-Zylinder-Motor mit 28 PS Leistung). Ab 1960 wurde die Modellpalette grundlegend überarbeitet. Sie bestand nun aus fünf verschiedenen Ackerschleppern von 15,5 bis 38 PS Motorleistung, alle waren mit eigenen 6-Gang-Getrieben ausgerüstet. Man versuchte damit die rückläufigen Zulassungen aufzufangen.

In den nachfolgenden Jahren wurde das Angebot ständig erweitert, so daß auf der DLG-Ausstellung 1964 in Hannover sieben verschiedene Hela-Schlepper ausgestellt wurden. Das Flaggschiff der Modellreihe war der 45 PS starke Typ D 548 mit eigenem 3-Zylinder-Dieselmotor und 9-Gang-Getriebe. Doch im selben Jahr konnten nur knapp 500 neue Hela-Schlepper in der Bundesrepublik zugelassen werden, was einem Anteil von unter einem Prozent entsprach. Diese Absatzzahlen konnten in den nächsten Jahren gehalten wer-

Formschön, leistungsstark und robust war der 32-PS-Hatz-Schlepper, Typ H 332, von dem 1964 nur 37 Exemplaren gebaut wurden.   Foto: Sammlung Bauer

den, wobei anstelle der eigenen Dieselmotoren nun wieder auf Antriebsaggregate von MWM zurückgegriffen wurde. Ende der 70er Jahre wurde dann der Ackerschlepperbau in Aulendorf endgültig eingestellt.

LHB-Leichtraupe „Robot"

Auf der DLG-Ausstellung 1951 in Hamburg stellte die Linke-Hofmann-Busch, Waggon-Fahrzeug-Maschinen GmbH, Salzgitter-Watenstedt (LHB) erstmals die Leichtraupe „Robot" vor. Besucher als auch Fachleute glaubten, daß die ehemals in Breslau ansässige Firma bei dieser Konstruktion auf die langjährigen Erfahrungen im Bau von Kettenschleppern anknüpfte. Dies war aber nicht der Fall, denn die Leichtraupe „Robot" war in Zusammenarbeit mit dem Konstrukteur des NSU-Kettenkrades, Dipl.-Ing. H. E. Kniepkamp, nach völlig neuen Gesichtspunkten gegenüber den in Breslau gefertigten Schleppern entwickelt worden.

Die wichtigsten technischen Besonderheiten dieser Raupe waren: Stahlrohr-Rahmenbauweise zur gleichzeitigen Aufnahme aller Zug- und Stoßkräfte, Frontantrieb, Doppeldifferential-Lenkgetriebe, Lenkradsteuerung, sechs drehstabgefederte Laufräder, 5+1-

Der 11 PS Kramer-Kleinschlepper, Typ KL 12, aus dem Jahr 1955. Der Motor mit 763 ccm Hubraum war luftgekühlt und wurde von Deutz geliefert.
Foto: Bauer

Gang-Getriebe, geringes Eigengewicht, hohe Geschwindigkeit (17 km/h) sowie Gleisketten, die mit Gummistollen belegt waren. Der verwendete 2-Zylinder-Modag-Dieselmotor leistete 22 PS und war eine Lizenzproduktion des Primus-Motors, der von der Motorenfabrik Darmstadt gefertigt wurde.

Nach dem Bau mehrerer Versuchsschlepper lief die Serienproduktion der Raupe im Frühjahr 1953 in Salzgitter an, die in den nächsten Jahren im In- und Ausland abgesetzt wurde. Um die Absatzmöglichkeiten zu erweitern, konnte ab 1956 auch eine Ausführung mit hydraulisch steuerbarem Planierschild geliefert werden. 1957/58 wurde bei LHB die Produktion der in einigen hundert Exemplaren gebauten Raupe eingestellt.

Reiches Angebot bei MAN

Der erfolgreiche Absatz der 25 und 30 PS Schlepper der Maschinenfabrik-Augsburg-Nürnberg (MAN) — bis 1953 waren es rund 9 000 Schlepper — veranlaßte die Geschäftsführung, sowohl die Produktion zu steigern als auch das Typenprogramm nach oben und unten zu erweitern. Schon bald waren in Nürnberg die Grenzen der Fertigungskapazität erreicht. Ab 1955 wurde die Schlepperproduktion dann in das neuerworbene ehemalige BMW-Motorenwerk nach München verlegt, in dem 400 bis 600 Schlepper monatlich gefertigt werden konnten.

Das Bauprogramm umfaßte 1955/56 folgende Typen: B 18 A (Allradantrieb) mit 18 PS 2-Zylinder-Dieselmotor, A 25 A (Allradantrieb) mit 25 PS 2-Zylinder-Dieselmotor, A 32 A (Allradantrieb) und A 32 H (Hinterachsantrieb) mit 32 PS 4-Zylinder-Dieselmotor. Außerdem die Schlepper D 40 A (Allradantrieb) und D 40 H (Hinterachsantrieb) mit 40 PS 4-Zylinder-Dieselmotor, B 45 A (Allradantrieb) mit 45 PS 4-Zylin-

der-Dieselmotor und A 50 A mit 50 PS 4-Zylinder-Dieselmotor. Mit Ausnahme der Typen B 45 A und A 50 A, die mit einem 7-Gang-Getriebe versehen waren, verfügten die übrigen Schlepper über 6-Gang-Getriebe, die von der Zahnradfabrik Passau bezogen wurden. Ab 1955 kamen im MAN-Schlepperbau auch die neu entwickelten MAN-Dieselmotoren zum Einbau, die nach dem von M. Meuer entwickel-

ten Mittelkugel-Brennverfahren, dem sogenannten „M"-Verfahren, arbeiteten. Hierbei wurde der schon in der Einspritzdüse auf ca. 180°C vorgewärmte Kraftstoff direkt in den kugelförmigen Brennraum in der Mitte des Kolbens gespritzt, wo er verdampfte und sich mit der Luft vermischte. Die Verbrennung vollzog sich weich und und fast geräuschlos, bei gleichzeitiger höchster Ausnutzung des Kraftstoffes.

1956 und 1957 wurden jährlich rund 3 000 Schlepper in München gefertigt. Mit der Erweiterung des Angebotes und dem Ausbau des Händlernetzes konnte im Laufe der Jahre der Absatz im Bundesgebiet auf durchschnittlich ca. 4 000 Einheiten jährlich gesteigert werden. Diese Zahlen reichten aber kaum aus, um die Schlepper auf Dauer gewinnbringend zu produzieren.

So versuchte man mit dem 1961

neuvorgestellten Bauprogramm, das aus drei Grundtypen mit 28, 35 und 45 PS Leistung bestand, die Fertigung zu rationalisieren. Zuverlässige Technik, formschöne äußere Gestaltung, tiefe Schwerpunktlage, guter Fahrkomfort und umfassende Ausrüstung gaben den MAN-Schleppern ein gutes Image bei den Bauern. Doch all diesen Vorteilen stand immer noch der hohe Anschaffungspreis entgegen, der den

Absatz der MAN-Schlepper in Grenzen hielt.

Zusammenarbeit MAN und Porsche

Im Herbst 1962 kam es zu Verhandlungen mit der Mannesmann AG, Düsseldorf, der Porsche-Diesel-Motorenbau GmbH, Friedrichshafen sowie der MAN zur Übernahme der MAN-Schlepperfertigung durch die Porsche-Diesel-Motorenbau GmbH. In Zukunft sollten die MAN-Schlepper in Friedrichshafen produziert werden, wobei MAN die Motoren und die vordere Antriebsachse liefern wollte. Doch es kam ganz anders, denn bereits im Frühjahr 1963 wurde die Produktion der Porsche-Diesel-Schlepper in Friedrichshafen eingestellt, was das Ende der MAN-Schlepperfertigung war.

Georg R. Wille schied 1951 aus

Aus dem Jahre 1956 stammt dieser MAN-Schlepper mit der Typenbezeichnung B 18. Der wassergekühlte MAN-Motor leistete 18 PS. Foto: Bauer

Dieser 1953 gebaute 11 PS-Varimot ist noch heute in einem Weinbaubetrieb im Einsatz. Zu den Besonderheiten dieses Schleppers zählt die geringe Breite von 77 cm und der enge Wenderadius von 115 cm.
Foto: Pressler

per aus Hamburg im In- und Ausland recht gut. Im Bundesgebiet konnte man stolz auf jährlich mehr als 100 Neuzulassungen verweisen. 1952 holte Franz Westermann für seine Firma einen Großauftrag über 250 Schlepper aus Argentinien, was etwa einer Jahresproduktion der Traktorenfabrik entsprach. Nordtrak-Schlepper wurden außerdem in die skandinavischen Länder exportiert, wo sie vorwiegend im Forst eingesetzt wurden.

Als weiterer Schlepper kam 1953 der Stier 45 mit 40 PS MWM-Dieselmotor ins Verkaufsprogramm. Das 5-Gang-Getriebe ermöglichte bei Standardbereifung der Größe 10-28 Geschwindigkeiten von 3,5 bis 29,3 km/h. Eine Überarbeitung des Bauprogrammes erfolgte in den Jahren 1954/55, so daß zu dieser Zeit folgende Typen angeboten wurden: Stier 240 mit 20 PS MWM-Dieselmotor, Stier 241 mit 24 PS MWM-Dieselmotor, Stier 30 mit 28 PS MWM-Dieselmotor, Stier 360 mit 36 PS MWM-Dieselmotor und Stier 45 mit 40 PS MWM-Dieselmotor.

seiner 1946 gegründeten Landmaschinenfabrik aus. Die Fabrik übernahm der Kaufmann Franz Westermann, der bereits 1949 als Geldgeber in die Firma eingetreten war. Das Unternehmen firmierte sich nun unter Nordtrak, Norddeutsche Traktorenfabrik Franz Westermann, Hamburg-Lohbrügge. Im Sommer des gleichen Jahres wurden die ersten drei neuen Nordtrak-„Stier"-Allradschlepper in Halbrahmenbauweise mit 16, 22, und 28 PS

Aus der letzten Bauserie stammt der 45 PS-Hela-Schlepper, Typ D 548, Baujahr 1968.
Foto: Lanz Aulendorf

Motorleistung vorgestellt. Die Schlepper wurden nun in neuer formschöner Motorverkleidung und blau/grauer Zweifarben-Lackierung geliefert.

Besonders der 28/30 PS starke Stier 30 mit dem 2-Zylinder-MWM-Dieselmotor, seinem 5-Gang-Getriebe und den vier gleichgroßen Rädern der Größe 9-24 gehörte seinerzeit zu den modernsten und fortschrittlichsten Schleppern. Trotz des höheren Preises verkauften sich die Allradschlep-

Als stärksten damals angebotenen Allradschlepper brachte

Nordtrak 1955 noch den Stier 480 auf den Markt. Der verwendete luftgekühlte 4-Zylinder-MWM-Dieselmotor wurde mit dem 8+4-Gang-Getriebe zum Block verschraubt. Die vier angetriebenen Reifen der Größe 11-28 sorgten dafür, daß fast das gesamte Gewicht des Schleppers von 2 900 kg als Zugkraft nutzbar war. Die Höhe dieses Schleppers betrug (ohne Dach) beachtliche 196 cm.

Georg Westermanns Stier

Doch trotz des umfangreichen Angebotes war eine wirtschaftliche Fertigung in dem kleinen Betrieb mit etwa 150 Mitarbeitern nicht mehr möglich, denn schon lange konnte Westermann nicht mehr auf die billigen Getriebe und Achsen amerikanischer Fertigung zurückgreifen, sondern mußte bei der Zahnradfabrik Friedrichshafen einkaufen. Die Vielzahl von Teilen, die auf Lager gehalten werden mußten, belastete die Finanzen des Betriebes außerordentlich.

Trotz permanenter Geldspritzen von Westermann verschlechterten sich die Bilanzen

ständig und 1956 mußte er Konkurs anmelden. Bis 1957 wurden weitere Aufträge durch eine Auffanggesellschaft ausgeführt. Alle noch auf Lager befindlichen Ersatzteile wurden nach Übersee zur Sicherung der dortigen noch über 400 Nordtrak-Stier-Schlepper verkauft.

Normag-Schlepperprogramm

Ein gutes Image bei den Bauern hatten in den 50er Jahren die Schlepper der Normag GmbH. So konnte die bereits 1948/49 von Zorge im Harz nach Hattingen an der Ruhr umgesiedelte Firma mehr als 2 000 Schlepper jährlich im Inland absetzen. Dadurch konnte sich die Firma mehrere Jahre einen Platz unter dem ersten Dutzend der Schlepperhersteller sichern. Hierzu trug die eigene

Motoren-, Getriebe- und auch Blechteilfertigung genauso bei, wie auch das gut ausgebaute Händlernetz und das auf die bäuerlichen Verhältnisse zugeschnittene Bauprogramm.

Auf der DLG-Ausstellung 1953 in Köln bot Normag neben dem erstmals vorgestellten F 12 mit luftgekühltem 2-Takt-Dieselmotor eine umfangreiche Palette von Schleppern mit wassergekühlten Motoren an. Als kleinster Typ war seit März 1952 der 10 PS starke C 10 im Verkaufsprogramm. Es handelte sich hierbei um einen Kleinschlepper in Rahmenbauweise mit liegend angeordnetem 1-Zylinder-Farymann-Dieselmotor mit Verdampfungskühlung. Wie beim Allgaier-Schlepper wurde die Kraft vom Motor auf das 5+2-Gang-Getriebe mittels Keilriemen übertragen.

Der nächst stärkere Schlepper war der seit 1950 angebotene Faktor I mit eigenem 16 PS Die-

Die 22 PS LHB-Leichtraupe „Robot" war ein technischer Leckerbissen, konnte sich aber gegenüber den Radschleppern nicht durchsetzen.
Foto: Sammlung Bauer

selmotor und 5-Gang-Getriebe. Dem Faktor I folgte der Faktor II mit 20/22 PS 2-Zylinder-Dieselmotor und 5-Gang-Getriebe. Als Faktor III bzw. NG 28 wurde seit Frühjahr 1953 ein 28 PS Schlepper gebaut, der ebenfalls mit eigenem Normag-Dieselmotor und eigenem Getriebe (4+1-Gang) ausgerüstet war. Als nächst stärkerer Schlepper folgte der NG 35, dessen 2-Zylinder-Dieselmotor 35 PS bei 1500 U/min leistete. Den Abschluß im Normag-Schlepperbau-Programm bildete der NG 45, bei dem das 5-Gang-Getriebe A 17 der Zahnradfabrik Friedrichshafen mit einem 45 PS starken 4-Zylinder-4-Takt-Henschel-Dieselmotor zu einem Block verschraubt

war. Der ca. 2 200 kg schwere NG 45, der wie alle anderen Normag-Schlepper auch eine Doppelfeder-Pendelschwingachse besaß, war fast ausschließlich für den Export bestimmt.
Eine Erweiterung der Angebotspalette erfolgte mit den ab 1953 angebotenen „Kornett"-Typen, die mit luftgekühlten 2-Takt-Dieselmotoren eigener Fertigung ausgerüstet waren. Hierzu gehörten der Kornett I mit 12 und später 14 PS, der Kornett II mit 16 später 18 PS. Im Jahr 1955 übernahm die Orenstein-Koppel & Lübecker Maschinenbau AG die Normag GmbH, womit man sich in Hattingen eine bessere Ausnutzung der Fertigungskapazität

versprach. So wurden fortan vermehrt Normag-Stationär-Motoren liegender und stehender Bauart gefertigt.
Doch der Schlepperabsatz sank kontinuierlich. So wurden 1956 nur noch 1 909 Normag-Schlepper neu zugelassen, was bei insgesamt 94 472 neuzugelassenen Schleppern einem Marktanteil von nur 2 % entsprach. Trotz Überarbeitung des Bauprogrammes, das zur DLG-Ausstellung 1956 in Hannover aus den Typen: N 12, K 15, K 18, F 22, F 30, NG 35 und NG 45 bestand, hielt der Absatzrückgang an. So wurden 1957 30 % weniger Normag-Schlepper in der Bundesrepublik zugelassen als ein Jahr zuvor. Zum 1. Januar 1958 wurde daraufhin die Produktion von Normag-Schleppern eingestellt. Die Ersatzteilversorgung und den gesamten Kundendienst für Normag-Schlepper übernahm die Porsche-Dieselmotorenbau GmbH, Friedrichshafen.

Allgaier verkauft 1955 an Porsche

Wie kaum eine andere Schlepperbau-Firma beeinflußte die Porsche-Diesel-Motorenbau GmbH von 1956 bis 1963 den deutschen Schleppermarkt. So wurden in den acht Jahren ihres Bestehens allein in der Bundesrepublik fast 60 000 Porsche-Schlepper zugelassen.
Als sich 1955 Ing. Erwin Allgaier entschloß, den Schlepperbau einzustellen, um sich in Uhingen ausschließlich wieder dem Werkzeugmaschinenbau zuzuwenden, kam es kurz darauf zu Gesprächen mit Mannesmann-Direktor Dr. Ing. Hermann Winkhaus und führenden Mitarbeitern der Dr. Ing. h. c. Porsche KG über die Weiterführung der Allgaier-Schlepperfertigung. Nach Verhandlungen mit Allgaier kamen Mannesmann und Porsche überein, den Allgaier-Schlepperbau in Friedrichshafen ab 1956 für rund 28 Millionen DM zu übernehmen und durch die bald darauf gegründete

Porsche-Diesel-Motorenbau GmbH weiterzuführen. Die Leitung der neugegründeten Firma unterstand Prof. Dr. Albert Prinzing, dem langjährigen Geschäftsführer von Porsche.

Lieferfristen abgebaut

Das 1956 vorgestellte Schlepperbau-Programm von Porsche-Diesel umfaßte die Typen AP 18, AP 22, P 111, P 122, P 133 und P 144, sie entsprachen bis ins Detail den Allgaier-Schleppern. Nach Erweiterung der Produktionsanlagen in Friedrichshafen, die 1957 abgeschlossen war, lief die Schlepperfertigung auf vollen Touren, so daß die schon lange bestehenden Lieferfristen für Porsche-Schlepper abgebaut werden konnten.

Im gleichen Jahr kam es auch zu einer Überarbeitung des bisherigen Porsche-Schlepperbau-Programmes. Durch eine Verbesserung des Wirbelkammer-Verbrennungsverfahrens konnte die Motorleistung erhöht werden. Zukünftig wurde nun der 12 PS starke Typ P 111 als „Junior" mit 14 PS als Trag-, Standard- und Schmalspur-Schlepper verkauft, wobei Getriebe von der Zahnradfabrik Friedrichshafen verwendet wurden. Die Schleppertypen AP 18 und AP 22 wurden mit geringfügigen Änderungen beibehalten und als „Standard AP" angeboten. Der ehemalige P 122 wurde als Typ „Standard" mit 25 PS Motorleistung angeboten. Ihm folgte der „Super" mit 38 PS 3-Zylinder-Dieselmotor und der P 144, dessen 4-Zylinder-Dieselmotor bei 2 000 U/min 50 PS leistete.

Porsche in Großserie

Die Firmenleitung beschloß die moderne Großserienfertigung einzuführen, bei der über 1 000 Schleppern eines Typs pro Monat gefertigt werden konnten. Außerdem wurde das Vertriebssystem geändert, wobei Porsche-Schlepper nicht mehr über Großhändler sondern nur noch über Exklusiv-Händler vertrieben wurden. Ferner wurde der Porsche-Diesel-Ersatzteil-Austauschdienst geschaffen, bei dem bestimmte Aggregate des Schleppers (Motoren, Zylinderköpfe, Kraftheber, Differential, Ölpumpe, Bremseinrichtungen und Achsschenkel) vom Werk zurückgenommen, dort repariert und als vollwertige, geprüfte und mit Werksgarantie versehene Baugruppen

Allradantrieb, 4 gleichgroße Räder und 30 PS Leistung sind die Besonderheiten des Nordtrak-Stier-Schleppers. Der Stier mit der Typenbezeichnung ST 30 wurde 1953 in Hamburg-Lohbrügge gefertigt. Foto: Bauer

Der kleinste unter den Porsche-Schleppern war der Typ Junior. Der Schlepper mit luftgekühltem 1-Zylinder-Dieselmotor stammt aus dem Jahr 1958.
Foto: Bauer

dem Kunden wieder zur Verfügung gestellt wurden. Durch diese Maßnahmen gelang es Porsche, 1958 mit rund 12% Marktanteil innerhalb von drei Jahren auf Platz zwei in der Zulassungsstatistik aufzusteigen.

Das Bauprogramm wurde in den nächsten Jahren nochmals überarbeitet, so daß nun Porsche-Schlepper von 15 bis 50 PS Motorleistung unter den Typenbezeichnungen Junior, Standard, Super und Master angeboten wurden. Die Steigerung der Motorleistung erreichte man durch die Vergrößerung der Zylinderbohrung von 95 auf 98 mm und Erhöhung der Drehzahl. 1961 bestand das Angebot aus folgenden Typen: Junior, 15 PS; Standard T (Trag-

schlepper), 20 PS; Standard Star (Tragschlepper), 30 PS; Super Export, 30 PS; Super L, 40 PS und Master, 50 PS.

Der Erfolg der neuen Baureihe blieb nicht aus, und so konnte die Porsche-Diesel-Motorenbau GmbH 1961 genau 16 337 Schlepper absetzen, davon wurden 38% in 38 Länder der Welt exportiert. Der wertmäßige Umsatz wurde mit 145 Millionen DM angegeben. Doch schon ein Jahr später war ein Absatzverlust bei deutschen Ackerschleppern von ca. 25% im Exportgeschäft zu verzeichnen, der auf das verstärkte Engagement amerikanischer und englischer Großserienproduzenten zurückzuführen war. Auch im Inland nahm der Absatz an Porsche Schleppern ra-

pide ab. So waren es 1962 nur noch 6 333 Einheiten.

Inzwischen waren in der Bundesrepublik eine Million Schlepper in der Landwirtschaft im Einsatz, so daß auch hier eine Sättigung gegeben war. Bei Porsche waren aber die Produktionsanlagen auf jährlich 20 000 Einheiten ausgelegt, die nun nicht ausgelastet waren und somit nur wenig Rendite übrig blieb.

Ferner kam hinzu, daß nur 3% der Teile des Porsche-Schleppers aus dem Mannesmann-Konzern bezogen werden konnten. Es handelte sich hierbei um die Felgen und die Kotflügel-Bleche, alle anderen Teile wurden zugekauft (so z. B. die Getriebe) bzw. in Friedrichshafen gefertigt. Neben dem Verkaufen, so schrieben damals Kritiker, hätte man bei Porsche wohl die Konstruktion etwas vernachlässigt, so standen z. B. keine Motoren über 50 PS zur Verfügung.

Zwar hatte man in Erwägung gezogen, u.a. wassergekühlte Motoren von Daimler-Benz zu beziehen, was aber nach Kalkulation und technischer Prüfung fallen gelassen wurde. Somit kam 1963 die Entscheidung der Mannesmann-Konzernspitze, den Porsche-Schlepperbau aufzugeben, nicht unerwartet. Mannesmann und die staatlichen französischen Renault-Werke gründeten mit jeweils 50 % Kapitalanteil die Porsche-Diesel-Renault-Vertriebs-GmbH mit Sitz in Friedrichshafen. Sie hatte die Aufgabe, bis zum Auslaufen der Porsche-Schlepper-Produktion in Friedrichshafen, den Vertrieb von Porsche- und Renault-Schleppern im Bundesgebiet zu übernehmen. Darüber hinaus wurden die Porsche-Diesel-Verkaufsniederlassungen im Ausland auch als Export-Niederlassungen von Renault genutzt. Die Porsche-Diesel-Renault-Vertriebs-GmbH übernahm auch den Ersatzteil-Dienst für Allgaier-, Normag-, MAN- und Porsche-Schlepper.

Primus aus Oberbayern

Ab 1957 stellte die Primus Traktoren-Gesellschaft KG, Miesbach (Obb.), den Schlepperbau ein, denn seit 1955 wurden jährlich weniger als 100 Primus-Schlepper neu zugelassen. Eine wirtschaftlich vertretbare Schlepperfertigung war daher nicht mehr gegeben. Als Johannes Köhler 1955 63jährig verstarb, umfaßte sein Schlepperbau-Programm immerhin fünf verschiedene Typen von 12 bis 30 PS Motorleistung.

Der 12 PS Kleinschlepper Typ PD 1 E war in Blockbauweise mit Hurth-5-Gang-Getriebe und wassergekühltem 1-Zylinder-4-Takt-MWM-Dieselmotor ausgerüstet. Das gleiche Getriebe wurde auch beim PD 1 Z verwendet. Als Motor kam hier

ein 2-Zylinder mit 17 PS, ebenfalls von MWM zum Einbau. Die Schlepper PD 2 und PD 3 wurden mit eigenen 2- bzw. 3-Zylinder-Primus-Dieselmotoren angetrieben. Der 20 PS starke PD 2 war mit einem Hurth-Getriebe bestückt, beim 30 PS starken PD 3 hingegen wurde das A 15 Getriebe von ZF verwendet.

Bald darauf erfolgte eine Überarbeitung des Bauprogramms, das bis zur Einstellung beibehalten wurde. Bei den Typen PD 1 wurden sowohl 1- als auch 2-Zylinder-Dieselmotoren von MWM verwendet, die aber im Gegensatz zu den Vorgänger-Typen statt Wasser- Luftkühlung besaßen. Den Typen PD 2 und PD 3 wurden weiterhin die Primus-Dieselmotoren eingebaut, die nun durch Steigerung der Drehzahl von 1 500 auf 1 800 U/min höhere Leistung abgaben. Der PD 2 mit 2-Zylinder-

Einsatzort als Stromerzeuger dienen konnte.

Auch Karl Ritscher gibt auf

Das Programm von Karl Ritscher bestand Mitte der 50er Jahre aus folgenden Typen: 412 mit 12 PS MWM-Dieselmotor und Bautz-Getriebe, 517 mit 17 PS Güldner-Dieselmotor und ZF-Getriebe, 524 mit 24 PS MWM-Dieselmotor und Ritscher-5-Gang-Getriebe, 528 mit 28 PS MWM-Dieselmotor und Ritscher-5-Gang-Getriebe, 536 und 540 mit 36 bzw. 40 PS 3-Zylinder-MWM-Dieselmotor und Ritscher-Getriebe.

Außerdem wurde noch der Multitrak-Geräteträger angeboten. Hiermit konnte Ritscher 1956 immerhin 517 Schlepper in der Bundesrepublik absetzen, was einem Marktanteil von 0,5 % entsprach. 1957/58 kamen

Dieselmotor, Typenbezeichnung 2 D 120, erreichte 24 PS und der PD 33 mit 3-Zylinder-Dieselmotor, Typenbezeichnung 3 D 120, 36 PS.

Eine Besonderheit im Schlepper-Bauprogramm der Primus Traktoren-Gesellschaft war der „Elektro Pionier". Bei diesem Schlepper wurde in einem Zwischengehäuse zwischen dem Motor und dem Getriebe ein Stromerzeuger aufgenommen, so daß dieser Schlepper am

noch die Typen 830 Komet mit 30 PS, 832 Junior mit 32/34 PS und 936 Standard mit 36/40 PS hinzu, die mit MWM-Dieselmotoren und ZF-Getrieben gebaut waren. Alle drei Schlepper zeichneten sich durch ein neue, weit nach vorn gezogene Motorhaube und hohe Bodenfreiheit von 45 bzw. 48 cm aus.

Doch die Sättigung des deutschen Schleppermarktes machte sich auch bei Ritscher bemerkbar, so daß schon 1958

35 PS leistete der Porsche-Schlepper, Typ Super-Export, der in Friedrichshafen gebaute Schlepper stammt aus dem Jahre 1962. Foto: Bauer

weniger als 100 neue Schlepper aus Sprötze in der Bundesrepublik einen Käufer fanden. Auch der Absatz des Geräteträgers, der mit 18, 20 und 25 PS angeboten wurde, hielt sich in engen Grenzen, so daß sich Karl Ritscher entschloß, sein Werk an die Berliner Maschinenbau AG zu verkaufen. Sie fertigte noch bis 1963 Ritscher-Schlepper, u.a. sollen in dieser Zeit auch einige Allrad-Prototypen gebaut worden sein.

Schanzlin-Schlepper

1958 stellte erstmals die Gebr. Schanzlin, Maschinenfabrik GmbH in Weisweil (Baden) einen einfach aufgebauten Schmalspur-Kleinschlepper in Rahmenbauweise vor. Er wurde unter der Baumusterbezeichnung „Kultimot" angeboten. Angetrieben wurde das nur 450 kg schwere Fahrzeug von einem 8 PS Hirth-Vergasermotor.

Schon in den nächsten Jahren wurde daraus ein universell einsetzbarer Spezialschlepper für den Wein-, Obst- und Gartenbau. So verfügte der Mitte der 60er Jahre angebotene 12 PS Kultimot über einen Farymann-Dieselmotor, ein 4+2-Gang-Getriebe, Zapfwelle, Lenkbremse und einen Kraftheber.

Dazu bot man ein umfangreiches Zubehör-Programm an. Daher konnten die Schlepper nicht nur in der Bundesrepublik sondern auch über ein eigenes Vertriebsnetz in vielen europäischen Ländern abgesetzt werden. Bald darauf kam noch ein stärkerer Schlepper unter der Typenbezeichnung „Gigant" dazu. Der zunächst mit einem 22 PS Dieselmotor ausgerüstete Schlepper konnte auch mit angetriebener Vorderachse geliefert werden. Bis heute baut Schanzlin für die verschiedensten Einsatzbereiche Spezial-Schlepper.

Bis Mitte der 50er Jahre bot die Motorenfabrik Anton Schlüter,

München, seinen Kunden Akkerschlepper von 15 bis 45 PS Motorleistung an. Bei Schlüter wurden ausschließlich langhubige (140, 145, 150, 155 mm) und großvolumige wassergekühlte Dieselmotoren eigener Fertigung mit max. 1500 U/min Drehzahl verwendet. Bei der Wahl der Getriebe griff man auf die bewährten Konstruktionen von Hurth und der Zahnradfabrik Friedrichshafen zurück.

Mit diesem Angebot an fünf Grundtypen konnte Schlüter 1955 im Inland 2 191 Schlepper neu zulassen, wobei über 90 % in der unteren Leistungsklasse bis 22 PS abgesetzt wurden. Vom 30 PS Schlepper fanden insgesamt 118 Einheiten und vom 45 PS starken AS 45 mit 3-Zylinder-Dieselmotor nur 14 Schlepper im Inland einen Kunden.

Während der DLG-Ausstellung 1956 in Hannover stellte Schlüter erstmals auch zwei Schleppertypen mit luftgekühlten Dieselmotoren von 14 und 16 PS Motorleistung vor. Sie gingen anschließend in die Serienproduktion. Die 1-Zylinder-Dieselmotoren arbeiteten nach dem Direkteinspritz-Verfahren mit Kugelbrennraum im Kolben. Die Kühlung erfolgte über ein seitliches Radialgebläse, wie es z. B. auch bei den Motoren von Eicher und Hatz zu finden war.

Schlüter setzt auf hohe Leistung

Die Weiterentwicklung der luftgekühlten Dieselmotoren wurde aber nicht fortgeführt, dafür wurde das Bauprogramm Anfang der 60er Jahre auf Schlepper höherer Motorleistung ausgebaut. So bot Schlüter während der DLG-Ausstellung 1964 in Hannover eine neue Schlepperbaureihe in Halbrahmenbauweise an, die aus fünf verschiedenen Schleppertypen von 34 bis 80 PS Motorleistung bestand. Alle neuen Typen konnten zusätzlich mit angetriebener Vorderachse geliefert werden. Ackerschlepper in dieser Leistungs-

Der Schlüter-Schlepper, Typ ASL 130 H, Baujahr 1958, wurde von einem luftgekühlten 1-Zylinder-Schlüter-Dieselmotor angetrieben.
Foto: Bauer

klasse boten damals nur KHD (75 PS, Typ D 8005), Rheinstahl Hanomag (75 PS, Robust 800) an.

Das Flaggschiff der damaligen Schlüter-Schlepperproduktion war der S 900 V Allrad mit 6-Zylinder-Schlüter-Dieselmotor, der bei einem Hubraum von 6492 ccm und einer Drehzahl von 1800 U/min eine Nennleistung von 80 PS abgab. Das 8-Gang-Getriebe wurde von ZF bezogen. In den nachfolgenden Jahren spezialisierte sich Schlüter erfolgreich auf die Produktion von Schleppern höherer Leistung mit großvolumigen Dieselmotoren und aufwendiger technischer Ausstattung. Auf diesem Gebiet ist man noch heute in Europa führend.

Die Schmiedag AG in Hagen/Westfalen bot ab Anfang der 50er Jahre diverse gut durchkonstruierte Einachsschlepper an. Sie fanden bald weite Verbreitung unter dem Namen „Hansa". Basierend auf den Einachsschleppern entwickelte Schmiedag einen Geräteträger und eine Schmalspurraupe. Diese beiden Fahrzeuge wurden zunächst mit einem 10 PS Fichtel & Sachs-Dieselmotor und später mit einem 12 PS

Hatz-Dieselmotor ausgerüstet. Der Kettenschlepper war sehr wendig und durch eine kleine Ladeschaufel für das Baugewerbe zugeschnitten. Nach Einstellung des Schlepperbaues bei Schmiedag übernahm O&K die weitere Fertigung der Kleinraupe.

Schmotzer-Kombi

Die Maschinenfabrik H. Schmotzer GmbH in Bad Windsheim bot ab 1951 eine selbstfahrende Vielzweckmaschine unter der Bezeichnung „Kombi" an. Der Schmotzer-Kombi eignete sich besonders als Hackmaschine, Sämaschine, Spritze und auch als Düngerstreuer. Das in Rahmenbauweise ausgeführte Universalfahrzeug mit quer zur Fahrtrichtung eingebautem 1-Zylinder-Farymann-Dieselmotor fand bald weite Verbreitung. Die Nachfrage kam besonders von großen landwirtschaftlichen Betrieben, die die Vorteile dieser Maschine bestens ausnutzen konnten.

Im Jahr 1960 brachte Schmotzer eine überarbeitete Maschine unter der Bezeichnung „Kombi-Record" mit 20 und später sogar

mit 45 PS starkem Motor auf den Markt. Auch hier handelte es sich um ein Fahrzeug in Rahmenbauweise, wobei Rohrholme das Fahrgestell dieser vielseitig einsetzbaren Maschine bildeten. Überzeugende technische Komponenten des Schmotzer-Kombi-Record waren u.a. hohe Bodenfreiheit, Heck-Hydraulik, Zwischenachs-Anbaumöglichkeit, Spurverstellung im Bereich von zwei bis drei Metern, geringes Gewicht und gute Wendigkeit.

Seit 1960 bietet die 1948 gegründete Hermann Schneider Maschinen- und Gerätebau GmbH u. Co. KG, Tamm (Württ.), Spezial-Geräteträger in Zweiholm-Bauweise an, die ausschließlich für Gartenbau- und Baumschul-Betriebe zugeschnitten sind.

Nach dem erfolgreichen Einstieg in den Schlepperbau entwickelte auch Andreas Stihl seinen Tragschlepper weiter. Der fast zehn Jahre lang gebaute 12 bis 14 PS Typ 140 bzw. 144 wurde 1959/60 durch den 14/15 PS starken S 15 mit 1-Zylinder-Stihl-Dieselmotor und den 20 PS starken S 20 mit 2-Zylinder-MWM-Dieselmotor abgelöst. Beide waren Tragschlepper in

Schon bald ging Schlüter zum Bau von Großschleppern über. Hier der 180 PS-Schlepper mit der Typenbezeichnung Super 2000 TV in Exportausführung. Der 8-Zylinder-Motor hatte einen Hubraum von 9,5 l, das Eigengewicht des Schleppers betrug 7 425 kg. Foto: Schlüter

Viel Technik, aber wenig Motorleistung bot der 10 PS-Ursus-Bambi-Kleinschlepper, der über Allradantrieb, Vierradlenkung und ein Wendegetriebe verfügte. Foto: Bauer

Blockbauweise mit Hurth-6-Gang-Getriebe. 1963 stellte auch Stihl den Schlepperbau ein.

Fünf-Mann-Betrieb

Als 1963 Ignaz Sulzer in Harthausen den Schlepperbau einstellte, waren im selben Jahr insgesamt über 470 Schlepper dieses Fabrikats zugelassen. Sicherlich ein verschwindend kleiner Teil, wenn man bedenkt, daß zu dieser Zeit mehr als eine Million Schlepper in der Bundesrepublik im Einsatz waren. Sulzer war dafür bekannt, entsprechend den Kundenwünschen eine sehr flexible Modellbau-Politik zu betreiben.

Sulzer konnte jährlich weit weniger als 100 Schlepper im eigenen Lande absetzen. Aus diesem Grund war er — um Kosten einzusparen — auch auf keiner DLG-Ausstellung vertreten, obwohl sich das umfassende Schlepperbauprogramm sehen lassen konnte. 1957 waren es immerhin sieben verschiedene Schlepper von 12 bis 40 PS.

Viel mehr Typen hatten auch die „Großen" nicht im Angebot. So waren es z. B. bei Fendt 9,

KHD 7, Porsche 8 Typen. Die Motoren wurden überwiegend von Deutz, aber auch von MWM bezogen. Zu dieser Zeit konnte Sulzer einen Großauftrag über 332 Schlepper verschiedener Motorleistung aus Frankreich verbuchen. Um diesen Auftrag abwickeln zu können, mußten die fünf Beschäftigten der kleinen Harthauser Schlepper-Fabrik im wahrsten Sinne des Wortes Tag und Nacht arbeiten, bis im Frühjahr 1959 der letzte Sulzer-Schlepper für Frankreich fertiggestellt worden war. Dort kamen sie dann unter dem Namen „Sift" auf den Markt.

Auch Anfang der 60er Jahre wurde bis zur Einstellung der Fertigung ein umfangreiches Angebot beibehalten, das nun von 14 bis 40 PS Motorleistung reichte. Neben den Standard-Schleppern und einem Tragschlepper bot Sulzer auch noch den Wahl-Tragschlepper, Typ W 133, als Sulzer S 330 L an. Nach Einstellung der Wahl-Schlepperfertigung hatte man die noch vorhandenen Tragschlepperteile von Wahl übernommen. Seit Einstellung des Schlepperbaues ist Sulzer als Zulieferbetrieb für den Stahlbau tätig.

Die aus der Grosshessischen Truck-Company, Wiesbaden, hervorgegangenen Ursus-Traktoren-Werke GmbH, Wiesbaden, fertigten fast ausschließlich Allradschlepper, bei denen zunächst Getriebe amerikanischer Armeefahrzeuge verwendet wurden. Später ging man wie bei Nordtrak in Hamburg gezwungenermaßen auf Getriebe deutscher Hersteller über.

Mitte der 50er Jahre erweiterten die Ursus-Werke ihr Bauprogramm um einen neuen 10 PS Kleinschlepper, Typ C 10 Bambi, mit vier lenkbaren gleichgroßen Rädern und Allradantrieb. Der Antrieb erfolgte über eine zentrale Welle in der Mitte des Schleppers, über die die vier Räder mittels Rollenkette angetrieben wurden. Der mit einem 4-Gang-Wendegetriebe ausgerüstete Kleinschlepper konnte in beiden Fahrtrichtungen arbeiten. Aus diesem Grund war auch der Sitz umschwenkbar. Im Jahre 1956 übernahm Franz. H. Erkelenz (Erkelenz-Patent-Schlepper) das Werk, in dem bis Ende der 50er Jahre die Ursus-Allradschlepper B 28 (28 PS), B 40 (40 PS) und Bambi gefertigt wurden.

Absatz nur in Schwaben

Auch die Maschinenfabrik Karl Friedrich Wahl in Balingen gehörte zu den Produzenten, deren Schlepper fast nur regionalen Absatz fanden. Konnte man in guten Jahren 400 und mehr Schlepper im Inland zulassen, so ging der Absatz trotz des seit 1955 aus fünf Typen von 12 bis 40 PS bestehenden größeren Angebotes zurück. So waren es 1959 insgesamt nur noch 241 Wahl-Schlepper, die einen Kunden im Inland fanden.

1960 stellte man erstmals einen Tragschlepper vor, der mit einem 16, später 20 PS MWM-Dieselmotor ausgerüstet war. Zur Erweiterung des Angebotes an Schleppern höherer Leistung übernahm das schwäbische Unternehmen zu dieser Zeit den Vertrieb der britischen David Brown Traktoren. 1962/63 stellte Wahl den Schlepperbau ein.

„Ackermeister" von Wesseler

Mitte der 60er Jahre lief auch bei der H. Wesseler oHG in Altenberge der Schlepperbau aus. Von den Schleppern wurden jährlich weniger als hundert Einheiten montiert. Durch die hohen Produktionskosten waren die Schlepper teurer als die der Konkurrenz und somit auf dem stark umkämpften deutschen Markt nicht mehr konkurrenzfähig.

Das in den letzten Jahren vor Produktionseinstellung angebotene Schlepperbauprogramm der westfälischen Firma bestand aus immerhin sechs verschiedenen Ackerschlepper-Typen von 12 bis 45 PS Leistung und dem Geräteträger „Ackermeister". Es kamen ausschließlich Dieselmotoren (wasser- oder luftgekühlt) von MWM zum Einbau. Ebenso hatte man sich bei der Wahl der Getriebe auf nur einen Hersteller beschränkt, was für die Ersatzteilversorgung sehr vorteilhaft war.

Technische Daten

Agria-Schmalspurschlepper, Typ 4800

Hersteller: Agria-Werke GmbH, Möckmühl
Baujahr: ab 1964
Motor: 1-Zylinder-4-Takt-Dieselmotor mit 10 PS Leistung bei einer Drehzahl von 3 000 U/min und einem Hubraum von 499 ccm, Fabrikat Hatz (luftgekühlt)
Getriebe: Sechs Vorwärts- und sechs Rückwärtsgänge (1 bis 16 km/h), Fabrikat Agria
Maße und Gewichte: Länge 200 cm, Breite 80 cm, Radstand 101 cm

Bautz-Schlepper, Typ AS 120

Hersteller: J. Bautz Aktiengesellschaft, Saulgau
Baujahr: ab 1953
Motor: 2-Zylinder-4-Takt-Dieselmotor mit 14 PS Leistung bei einer Drehzahl von 2 000 U/min und einem Hubraum von 1 250 ccm, Fabrikat MWM (wassergekühlt)
Getriebe: Fünf Vorwärtsgänge (1,9; 4,7; 6,7; 9,1; 18,3 km/h) und ein Rückwärtsgang (4,7 km/h), Fabrikat Bautz
Maße und Gewichte: Länge 237 cm, Breite 151 cm, Radstand 155 cm, Gewicht 1 100 kg

Bautz-Schlepper, Typ AS 240

Hersteller: J. Bautz Aktiengesellschaft, Saulgau
Baujahr: ab 1953
Motor: 2-Zylinder-4-Takt-Dieselmotor mit 24 PS Leistung bei einer Drehzahl von 2 000 U/min und einem Hubraum von 1 810 ccm, Fabrikat MWM (luftgekühlt)
Getriebe: Fünf Vorwärtsgänge (1,9; 4,3; 7,6; 12,6; 20 km/h) und ein Rückwärtsgang (4,1 km/h), Fabrikat Bautz
Maße und Gewichte: Länge 299 cm, Breite 159 cm, Radstand 181 cm, Gewicht 1 325 kg

BTG-Allrad-Traktor, Typ 4/25

Hersteller: Bayerische Transport- u. Fahrzeugbau GmbH, München
Baujahr: 1955
Motor: 2-Zylinder-4-Takt-Dieselmotor mit 24 PS Leistung bei einer Drehzahl von 2 000 U/min und einem Hubraum von 1 840 ccm, Fabrikat Güldner (luftgekühlt)
Getriebe: Sechs Vorwärtsgänge (1,9 bis 20 km/h) und ein Rückwärtsgang (5,3 km/h), Fabrikat BTG/ZF
Maße und Gewichte: Länge 335 cm, Breite 150 cm, Radstand 180 cm, Gewicht 1 610 kg

Bungartz-Traktor, Typ T 3

Hersteller: Bungartz & Co., Maschinenfabrik, München
Baujahr: ab 1953
Motor: 1-Zylinder-2-Takt-Dieselmotor mit 14 PS Leistung bei einer Drehzahl von 2 000 U/min und einem Hubraum von 763 ccm, Fabrikat Stihl (luftgekühlt)
Getriebe: Sechs Vorwärtsgänge (1 bis 15,5 km/h) und zwei Rückwärtsgänge (1; 1,5 km/h), Fabrikat Bungartz
Maße und Gewichte: Länge 216 cm, Breite 104 cm, Radstand 137 cm, Wenderadius 180 cm, Gewicht 925 kg

Unimog 30 PS

Hersteller: Daimler-Benz AG, Gaggenau
Baujahr: ab 1955
Motor: 4-Zylinder-4-Takt-Dieselmotor mit 30 PS Leistung bei einer Drehzahl von 2 550 U/min und einem Hubraum von 1 767 ccm, Fabrikat Daimler-Benz (wassergekühlt)
Getriebe: Sechs Vorwärtsgänge (3,4 bis 53 km/h) und zwei Rückwärtsgänge (2,6; 4,8 km/h), Fabrikat Daimler-Benz
Maße und Gewichte: Länge 352 cm, Breite 163 cm, Radstand 172 cm, Gewicht 1 795 kg

Aus der „Raubtier-
serie" der Eicher-
Traktorenfabrik in
Forstern stammt der
Schlepper Königsti-
ger EM 300. Der luft-
gekühlte Eicher-Mo-
tor hatte eine Lei-
stung von 35 PS und
einen Hubraum von
2 944 ccm.
Foto: Hummel

Unimog U 406

Hersteller: Daimler-Benz AG,
Gaggenau
Baujahr: ab 1963
Motor: 6-Zylinder-4-Takt-Die-
selmotor mit 65 PS Leistung bei
einer Drehzahl von 2 550 U/min
und einem Hubraum von 5 670
ccm, Fabrikat Daimler-Benz
(wassergekühlt)
Getriebe: Sechs Vorwärtsgänge (4,3 bis 65 km/h) und zwei
Rückwärtsgänge, Fabrikat
Daimler-Benz
Maße und Gewichte: Länge 405
cm, Breite 200 cm, Radstand
238 cm, Gewicht 3 100 kg

Eicher-Schlepper,
Typ LH 12

Hersteller: Gebr. Eicher, Traktorenfabrik, Forstern
Baujahr: 1957
Motor: 1-Zylinder-4-Takt-Die-
selmotor mit 12 PS Leistung bei
einer Drehzahl von 2 600 U/min
und einem Hubraum von 567
ccm, Fabrikat Hatz (luftgekühlt)
Getriebe: Sechs Vorwärtsgänge (1,4 bis 18,3 km/h) und zwei
Rückwärtsgänge (1; 4,7 km/h),
Fabrikat Zahnradfabrik Passau
Maße und Gewichte: Länge 248
cm, Breite 150 cm, Radstand
164 cm, Gewicht 870 kg

Eicher-Schlepper,
Typ ED 40

Hersteller: Gebr. Eicher, Traktorenfabrik, Forstern
Baujahr: ab 1956
Motor: 2-Zylinder-4-Takt-Die-
selmotor mit 40 PS Leistung bei
einer Drehzahl von 1 500 U/min
und einem Hubraum von 3 114
ccm, Fabrikat Eicher (luftgekühlt)
Getriebe: Fünf Vorwärtsgänge
(3,2 bis 18 km/h) und ein Rückwärtsgang (1,7 km/h), Fabrikat
Zahnradfabrik Passau
Maße und Gewichte: Länge 323
cm, Breite 185 cm, Radstand
195 cm, Wenderadius 380 cm,
Gewicht 2 402 kg

Eicher-Schlepper,
Typ EM 100, Leopard

Hersteller: Gebr. Eicher, Traktorenfabrik, Forstern
Baujahr: ab 1959
Motor: 1-Zylinder-4-Takt-Die-
selmotor mit 15 PS Leistung bei
einer Drehzahl von 2 000 U/min
und einem Hubraum von 981
ccm, Fabrikat Eicher (luftgekühlt)
Getriebe: Sechs Vorwärtsgänge (0,9 bis 20 km/h) und zwei
Rückwärtsgänge (1,3; 5,1 km/
h), Fabrikat Zahnradfabrik
Passau

Maße und Gewichte: Länge 252
cm, Breite 150 cm, Radstand
166 cm, Wenderadius 300 cm,
Gewicht 938 kg

Eicher-Schlepper,
Typ EM 295, Panther

Hersteller: Gebr. Eicher, Traktorenfabrik, Forstern
Baujahr: ab 1959
Motor: 2-Zylinder-4-Takt-Die-
selmotor mit 19 PS Leistung bei
einer Drehzahl von 1 700 U/min
und einem Hubraum von 1 700
ccm, Fabrikat Eicher (luftgekühlt)
Getriebe: Sechs Vorwärtsgänge (0,7 bis 20 km/h) und ein
Rückwärtsgang (3,8 km/h), Fabrikat Zahnradfabrik Passau
Maße und Gewichte: Länge 296
cm, Breite 152 cm, Radstand
185 cm, Wenderadius 300 cm,
Gewicht 1 294 kg

Eicher-Schlepper,
Typ EM 200, Tiger

Hersteller: Gebr. Eicher, Traktorenfabrik, Forstern
Baujahr: ab 1959
Motor: 2-Zylinder-4-Takt-Die-
selmotor mit 25 PS Leistung bei
einer Drehzahl von 2 000 U/min
und einem Hubraum von 1 963
ccm, Fabrikat Eicher (luftgekühlt)
Getriebe: Acht Vorwärtsgänge
(0,6 bis 20 km/h) und vier Rückwärtsgänge (1,2 bis 10 km/h),
Fabrikat Zahnradfabrik Passau
Maße und Gewichte: Länge 302
cm, Breite 151 cm, Radstand
188 cm, Wenderadius 330 cm,
Gewicht 1 460 kg

Eicher-Schlepper,
Typ EM 300, Königstiger

Hersteller: Gebr. Eicher, Traktorenfabrik, Forstern
Baujahr: ab 1959
Motor: 3-Zylinder-4-Takt-Die-
selmotor mit 35 PS Leistung bei
einer Drehzahl von 1 650 U/min
und einem Hubraum von 2 944
ccm, Fabrikat Eicher (luftgekühlt)
Getriebe: Acht Vorwärtsgänge
(0,6 bis 20 km/h) und vier Rückwärtsgänge (2,2 bis 10 km/h),

Fabrikat Zahnradfabrik Passau
Maße und Gewichte: Länge 341 cm, Breite 152 cm, Radstand 204 cm, Wenderadius 335 cm, Gewicht 1 785 kg

Eicher-Schlepper, Typ ED 310, Mammut

Hersteller: Gebr. Eicher, Traktorenfabrik, Forstern
Baujahr: ab 1959
Motor: 3-Zylinder-4-Takt-Dieselmotor mit 45 PS Leistung bei einer Drehzahl von 1 500 U/min und einem Hubraum von 4 275 ccm, Fabrikat Eicher (luftgekühlt)
Getriebe: Acht Vorwärtsgänge (0,77 bis 20 km/h) und vier Rückwärtsgänge (2 bis 8,9 km/h), Fabrikat Zahnradfabrik Passau
Maße und Gewichte: Länge 335 cm, Breite 174 cm, Radstand 223 cm, Wenderadius 360 cm, Gewicht 2 245 kg

Eicher-Schlepper, Typ EA 600, Mammut-Allrad

Hersteller: Gebr. Eicher, Traktorenfabrik, Forstern
Baujahr: ab 1962
Motor: 4-Zylinder-4-Takt-Dieselmotor mit 60 PS Leistung bei einer Drehzahl von 2 000 U/min und einem Hubraum von 3 927 ccm, Fabrikat Eicher (luftgekühlt)
Getriebe: Acht Vorwärtsgänge (0,54 bis 20 km/h oder 0,77 bis 28 km/h) und vier Rückwärtsgänge
Maße und Gewichte: Länge 340 cm, Breite 194 cm, Radstand 220 cm, Wenderadius 375 cm, Gewicht 2 775 kg

Fahr-Schlepper, Typ D 160 H

Hersteller: Maschinenfabrik Fahr AG, Gottmadingen
Baujahr: ab 1954
Motor: 2-Zylinder-4-Takt-Dieselmotor mit 22 PS Leistung bei einer Drehzahl von 1 800 U/min und einem Hubraum von 1 620 ccm, Fabrikat Güldner (wassergekühlt)

Getriebe: Fünf Vorwärtsgänge (2,8; 5,4; 7,8; 11,9; 19,8 km/h) und ein Rückwärtsgang (1,8 km/h), Fabrikat Fahr
Maße und Gewichte: Länge 281 cm, Breite 156 cm, Radstand 182 cm, Wenderadius 272 cm, Gewicht 1 475 kg

Fahr-Schlepper, Typ D 270 H

Hersteller: Maschinenfabrik Fahr AG, Gottmadingen
Baujahr: ab 1954
Motor: 2-Zylinder-4-Takt-Dieselmotor mit 32 PS Leistung bei einer Drehzahl von 1 700 U/min und einem Hubraum von 2 660 ccm, Fabrikat KHD (luftgekühlt)
Getriebe: Fünf Vorwärtsgänge (3,4; 4,9; 6,9; 10,5; 20 km/h) und ein Rückwärtsgang (3,4 km/h), Fabrikat Fahr
Maße und Gewichte: Länge 315 cm, Breite 153 cm, Radstand 200 cm, Wenderadius 340 cm, Gewicht 2 035 kg

ge (1,5 bis 19,9 km/h) und zwei Rückwärtsgänge, Fabrikat Zahnradfabrik Passau
Maße und Gewichte: Länge 266 cm, Breite 147 cm, Radstand 165 cm, Wenderadius 270 cm, Gewicht 940 kg

Fahr-Schlepper, Typ D 177 S

Hersteller: Maschinenfabrik Fahr AG, Gottmadingen
Baujahr: ab 1958
Motor: 4-Zylinder-4-Takt-Dieselmotor mit 34 PS Leistung bei einer Drehzahl von 2 550 U/min und einem Hubraum von 1 767 ccm, Fabrikat Daimler-Benz (wassergekühlt)
Getriebe: Acht Vorwärtsgänge (0,6 bis 28,3 km/h) und vier Rückwärtsgänge (3,1 bis 14,2 km/h), Fabrikat Zahnradfabrik Passau
Maße und Gewichte: Länge 320 cm, Breite 155 cm, Radstand 195 cm, Wenderadius 290 cm, Gewicht 1 650 kg

Der Fahr-Schlepper, Typ D 180 H, mit 24 PS MWM-Dieselmotor und einem Getriebe aus eigener Fabrikation.
Foto: Bruse

Fahr-Schlepper, Typ D 88

Hersteller: Maschinenfabrik Fahr AG, Gottmadingen
Baujahr: ab 1957
Motor: 2-Zylinder-4-Takt-Dieselmotor mit 13 PS Leistung bei einer Drehzahl von 2 300 U/min und einem Hubraum von 886 ccm, Fabrikat Güldner (luftgekühlt)
Getriebe: Sechs Vorwärtsgän-

Fendt-Dieselroß F 12 GH

Hersteller: Xaver Fendt & Co, Marktoberdorf
Baujahr: ab 1953
Motor: 1-Zylinder-4-Takt-Dieselmotor mit 12 PS Leistung bei einer Drehzahl von 2 000 U/min und einem Hubraum von 850 ccm, Fabrikat MWM (wassergekühlt)
Getriebe: Sechs Vorwärtsgän-

Der Güldner-Schlepper G 40 A, Baujahr 1964, hatte eine Lenkradschaltung, die sehr griffgünstig lag und einen bequemen Fronteinstieg ermöglichte. Der Schlepper konnte mit angetriebener Vorderachse geliefert werden. Foto: Sammlung Bauer

ge (1,8; 3; 5; 7; 12; 20 km/h) und zwei Rückwärtsgänge (2,6; 10,5 km/h), Fabrikat Fendt
Maße und Gewichte: Länge 261 cm, Breite 140 cm, Radstand 157 cm, Wenderadius 330 cm, Gewicht 1 250 kg

Fendt, Fix 2

Hersteller: Xaver Fendt & Co., Marktoberdorf
Baujahr: ab 1959
Motor: 2-Zylinder-4-Takt-Dieselmotor mit 18 PS Leistung bei einer Drehzahl von 2 200 U/min und einem Hubraum von 1 400 ccm, Fabrikat MWM (luftgekühlt)
Getriebe: Sechs Vorwärtsgänge (0,7 bis 20 km/h) und zwei Rückwärtsgänge (1; 10,6 km/h), Fabrikat Fendt
Maße und Gewichte: Länge 289 cm, Breite 152 cm, Radstand 175 cm, Wenderadius 322 cm, Gewicht 1 260 kg

Fendt, Farmer 2

Hersteller: Xaver Fendt & Co., Marktoberdorf
Baujahr: ab 1959
Motor: 3-Zylinder-4-Takt-Dieselmotor mit 34 PS Leistung bei einer Drehzahl von 2 600 U/min und einem Hubraum von 2 010

ccm, Fabrikat MWM (wassergekühlt)
Getriebe: Acht Vorwärtsgänge (1,2 bis 20 km/h) und vier Rückwärtsgänge (2,2 bis 10 km/h), Fabrikat Fendt
Maße und Gewichte: Länge 326 cm, Breite 156 cm, Radstand 197 cm, Wenderadius 350 cm, Gewicht 1 765 kg

Fendt, Favorit 2

Hersteller: Xaver Fendt & Co., Marktoberdorf
Baujahr: ab 1958
Motor: 3-Zylinder-4-Takt-Dieselmotor mit 46 PS Leistung bei einer Drehzahl von 2 200 U/min und einem Hubraum von 3 120 ccm, Fabrikat MWM (wassergekühlt)
Getriebe: Zehn Vorwärtsgänge (1,35 bis 30 km/h) und zwei Rückwärtsgänge (3,5; 8,1 km/h), Fabrikat Fendt
Maße und Gewichte: Länge 360 cm, Breite 180 cm, Radstand 217 cm, Wenderadius 400 cm, Gewicht 2 475 kg

Fendt, Favorit 3

Hersteller: Xaver Fendt & Co., Marktoberdorf
Baujahr: ab 1962
Motor: 4-Zylinder-4-Takt Die-

selmotor mit 52 PS Leistung bei einer Drehzahl von 2 300 U/min und einem Hubraum von 2 976 ccm, Fabrikat MWM (wassergekühlt)
Getriebe: Sechzehn Vorwärtsgänge (0,6 bis 20 km/h oder 1 bis 30 km/h) und vier Rückwärtsgänge (1,7 bis 8,1 km/h oder 2,5 bis 12,1 km/h), Fabrikat Fendt
Maße und Gewichte: Länge 362 cm, Breite 190 cm, Radstand 227 cm, Wenderadius 460 cm, Gewicht 2 580 kg

Güldner-Tragschlepper, Typ AX

Hersteller: Güldner-Motoren-Werke, Aschaffenburg
Baujahr: 1956 bis 1960
Motor: 1-Zylinder-4-Takt-Dieselmotor mit 11 PS Leistung bei einer Drehzahl von 2 500 U/min und einem Hubraum von 636 ccm, Fabrikat Güldner (luftgekühlt)
Getriebe: Sechs Vorwärtsgänge (1,5; 2,5; 4,1; 7,1; 11,6; 19,4 km/h) und zwei Rückwärtsgänge (1,1; 4,9 km/h), Fabrikat Zahnradfabrik Passau
Maße und Gewichte: Länge 263 cm, Breite 147 bis 186 cm, Radstand 165 cm, Wenderadius 290 cm, Gewicht 875 kg

Güldner-Tragschlepper, Typ AK

Hersteller: Güldner-Motoren-Werke, Aschaffenburg
Baujahr: 1956 bis 1959
Motor: 2-Zylinder-4-Takt-Dieselmotor mit 13 PS Leistung bei einer Drehzahl von 1 800 U/min und einem Hubraum von 886 ccm, Fabrikat Güldner (luftgekühlt)
Getriebe: Sechs Vorwärtsgänge (1,5; 2,5; 4,3; 7,2; 11,8; 19,9 km/h) und zwei Rückwärtsgänge (1,1; 4,9 km/h), Fabrikat Zahnradfabrik Passau
Maße und Gewichte: Länge 266 cm, Breite 147 bis 181 cm, Radstand 165 cm, Wenderadius 290 cm, Gewicht 940 kg

Güldner-Schlepper, Typ A3P

Hersteller: Güldner-Motoren-Werke, Aschaffenburg
Baujahr: 1958 bis 1959
Motor: 3-Zylinder-4-Takt-Dieselmotor mit 34 PS Leistung bei einer Drehzahl von 2 000 U/min und einem Hubraum von 2 365 ccm, Fabrikat Perkins (wassergekühlt)
Getriebe: Fünf Vorwärtsgänge (3,2 bis 18,2 km/h) und zwei Rückwärtsgänge (1; 2,1 km/h), Fabrikat Zahnradfabrik Passau
Maße und Gewichte: Länge 296 cm, Breite 166 bis 177 cm, Radstand 189 cm, Gewicht 1 780 kg

Güldner-Tragschlepper, Typ A3KT, Burgund

Hersteller: Güldner-Motoren-Werke, Aschaffenburg
Baujahr: 1959 bis 1961
Motor: 3-Zylinder-4-Takt-Dieselmotor mit 25 PS Leistung bei einer Drehzahl von 2 600 U/min und einem Hubraum von 1 500 ccm, Fabrikat Güldner (luftgekühlt)
Getriebe: Acht Vorwärtsgänge (1,2 bis 19,7 km/h) und vier Rückwärtsgänge (2 bis 9,2 km/h), Fabrikat Zahnradfabrik Friedrichshafen
Maße und Gewichte: Länge 347 cm, Breite 153 cm, Radstand 200 cm, Wenderadius 325 cm, Gewicht 1 450 kg

Güldner-Schlepper, Typ A4M, Toledo

Hersteller: Güldner-Motoren-Werke, Aschaffenburg
Baujahr: 1959 bis 1962
Motor: 4-Zylinder-4-Takt-Dieselmotor mit 34 PS Leistung bei einer Drehzahl von 2 000 U/min und einem Hubraum von 1 767 ccm, Fabrikat Daimler-Benz (wassergekühlt)
Getriebe: Acht Vorwärtsgänge (0,6 bis 28,3 km/h) und vier Rückwärtsgänge (3,1 bis 14,2 km/h), Fabrikat Zahnradfabrik Friedrichshafen
Maße und Gewichte: Länge 320 cm, Breite 155 cm, Radstand 195 cm, Wenderadius 295 cm, Gewicht 1 650 kg

Güldner-Schlepper, Typ G 25

Hersteller: Linde Aktiengesellschaft Werksgruppe Güldner, Aschaffenburg
Baujahr: ab 1963
Motor: 2-Zylinder-4-Takt-Dieselmotor mit 24 PS Leistung bei einer Drehzahl von 2 300 U/min und einem Hubraum von 1 570 ccm, Fabrikat Güldner (luftgekühlt)
Getriebe: Acht Vorwärtsgänge (1,2; 2,1; 3,4; 4,4; 5,5; 7,5; 12,3; 19,9 km/h) und vier Rückwärtsgänge (2,2; 3,7; 6,1; 9,9 km/h), Fabrikat Zahnradfabrik Friedrichshafen
Maße und Gewichte: Länge 314 cm, Breite 159 cm, Radstand 186 cm, Wenderadius 330 cm, Gewicht 1 750 kg

Güldner-Schlepper, Typ G 40

Hersteller: Linde Aktiengesellschaft Werksgruppe Güldner, Aschaffenburg
Baujahr: ab 1962
Motor: 3-Zylinder-4-Takt-Dieselmotor mit 38 PS Leistung bei einer Drehzahl von 2 300 U/min und einem Hubraum von 2 360 ccm, Fabrikat Güldner (luftgekühlt)
Getriebe: Acht Vorwärtsgänge (1,2; 2,1; 3,4; 4,4; 5,5; 7,5; 12,3; 19,9 km/h) und vier Rückwärtsgänge (2,2; 3,7; 6,2; 10 km/h), Fabrikat Zahnradfabrik Friedrichshafen
Maße und Gewichte: Länge 325 cm, Breite 158 cm, Radstand 195 cm, Wenderadius 345 cm, Gewicht 2 090 kg

Güldner-Schlepper, Typ G 50

Hersteller: Linde Aktiengesellschaft Werksgruppe Güldner, Aschaffenburg
Baujahr: ab 1963
Motor: 4-Zylinder-4-Takt-Dieselmotor mit 48 PS Leistung bei einer Drehzahl von 2 300 U/min und einem Hubraum von 3 140 ccm, Fabrikat Güldner (luftgekühlt)
Getriebe: Acht Vorwärtsgänge (1,8; 2,9; 4,8; 6,4; 8; 10,5; 17; 28,6 km/h) und vier Rückwärtsgänge (3,1; 5,1; 8,3; 13,8 km/h), Fabrikat Zahnradfabrik Friedrichshafen
Maße und Gewichte: Länge 366 cm, Breite 187 cm, Radstand 220 cm, Wenderadius 390 cm, Gewicht 2 570 kg

Gutbrod-Kleinschlepper, Typ Superior Standard

Hersteller: Gutbrod-Werke GmbH, Bübingen
Baujahr: ab 1963
Motor: 1-Zylinder-4-Takt-Vergasermotor mit 8 PS Leistung bei einer Drehzahl von 3 800 U/min und einem Hubraum von 300 ccm, Fabrikat Gutbrod, Lizenz MAG (luftgekühlt)
Getriebe: Vier Vorwärtsgänge (2,6 bis 13 km/h) und zwei Rückwärtsgänge (1,4; 2 km/h), Fabrikat Gutbrod
Maße und Gewichte: Länge 166 cm, Breite 70 bis 80 cm, Radstand 110 cm, Wenderadius 180 cm, Gewicht ca. 330 kg

Hakotrak-Kleinschlepper

Hersteller: Hako Hans Koch & Sohn, Bad Oldesloe
Baujahr: ab 1961
Motor: 1-Zylinder-2-Takt-Vergasermotor mit 6 PS Leistung bei einer Drehzahl von 4 500 U/min und einem Hubraum von 148 ccm, Fabrikat Ilo (luftgekühlt)

Der Hanomag-Schlepper, Typ R 217, aus dem Jahre 1955. Der Schlepper mit 2-Zylinder-4-Takt-Motor gehörte damals zu den kleinsten Typen aus dem reichen Angebot der hannoverschen Firma, das aus 19 Schleppern bestand. Foto: Bauer

einer Drehzahl von 2 400 U/min und einem Hubraum von 1 400 ccm, Fabrikat Hanomag (wassergekühlt)

Getriebe: Sechs Vorwärtsgänge (1,8; 2,9; 4,9; 7,2; 11,7; 20 km/h) und zwei Rückwärtsgänge (2,6; 10,6 km/h), Fabrikat Hanomag

Maße und Gewichte: Länge 338 cm, Breite 155 cm, Radstand 204 cm, Wenderadius 320 cm, Gewicht 1 710 kg

Hanomag-Schlepper, Typ Granit 500

Hersteller: Rheinstahl Hanomag Aktiengesellschaft, Hannover
Baujahr: ab 1962
Motor: 3-Zylinder-4-Takt-Dieselmotor mit 38 PS Leistung bei einer Drehzahl von 2 300 U/min und einem Hubraum von 2 100 ccm, Fabrikat Hanomag (wassergekühlt)
Getriebe: Fünf Vorwärtsgänge (3,7; 5,6; 7,5; 11,5; 18,6 km/h) und ein Rückwärtsgang (6,7 km/h), Fabrikat Hanomag
Maße und Gewichte: Länge 355 cm, Breite 172 cm, Radstand 210 cm, Wenderadius 337 cm, Gewicht 2 340 kg

Hanomag-Schlepper, Typ Brillant 600

Hersteller: Rheinstahl Hanomag Aktiengesellschaft, Hannover
Baujahr: ab 1962
Motor: 4-Zylinder-4-Takt-Dieselmotor mit 50 PS Leistung bei einer Drehzahl von 2 300 U/min und einem Hubraum von 2 800 ccm, Fabrikat Hanomag (wassergekühlt)
Getriebe: Fünf oder zehn Vorwärtsgänge (1,5; 2,2; 3; 4,1; 4,6; 6,2; 7,2; 8,3; 12,7; 20 km/h) und ein oder zwei Rückwärtsgänge (2,6; 7,4 km/h), Fabrikat Hanomag
Maße und Gewichte: Länge 355 cm, Breite 184 cm, Radstand 210 cm, Wenderadius 350 cm, Gewicht 2 520 kg

34 PS leistet der Motor des Hanomag Perfekt 400 aus dem Jahre 1966. Foto: Sammlung Bauer

Getriebe: Automatik-Getriebe mit zwei Schaltstufen für Vorwärtsfahrt (max. 18 km/h) und einer Schaltstufe für Rückwärtsfahrt, Fabrikat Hako
Maße und Gewichte: Länge 180 cm, Breite 88 cm, Radstand 115 cm, Wenderadius 85 cm, Gewicht 203 kg

Hanomag-Schlepper, Typ R 435/45

Hersteller: Hanomag Aktiengesellschaft, Hannover
Baujahr: ab 1957
Motor: 4-Zylinder-4-Takt-Dieselmotor mit einer Leistung von 35/45 PS bei einer Drehzahl von 1 900 U/min und einem Hub-

raum von 2 800 ccm, Fabrikat Hanomag (wassergekühlt)
Getriebe: Fünf Vorwärtsgänge (3,9; 5,4; 8; 12,2; 19,6 km/h) und ein Rückwärtsgang (7,1 km/h), Fabrikat Hanomag
Maße und Gewichte: Länge 304 cm, Breite 165 cm, Radstand 185 cm, Wenderadius 335 cm, Gewicht 1 960 kg

Hanomag-Tragschlepper, Typ Perfekt 300

Hersteller: Rheinstahl Hanomag Aktiengesellschaft, Hannover
Baujahr: ab 1962
Motor: 2-Zylinder-4-Takt-Dieselmotor mit 25 PS Leistung bei

Hanomag-Schlepper, Typ Perfekt 400

Hersteller: Rheinstahl Hanomag Aktiengesellschaft, Hannover
Baujahr: 1964
Motor: 4-Zylinder-4-Takt-Dieselmotor mit 32 PS Leistung bei einer Drehzahl von 2 400 U/min und einem Hubraum von 1 797 ccm, Fabrikat Hanomag (wassergekühlt)
Getriebe: Sechs Vorwärtsgänge (1,8; 2,9; 4,9; 7,2; 11,7; 20 km/h) und zwei Rückwärtsgänge (2,6; 10,6 km/h), Fabrikat Hanomag
Maße und Gewichte: Länge 330 cm, Breite 156 cm, Radstand 203 cm, Wenderadius 320 cm, Gewicht 1 770 kg

Hanomag-Schlepper, Typ Robust 800

Hersteller: Rheinstahl Hanomag AG, Hannover
Baujahr: ab 1964
Motor: 4-Zylinder-4-Takt-Dieselmotor mit 75 PS Leistung bei einer Drehzahl von 1 500 U/min und einem Hubraum von 6 786 ccm, Fabrikat Hanomag (wassergekühlt)
Getriebe: Zehn Vorwärtsgänge (1,4; 2; 2,7; 3,9; 4,5; 6,1; 6,4; 8,6; 12,6; 20 km/h) und zwei Rückwärtsgänge (1,1; 3,4 km/h), Fabrikat Hanomag
Maße und Gewichte: Länge 380 cm, Breite 197 cm, Radstand 235 cm, Wenderadius 535 cm, Gewicht 3 500 kg

Hanomag-Schlepper, Typ Brillant 600

Hersteller: Rheinstahl Hanomag AG, Hannover
Baujahr: ab 1967
Motor: 4-Zylinder-4-Takt-Dieselmotor mit 58/62 PS Leistung bei einer Drehzahl von 2 600 U/min und einem Hubraum von 3 142 ccm, Fabrikat Hanomag (wassergekühlt)
Getriebe: Zwölf Vorwärtsgänge (Höchstgeschwindigkeit 27 km/h) und drei Rückwärtsgänge, Fabrikat Hanomag
Maße und Gewichte: Länge 375 cm, Breite 195 cm, Radstand 227 cm, Gewicht 2 850 kg

Hanomag-Allradschlepper, Typ Brillant 700 A

Hersteller: Rheinstahl Hanomag AG, Hannover
Baujahr: ab 1967
Motor: 6-Zylinder-4-Takt-Dieselmotor mit 68/75 PS Leistung bei einer Drehzahl von 2 600 U/min und einem Hubraum von 4 250 ccm, Fabrikat Hanomag (wassergekühlt)
Getriebe: Zwölf Vorwärtsgänge (Höchstgeschwindigkeit 27,2 km/h) und drei Rückwärtsgänge, Fabrikat Hanomag
Maße und Gewichte: Länge 399 cm, Breite 202 cm, Radstand 248 cm, Gewicht 3 820 kg

Hanomag-Allradschlepper, Typ Robust 900 A

Hersteller: Rheinstahl Hanomag AG, Hannover
Baujahr: ab 1967
Motor: 6-Zylinder-4-Takt-Dieselmotor mit 85/92 PS Leistung bei einer Drehzahl von 2 600 U/min und einem Hubraum von 4 710 ccm, Fabrikat Hanomag (luftgekühlt)
Getriebe: Zwölf Vorwärtsgänge (Höchstgeschwindigkeit 27,2 km/h) und drei Rückwärtsgänge, Fabrikat Hanomag
Maße und Gewichte: Länge 399 cm, Breite 202 cm, Radstand 248 cm, Gewicht 4 030 kg

Hatz-Dieselschlepper, Typ TL 11

Hersteller: Motorenfabrik Hatz GmbH, Ruhstorf (Rott)
Baujahr: 1960 bis 1963
Motor: 1-Zylinder-4-Takt-Dieselmotor mit 11 PS Leistung bei einer Drehzahl von 2 600 U/min und einem Hubraum von 668 ccm, Fabrikat Hatz (luftgekühlt)
Getriebe: Sechs Vorwärtsgänge (0,8 bis 18,5 km/h) und zwei Rückwärtsgänge (0,7; 4,6 km/h), Fabrikat Zahnradfabrik Passau
Maße und Gewichte: Länge 250 cm, Breite 149 cm, Radstand 158 cm, Wenderadius 277 cm, Gewicht: 805 kg

Hatz-Dieselschlepper, Typ TL 38

Hersteller: Motorenfabrik Hatz GmbH, Ruhstorf (Rott)
Baujahr: 1960 bis 1964
Motor: 3-Zylinder-4-Takt-Dieselmotor mit 36 PS Leistung bei einer Drehzahl von 1 800 U/min und einem Hubraum von 2 988 ccm, Fabrikat Hatz (luftgekühlt)
Getriebe: Acht Vorwärtsgänge (1,2; 2,1; 3,3; 4,3; 5,4; 7,3; 12,1; 19,5 km/h) und vier Rückwärtsgänge (2,1; 3,7; 6,1; 9,8 km/h), Fabrikat Zahnradfabrik Passau
Maße und Gewichte: Länge 333 cm, Breite 159 cm, Radstand 207 cm, Wenderadius 350 cm, Gewicht 1 750 kg

Hatz-Dieselschlepper, Typ H 332

Hersteller: Motorenfabrik Hatz GmbH, Ruhstorf (Rott)
Baujahr: 1964
Motor: 3-Zylinder-4-Takt-Dieselmotor mit 32 PS Leistung bei einer Drehzahl von 1 750 U/min und einem Hubraum von 2 988 ccm, Fabrikat Hatz (luftgekühlt)
Getriebe: Acht Vorwärtsgänge (1,7; 2,9; 4,7; 6,1; 7,6; 10,3; 16,9; 27,4 km/h) und vier Rückwärtsgänge (3; 5,2; 8,5; 13,7 km/h), Fabrikat Zahnradfabrik Passau
Maße und Gewichte: Länge 334 cm, Breite 159 cm, Radstand 213 cm, Wenderadius 310 cm, Gewicht 1 700 kg

Holder-Cultitrac A8B, A8D

Hersteller: Holder GmbH Maschinenfabrik, Grunbach
Baujahr: ab 1962
Motor: 1-Zylinder-2-Takt-Dieselmotor mit 8 PS Leistung bei einer Drehzahl von 2 650 U/min und einem Hubraum von 402 ccm, Fabrikat Fichtel & Sachs, oder 1-Zylinder-4-Takt-Vergasermotor mit 8 PS Leistung bei einer Drehzahl von 3000 U/min und einem Hubraum von 372 ccm, Fabrikat Berning
Getriebe: Vier Vorwärtsgänge (0,9 bis 14 km/h) und drei Rückwärtsgänge, Fabrikat Holder
Maße und Gewichte: Länge 206 cm, Breite 63 cm, Radstand 90 cm, Wenderadius 70 cm

Ab 1964 wurde dieser D 80 mit 75 PS starkem Dieselmotor (Typ F6L 712) und ZF-Getriebe gebaut.
Foto: Bruse

Der D 30 stammt ebenfalls aus der D-Serie, er wurde mit einem Dieselmotor der Baureihe FL 712 ausgerüstet.
Foto: Bruse

Holder-Cultitrac A 20

Hersteller: Holder GmbH Maschinenfabrik, Grunbach
Baujahr: ab 1962
Motor: 2-Zylinder-4-Takt-Dieselmotor mit 20 PS Leistung bei einer Drehzahl von 3 000 U/min und einem Hubraum von 1 005 ccm, Fabrikat MWM (luftgekühlt)
Getriebe: Acht Vorwärtsgänge (0,6 bis 19,5 km/h) und vier Rückwärtsgänge, Fabrikat Holder
Maße und Gewichte: Länge 303 cm, Breite 126 cm, Radstand 146 cm, Wenderadius 138 cm

Hummel-Kleinschlepper, Typ DT 54

Hersteller: Maschinenfabrik A. Hummel Söhne, Heitersheim
Baujahr: ab 1954
Motor: 1-Zylinder-2-Takt-Dieselmotor mit 9 PS Motorleistung bei einer Drehzahl von 2 000 U/min und einem Hubraum von 499 ccm, Fabrikat Fichtel & Sachs (wassergekühlt)
Getriebe: Sechs Vorwärtsgänge (2,3 bis 13,5 km/h) und zwei Rückwärtsgänge (1,6; 2,8 km/h), Fabrikat Hummel
Maße und Gewichte: Länge 240 cm, Breite 120 cm, Radstand 141 cm, Gewicht 830 kg

Hummel-Allrad-Kleinschlepper, Typ HA 56

Hersteller: Maschinenfabrik A. Hummel Söhne, Heitersheim
Baujahr: ab ca. 1956
Motor: 1-Zylinder-2-Takt-Dieselmotor mit 12 PS Leistung bei einer Drehzahl von 2 200 U/min und einem Hubraum von 604 ccm, Fabrikat Fichtel & Sachs
Getriebe: Sechs Vorwärtsgänge (2,2 bis 17 km/h) und zwei Rückwärtsgänge (2,0; 2,9 km/h), Fabrikat Hummel

Maße und Gewichte: Länge 260 cm, Breite 90 cm, Radstand 128 cm, Wenderadius ca. 60 cm, Gewicht 1 070 kg

Hummel-Kleinschlepper, Typ T 20

Hersteller: Ing. Ludwig Hummel, Maschinenfabrik und Eisengießerei, Heitersheim
Baujahr: ab 1960
Motor: 2-Zylinder-4-Takt-Dieselmotor mit 20 PS Leistung bei einer Drehzahl von 3 000 U/min und einem Hubraum von 1 005 ccm, Fabrikat MWM (luftgekühlt)
Getriebe: Zwölf Vorwärtsgänge (0,8 bis 20 km/h) und vier Rückwärtsgänge (1 bis 4 km/h), Fabrikat Hummel
Maße und Gewichte: Länge 240 cm, Breite 92 cm, Radstand 141 cm

Deutz-Schlepper, Typ F2L 514

Hersteller: Klöckner-Humboldt-Deutz AG, Köln
Baujahr: 1955 bis 1962
Motor: 2-Zylinder-4-Takt-Dieselmotor mit 30 PS Leistung bei einer Drehzahl von 1 600 U/min und einem Hubraum von 2 660 ccm, Fabrikat Deutz (luftgekühlt)
Getriebe: Sieben Vorwärtsgänge (2,1; 3,1; 4,7; 6,9; 8,8; 13,1; 19 km/h) und drei Rückwärtsgänge (1,7; 3,8; 7,2 km/h), Fabrikat Deutz
Maße und Gewichte: Länge 317 cm, Breite 152 cm, Radstand 201 cm, Wenderadius 370 cm, Gewicht 1 925 kg

Deutz-Schlepper, Typ F3L 514/6

Hersteller: Klöckner-Humboldt-Deutz AG, Köln
Baujahr: 1956 bis 1964
Motor: 3-Zylinder-4-Takt-Dieselmotor mit 45 PS Leistung bei einer Drehzahl von 1 600 U/min und einem Hubraum von 3 990 ccm, Fabrikat Deutz (luftgekühlt)
Getriebe: Sieben Vorwärtsgänge (2,3 bis 20 km/h oder 3,3 bis 30 km/h) und zwei Rückwärts-

gänge (3; 4,3 km/h), Fabrikat Zahnradfabrik Friedrichshafen
Maße und Gewichte: Länge 343 cm, Breite 187 cm, Radstand 208 cm, Wenderadius 445 cm, Gewicht 2 675 kg

Deutz-Raupenschlepper, Typ F4L 514

Hersteller: Klöckner-Humboldt-Deutz AG, Köln
Baujahr: ab 1953
Motor: 4-Zylinder-4-Takt-Dieselmotor mit 60 PS Leistung bei einer Drehzahl von 1 650 U/min und einem Hubraum von 5 320 ccm, Fabrikat Deutz (luftgekühlt)
Getriebe: Fünf Vorwärtsgänge (2,8; 3,6; 4,5; 6; 7,5 km/h) und drei Rückwärtsgänge (3,6; 4,6; 5,8 km/h), Fabrikat Deutz
Maße und Gewichte: Länge 359 cm, Breite 196 cm, Gewicht 5 475 kg, Zughakenkraft (max.) 5 290 kg

Deutz-Raupenschlepper, Typ F6L 514

Hersteller: Klöckner-Humboldt-Deutz AG, Köln
Baujahr: ab 1954
Motor: 6-Zylinder-4-Takt-Dieselmotor mit 90 PS Leistung bei einer Drehzahl von 1 650 U/min und einem Hubraum von 7 980 ccm, Fabrikat Deutz (luftgekühlt)
Getriebe: Fünf Vorwärtsgänge (2,5; 3,9; 5,5; 7,3; 9,7 km/h) und vier Rückwärtsgänge (3,8; 6; 8,5; 11,3 km/h), Fabrikat Deutz
Maße und Gewichte: Länge 423 cm, Breite 222 cm, Gewicht 9 219 kg, Zughakenkraft (max.) 8 940 kg

Deutz-Schlepper, Typ F2L 612/54

Hersteller: Klöckner-Humboldt-Deutz AG, Köln
Baujahr: ab 1954
Motor: 2-Zylinder-4-Takt-Dieselmotor mit 22 PS Leistung bei einer Drehzahl von 2 100 U/min und einem Hubraum von 1 526 ccm, Fabrikat Deutz (luftgekühlt)
Getriebe: Neun Vorwärtsgänge (2,8 bis 20 km/h) und zwei

Rückwärtsgänge (2,8; 3,5 km/h), Fabrikat Deutz
Maße und Gewichte: Länge 272 cm, Breite 160 cm, Radstand 178 cm, Wenderadius 400 cm, Gewicht 1 425 kg

Deutz-Schlepper, Typ D 15

Hersteller: Klöckner-Humboldt-Deutz AG, Köln
Baujahr: ab 1959
Motor: 1-Zylinder-4-Takt-Dieselmotor mit 14 PS Leistung bei einer Drehzahl von 2 400 U/min und einem Hubraum von 850 ccm, Fabrikat Deutz (luftgekühlt)
Getriebe: Sechs Vorwärtsgänge (1,5 bis 19,6 km/h) und zwei Rückwärtsgänge (1,1; 5,3 km/h), Fabrikat Zahnradfabrik Passau
Maße und Gewichte: Länge 265 cm, Breite 155 cm, Radstand 169 cm, Wenderadius 285 cm, Gewicht 920 kg

Deutz-Schlepper, Typ D 30 S

Hersteller: Klöckner-Humboldt-Deutz AG, Köln
Baujahr: ab 1959
Motor: 2-Zylinder-4-Takt-Dieselmotor mit 28 PS Leistung bei einer Drehzahl von 2 300 U/min und einem Hubraum von 1 700 ccm, Fabrikat Deutz (luftgekühlt)
Getriebe: Acht Vorwärtsgänge (1,5; 2; 3; 4,4; 6,5; 8,7; 13,2; 19,4 km/h) und zwei Rückwärtsgänge (2; 8,7 km/h), Fabrikat Deutz
Maße und Gewichte: Länge 304 cm, Breite 160 cm, Radstand 190 cm, Wenderadius 330 cm, Gewicht 1 460 kg

Deutz-Schlepper, Typ D 40 L

Hersteller: Klöckner-Humboldt-Deutz AG, Köln
Baujahr: ab 1963
Motor: 3-Zylinder-4-Takt-Dieselmotor mit 35 PS Leistung bei einer Drehzahl von 2 150 U/min und einem Hubraum von 2 550 ccm, Fabrikat Deutz (luftgekühlt)

Getriebe: Acht Vorwärtsgänge (1,5; 2; 3; 4,3; 6,5; 8,7; 13,3; 18,9 km/h) und zwei Rückwärtsgänge (2; 8,7 km/h), Fabrikat Deutz
Maße und Gewichte: Länge 325 cm, Breite 156 cm, Radstand 195 cm, Wenderadius 360 cm, Gewicht 1 620 kg

Deutz-Schlepper, Typ D 2505

Hersteller: Klöckner-Humboldt-Deutz AG, Köln
Baujahr: ab 1965
Motor: 2-Zylinder-4-Takt-Dieselmotor mit 20 PS Leistung bei einer Drehzahl von 2 100 U/min und einem Hubraum von 1 700 ccm, Fabrikat Deutz (luftgekühlt)
Getriebe: Acht Vorwärtsgänge (1,5 bis 19,1 km/h) und zwei Rückwärtsgänge (1,9; 8,5 km/h), Fabrikat Deutz
Maße und Gewichte: Länge 329 cm, Breite 154 cm, Radstand 187 cm, Wenderadius 345 cm, Gewicht 1 550 kg

Deutz-Schlepper, Typ D 4505

Hersteller: Klöckner-Humboldt-Deutz AG, Köln
Baujahr: ab 1965
Motor: 3-Zylinder-4-Takt-Dieselmotor mit 40 PS Leistung bei einer Drehzahl von 2 300 U/min und einem Hubraum von 2 550 ccm, Fabrikat Deutz (luftgekühlt)
Getriebe: Sechs Vorwärtsgänge (1,8 bis 20 km/h) und vier Rückwärtsgänge (3,1 bis 14,8 km/h), Fabrikat Deutz
Maße und Gewichte: Länge 336 cm, Breite 154 cm, Radstand 200 cm, Wenderadius 372 cm, Gewicht 1 885 kg

Deutz-Schlepper, Typ D 8005

Hersteller: Klöckner-Humboldt-Deutz AG, Köln
Baujahr: ab 1965
Motor: 6-Zylinder-4-Takt-Dieselmotor mit 75 PS Leistung bei einer Drehzahl von 2 300 U/min und einem Hubraum von 5 100

ccm, Fabrikat Deutz (luftge-kühlt)
Getriebe: Acht Vorwärtsgänge (2,1 bis 24,8 km/h) und vier Rückwärtsgänge (3,1 bis 12,4 km/h), Fabrikat Zahnradfabrik Friedrichshafen
Maße und Gewichte: Länge 409 cm, Breite 197 cm, Radstand 245 cm, Wenderadius 450 cm, Gewicht 3 690 kg

Kramer-Schlepper, Typ KL 12

Hersteller: Maschinenfabrik Gebr. Kramer GmbH, Gutmadingen und Überlingen
Baujahr: ab 1953
Motor: 1-Zylinder-4-Takt-Dieselmotor mit 11 PS Leistung bei einer Drehzahl von 2 100 U/min und einem Hubraum von 763 ccm, Fabrikat Deutz (luftge-kühlt)
Getriebe: Fünf Vorwärtsgänge (2,7; 5; 7,9; 12,1; 20 km/h) und ein Rückwärtsgang (3,6 km/h), Fabrikat Kramer
Maße und Gewichte: Länge 269 cm, Breite 149 cm, Radstand 165 cm, Wenderadius 300 cm, Gewicht 1 077 kg

Kramer-Schlepper, Typ KL 22

Hersteller: Maschinenfabrik Gebr. Kramer GmbH, Gutmadingen und Überlingen
Baujahr: ab 1955
Motor: 2-Zylinder-4-Takt-Dieselmotor mit 22 PS Leistung bei einer Drehzahl von 2 100 U/min und einem Hubraum von 1 526 ccm, Fabrikat Deutz (luftge-kühlt)
Getriebe: Fünf Vorwärtsgänge (2,9; 5,3; 7,9; 12,3; 18,9 km/h) und ein Rückwärtsgang (4,4 km/h), Fabrikat Kramer
Maße und Gewichte: Länge 290 cm, Breite 158 cm, Radstand 184 cm, Wenderadius 240 cm, Gewicht 1 575 kg

Kramer-Schlepper, Typ KB 250

Hersteller: Maschinenfabrik Gebr. Kramer GmbH, Gutmadingen und Überlingen
Baujahr: ab 1956

Motor: 2-Zylinder-4-Takt-Dieselmotor mit 25 PS Leistung bei einer Drehzahl von 1 800 U/min und einem Hubraum von 1 840 ccm, Fabrikat Güldner (wassergekühlt)
Getriebe: Fünf Vorwärtsgänge (2,7 bis 18,8 km/h) und ein Rückwärtsgang (3,9 km/h), Fabrikat Kramer
Maße und Gewichte: Länge 295 cm, Breite 217 cm, Radstand 189 cm, Gewicht 1 595 kg

Kramer-Allrad-Zugmaschine, Typ KA 540

Hersteller: Maschinenfabrik Gebr. Kramer GmbH, Gutmadingen und Überlingen
Baujahr: ab 1956
Motor: 4-Zylinder-4-Takt-Dieselmotor mit 56 PS Leistung bei einer Drehzahl von 2 800 U/min und einem Hubraum von 3 055 ccm, Fabrikat Deutz (luftgekühlt)
Getriebe: Acht Vorwärtsgänge (1,5; 2,5; 4,3; 7,5; 12; 20,8; 35,5; 60 km/h) und acht Rückwärtsgänge (1,3 bis 54 km/h), Fabrikat Kramer
Maße und Gewichte: Länge 410 cm, Breite 200 cm, Radstand 215 cm, Wenderadius 560 cm, Gewicht 2 925 kg

Kramer-Schlepper, Typ KL 150

Hersteller: Maschinenfabrik Gebr. Kramer GmbH, Gutmadingen und Überlingen
Baujahr: ab 1960
Motor: 1-Zylinder-4-Takt-Dieselmotor mit 13 PS Leistung bei einer Drehzahl von 2 400 U/min und einem Hubraum von 850 ccm, Fabrikat Deutz (luftgekühlt)
Getriebe: Zehn Vorwärtsgänge (0.7 bis 20 km/h) und zwei Rückwärtsgänge (1,9; 7 km/h), Fabrikat Kramer
Maße und Gewichte: Länge 268 cm, Breite 149 cm, Radstand 165 cm, Gewicht 1 150 kg

Kramer-Schlepper, Typ KL 400

Hersteller: Maschinenfabrik Gebr. Kramer GmbH, Gutma-

dingen und Überlingen
Baujahr: ab 1960
Motor: 3-Zylinder-Dieselmotor mit 38 PS Leistung bei einer Drehzahl von 2 300 U/min und einem Hubraum von 2 550 ccm, Fabrikat Deutz (luftgekühlt)
Getriebe: Zehn Vorwärtsgänge (1,4 bis 19,8 km/h) und zwei Rückwärtsgänge (4,3; 6,1 km/h), Fabrikat Kramer
Maße und Gewichte: Länge 325 cm, Breite 159 cm, Radstand 196 cm, Wenderadius 290 cm, Gewicht 1 670 kg

Kramer-Allrad-Schlepper, Typ UF 900

Hersteller: Maschinenfabrik Gebr. Kramer GmbH, Gutmadingen und Überlingen
Baujahr: ab 1964
Motor: 6-Zylinder-4-Takt-Dieselmotor mit 90 PS Leistung bei einer Drehzahl von 2 800 U/min und einem Hubraum von 5 100 ccm, Fabrikat Deutz (luftgekühlt)
Getriebe: Acht Vorwärtsgänge (1,6 bis 65 km/h) und acht Rückwärtsgänge (Wendegetriebe), Fabrikat Kramer
Maße und Gewichte: Länge 476 cm, Breite 220 cm, Radstand 250 cm, Wenderadius 610 cm, Gewicht 3 700 kg

Kramer-Allrad-Schlepper, Typ 414

Hersteller: Kramer-Werke GmbH, Überlingen und Gutmadingen
Baujahr: ab 1970
Motor: 3-Zylinder-4-Takt-Dieselmotor mit 42/46 PS Leistung bei einer Drehzahl von 2 300 U/min und einem Hubraum von 2 826 ccm, Fabrikat Deutz (luftgekühlt)
Getriebe: Zehn Vorwärtsgänge (1,5; 2,1; 3,3; 4,4; 5,5; 7,1; 8,2; 11; 14,2; 20 km/h) und fünf Rückwärtsgänge (1,5; 3,3; 5,5; 8,2; 14,2 km/h), Fabrikat Kramer
Maße und Gewichte: Länge 347 cm, Breite 171 cm, Radstand 200 cm, Gewicht 2 380 kg

Als letzte Neuentwicklung stellte Kramer den 115 PS starken Zweiwege-Schlepper mit Allradantrieb, 4 gleichgroßen Rädern, Allrad-Lenkung, Lastschalt-Wendegetriebe und festem Fahrerhaus vor.
Foto: Bauer

Kramer-Allrad-Schlepper, Typ 1214

Hersteller: Kramer-Werke GmbH, Überlingen und Gutmadingen
Baujahr: ab 1971
Motor: 6-Zylinder-4-Takt-Dieselmotor mit 115/125 PS Leistung bei einer Drehzahl von 2 600 U/min und einem Hubraum von 5 652 ccm, Fabrikat Deutz (luftgekühlt)
Getriebe: Zwölf Vorwärtsgänge und zwölf Rückwärtsgänge (0,6; 1,1; 2,1; 3; 3,6; 5,6; 5,7; 8; 10,5; 18,1; 28,7; 39,8 km/h), Kramer
Maße und Gewichte: Länge 540 cm, Breite 230 cm, Radstand 250 cm, Wenderadius 375 cm, Gewicht 6 000 kg

Hela Varimot 11 PS

Hersteller: Schlepperfabrik Hermann Lanz, Aulendorf
Baujahr: ab 1955/56
Motor: 1-Zylinder-4-Takt-Dieselmotor mit 11 PS Leistung bei einer Drehzahl von 1 750 U/min und einem Hubraum von 763 ccm, Fabrikat Farny & Weidmann (wassergekühlt)

Getriebe: Fünf Vorwärtsgänge (1,9; 3,1; 5,3; 8,6; 15,5 km/h) und ein Rückwärtsgang (2,9 km/h), Fabrikat Hela
Maße und Gewichte: Länge 184 cm, Breite 77 cm, Radstand 76 cm, Wenderadius 115 cm, Gewicht 950 kg

Hela-Dieselschlepper, Typ D 15

Hersteller: Schlepperfabrik Hermann Lanz, Aulendorf
Baujahr: ab 1955
Motor: 1-Zylinder-4-Takt-Dieselmotor mit 15 PS Leistung bei einer Drehzahl von 1 980 U/min und einem Hubraum von 1 082 ccm, Fabrikat Lanz, Aulendorf (wassergekühlt)
Getriebe: Sechs Vorwärtsgänge (1,8 bis 20 km/h) und ein Rückwärtsgang (3,8 km/h), Fabrikat Lanz, Aulendorf
Maße und Gewichte: Länge 255 cm, Breite 150 cm, Radstand 162 cm, Wenderadius 280 cm, Gewicht 1 430 kg

Hela-Dieselschlepper, Typ D 30

Hersteller: Schlepperfabrik Hermann Lanz, Aulendorf
Baujahr: ab 1955
Motor: 2-Zylinder-4-Takt-Dieselmotor mit 28 PS Leistung bei einer Drehzahl von 2 000 U/min und einem Hubraum von 2 164 ccm, Fabrikat Lanz, Aulendorf (wassergekühlt)
Getriebe: Sechs Vorwärtsgänge (1,8 bis 20 km/h) und ein Rückwärtsgang (3,5 km/h), Fabrikat Lanz Aulendorf
Maße und Gewichte: Länge 286 cm, Breite 152 cm, Radstand 184 cm, Wenderadius 320 cm, Gewicht 1 780 kg

Hela-Dieselschlepper, Typ D 415

Hersteller: Schlepperfabrik Hermann Lanz, Aulendorf
Baujahr: ab 1960
Motor: 1-Zylinder-4-Takt-Dieselmotor mit 15,5 PS Leistung bei einer Drehzahl von 1 980 U/min und einem Hubraum von 1 082 ccm, Fabrikat Lanz, Aulendorf (wassergekühlt)

Getriebe: Sechs Vorwärtsgänge (1,5 bis 20 km/h) und zwei Rückwärtsgänge, Fabrikat Lanz, Aulendorf

Maße und Gewichte: Länge 265 cm, Breite 150 cm, Radstand 172 cm, Wenderadius 280 cm, Gewicht 1 250 kg

Hela-Dieselschlepper, Typ D 230

Hersteller: Schlepperfabrik Hermann Lanz, Aulendorf
Baujahr: ab 1960
Motor: 2-Zylinder-4-Takt-Dieselmotor mit 30 PS Leistung bei einer Drehzahl von 2 000 U/min und einem Hubraum von 2 164 ccm, Fabrikat Lanz, Aulendorf (wassergekühlt)
Getriebe: Sechs Vorwärtsgänge (1,4 bis 20 km/h) und zwei Rückwärtsgänge (4,6; 7,5 km/h), Fabrikat Lanz, Aulendorf
Maße und Gewichte: Länge 300 cm, Breite 155 cm, Radstand 190 cm, Wenderadius 320 cm, Gewicht 1 680 kg

Hela-Dieselschlepper, Typ D 548

Hersteller: Schlepperfabrik Hermann Lanz, Aulendorf
Baujahr: ab 1960
Motor: 3-Zylinder-4-Takt-Dieselmotor mit 45 PS Leistung bei einer Drehzahl von 2 000 U/min und einem Hubraum von 3 246 ccm, Fabrikat Lanz, Aulendorf (wassergekühlt)
Getriebe: Neun Vorwärtsgänge (0,9 bis 19,7 km/h) und vier Rückwärtsgänge, Fabrikat Lanz, Aulendorf
Maße und Gewichte: Länge 337 cm, Breite 157 cm, Radstand 210 cm, Wenderadius 360 cm, Gewicht 1 900 kg

LHB-Leichtraupe, Typ Robot

Hersteller: Linke-Hofmann-Busch, Waggon-Fahrzeug-Maschinen GmbH, Salzgitter-Watenstedt
Baujahr: ab 1951
Motor: 2-Zylinder-4-Takt-Dieselmotor mit 25 PS Leistung bei einer Drehzahl von 1 800 U/min und einem Hubraum von 2 077 ccm, Fabrikat Modag (wassergekühlt)
Getriebe: Fünf Vorwärtsgänge (2,4; 4,1; 6,9; 10,9; 16,4 km/h) und ein Rückwärtsgang (3,9 km/h), Fabrikat LHB
Maße und Gewichte: Länge 290 cm, Breite 144 cm, Gewicht 1 750 kg

MAN-Allradschlepper, Typ B 18 A

Hersteller: Maschinenfabrik Augsburg-Nürnberg AG, Werk München
Baujahr: ab 1955
Motor: 2-Zylinder-4-Takt-Dieselmotor mit 18 PS Leistung bei einer Drehzahl von 1 800 U/min und einem Hubraum von 1 300 ccm, Fabrikat MAN
Getriebe: Sechs Vorwärtsgänge (1,9; 3; 5,6; 8; 12,1; 20 km/h) und ein Rückwärtsgang (5,5 km/h), Fabrikat Zahnradfabrik Passau
Maße und Gewichte: Länge 280 cm, Breite 167 cm, Radstand 175 cm, Wenderadius 415 cm, Gewicht 1 630 kg

Ein 45 PS MAN-Allradschlepper mit der Typenbezeichnung 4 R 3 aus dem Jahr 1963. Foto: Bauer

MAN-Allradschlepper, Typ B 45 A

Hersteller: Maschinenfabrik Augsburg-Nürnberg AG, Werk München
Baujahr: ab 1955
Motor: 4-Zylinder-4-Takt-Dieselmotor mit 45 PS Leistung bei einer Drehzahl von 2 000 U/min und einem Hubraum von 3 180 ccm, Fabrikat MAN
Getriebe: Sieben Vorwärtsgänge (2 bis 19,5 km/h) und ein Rückwärtsgang (4 km/h), Fabrikat Zahnradfabrik Passau
Maße und Gewichte: Länge 351 cm, Breite 179 cm, Radstand 214 cm, Wenderadius 475 cm, Gewicht 2 980 kg

MAN-Schlepper, Typ 2K1

Hersteller: Maschinenfabrik Augsburg-Nürnberg AG, Werk München
Baujahr: ab 1957
Motor: 2-Zylinder-4-Takt-Dieselmotor mit 18 PS Leistung bei einer Drehzahl von 1 800 U/min und einem Hubraum von 1 300 ccm, Fabrikat MAN (wassergekühlt)
Getriebe: Sechs Vorwärtsgänge (1,5; 2,8; 5; 7,2; 11; 18,4 km/h) und ein Rückwärtsgang (5,1 km/h), Fabrikat Zahnradfabrik Passau
Maße und Gewichte: Länge 292 cm, Breite 147 cm, Radstand 198 cm, Wenderadius 360 cm, Gewicht 1 250 kg

MAN-Allradschlepper, Typ 4N2

Hersteller: Maschinenfabrik Augsburg-Nürnberg AG, Werk München
Baujahr: ab 1961
Motor: 2-Zylinder-4-Takt-Dieselmotor mit 28 PS Leistung bei einer Drehzahl von 2 000 U/min und einem Hubraum von 1 670 ccm, Fabrikat MAN (wassergekühlt)
Getriebe: Acht Vorwärtsgänge (1,2 bis 19 km/h) und vier Rückwärtsgänge (2,1 bis 9,4 km/h), Fabrikat Zahnradfabrik Friedrichshafen
Maße und Gewichte: Länge 310 cm, Breite 167 cm, Radstand 186 cm, Wenderadius 210 cm, Gewicht 1 720 kg

MAN-Allradschlepper, Typ 4P1

Hersteller: Maschinenfabrik Augsburg-Nürnberg AG, Werk München
Baujahr: ab 1961
Motor: 3-Zylinder-4-Takt-Dieselmotor mit 35 PS Leistung bei einer Drehzahl von 2 400 U/min und einem Hubraum von 1 900 ccm, Fabrikat MAN (wassergekühlt)
Getriebe: Acht Vorwärtsgänge (1,1; 1,9; 3,2; 4; 5,1; 6,9; 11,4; 18,4 km/h) und vier Rückwärtsgänge (2; 3,5; 5,7; 9,2 km/h), Fabrikat Zahnradfabrik Friedrichshafen
Maße und Gewichte: Länge 334 cm, Breite 167 cm, Radstand 197 cm, Wenderadius 330 cm, Gewicht 1 920 kg

MAN-Allradschlepper, Typ 4R3

Hersteller: Maschinenfabrik Augsburg-Nürnberg, Werk München
Baujahr: ab 1961
Motor: 4-Zylinder-4-Takt-Dieselmotor mit 45 PS Leistung bei einer Drehzahl von 2 200 U/min und einem Hubraum von 2 560 ccm, Fabrikat MAN (wassergekühlt)
Getriebe: Acht Vorwärtsgänge (1,1 bis 19,1 km/h) und vier Rückwärtsgänge (2 bis 9,2 km/h), Fabrikat Zahnradfabrik Friedrichshafen
Maße und Gewichte: Länge 330 cm, Breite 187 cm, Radstand 207 cm, Gewicht 2 200 kg

Nordtrak-Allradschlepper, Typ Stier 18

Hersteller: Norddeutsche Traktorenfabrik Franz Westermann, Hamburg-Lohbrügge
Baujahr: 1951 bis 1956
Motor: 1-Zylinder-2-Takt-Dieselmotor mit 16 PS Leistung bei einer Drehzahl von 1 500 U/min und einem Hubraum von 1 470 ccm, Fabrikat Hatz (wassergekühlt)

Getriebe: Fünf Vorwärtsgänge (2,4; 3,9; 6,4; 11,3; 20 km/h) und ein Rückwärtsgang (2,5 km/h), Fabrikat Ford
Maße und Gewichte: Länge: 260 cm, Breite 169 cm, Radstand 150 cm, Wenderadius 345 cm, Gewicht 1 530 kg

Nordtrak-Allradschlepper, Typ Stier 30

Hersteller: Norddeutsche Traktorenfabrik Franz Westermann, Hamburg-Lohbrügge
Baujahr: ab 1951
Motor: 2-Zylinder-4-Takt-Dieselmotor mit 30 PS Leistung bei einer Drehzahl von 1 500 U/min und einem Hubraum von 2 356 ccm, Fabrikat MWM (wassergekühlt)
Getriebe: Fünf Vorwärtsgänge (2,4; 3,9; 6,4; 11,3; 20 km/h) und ein Rückwärtsgang (2,5 km/h), Fabrikat Ford
Maße und Gewichte: Länge 300 cm, Breite 169 cm, Radstand 171 cm, Wenderadius 445 cm, Gewicht 2 210 kg

Nordtrak-Allradschlepper, Typ Stier 241

Hersteller: Norddeutsche Traktorenfabrik Franz Westermann, Hamburg-Lohbrügge
Baujahr: ab 1954
Motor: 2-Zylinder-4-Takt-Dieselmotor mit 24 PS Leistung bei einer Drehzahl von 2 000 U/min und einem Hubraum von 1 810 ccm, Fabrikat MWM (luftgekühlt)
Getriebe: Sechs Vorwärtsgänge (1,8; 3; 5,4; 7,7; 11,7; 19,5 km/h) und ein Rückwärtsgang (2,6 km/h), Fabrikat Zahnradfabrik Friedrichshafen
Maße und Gewichte: Länge 287 cm, Breite 162 cm, Radstand 165 cm, Wenderadius 385 cm, Gewicht 2 000 kg

Nordtrak-Allradschlepper, Typ Stier 480

Hersteller: Norddeutsche Traktorenfabrik Franz Westermann, Hamburg-Lohbrügge
Baujahr: 1955 bis 1956
Motor: 4-Zylinder-4-Takt-Die-

selmotor mit 48 PS Leistung bei einer Drehzahl von 2 000 U/min und einem Hubraum von 3 620 ccm, Fabrikat MWM (luftgekühlt)
Getriebe: Acht Vorwärtsgänge (1,4; 2,6; 4,8; 5,7; 8; 9; 19,7; 27,6 km/h) und vier Rückwärtsgänge (1,6; 3; 6,6; 9,2 km/h), Fabrikat Nordtrak
Maße und Gewichte: Länge 350 cm, Breite 173 cm, Radstand 210 cm, Wenderadius 550 cm, Gewicht 2 900 kg

Normag-Schlepper, Typ C 10

Hersteller: Normag Zorge GmbH, Hattingen/Ruhr
Baujahr: ab 1952
Motor: 1-Zylinder-4-Takt-Dieselmotor mit 10 PS Leistung bei einer Drehzahl von 1 750 U/min und einem Hubraum von 758 ccm, Fabrikat Farny & Weidmann (wassergekühlt)
Getriebe: Fünf Vorwärtsgänge (2,5; 3,8; 5; 7,9; 14,8 km/h) und zwei Rückwärtsgänge (5,9; 12,4 km/h), Fabrikat Normag
Maße und Gewichte: Länge 219 cm, Breite 155 cm, Radstand 140 cm, Gewicht 758 kg

Normag-Schlepper, Typ NG 28, Faktor III

Hersteller: Normag Zorge GmbH, Hattingen/Ruhr
Baujahr: ab 1953
Motor: 2-Zylinder-4-Takt-Dieselmotor mit 28 PS bei einer Drehzahl von 1 500 U/min und einem Hubraum von 2 580 ccm, Fabrikat Normag (wassergekühlt)
Getriebe: Acht Vorwärtsgänge (1,5; 2,7; 3,4; 4,3; 6,4; 7,6; 10; 17,8 km/h) und zwei Rückwärtsgänge (2,3; 5,2 km/h), Fabrikat Normag
Maße und Gewichte: Länge 270 cm, Breite 156 cm, Radstand 171 cm, Wenderadius 290 cm, Gewicht 1 573 kg

Normag-Schlepper, Typ NG 35

Hersteller: Normag Zorge GmbH, Hattingen/Ruhr

Baujahr: ab 1953
Motor: 2-Zylinder-4-Takt-Dieselmotor mit 35 PS Leistung bei einer Drehzahl von 1 500 U/min und einem Hubraum von 3 120 ccm, Fabrikat Normag (wassergekühlt)
Getriebe: Fünf Vorwärtsgänge (3,2; 5,2; 7,3; 11,1; 18,1 km/h) und ein Rückwärtsgang (4,1 km/h), Fabrikat Normag
Maße und Gewichte: Länge 321 cm, Breite 173 cm, Radstand 177 cm, Wenderadius 360 cm, Gewicht 2 190 kg

Normag-Schlepper, Typ NG 45

Hersteller: Normag Zorge GmbH, Hattingen/Ruhr
Baujahr: ab 1953
Motor: 4-Zylinder-4-Takt-Dieselmotor mit 45 PS Leistung bei einer Drehzahl von 2 000 U/min und einem Hubraum von 3 180 ccm, Fabrikat Henschel (wassergekühlt)
Getriebe: Fünf Vorwärtsgänge (4,1; 5,4; 6,7; 13,9; 26,1 km/h) und ein Rückwärtsgang (5,1 km/h), Fabrikat Zahnradfabrik Friedrichshafen
Maße und Gewichte: Länge 337 cm, Breite 187 cm, Radstand 206 cm, Wenderadius 400 cm, Gewicht 2 180 kg

Porsche-Schlepper, Typ Junior L

Hersteller: Porsche-Diesel-Motorenbau GmbH, Friedrichshafen
Baujahr: ab 1957
Motor: 1-Zylinder-4-Takt-Dieselmotor mit 14 PS Leistung bei einer Drehzahl von 2 250 U/min und einem Hubraum von 822 ccm, Fabrikat Porsche (luftgekühlt)
Getriebe: Sechs Vorwärtsgänge (1,8; 3; 5; 7,2; 12,5; 19,9 km/h) und zwei Rückwärtsgänge (1,3; 5,1 km/h), Fabrikat Zahnradfabrik Friedrichshafen
Maße und Gewichte: Länge 284 cm, Breite 146 cm, Radstand 184 cm, Gewicht 915 kg

Porsche-Schlepper, Typ Standard

Hersteller: Porsche-Diesel-Motorenbau GmbH, Friedrichshafen
Baujahr: ab 1957
Motor: 2-Zylinder-4-Takt-Dieselmotor mit 25 PS Leistung bei einer Drehzahl von 2 000 U/min und einem Hubraum von 1 644 ccm, Fabrikat Porsche (luftgekühlt)
Getriebe: Sechs Vorwärtsgänge (1,3; 2,6; 4; 6,5; 10; 20 km/h) und ein Rückwärtsgang (2,6 km/h), Fabrikat Porsche
Maße und Gewichte: Länge 282 cm, Breite 157 cm, Radstand 158 cm, Wenderadius 335 cm, Gewicht 1 505 kg

Porsche-Schlepper, Typ Super

Hersteller: Porsche-Diesel-Motorenbau GmbH, Friedrichshafen
Baujahr: ab 1957
Motor: 3-Zylinder-4-Takt-Dieselmotor mit 38 PS Leistung bei einer Drehzahl von 2 000 U/min und einem Hubraum von 2 467 ccm, Fabrikat Porsche (luftgekühlt)
Getriebe: Sechs Vorwärtsgänge (1,3; 2,6; 4; 6,5; 10; 20 km/h) und ein Rückwärtsgang (2,6 km/h), Fabrikat Porsche
Maße und Gewichte: Länge 297 cm, Breite 160 cm, Radstand 182 cm, Wenderadius 360 cm, Gewicht 1 625 kg

Porsche-Schlepper, Typ P 144

Hersteller: Porsche-Diesel-Motorenbau GmbH, Friedrichshafen
Baujahr: ab 1957
Motor: 4-Zylinder-4-Takt-Dieselmotor mit 50 PS Leistung bei einer Drehzahl von 2 000 U/min und einem Hubraum von 3 289 ccm, Fabrikat Porsche (luftgekühlt)
Getriebe: Sechs Vorwärtsgänge (2,1; 4,2; 6,7; 9,3; 14,2; 26,3 km/h) und ein Rückwärtsgang (2,1 km/h), Fabrikat Zahnradfabrik Friedrichshafen

Maße und Gewichte: Länge 313 cm, Breite 187 cm, Radstand 198 cm, Wenderadius 390 cm, Gewicht 2 120 kg

Porsche-Schlepper, Typ Junior

Hersteller: Porsche-Diesel-Motorenbau GmbH, Friedrichshafen
Baujahr: ab 1961
Motor: 1-Zylinder-4-Takt-Dieselmotor mit 15 PS Leistung bei einer Drehzahl von 2 250 U/min und einem Hubraum von 875 ccm, Fabrikat Porsche (luftgekühlt)
Getriebe: Sechs Vorwärtsgänge (1,8; 3; 5; 7,4; 12; 19,9 km/h) und zwei Rückwärtsgänge (1,3; 5,1 km/h), Fabrikat Zahnradfabrik Friedrichshafen
Maße und Gewichte: Länge 256 cm, Breite 146 cm, Radstand 154 cm, Wenderadius 275 cm, Gewicht 1 000 kg

Porsche-Schlepper, Typ Standard T

Hersteller: Porsche-Diesel-Motorenbau GmbH, Friedrichshafen
Baujahr: ab 1960
Motor: 2-Zylinder-4-Takt-Dieselmotor mit 20 PS Leistung bei einer Drehzahl von 2 300 U/min und einem Hubraum von 1 374 ccm, Fabrikat Porsche (luftgekühlt)
Getriebe: Acht Vorwärtsgänge (1,1; 1,5; 2,4; 3,9; 5,6; 7,8; 12,7; 20 km/h) und zwei Rückwärtsgänge (1,5; 7,8 km/h), Fabrikat Getrag
Maße und Gewichte: Länge 289 cm, Breite 148 cm, Radstand 185 cm, Wenderadius 335 cm, Gewicht 1 125 kg

Porsche-Schlepper, Typ Standard Star

Hersteller: Porsche-Diesel-Motorenbau GmbH, Friedrichshafen
Baujahr: ab 1960
Motor: 2-Zylinder-4-Takt-Dieselmotor mit 30 PS Leistung bei einer Drehzahl von 2 300 U/min und 1 750 ccm Hubraum, Fabrikat Porsche (luftgekühlt)

Getriebe: Acht Vorwärtsgänge (1,5; 2,0; 3,1; 4,5; 6,6; 8,9; 13,6; 20 km/h) und zwei Rückwärtsgänge (2,0; 8,9 km/h), Fabrikat KHD
Maße und Gewichte: Länge 347 cm, Breite 155 cm, Radstand 200 cm, Wenderadius 330 cm, Gewicht 1 520 kg

Porsche-Schlepper, Typ Super Export

Hersteller: Porsche-Diesel-Motorenbau GmbH, Friedrichshafen
Baujahr: ab 1960
Motor: 3-Zylinder-4-Takt-Dieselmotor mit 35 PS Leistung bei einer Drehzahl von 2 300 U/min und einem Hubraum von 2 625 ccm, Fabrikat Porsche (luftgekühlt)
Getriebe: Acht Vorwärtsgänge (1,5; 2; 3,1; 4,5; 6,6; 8,9; 13,6; 20 km/h) und zwei Rückwärtsgänge (2; 8,9 km/h), Fabrikat KHD
Maße und Gewichte: Länge 351 cm, Breite 153 cm, Radstand 197 cm, Wenderadius 330 cm, Gewicht 1 778 kg

Porsche-Schlepper, Typ Super L

Hersteller: Porsche-Diesel-Motorenbau GmbH, Friedrichshafen
Baujahr: ab 1960

Motor: 3-Zylinder-4-Takt-Dieselmotor mit 40 PS Leistung bei einer Drehzahl von 2 100 U/min und 2 625 ccm Hubraum, Fabrikat Porsche (luftgekühlt)
Getriebe: Acht Vorwärtsgänge (1,2; 2,1; 3,4; 4,3; 5,7; 7,6; 12; 20 km/h) und vier Rückwärtsgänge (2,1; 3,7; 5,8; 9,8 km/h), Fabrikat Zahnradfabrik Friedrichshafen
Maße und Gewichte: Länge 323 cm, Breite 182 cm, Radstand 200 cm, Wenderadius 395 cm, Gewicht 2 000 kg

Porsche-Schlepper, Typ Master

Hersteller: Porsche-Diesel-Motorenbau GmbH, Friedrichshafen
Baujahr: ab 1960
Motor: 4-Zylinder-4-Takt-Dieselmotor mit 50 PS Leistung bei einer Drehzahl von 2 100 U/min und 3 500 ccm Hubraum, Fabrikat Porsche (luftgekühlt)
Getriebe: Acht Vorwärtsgänge (1,2; 2; 3,3; 4,4; 5,6; 7,3; 11,9; 20 km/h) und vier Rückwärtsgänge (2,1; 3,5; 5,8; 9,7 km/h), Fabrikat Zahnradfabrik Friedrichshafen
Maße und Gewichte: Länge 338 cm, Breite 183 cm, Radstand 217 cm, Wenderadius 390 cm, Gewicht 2 100 kg

Dieser 50 PS Porsche-Diesel, Typ Master, ist nach über 30 Jahren heute noch im Einsatz und der Stolz seines Besitzers.
Foto: Bruse

Primus-Schlepper, Typ PD 1 E

Hersteller: Primus Traktoren-Gesellschaft KG, Miesbach
Baujahr: ab 1953
Motor: 1-Zylinder-4-Takt-Dieselmotor mit 12 PS Leistung bei einer Drehzahl von 2 000 U/min und einem Hubraum von 850 U/min, Fabrikat MWM (wassergekühlt)
Getriebe: Fünf Vorwärtsgänge (2,5; 4,6; 7,6; 11,5; 19 km/h) und ein Rückwärtsgang (3 km/h), Fabrikat Hurth
Maße und Gewichte: Länge 265 cm, Breite 144 cm, Radstand 170 cm, Gewicht 1 000 kg

Primus-Schlepper, Typ PD 2

Hersteller: Primus Traktoren-Gesellschaft KG, Miesbach
Baujahr: ab 1955 bis 1957
Motor: 2-Zylinder-4-Takt-Dieselmotor mit 24 PS Leistung bei einer Drehzahl von 1 800 U/min und einem Hubraum von 1 870 ccm, Fabrikat Primus (wassergekühlt)
Getriebe: Fünf Vorwärtsgänge (3,3; 5,5; 8,1; 11,8; 20 km/h) und ein Rückwärtsgang (3,9 km/h), Fabrikat Hurth
Maße und Gewichte: Länge 272 cm, Breite 158 cm, Radstand 165 cm, Gewicht 1 550 kg

Primus-Schlepper, Typ PD 3

Hersteller: Primus Traktoren-Gesellschaft KG, Miesbach
Baujahr: ab 1955 bis 1957
Motor: 3-Zylinder-4-Takt-Dieselmotor mit 36 PS Leistung bei einer Drehzahl von 1 800 U/min und einem Hubraum von 2 827 ccm, Fabrikat Primus (wassergekühlt)
Getriebe: Fünf Vorwärtsgänge (3,8; 6,2; 8,9; 12,9; 21,5 km/h) und ein Rückwärtsgang (4,5 km/h), Fabrikat Zahnradfabrik Friedrichshafen
Maße und Gewichte: Länge 300 cm, Breite 158 cm, Radstand 182 cm, Gewicht 1 850 kg

Ritscher-Schlepper, Typ 517

Hersteller: Karl Ritscher GmbH, Sprötze
Baujahr: ab 1955
Motor: 2-Zylinder-4-Takt-Dieselmotor mit 17 PS Leistung bei einer Drehzahl von 2 000 U/min und einem Hubraum von 1 305 ccm, Fabrikat Güldner (luftgekühlt)
Getriebe: Sechs Vorwärtsgänge (1,6 bis 19,9 km/h) und ein Rückwärtsgang (3,8 km/h), Fabrikat Zahnradfabrik Friedrichshafen
Maße und Gewichte: Länge 270 cm, Breite 160 cm, Radstand 165 cm, Gewicht 1 200 kg

Ritscher-Schlepper, Typ 832, Junior

Hersteller: Karl Ritscher GmbH, Sprötze
Baujahr: ab 1957
Motor: 3-Zylinder-4-Takt-Dieselmotor mit 32 PS Leistung bei einer Drehzahl von 2 000 U/min und einem Hubraum von 2 550 ccm, Fabrikat MWM (wassergekühlt)
Getriebe: Acht Vorwärtsgänge (1,1; 1,5; 2,1; 3,4; 4,9; 6,9; 11,9; 20 km/h) und zwei Rückwärtsgänge (1,3; 4,2 km/h), Fabrikat Zahnradfabrik Friedrichshafen
Maße und Gewichte: Länge 325 cm, Breite 155 cm, Radstand 196 cm, Wenderadius 380 cm, Gewicht 1 740 kg

Ritscher-Schlepper, Typ 936, Super

Hersteller: Karl Ritscher GmbH, Sprötze
Baujahr: ab 1957
Motor: 3-Zylinder-4-Takt-Dieselmotor mit 36 PS Leistung bei einer Drehzahl von 2 000 U/min und einem Hubraum von 2 715 ccm, Fabrikat MWM (luftgekühlt)
Getriebe: Neun Vorwärtsgänge (0,9; 1,2; 1,6; 2,9; 3,5; 4,9; 6,6; 11,9; 20 km/h) und zwei Rückwärtsgänge (1,1; 4,4 km/h), Fabrikat Zahnradfabrik Friedrichshafen
Maße und Gewichte: Länge 340 cm, Breite 160 cm, Radstand 207 cm, Wenderadius 415 cm, Gewicht 2 340 kg

Ritscher-Schlepper, Typ Komet R 830 Spezial

Hersteller: Karl Ritscher GmbH, Sprötze
Baujahr: ab ca. 1960
Motor: 3-Zylinder-4-Takt-Dieselmotor mit 30 PS Leistung bei einer Drehzahl von 3 000 U/min und einem Hubraum von 1 506 ccm, Fabrikat MWM (luftgekühlt)
Getriebe: Acht Vorwärtsgänge (1,2; 2; 3,4; 4,5; 5,5; 7,3; 12,4; 19,6 km/h) und vier Rückwärtsgänge (2,2; 3,6; 6,2; 9,8 km/h), Fabrikat Zahnradfabrik Friedrichshafen
Maße und Gewichte: Länge 294 cm, Breite 150 cm, Radstand 193 cm, Wenderadius 490 cm, Gewicht 1 550 kg, Bodenfreiheit 60 cm

Schanzlin-Schmalspurschlepper, Typ Kultimot

Hersteller: Gebr. Schanzlin GmbH, Weisweil
Baujahr: ab ca. 1958
Motor: 1-Zylinder-2-Takt-Dieselmotor mit 8 PS Leistung bei einer Drehzahl von 2 500 U/min und einem Hubraum von 447 ccm, Fabrikat Hirth (luftgekühlt)
Getriebe: Zwei Vorwärtsgänge (Höchstgeschwindigkeit 15 km/h) und ein Rückwärtsgang, Fabrikat Schanzlin
Maße und Gewichte: Länge 180 cm, Breite 70 cm, Radstand 105 cm, Wenderadius 195 cm, Gewicht 480 kg

Schanzlin-Schmalspurschlepper, Typ Kultimot

Hersteller: Schanzlin Maschinenfabrik GmbH, Weisweil
Baujahr: ab ca. 1964
Motor: 1-Zylinder-4-Takt-Dieselmotor mit 12 PS Leistung bei einer Drehzahl von 3 000 U/min und einem Hubraum von 522 ccm, Fabrikat Farny & Weidmann (luftgekühlt)
Getriebe: Vier Vorwärtsgänge

(2 bis 18 km/h) und zwei Rückwärtsgänge, Fabrikat Schanzlin
Maße und Gewichte: Länge 160 cm, Breite 70 cm, Wenderadius 90 cm

Schlüter-Dieselschlepper, Typ ASL 130

Hersteller: Motorenfabrik Anton Schlüter, München, Werk Freising
Baujahr: ab 1956
Motor: 1-Zylinder-4-Takt-Dieselmotor mit 13 PS Leistung bei einer Drehzahl von 1 500 U/min und einem Hubraum von 1 255 ccm, Fabrikat Schlüter (luftgekühlt)
Getriebe: Fünf Vorwärtsgänge (1.9 bis 19,7 km/h) und ein Rückwärtsgang (4,1 km/h), Fabrikat Zahnradfabrik Friedrichshafen
Maße und Gewichte: Länge 244 cm, Breite 158 cm, Radstand 163 cm, Wenderadius 290 cm, Gewicht 1 215 kg

Schlüter-Dieselschlepper, Typ AS 160

Hersteller: Motorenfabrik Anton Schlüter, München, Werk Freising
Baujahr: ab 1956
Motor: 1-Zylinder-4-Takt-Dieselmotor mit 16 PS Leistung bei

einer Drehzahl von 1 500 U/min und einem Hubraum von 1 506 ccm, Fabrikat Schlüter (wassergekühlt)
Getriebe: Fünf Vorwärtsgänge (2,5 bis 19,4 km/h) und ein Rückwärtsgang (3,7 km/h), Fabrikat Hurth
Maße und Gewichte: Länge 253 cm, Breite 158 cm, Radstand 165 cm, Wenderadius 280 cm, Gewicht 1 300 kg

Schlüter-Dieselschlepper, Typ AS 240 N

Hersteller: Motorenfabrik Anton Schlüter, München, Werk Freising
Baujahr: ab 1957
Motor: 2-Zylinder-4-Takt-Dieselmotor mit 24 PS Leistung bei einer Drehzahl von 1 500 U/min und einem Hubraum von 2 425 ccm, Fabrikat Schlüter (wassergekühlt)
Getriebe: Sechs Vorwärtsgänge (1,7 bis 18,8 km/h) und ein Rückwärtsgang (5 km/h), Fabrikat Hurth
Maße und Gewichte: Länge 285 cm, Breite 161 cm, Radstand 189 cm, Wenderadius 315 cm, Gewicht 1 800 kg

Schlüter-Dieselschlepper, Typ SF 303/S 30

Hersteller: Motorenfabrik Anton Schlüter, München, Werk Freising
Baujahr: ab 1961
Motor: 2-Zylinder-4-Takt-Dieselmotor mit 30 PS Leistung bei einer Drehzahl von 1 800 U/min und einem Hubraum von 3 012 ccm, Fabrikat Schlüter (wassergekühlt)
Getriebe: Acht Vorwärtsgänge (1,2 bis 18,9 km/h) und vier Rückwärtsgänge (2,1 bis 9,4 km/h), Fabrikat Zahnradfabrik Friedrichshafen
Maße und Gewichte: Länge 306 cm, Breite 152 cm, Radstand 197 cm, Wenderadius 340 cm, Gewicht 1 725 kg

Schlüter-Dieselschlepper, Typ SF 503/S 50

Hersteller: Motorenfabrik Anton Schlüter, München, Werk Freising
Baujahr: ab ca. 1961
Motor: 3-Zylinder-4-Takt-Dieselmotor mit 50 PS Leistung bei einer Drehzahl von 1 650 U/min und einem Hubraum von 4 830 ccm, Fabrikat Schlüter (wassergekühlt)
Getriebe: Acht Vorwärtsgänge (1,24 bis 19,9 km/h) und vier Rückwärtsgänge (2,1 bis 9,6

Der Schlüter-Allradschlepper, Typ Super 750, leistete 75 PS. Der 6-Zylinder-Motor hatte einen Hubraum von 6 372 ccm. Für den Schlepper war auch eine Vollsicht-Kabine lieferbar.
Foto: Schlüter

km/h), Fabrikat Zahnradfabrik Friedrichshafen
Maße und Gewichte: Länge 338 cm, Breite 194 cm, Radstand 224 cm, Wenderadius 395 cm, Gewicht 2 450 kg

Schlüter-Allradschlepper, Typ S 350 V

Hersteller: Motorenfabrik Anton Schlüter, München, Werk Freising
Baujahr: ab ca. 1963
Motor: 3-Zylinder-4-Takt-Dieselmotor mit 34 PS Leistung bei einer Drehzahl von 1 800 U/min und einem Hubraum von 2 944 ccm, Fabrikat Schlüter (wassergekühlt)
Getriebe: Acht Vorwärtsgänge (1,2 bis 20 km/h oder 1,7 bis 28,7 km/h) und vier Rückwärtsgänge (2,2 bis 10 km/h bzw. 3,1 bis 14,3 km/h), Fabrikat Zahnradfabrik Friedrichshafen
Maße und Gewichte: Länge 344 cm, Breite 153 cm, Radstand 200 cm, Gewicht 2 000 kg

Schlüter-Allradschlepper, Typ S 650 V

Hersteller: Motorenfabrik Anton Schlüter, München, Werk Freising
Baujahr: ab ca. 1962
Motor: 4-Zylinder-4-Takt-Dieselmotor mit 56 PS Leistung bei einer Drehzahl von 1 800 U/min und einem Hubraum von 4 328 ccm, Fabrikat Schlüter (wassergekühlt)
Getriebe: Acht Vorwärtsgänge (1,3 bis 20 km/h oder 1,7 bis 28 km/h) und vier Rückwärtsgänge (2,2 bis 9,7 km/h bzw. 3 bis 13,6 km/h), Fabrikat Zahnradfabrik Friedrichshafen
Maße und Gewichte: Länge 410 cm, Breite 184 cm, Radstand 229 cm, Gewicht 3 000 kg

Schlüter-Allradschlepper, Typ S 900 V

Hersteller: Motorenfabrik Anton Schlüter, München, Werk Freising
Baujahr: ab 1963
Motor: 6-Zylinder-4-Takt-Dieselmotor mit 80 PS Leistung bei einer Drehzahl von 1 800 U/min

und einem Hubraum von 6 492 ccm, Fabrikat Schlüter (wassergekühlt)
Getriebe: Acht Vorwärtsgänge (2,4 bis 20 km/h oder 2,1 bis 28 km/h) und vier Rückwärtsgänge (3,5 bis 13,8 km/h), Fabrikat Zahnradfabrik Friedrichshafen
Maße und Gewichte: Länge 441 cm, Breite 197 cm, Radstand 263 cm, Gewicht 4 150 kg

Schmiedag-Kleinraupe

Hersteller: Schmiedag AG, Hagen i. W.
Baujahr: ab ca. 1954
Motor: 1-Zylinder-2-Takt-Dieselmotor mit 8 bis 10 PS Leistung bei einer Drehzahl von 2 000 U/min und einem Hubraum von 499 ccm, Fabrikat Fichtel & Sachs (wassergekühlt)
Getriebe: Sechs Vorwärtsgänge (2,1 bis 12 km/h) und zwei Rückwärtsgänge (2,3; 3,5 km/h), Fabrikat Schmiedag
Maße und Gewichte: Länge 230 cm, Breite 100 cm, Gewicht ca. 800 kg

Stihl-Tragschlepper, Typ S 20

Hersteller: Andreas Stihl, Maschinenfabrik, Waiblingen-Neustadt
Baujahr: ab 1960
Motor: 2-Zylinder-4-Takt-Dieselmotor mit 20 PS Leistung bei einer Drehzahl 3 000 U/min und einem Hubraum von 1 004 ccm, Fabrikat MWM (luftgekühlt)
Getriebe: Sechs Vorwärtsgänge (1,5 bis 20 km/h) und ein Rückwärtsgang (5 km/h), Fabrikat Hurth
Maße und Gewichte: Länge 280 cm, Breite 158 cm, Radstand 180 cm, Wenderadius 305 cm

Sulzer-Schlepper, Typ S 12

Hersteller: Maschinenbau Ignaz Sulzer, Harthausen
Baujahr: ca. 1956 bis 1958
Motor: 1-Zylinder-4-Takt-Dieselmotor mit 11 PS Leistung bei einer Drehzahl von 2 100 U/min und einem Hubraum von 763

ccm, Fabrikat Deutz (luftgekühlt)
Getriebe: Sechs Vorwärtsgänge (1,4 bis 16,6 km/h) und zwei Rückwärtsgänge (1; 3,9 km/h), Fabrikat Zahnradfabrik Passau
Maße und Gewichte: Länge 265 cm, Breite 154 cm, Radstand 176 cm, Wenderadius 125 cm, Gewicht 890 kg

Sulzer-Schlepper, Typ S 22 L

Hersteller: Maschinenbau Ignaz Sulzer, Harthausen
Baujahr: ca. 1956 bis 1959
Motor: 2-Zylinder-4-Takt-Dieselmotor mit 22 PS Leistung bei einer Drehzahl von 1 850 U/min und einem Hubraum von 1 526 ccm, Fabrikat Deutz (luftgekühlt)
Getriebe: Fünf Vorwärtsgänge (1,9 bis 20 km/h) und ein Rückwärtsgang (4,3 km/h), Fabrikat Hurth
Maße und Gewichte: Länge 283 cm, Breite 162 cm, Radstand 178 cm, Wenderadius 165 cm, Gewicht 1 320 kg

Sulzer-Allradschlepper, Typ S 30

Hersteller: Maschinenbau Ignaz Sulzer, Harthausen
Baujahr: ca. 1957 bis 1963
Motor: 2-Zylinder-4-Takt-Dieselmotor mit 30 PS Leistung bei einer Drehzahl von 1 550 U/min und einem Hubraum von 2 660 ccm, Fabrikat Deutz (luftgekühlt)
Getriebe: Fünf Vorwärtsgänge und ein Rückwärtsgang, Fabrikat Zahnradfabrik Augsburg
Maße und Gewichte: Länge 283 cm, Breite 148 cm, Radstand 173 cm, Wenderadius 450 cm, Gewicht 1 760 kg

Sulzer-Allradschlepper, Typ S 42

Hersteller: Maschinenbau Ignaz Sulzer, Harthausen
Baujahr: ca. 1959 bis 1963
Motor: 3-Zylinder-4-Takt-Dieselmotor mit 42 PS Leistung bei einer Drehzahl von 1 500 U/min und 3 990 ccm Hubraum, Fabrikat Deutz (luftgekühlt)

Getriebe: Sieben Vorwärtsgänge (3,2 bis 19 km/h) und zwei Rückwärtsgänge (2,5; 6,2 km/h), Fabrikat Zahnradfabrik Augsburg
Maße und Gewichte: Länge 300 cm, Breite 172 cm, Radstand 180 cm, Wenderadius 500 cm, Gewicht 2 100 kg

Der Tragschlepper W 133 von der Firma Karl Friedrich Wahl aus Balingen. Der 25-PS-Schlepper stammt aus dem Jahr 1960.
Foto: Hummel

Ursus-Allradschlepper, Typ C 10 Bambi

Hersteller: Ursus-Traktoren-Werk, Erkelenz & Co. KG, Wiesbaden
Baujahr: ab ca. 1954
Motor: 1-Zylinder-2-Takt-Vergasermotor mit 12 PS Leistung bei einer Drehzahl von 4 000 U/min und einem Hubraum von 394 ccm, Fabrikat Ilo (wassergekühlt) oder 1-Zylinder-2-Takt-Dieselmotor mit 10 PS Leistung bei einer Drehzahl von 2 000 U/min und einem Hubraum von 499 ccm, Fabrikat Fichtel & Sachs (wassergekühlt)
Getriebe: Vier Vorwärts- und vier Rückwärtsgänge (2,9; 4,9; 7,4; 15 km/h), Fabrikat Ursus
Maße und Gewichte: Länge 208 cm, Breite 150 cm, Radstand 118 cm, Wenderadius 160 cm, Gewicht 660 kg

Ursus-Allradschlepper, Typ Superiore

Hersteller: Ursus-Traktoren-Werk, Erkelenz & Co. KG, Wiesbaden
Baujahr: ab ca. 1957
Motor: 3-Zylinder-4-Takt-Dieselmotor mit 32 PS Leistung bei einer Drehzahl von 2 000 U/min und einem Hubraum von 2 715 ccm, Fabrikat MWM (luftgekühlt)
Getriebe: Fünf Vorwärtsgänge (3,3 bis 20 km/h) und ein Rückwärtsgang (3,3 km/h), Fabrikat Zahnradfabrik Augsburg
Maße und Gewichte: Länge 290 cm, Breite 160 cm, Radstand 180 cm, Wenderadius 460 cm, Gewicht 1 780 kg

Wahl-Schlepper, Typ W 12

Hersteller: Carl Friedrich Wahl, Maschinenfabrik, Balingen
Baujahr: ab ca. 1952
Motor: 1-Zylinder-4-Takt-Dieselmotor mit 12 PS Leistung bei einer Drehzahl von 2 000 U/min und einem Hubraum von 850 ccm, Fabrikat MWM (wassergekühlt) oder 1-Zylinder-4-Takt-Dieselmotor mit 12 PS Leistung bei einer Drehzahl von 2 000 U/min und einem Hubraum von 905 ccm, Fabrikat MWM (luftgekühlt)
Getriebe: Fünf Vorwärtsgänge (2,7; 4,6; 7,5; 11,7; 19,8 km/h) und ein Rückwärtsgang (3,7 km/h), Fabrikat Zahnradfabrik Friedrichshafen
Maße und Gewichte: Länge 242 cm, Breite 150 cm, Radstand 165 cm, Wenderadius 275 cm, Gewicht 935 kg

Wahl-Schlepper, Typ W 17

Hersteller: Carl Friedrich Wahl, Maschinenfabrik, Balingen
Baujahr: ab ca. 1953
Motor: 2-Zylinder-4-Takt-Dieselmotor mit 18 PS Motorleistung bei einer Drehzahl von 2 000 U/min und einem Hubraum von 1 250 ccm, Fabrikat MWM (wassergekühlt) oder 2-Zylinder-4-Takt-Dieselmotor mit 18 PS Motorleistung bei einer Drehzahl von 2 000 U/min und einem Hubraum von 1 400 ccm, Fabrikat MWM (luftgekühlt)
Getriebe: Fünf Vorwärtsgänge (2,7 bis 20 km/h) und ein Rückwärtsgang (3,6 km/h), Fabrikat Zahnradfabrik Friedrichshafen
Maße und Gewichte: Länge 256 cm, Breite 155 cm, Radstand 173 cm, Wenderadius 290 cm, Gewicht 1 155 kg

Wahl-Tragschlepper, Typ W 90

Hersteller: Carl Friedrich Wahl, Maschinenfabrik, Balingen
Baujahr: ab ca. 1958
Motor: 2-Zylinder-4-Takt-Dieselmotor mit 16 PS Leistung bei einer Drehzahl von 2 500 U/min und einem Hubraum von 1 004 ccm, Fabrikat MWM (luftgekühlt)
Getriebe: Sechs Vorwärtsgänge (1,6 bis 19,3 km/h) und zwei Rückwärtsgänge (1,2; 5,2 km/h), Fabrikat Zahnradfabrik Friedrichshafen
Maße und Gewichte: Länge 275 cm, Breite 146 cm, Radstand 170 cm, Wenderadius 305 cm, Gewicht 880 kg

Wesseler-Schlepper, Typ WL 15 E

Hersteller: H. Wesseler, Schlepper- und Fahrzeugbau OHG, Altenberge
Baujahr: ab ca. 1959

Der Dieselschlepper, Typ W 28, des westfälischen Herstellers Wesseler. Der 2-Zylinder-MWM-Motor leistete 28 PS. Der Schlepper wurde etwa 1958 gebaut.
Foto: Tovornik

Motor: 1-Zylinder-4-Takt-Dieselmotor mit 15 PS Leistung bei einer Drehzahl von 2 200 U/min und einem Hubraum von 1 004 ccm, Fabrikat MWM (luftgekühlt)
Getriebe: Sechs Vorwärtsgänge (0,9 bis 20,2 km/h) und zwei Rückwärtsgänge (0,6; 5,1 km/h), Fabrikat Zahnradfabrik Friedrichshafen
Maße und Gewichte: Länge 259 cm, Breite 151 cm, Radstand 177 cm, Wenderadius 280 cm, Gewicht 800 kg

Wesseler-Schlepper, Typ WL 230 E

Hersteller: H. Wesseler, Schlepper- und Fahrzeugbau OHG, Altenberge
Baujahr: ab ca. 1959
Motor: 2-Zylinder-4-Takt-Dieselmotor mit 30 PS Leistung bei

einer Drehzahl von 2 200 U/min und einem Hubraum von 2 008 ccm, Fabrikat MWM (luftgekühlt)
Getriebe: Acht Vorwärtsgänge (1,1 bis 20 km/h) und vier Rückwärtsgänge (2,2 bis 10 km/h), Fabrikat Zahnradfabrik Friedrichshafen
Maße und Gewichte: Länge 296 cm, Breite 156 cm, Radstand 199 cm, Wenderadius 340 cm, Gewicht 1 390 kg

Wesseler-Schlepper, Typ WL 345 E

Hersteller: H. Wesseler, Schlepper- und Fahrzeugbau OHG, Altenberge
Baujahr: ab ca. 1959
Motor: 3-Zylinder-4-Takt-Dieselmotor mit 45 PS Leistung bei einer Drehzahl von 2 200 U/min und 3 120 ccm Hubraum, Fabri-

kat MWM (luftgekühlt)
Getriebe: Acht Vorwärtsgänge (1,2 bis 20 km/h) und vier Rückwärtsgänge (2,1 bis 9,6 km/h), Fabrikat Zahnradfabrik Friedrichshafen
Maße und Gewichte: Länge 325 cm, Breite 160 cm, Radstand 228 cm, Wenderadius 425 cm, Gewicht 2 025 kg

Von Maulwürfen, Brockenhexen und Pionieren

Der Schlepperbau in der ehemaligen DDR

Erst sehr viel später und unter weitaus schwierigeren wirtschaftlichen Bedingungen als in der Bundesrepublik begann in der ehemaligen DDR die Aufnahme der Schlepperproduktion.

Wie auch in der Bundesrepublik war der vorhandene Bestand an Schleppern in der DDR überaltert, und Zugtiere waren nur wenige vorhanden. Eine ausreichende Ersatzteilversorgung für die noch im Einsatz befindlichen Schlepper war ebenfalls kaum möglich, da fast alle Hersteller im Westen ansässig waren. Durch die Umstrukturierung der Landwirtschaft in der Ostzone nach russischem Muster (Landwirtschaftliche Produktions Genossenschaften, LPGs) bestand zudem noch ein erhöhter Bedarf an Schleppern mit hoher Leistung.

Maschinen-Ausleih-Stationen entstehen

In den bald nach dem Krieg gegründeten Maschinen-Ausleih-Stationen (MAS) wurden die auf den enteigneten Betrieben noch vorhandenen Schlepper zusammengefaßt. Dort wurden sie für die LPGs repariert, überholt, verwertet und gewartet oder von Holzgas- auf Dieselbetrieb umgebaut, um dann in den LPGs eingesetzt zu werden. An die MAS wurden auch die rund 1 000 ab 1949 aus der UdSSR gelieferten Rad- und Kettenschlepper (mit Vergasermotoren) verteilt. Sie sollten den dringenden Bedarf an Traktoren lindern, waren aber wegen technischer Unzulänglichkeiten nur kurzzeitig im Einsatz.

Wie schon an anderer Stelle erwähnt, wurde im Januar des Jahres 1945 der größte Teil der Motoren- und Schlepper-Produktionsanlagen der Famo von Breslau in das Junkerswerk nach Schönebeck an der Elbe verlagert. Zur Aufnahme der Schlepperproduktion kam es aber nicht mehr, da schon im April amerikanische Truppen in Schönebeck einmarschierten. Noch im gleichen Jahr wurde mit einem Stamm von einigen Famo-Mitarbeitern der „Fahrzeugbau Schönebeck, Betrieb der Industrie-Werke der Provinz Sachsen-Anhalt" gegründet.

Famo-Schlepper von Holzgas umgerüstet

Der Betrieb führte den Kunden- und Ersatzteildienst für Famo-Rad- und Kettenschlepper durch und baute Famo-Schlepper von Holzgas- auf Dieselbetrieb um. In geringem Umfang sollen auch aus noch vorhandenen Teilen einzelne Schlepper gefertigt worden sein. Durch den Zusammenschluß des „Fahrzeugbau-Schönebeck" und der „Metallindustrie Schönebeck", einem metallverarbeitenden Betrieb, in dem Fahrräder und Kinderwagen produziert worden sind, entstand die „IFA — Vereinigung Volkseigener Fahrzeugwerke, Werk Schönebeck/Elbe". Sie wurden 1955 in Traktorenwerk Schönebeck umbenannt.

Parallel dazu erfolgte der Aufbau einer zentralen Forschungs- und Entwicklungsstelle für Schlepper, deren Kern viele Mitarbeiter der Famo bildeten. Anhand vorhandener Arbeitsunterlagen konnte der 40 PS Famo-Radschlepper rekonstruiert werden. Da aber die Produktionsflächen in

Das Vorbild des IFA-Schleppers, Typ RS 01/40 „Pionier", war der Famo-Radschlepper aus Breslau.
Foto: Bauer

Ab 1948 wurde mit der Entwicklung des 22 PS-Schleppers „Brockenhexe" begonnen. Der Schlepper aus Nordhausen war eine Blockkonstruktion mit 2-Zylinder-Dieselmotor (Lizenznachbau des Deutz-Diesel-Motors, Typ F2M 414). Foto: Bauer

Schönebeck nicht ausreichten, wurde 1949 der Bau des Radschleppers, Typenbezeichnung RS 01/40 „Pionier", in dem ehemaligen Horch-Werk in Zwickau aufgenommen. Ab 1949 wurde dann die Produktion des Pioniers in das IFA-Schlepperwerk nach Nordhausen verlegt.

In Nordhausen begann man nach 1945 im Betrieb der Maschinenbau- und Bahnbedarf-AG, vormals Orenstein & Koppel, aus noch vorhandenen Normag- und MBA-Teilen Schlepper zu bauen. Erst 1948 konnte die Entwicklung des ab 1949 gebauten 22 PS Schleppers „Brockenhexe" begonnen werden. Der Schlepper war eine Blockkonstruktion mit 2-Zylinder-Dieselmotor (Lizenz-Nachbau des Deutz-Dieselmotors, Typ F2M 414) und 4-Gang-Getriebe von der Zahnradfabrik Friedrichshafen, Typ F 12 (Nachbau). Die halbrunde Stirnverkleidung des Motors

wurde vom 30 PS MBA-Dieselschlepper übernommen, da die Preßwerkzeuge im Werk noch vorhanden waren.

Im Jahr 1949 verließen 157 Schlepper den Betrieb in Nordhausen. Ein Jahr später konnte die Produktion schon auf 200 Schlepper pro Monat gesteigert werden. In diesen Produktionszahlen ist schon der Pionier enthalten, der mit verschiedenen Änderungen in fast 2000 Exemplaren bis 1955 in Nordhausen gefertigt wurde. Eine der wichtigsten Änderungen wurde 1952/53 am Motor durchgeführt.

Der IFA-Pionier-Dieselmotor arbeitete nicht wie der Famo-Dieselmotor nach dem Wirbelkammer- sondern nach dem Vorkammerverfahren und wurde mit Benzin angelassen. Der Motor war dafür bekannt, daß er sich schlecht starten ließ, da die Vorkammer durch die einströmende Luft zu sehr gekühlt wurde und oftmals die Hilfsver-

gaser zu Störungen Anlaß gaben. Folglich wurden die Pioniere auf den LPGs und den MAS nicht von Hand gestartet, sondern angezogen, was häufig zu Schäden führte.

Auf einen Verbesserungsvorschlag eines Mitarbeiters im Ministerium für Land- und Forstwirtschaft, Hans Rogge, wurde der Motor überarbeitet. Er arbeitete nun nach einem ähnlichen Wirbelkammer-Verbrennungsverfahren wie die O & K/MBA-Dieselmotoren (mit napfförmigem Aufsatz auf dem Kolben). Statt der Benzin-Anlaß-Anlage wurde der Motor nun mit Druckluft gestartet. Der Nachfolger des Pioniers war der bis 1958 gebaute Typ RS 01/40-II „Harz", der in ca. 3000 Exemplaren die Nordhäuser Fertigungsstätte verließ.

Als erste Nachkriegs-Neuentwicklung wurde in Nordhausen ab 1953 die Produktion des 30 PS Radschleppers, Typ RS 04/30, aufgenommen, der die Ty-

Im Mai 1949 wurde im Brandenburger Traktorenwerk der Bau des Schleppers „Aktivist" aufgenommen. Der Schlepper mit der Typenbezeichnung RS 03 war mit einem 30 PS starken 2-Zylinder-V-Motor ausgerüstet. Foto: Bauer

pen RS 02 und RS 03 ablöste. Er war eine Blockkonstruktion mit wassergekühltem 2-Zylinder-4-Takt-Dieselmotor, Fünf-Gang-Getriebe und Allzweckbereifung. Der bis 1956 in ca. 7500 Exemplaren hergestellte Schlepper wurde von den bis ca. 1967 gebauten „Famulus"-Typen (RS 14/30, RS 14/36, RS 14/40) abgelöst.

Durch die Zentralisierung der Schlepperproduktion Mitte der 60er Jahre nach Schönebeck kam es in Nordhausen zur Einstellung der Schlepperfertigung, um dort ausschließlich Dieselmotoren zu produzieren.

Brandenburger Traktorenwerke

Als dritter Schlepperproduzent in der DDR kamen die Brandenburger Traktorenwerke (BTW) hinzu, die in den ehemaligen Brennabor-Werken den Schlepperbau aufnahmen. Aufgrund der mangelnden Versor-

gung mit flüssigen Kraftstoffen versuchte man dort zuerst den schon seit längerer Zeit in Entwicklung befindlichen Holzgasschlepper „Solidarität" leistungsfähig zu machen, was aber erfolglos blieb. Danach griff man auf Konstruktionsunterlagen des MBA-Gasschleppers, Typ SA 754, zurück und stellte den 2-Zylinder-V-Motor auf Dieselbetrieb um (Luftspeicher-Verfahren).

Im Mai 1949 wurde dann im Brandenburger Traktorenwerk der Bau des BTW-, später IFA-"Aktivist", Typenbezeichnung RS 03, aufgenommen. Das kurze, ursprünglich für den Gasschlepper entwickelte 4-Gang-MBA-Getriebe wurde mit dem 2-Zylinder-V-Motor verblockt. Vor dem Motor war der weit nach vorn gezogene Vorderachsträger angeflanscht, der auch den Kühler aufnahm. Durch den kurzen Radstand von 165 cm und der geringen Vorderachsbelastung neigte

der Schlepper zum Aufbäumen und hatte ungenügende Lenkstabilität. Der Motor hatte einen Hubraum von 3325 ccm und leistete bei 1500 U/min 30 PS. Der Kraftstoffverbrauch wurde mit 210 g/PSh angegeben.

Kettenschlepper „Rübezahl"

Im Frühjahr 1952 wurde in Brandenburg auch die Produktion des ehemaligen Famo-Kettenschleppers, Typ Rübezahl, aufgenommen, der nun die Baumusterbezeichnung KS 07/60 bekam und ebenfalls als Planierraupe geliefert werden konnte. Wie sein Breslauer Vorbild war der Motor des KS 07/60 mit Benzinanlaßvorrichtung ausgerüstet. Die Weiterentwicklung des Rübezahls bzw. des KS 07 führte zum KS 30 „Urtrak", wobei sowohl die bewährte Blockkonstruktion als auch Motor und 4-Gang-Getriebe beibehalten wurden.

Seit längerem hatte man in Brandenburg aber schon mit einem neuen Kettenlaufwerk experimentiert. Es wurde in mehreren Prototypen eines Kettenschleppers mit 60 PS 2-Zylinder-2-Takt-Gegenkolben-Dieselmotor verwendet. Die Versuchsschlepper mit der Typenbezeichnung KS 06/60 hatten anstelle des starren Kastenlaufwerkes ein gefedertes Pendelrollenlaufwerk. Auf jeder Seite waren zwei pendelnd aufgehängte drehstabgefederte Laufrollenträger mit je zwei Laufrollen befestigt. Dieses neue Fahrwerk fand dann erstmals im serienmäßig gebauten „Urtrak" Verwendung. Es paßte sich sehr gut dem Boden an, so daß eine höhere Zugleistung gegenüber dem Rübezahl gegeben war.

Eine der fortschrittlichsten und technisch interessantesten Schlepperkonstruktionen der DDR war der Geräteträger „Maulwurf". Er wurde schon 1949, also noch vor dem Lanz-Alldog und der Ruhrstahl-Landmaschine, auf verschiedenen Messen in der DDR vorgestellt. Diese Maschine erregte damals sowohl in Ost- als auch in Westdeutschland beachtliches Aufsehen. Die Konstruktion dieses Geräteträgers stammt von Ing. Egon Scheuch, der schon vor dem Krieg ein

Konstruktionsbüro in Erfurt betrieb. Scheuch hatte schon mehrere sehr vielversprechende Entwicklungen vorgestellt, die zur Motorisierung der bäuerlichen Betriebe bestimmt waren.

Einmann-Maschine

Der Maulwurf war ein Vierrad-Fahrzeug in Einholm-Bauweise, bei dem der ca. 8,5 PS starke DKW-Vergasermotor vor der Vorderachse angebracht war. Über eine durch den Holm geführte Welle wurde die Motorkraft auf die hintere Antriebseinheit übertragen. Die lenkbare Vorderachse war pendelnd aufgehängt, und die Spur war verstellbar. An dem rechteckigen Holm konnten verschiedene Geräte für Saat-, Pflanz- und Pflegearbeiten mittels Steckbolzen befestigt werden. Der Maulwurf war die erste universell einsetzbare Einmann-Maschine mit Zwischenachs-Anbaugeräten.

Eine weitere Entwicklung von Scheuch war die „Spinne" – ebenfalls ein Geräteträger, bei dem aber die gesamte Antriebseinheit im Heck zusammengefaßt war. Nach dem ersten in Erfurt gebauten Versuchsschlepper wurden 1950 drei weitere Mustermaschinen auf der Leipziger Frühjahrsmesse ausgestellt.

Die Weiterentwicklung des Maulwurfs wurde 1951 auf Anordnung des Ministeriums für Maschinenbau, Abteilung Wissenschaft, dem Schlepperwerk Schönebeck übertragen. Man hatte sich das Ziel gesteckt, einen leichten Geräteträger für sämtliche Pflegearbeiten mit 15 PS Motorleistung, 8-Gang-Getriebe, hoher Bodenfreiheit und Allzweckbereifung zu konstruieren. Nachdem in Schönebeck 1952 30 Versuchsmaschinen entstanden waren, begann 1953 die Serienfabrikation des Geräteträgers, der die Typenbezeichnung GT RS 08/15 hatte. Dieser neue Geräteträger war ebenfalls in Einholm-Bauweise ausgeführt, wobei der Vorderachsbock auf dem Rechteck-

holm verschoben werden konnte. Der Holm war an die hintere Antriebseinheit, vor dem Motor, angeschraubt. Als Antrieb wurde der wassergekühlte 2-Zylinder-2-Takt-Vergasermotor aus dem DKW F 8 verwendet, da zu der Zeit kein geeigneter Kleindieselmotor aus DDR-Produktion zur Verfügung stand. Das 8-Gang-Reversier-Getriebe ermöglichte Geschwindigkeiten im Bereich von 1,5 bis 15 km/h, die vorwärts oder rückwärts gefahren werden konnten. Die Spur war stufenlos verstellbar.

Geräteträger als Exportschlager

Der Nachfolger des RS 08 war der RS 09, bei dem gegenüber dem Vorgänger mehrere Änderungen durchgeführt worden waren. Der Geräteträger war ebenfalls in Einholm-Bauweise ausgeführt, wobei die Vorderachse wiederum pendelnd aufgehängt war. Das Lenkgetriebe wurde durch den Holm geführt. Das hintere Antriebsaggregat vereinigte Motor, Getriebekasten, die

beiden Radantriebsgehäuse, Zapfwellen, Hydraulikpumpe, Bremsen, Lenkgetriebe und sämtliche Bedienungseinrichtungen. Der in V-Form angeordnete luftgekühlte 2-Zylinder-4-Takt-Dieselmotor leistete 18 PS bei 3000 U/min und war eine Lizenzproduktion der Motorenfabrik Wachalowski in Wien. Der Motor war im Heck der Antriebseinheit angeordnet und so gut zugänglich.

Zu diesem Geräteträger, der ständig weiterentwickelt wurde, gab es eine breite Palette von 41 landwirtschaftlichen Geräten und Maschinen, so daß der Geräteträger bald zum Exporterfolg der DDR-Schlepperindustrie wurde.

Von 1958 bis 1967 wurden im VEB Traktorenwerk Nordhausen die Schlepper der „Famulus" Baureihe produziert. Unter Beibehaltung der Grundkonzeption des RS 04/30 entstand der RS 14/30 (Famulus 30) mit 30 PS Motorleistung und Allzweckbereifung der Größe 9-40. Der Schlepper wurde sowohl mit wassergekühltem als auch mit luftgekühltem 2-Zylinder-4-Takt-Dieselmotor ausge-

rüstet. Bei dem luftgekühlten Dieselmotor wurde die Kühlluft von einem Axialgebläse angesaugt und über Leitbleche an die Kühlrippen geführt.

Der nächst stärkere Typ war der Famulus 36 mit luftgekühltem 2-Zylinder-Dieselmotor, der bei 1650 U/min 36 PS leistete. Der Schlepper wurde zu 98 Prozent mit Bauteilen des RS 14/30 serienmäßig produziert, wodurch sich eine weitestgehende Austauschbarkeit von Ersatzteilen ergab. Ferner bot der Schlepper die Möglichkeit der Gerätekopplung für Heck-, Zwischenachs- und Frontarbeitsgeräte. Auch konnten über die freien Anschlüsse der Hydraulik, Anhängegeräte mit eigener hydraulischer Aushebung betrieben werden. Die nochmalige Erhöhung der Drehzahl des wassergekühlten Dieselmotors auf 1800 U/min ergab eine Steigerung der Leistung von 36 auf 40 PS und somit den Typ Famulus 40. Sowohl der Famulus 36 als auch der Famulus 40 konnte mit angetriebener Vorderachse geliefert werden.

Eine technisch interessante

Ein 30 PS Radschlepper der Famulus-Baureihe aus dem VEB-Traktorenwerk Nordhausen. Der Schlepper wurde von 1958 bis 1967 produziert. Foto: Bauer

Konstruktion war der 80 PS starke Tandem-Schlepper, Typenbezeichnung RTA 550/80. Er entstand auf der Basis von zwei Famulus 40-Typen und wurde in wenigen Versuchsexemplaren 1964 gebaut. Durch Entfernen der Vorderachsen entstanden zwei Antriebselemente, die durch ein Kopplungsteil miteinander verbunden worden waren. Das Kopplungsteil nahm auch die Steuereinheit auf, die bei dem Tandem-Schlepper als hydraulisch betätigte Knicklenkung ausgeführt war.

Der so entstandene Allradschlepper wog ca. 5000 kg. Er besaß eine nahezu ideale Gewichtsverteilung von 60 Prozent Vorderachsbelastung, zu 40 Prozent Hinterachsbelastung im statischen Zustand und damit eine maximale Zugkraft beim Pflügen von 2500 bis 3500 kp. Trotz einiger Vorteile wurde das Projekt nicht weiterentwickelt.

Zur Bearbeitung der großen Ackerflächen benötigte die DDR-Landwirtschaft in zunehmendem Maße Bodenbearbeitungsgeräte mit größeren Arbeitsbreiten und somit Schlepper mit höherer Leistung. Aus dieser Forderung heraus wurde ein neuer 60 PS Schlepper der Famulus-Baureihe entwickelt, der erstmals 1964 vorgestellt wurde. Der Famulus 60 wurde von einem wassergekühlten 3-Zylinder-4-Takt-Dieselmotor angetrieben, der bei 1800 U/min seine Nennleistung abgab. Das 10-Gang-Getriebe hatte zwei Schaltgruppen und ermöglichte Geschwindigkeiten von 2,0 bis 29,2 km/h bei einer Bereifungsgröße der Antriebsräder von 11–38. Weitere beachtenswerte Komponenten waren u.a. Anhänger-Druckluftanlage, hydraulische Bremsen, Antischlupfregelung und Spurweitenverstellung. Auch dieser Schlepper konnte mit angetriebener Vorderachse ausgerüstet werden.

Ebenfalls 1964 wurde der erste Schlepper-Prototyp einer neuen Baureihe vorgestellt. Er sollte mit Aufnahme der Serienproduktion im Jahre 1967 die Famulus-Typen ablösen. Dieser moderne Schlepper mit 80 PS starkem 4-Zylinder-4-Takt-Dieselmotor hatte die Typenbezeichnung ZT 300 und war in Halbrahmenbauweise ausgeführt. Das Getriebe mit neun Vorwärtsgängen ermöglichte Geschwindigkeiten von 2,4 bis 29,5 km/h. Mit der Aufnahme der ZT 300-Produktion in Schönebeck stellten die bisherigen Betriebe Schlepperwerk Nordhausen ihre Produktion auf Motoren und das Traktorenwerk Brandenburg auf Getriebe um.

Als Ablösung für die Famulus-Baureihe wurden die ZT 300-Schlepper produziert. Die Schlepper in Halbrahmen-Bauweise wurden in Schönebeck hergestellt.
Foto: Archiv Land-Technik

Technische Daten

Radschlepper, Typ RS 01 „Pionier"

Hersteller: Horchwerk Zwickau (1949), Schlepperwerk Nordhausen
Baujahr: 1949 bis 1956
Motor: 4-Zylinder-4-Takt-Dieselmotor mit 40 PS Leistung bei einer Drehzahl von 1 250 U/min und einem Hubraum von 5 020 ccm
Getriebe: Fünf Vorwärtsgänge (3,8; 5; 6; 9,5; 17,5 km/h) und ein Rückwärtsgang (3 km/h)
Maße und Gewichte: Länge 365 cm, Breite 172 cm, Radstand 208 cm, Gewicht 3 700 kg

Radschlepper, Typ RS 02 „Brockenhexe"

Hersteller: Schlepperwerk Nordhausen
Baujahr: 1949 bis 1952
Motor: 2-Zylinder-4-Takt-Dieselmotor mit 22 PS Leistung bei

einer Drehzahl von 1 500 U/min und einem Hubraum von 2 200 ccm, Fabrikat Schlepperwerk Nordhausen
Getriebe: Vier Vorwärtsgänge (4,7; 6,4; 10; 16,9 km/h) und ein Rückwärtsgang (3,8 km/h), Fabrikat Schlepperwerk Nordhausen
Maße und Gewichte: Länge 298 cm, Breite 156 cm, Radstand 175 cm, Gewicht 1 775 kg

Radschlepper RS 03 „Aktivist"

Hersteller: Schlepperwerk Brandenburg
Baujahr: 1949 bis 1951
Motor: 2-Zylinder-4-Takt-Dieselmotor mit 30 PS Leistung bei einer Drehzahl von 1 500 U/min und einem Hubraum von 3 325 ccm, Fabrikat Schlepperwerk Brandenburg
Getriebe: Vier Vorwärtsgänge (3,9; 6,2; 8,8; 17,8 km/h) und ein Rückwärtsgang (5,3 km/h), Fa-

brikat Schlepperwerk Brandenburg
Maße und Gewichte: Länge 268 cm, Breite 163 cm, Radstand 165 cm, Gewicht 2 600 kg

Radschlepper, Typ RS 04/30

Hersteller: Schlepperwerk Nordhausen
Baujahr: 1950 bis 1958
Motor: 2-Zylinder-4-Takt-Dieselmotor mit 30 PS Leistung bei einer Drehzahl von 1 500 U/min und einem Hubraum von 3 012 ccm, Fabrikat Schlepperwerk Nordhausen
Getriebe: Fünf Vorwärtsgänge (3,6; 5; 6,7; 10,8; 18 km/h) und ein Rückwärtsgang (4,3 km/h), Fabrikat Schlepperwerk Nordhausen
Maße und Gewichte: Länge 350 cm, Breite 160 cm, Radstand 200 cm, Gewicht 2 600 kg

Kettenschlepper, Typ KS 07 „Rübezahl"

Hersteller: Schlepperwerk Brandenburg
Baujahr: 1952 bis 1955
Motor: 4-Zylinder-4-Takt-Dieselmotor mit 60 PS Leistung bei einer Drehzahl von 1 150 U/min und einem Hubraum von 8 596 ccm, Fabrikat Schlepperwerk Brandenburg
Getriebe: Vier Vorwärtsgänge (4; 5,3; 6,6; 8,1 km/h) und ein Rückwärtsgang (4,8 km/h), Fabrikat Schlepperwerk Brandenburg
Maße und Gewichte: Länge 350 cm, Breite 162 cm, Gewicht 5 300 kg

Kettenschlepper, Typ KS 30 „Urtrak"

Hersteller: Schlepperwerk Brandenburg
Baujahr: 1956 bis 1964
Motor: 4-Zylinder-4-Takt-Dieselmotor mit 63 PS Leistung bei einer Drehzahl von 1 150 U/min und einem Hubraum von 8 596 ccm
Getriebe: Vier Vorwärtsgänge (3; 4; 6,5; 9 km/h) und ein Rückwärtsgang (4 km/h), Fabrikat Schlepperwerk Brandenburg

Durch seine vielseitigen Einsatzmöglichkeiten gehörte der Geräteträger aus Schönebeck zu den erfolgreichsten Schlepper-Konstruktionen der DDR-Schlepperindustrie. Foto: Bauer

Maße und Gewichte: Länge 398 cm, Breite 161 cm, Gewicht 5 200 kg

Scheuch-Geräteträger, Typ „Maulwurf"

Hersteller: Ing. Egon Scheuch, Erfurt
Baujahr: 1948/49
Motor: 1-Zylinder-2-Takt-Vergasermotor mit 8,75 PS Leistung bei einer Drehzahl von 2 800 bis 3 000 U/min und einem Hubraum von 462 ccm, Fabrikat DKW
Getriebe: Mehrgang-Schaltgetriebe
Maße und Gewichte: Länge 280 cm, Breite 175 cm, Gewicht 570 kg

Geräteträger, Typ RS 08

Hersteller: Schlepperwerk Schönebeck
Baujahr: 1953 bis 1955
Motor: 2-Zylinder-2-Takt-Vergasermotor mit 15 PS Leistung bei einer Drehzahl von 3 000 U/min und einem Hubraum von 670 ccm, Fabrikat Automobilwerke Zwickau
Getriebe: Acht Vorwärts- und acht Rückwärtsgänge (1,6; 3,2; 3,9; 4,4; 5,8; 7,8; 11,2; 15,3 km/h), Fabrikat Schlepperwerk Schönebeck

Maße und Gewichte: Länge 369 cm, Breite 174 cm, Radstand 140 — 200 cm, Gewicht 1 330 kg

Geräteträger, Typ RS 09

Hersteller: Schlepperwerk Schönebeck
Baujahr: 1955 bis 1964
Motor: 2-Zylinder-4-Takt-Dieselmotor mit 18 PS Leistung bei einer Drehzahl von 3 000 U/min und einem Hubraum von 1 020 ccm, Fabrikat Dieselmotorenwerk Schönebeck
Getriebe: Acht Vorwärts- und acht Rückwärtsgänge (0,9; 1,4; 2,2; 3,5; 4,2; 6,2; 9,6; 15,5 km/h), Fabrikat Schlepperwerk Schönebeck
Maße und Gewichte: Länge 356 cm, Breite 152 cm, Radstand 2 060 — 2 510 cm, Gewicht 1 070 kg

Radschlepper, Typ RS 14, „Famulus 30"

Hersteller: Schlepperwerk Nordhausen
Baujahr: ab 1958
Motor: 1. 2-Zylinder-4-Takt-Dieselmotor mit 30 PS Leistung bei einer Drehzahl von 1 500 U/min und einem Hubraum von 3 012 ccm.
2. 2-Zylinder-4-Takt-Dieselmotor mit 33 PS Leistung bei einer Drehzahl von 1 500 U/min und

einem Hubraum von 3 280 ccm (wassergekühlt)
3. 2-Zylinder-4-Takt-Dieselmotor mit 33 PS Leistung bei einer Drehzahl von 1 500 U/min und einem Hubraum von 3 280 ccm (luftgekühlt)
Getriebe: Zehn Vorwärtsgänge (1,2; 1,9; 3,3; 4,3; 5,2; 5,7; 8,1; 13,7; 18; 24 km/h) und zwei Rückwärtsgänge (2,5; 10,5 km/h), Fabrikat Schlepperwerk Nordhausen
Maße und Gewichte: Länge 337 cm, Breite 170 cm, Radstand 193 cm, Gewicht 2 065 kg (luftgekühlt), 2 135 kg (wassergekühlt)

Radschlepper, Typ RS 14 „Famulus 40"

Hersteller: Schlepperwerk Nordhausen
Baujahr: ab 1962
Motor: 2-Zylinder-4-Takt-Dieselmotor mit 40 PS Leistung bei einer Drehzahl von 1 800 U/min und einem Hubraum von 3 280 ccm (wassergekühlt), Fabrikat Schlepperwerk Nordhausen
Getriebe: Zehn Vorwärtsgänge (1,4 bis 28,4 km/h) und zwei Rückwärtsgänge (2,9; 12,5 km/h), Fabrikat Schlepperwerk Nordhausen
Maße und Gewichte: Länge 337 cm, Breite 170 cm, Radstand 193 cm, Gewicht 2 450 kg

Radschlepper,
Typ „Famulus 60"

Hersteller: Schlepperwerk Nordhausen
Baujahr: 1964
Motor: 3-Zylinder-4-Takt-Dieselmotor mit 60 PS Leistung bei einer Drehzahl von 1 800 U/min und einem Hubraum von 4 920 ccm (wassergekühlt)
Getriebe: Zehn Vorwärtsgänge (2; 2,8; 3,9; 5,1; 6,8; 8,7; 12,2; 16,9; 22,1; 29,2 km/h) und zwei Rückwärtsgänge (3,8; 16,4 km/h), Fabrikat Schlepperwerk Schönebeck
Maße und Gewichte: Länge 360 cm, Breite 190 cm, Radstand 230 cm, Gewicht 2 800 kg

Radtraktor,
Typ ZT 300/303 (Allrad)

Hersteller: Traktorenwerk Schönebeck
Baujahr: 1967 bis 1987
Motor: 4-Zylinder-4-Takt-Dieselmotor mit 90 PS Leistung bei einer Drehzahl von 1 850 U/min und einem Hubraum von 6 560 ccm, Fabrikat Motorenwerk Schönebeck
Getriebe: Neun Vorwärtsgänge (3,1 bis 29,9 km/h) und sechs Rückwärtsgänge (3,2 bis 9,9 km/h), Fabrikat Traktorenwerk Schönebeck
Maße und Gewichte: Länge 465 cm, Breite 217, Gewicht 4 870 kg (ZT 300), 5 195 kg (ZT 303)

Der 18 PS starke Geräteträger, Typ SR 09, mit Düngerstreuer im Frontanbau und Hackmaschine im Zwischenachsrahmen.
Foto: Archiv Land-Technik

Im Zwischenachsrahmen des Geräteträgers konnte auch ein Pflug angebaut werden. Der Geräteträger galt als Exportschlager der DDR-Schlepperindustrie.
Foto: Archiv Land-Technik

Es begann auf einer romantischen Waldwiese

Wie aus einer Romanze eine innige Beziehung zu einem Allgaier wird

Wilhelm Eberl ist Jahrgang 49 und Dipl.-Psychologe beim TÜV Bayern. Er berichtet über das Abenteuer, einen Schlepper zu restaurieren.

Anfang der 80er Jahre lernte ich ein niederbayerisches Original kennen, das sein Leben dem Lanz-Bulldog verschrieben hat. Landwirtschaftliches war mir bislang fremd, aber von da an wollte ich eine von diesen tollen Maschinen besitzen. Bald wurde jedoch deutlich, daß meine Begeisterung zehn Jahre früher hätte einsetzen müssen. Irgendjemand schien einen Lanz-Atlas angelegt zu haben, denn immer waren schon welche vor mir da. So wollte ich mich auf den Zufall vertrösten, auf den sogenannten Dornröschen-Fall.

An alte Schlepper habe ich im Sommer 82 wirklich nicht gedacht, als meine damalige Freundin und ich die romantische Waldwiese entdeckten. Am Rand der Wiese stand der erste je von mir erblickte Allgaier-Schlepper. Zuerst Verzückung über das Vehikel mit dem großen Schwungrad, dann Rätselraten über Alter und Fabrikat, schließlich Befingern und erfolglose Suche nach dem Starter. So ein uriges Ding muß wohl an die 50 Jahre alt sein, dachte ich. Das sollte mein Lanz werden, auch wenns kein ganz richtiger war!

Nach wenigen Tagen Suche fand ich die Fährte zu dem Bauern, der den Allgaier-Schlepper vor der Berufsgenossenschaft auf der Waldwiese versteckt hatte. Hergeben wollte er den Schlepper nicht, wegen seiner Zuverlässigkeit und Zweckmäßigkeit beim Mähen auf der unebenen und viel-buchtigen Lichtung, und nicht zuletzt wegen seines Andenkens an den Vater.

Den Bauern überredet

Das volle Lob des Bauern verstärkte den Ehrgeiz, mir meinen Allgaier zu suchen. Schrottplatz-Exkursionen führten vorerst nur zu traurigen Resten. Aber schließlich stand ich im Winter 82/83 vor meinem Ziel. Seit vielen Jahren im Freien bot mein Allgaier nur mehr ein klägliches Bild. Verbeult, verdreckt, verölt und verrostet — ein Zustand, wie wenn er gerade ausgegraben worden wäre. Grüne Farbe war noch in den Winkeln zu finden, sofern sich die darüber klebende Dreck-Öl-Kruste entfernen ließ.

Von Millimeterarbeit schien der Fahrer nichts gehalten zu haben, dafür hatte er die Kraftentfaltung durch Schneeketten verbessert. Die Beleuchtung und einiges andere waren längst draufgegangen. Es war ein Jammer. Aber dieses schrottreife Ding wollte ich haben, auch wenn mir vor dem Restaurieren graute. Der Besitzer nützte meine Seligkeit und Unkenntnis aus: Ich zahlte die verlangten 2000 DM. Es hatte wohl auch mit dem Preis zu tun, daß sich der Mann von dem Schlepper wegen seines Werts beim Holzrücken lange nicht trennen wollte. Kurz, kräftig und wendig — die Kostproben im Wald waren mir zu brutal.

Als mein Bruder und ich den Allgaier schließlich im Mai 83 abholten, erhöhte sich der Preis auf das Doppelte, weil wir ihn mittels Billig-Abschleppstange mit meinem Toyota-Pickup zogen. Mit dem Allgaier an der Stange ging es eine enge Nebenstraße hinab. Eine unübersichtliche Kurve und ausgerechnet jetzt Gegenverkehr. Die Schlepperbremsen funktionierten nicht, das Abschlepprohr knickte sofort ein, und ich hatte den Allgaier kra-

chend im Kreuz. Ein toller Anfang! Erstmal entmutigt stellten wir ihn bei einem Freund außerhalb von Regensburg in die hinterste Ecke im Freien (als Städter fehlt mir der Platz).

Erste Probefahrt mit Folgen

Im Herbst 83 war mein Tief überwunden, und als erstes ersetzte ich das durchgerostete Dampfablaßrohr, um mit vollem Verdampfer die ersten Traktorrunden meines Lebens zu drehen. Ein Schlammloch hatte dabei den größten Reiz. Doch schließlich wurde das Wasser nicht mehr abgelassen, und im harten Winter 83 hatte der gußeiserne Verdampferkasten an der Seite zum Tank plötzlich einen Riß. Auch aus der Zylinderkopfhaube tröpfelte Wasser. Da wollte ich schon nicht mehr weitermachen.

Jedoch im Mai des nächsten Jahres begann das Werk. Der Schlepper wurde zunächst per Hand gründlich gereinigt. Anschließend wurde er von Schrott (z. B. zermalmten Bremsleuchten) befreit und dann nach und nach bis zur letzten Schraube zerlegt — ausgenommen die Getriebehauptwellen, deren Zustand sehr gut war. Zum Abziehen des Schwungrades brauchte ich meine ganze Kraft und ein drei

Intensive Bindung nach 1 000 Arbeitsstunden gründlicher Restaurierung — Wilhelm Eberl und sein Allgaier-Schlepper.
Foto: Eberl

Meter langes Rohr als Hebel. Es wurde jede Schraube entrostet oder gegen eine neue ersetzt. Viele Teile, u. a. das demolierte Lenkrad, das oben weggerostete Lenkstangenrohr, die verbogenen Schalthebel, die verölten Bremsen, die Kupplung, das Luftfilter, Lampen, Beifahrersitz, Zapfwellendeckel, die vorderen Felgen, wurden entweder durch neue Originalteile ersetzt, von diversen Wracks abgebaut, oder selbst bzw. mit Hilfe von Schlossereien nachgefertigt. Auch alle Abdichtringe und die meisten Lager wurden ersetzt, mindestens 30 Prozent aller Teile (nach der Ersatzteilliste wohl über tausend) wurden erneuert.

Eigenartigerweise machte mir die Suche nach den Teilen recht viel Spaß, wohl wegen der neuen Kontakte. Es waren dann auch glückliche Augenblicke, als ich nach vielen Irrfahrten endlich fabrikneue Pleuellagerschalen oder ein ungebrauchtes Handbremsband im Restbestand eines ehemaligen Allgaier-Händlers fand. Der Motor wurde schließlich in einen Spezialbetrieb gebracht, und ein alter Meister erkannte das Objekt aus seinen früheren Jahren wieder. Er nahm 2100 DM für das Auffrischen der 22 Pferde.

Auf Hochglanz gebracht

Der optische Zustand war mir genauso wichtig wie der technische. Über Monate hinweg brachte ich Teil für Teil zum Sandstrahlen und bearbeitete die Trümmer mit der Flex (Bürste und Schleifteller) nach. Ich verschweißte Narben, glättete mit Zinn oder Füllgrundierung und spritzte und pinselte eine dicke Lackschicht (4 kg Acryl, RAL-maigrün) drauf. Heute würde ich diese knallige Farbe nicht mehr nehmen, aber damals hat noch keiner sein Gesicht deswegen verzogen.

Meine besondere Liebe galt makellosen Oberflächen, ganz speziell am Verdampferkasten: glatt wie ein Kinderpopo ist er geworden. Durch „Verbesserungen" und „Verschönerungen" wurde es ein Werk mit ganz persönlicher Handschrift. Übrigens habe ich bei allen Reifen eine Nummer größer genommen — ich glaube, der Allgaier kanns vertragen.

Im Herbst 85 war nach tausend Arbeitsstunden die 80%-ige Fertigstellung erreicht. Noch ohne Elektrik und Verkabelung fanden die ersten illegalen Fahrten abseits richtiger Straßen statt. Die 22 PS aus vergangenen Zeiten ließen manchen Landmann aufhorchen und Türen von Bauernwirtshäusern gingen schon auf, als ich noch 500 m davon entfernt war. Das war eine Freude für mich!

Schließlich kam auch die erste Kraftprobe: Ein jahrelang abgemeldeter riesiger Dreiachs-Lkw sollte aus der Halle — mit festsitzenden Bremsen! Ich hatte noch keine Erfahrungen mit Machbarem und Unmöglichem, und es hat halt gereizt. Beim ersten Versuch stieg mein Allgaier mächtig auf und knallte voll auf den Beton, als ich vor Schreck die Kupplung trat. Der Laster rührte sich keinen Millimeter. Beim zweiten Versuch standen zwei Mann auf der Vorderachse, die Räder drehten kurz durch, und dann gab es ein häßliches Krack, und das rechte Hinterrad stand leicht schief.

Die Halbachse wurde an der inneren Verzahnung, wo sie im Differential sitzt, einfach abgedreht. Nach den unterschiedlichen Farben des Bruchs zu urteilen war sie allerdings schon früher angerissen worden. Wieder waren eine Fahrt zu einem Wrack, 50 DM und reichlich Arbeit fällig. Mittlerweile hatte mein Allgaier aber den Lkw (Bremsen lose) gepackt und ihn auf unbefestigtem Boden sogar leicht bergauf gezerrt. Einer stand vorn drauf, Differentialsperre blockiert, die Hinterräder wühlten sich 10 cm tief ein, aber es ging vorwärts. Der Motor hatte nicht die geringste Mühe.

Ein Fest für den Allgaier

Endstufe der Restauration war die Installation der gesamten Elektrik durch einen Fachbetrieb. Dann noch einige Spielereien an Details, und schließlich war der Tag für ein kleines Abschlußfest gekommen. Für das Lob der Freunde und

Der Allgaier-Schlepper war nur der Anfang, denn bald folgte noch ein 25er Glühkopf-Lanz, der ebenfalls optimal restauriert wurde.
Foto: Eberl

Nachbarn bedankte ich mich großzügig mit Probefahrten. Auch das 15jährige Nachbarsmädel — weder mofa- noch traktorerfahren — sollte an der Freude teilhaben: auf der Akkerschiene stehend studierte ich mit ihr einen langen Achter auf dem 12 × 50 Meter großen Hof ein. Im Vertrauen auf ihre schnell gewonnenen Fahrkünste reihte ich mich sodann in die Zuschauer ein. Das Herz blieb mir stehen, als sie am mir gegenüberliegenden Achterbogen statt rechtsherum linksherum einschlug und so an meinem Geländewagen kein Vorbeikommen mehr möglich war. In Panik drückte sie nur noch aufs Gaspedal, und ich konnte nach einem Spurt den Gang erst herausschlagen, nachdem sie mein Auto krachend und mit dem Schwungrad im Blech mahlend zur Seite geräumt hatte.

Was ich heute noch positiv empfinde: der Allgaier leistete diese Sache ohne die leiseste Schwäche im dritten Gang. Die restlichen Gefühle kann sich jeder denken. Wie den Abschleppunfall mußte ich auch dieses Spektakel selber zahlen, weil ich das Mädchen zum Fahren ermuntert hatte. Der Schaden am Allgaier stand übrigens in umgekehrtem Verhältnis zu dem am Auto.

Jetzt reichte es aber wirklich. Das Ding kostete mich fast zwei Jahre alle Freizeit und rund zwölftausend Mark, Unfälle und Nebenkosten, wie z. B. Autofahrten, nicht mitgerechnet. Für die nächsten zwei Jahre verbannte ich den Allgaier in ein finsteres Gewölbe. Unsere schuldlos gestörte Beziehung taute nur langsam wieder auf. Erst im Sommer 89 kam es zur ersten richtigen Ausfahrt — und die gleich über 80 Kilometer. Dem Allgaier hat's nichts ausgemacht, mir schon, war ich doch dauernd auf Bruch eingestellt. Und erst im Sommer 90 stand ich mit dem allerschönsten Allgaier auf einem nahen Schlepper-Treff — zusammen mit meinem Lanz!

Ja richtig, mein Lanz. Also des-

wegen die Verbannung des Allgaiers. Jein. Im September 85 war es, da mußte ich blitzschnell zuschlagen, um für anständige 5000 DM einen technisch und optisch gut erhaltenen 25er Bulldog zu erhalten. Der Allgaier war damals fast fertig, und ich war beim Schrauben ganz schön in Übung gekommen. So war ab Sommer 86 der Lanz an der Reihe. Aber das ist eine andere Geschichte. Schaue ich heute zurück und versuche, meine innere Beziehung zu den beiden zu klären, so stelle ich eine wesentlich intensivere Bindung zum Allgaier fest. Er ist mir wahrhaft lieb und teuer geworden! Wilhelm Eberl

Nach erfolgter Restaurierung des Allgaier-Schleppers kam der 80 km-Dauertest im Sommer 1989, wobei auch dieser Berg „spielend" genommen wurde. Foto: Eberl

Ausgewählte Literatur

Agrartechnik 1950 bis 1987. VEB Verlag Technik, Berlin

Baentsch, E.: Dieselmotoren-Praxis. Fachverlag Schiele & Schön, Berlin 1957

Bauer, A.: Schlepper — Die Entwicklungsgeschichte eines Nutzfahrzeugs. Verlag Franckh-Kosmos, Stuttgart 1987 u. 1988

Bauer, A.: Kettenschlepper. Selbstverlag 1988

Bauer, A.: Hanomag-Schlepper von 1912 bis 1971: aus Hannover in die ganze Welt. Verlag Franckh-Kosmos, Stuttgart 1989

Becker, G.: Motorschlepper für Industrie und Landwirtschaft. Verlag M. Krayn, Berlin 1926

Blumenthal, R.: Technisches Handbuch Traktoren. VEB Verlag Technik, Berlin 1966 u. 1978

Bornemann, F.: Die Motorkultur in Deutschland. Verlag P. Parey, Berlin 1913

Deutsche Landwirtschaftliche Presse. Verlag P. Parey, Berlin 1900 bis 1930

Die Technik in der Landwirtschaft. VDI-Verlag, Berlin 1924 bis 1944

Eckermann, E.: Alte Technik mit Zukunft. Die Entwicklung des Imbert-Generators. R. Oldenbourg Verlag, München 1986

Flücht, H.: Gas-Schlepper für die Land- und Forstwirtschaft. Verlag H. Flücht, Berlin 1943

Flücht, H. u. Blum H.: Schlepper und Anbaugeräte. Verlag H. Flücht, Berlin 1942

Franke, R.: Motorisierung der Feldarbeit, Schlepper. In: Franz, G. (Hrsg.): Die Geschichte der Landtechnik im 20. Jahrhundert. DLG-Verlag, Frankfurt 1969

Gebhardt, H.G.: Taschenbuch deutscher Schlepperbau. Verlag Franckh-Kosmos, Stuttgart 1987

Gebhardt, H.G.: Taschenbuch deutscher Zugmaschinenbau.

Verlag Franckh-Kosmos, Stuttgart 1988

Generator-Jahrbuch 1942. Verlag Kasper & Co., Berlin 1942

Häfner, K.: Der Lanz Bulldog von 1952 bis 1962. Verlag Klaus Rabe, Schwieberdingen 1986

Häfner, K.: Lanz von 1859 bis 1929. Verlag Klaus Rabe, Schwieberdingen 1987

Häfner, K.: Lanz Kühler Bulldogs von 1928 bis 1942. Verlag Franckh-Kosmos, Stuttgart 1989

Häfner, K.: Lanz Holzgas-, Raupen-, Nachkriegs-Bulldogs von 1942 bis 1955. Verlag Franckh-Kosmos, Stuttgart 1990

Hermann, K.: Ackergiganten. Westermann-Verlag, Braunschweig 1985

Hermann, K.: Traktoren in Deutschland 1907 bis heute. DLG-Verlag, Frankfurt 1987

Historischer Kraftverkehr 1982 bis 1990. Verlag Klaus Rabe, Schwieberdingen und Köln

Jantsch, F.: Fahrzeuggeneratoren — Bau, Betrieb und Einsatz. Verlag Kasper & Co., Berlin 1943

Landtechnik 1946 bis 1986. Verlag E.F. Beckmann, Lehrte

Meyer, H.: Reparatur- und Einstelltabellen für Motoren in Schleppern, Teil 1. Vogel Buch-Verlag, Würzburg 1972

Miterlebte Landtechnik I. hrsg. von der MEG und dem KTBL, Darmstadt 1981

Mitteilungen der DLG/Mitteilungen für die Landwirtschaft. DLG-Verlag (Reichsnährstands-Verlag), Berlin 1920 bis 1944

Motor-Jahr 1970 bis 1986. VEB Verlag für Verkehrswesen, Berlin

Neubauer, E.: Schlepper-Jahrbuch/Das gelbe Schlepperbuch 1950 bis 1966. Verlag E. Neubauer, Wiesbaden

Sass, F.: Geschichte des deutschen Verbrennungsmotorenbaues: von 1860—1919. Springer-Verlag, Berlin 1962

Schilling, E.: Landmaschinen, Band 1: Ackerschlepper. Verlag E. Schilling, Rodenkirchen 1955 u. 1960

Technik für Bauern und Gärtner 1949 bis 1953. Verlag M. Wesel, Baden-Baden